Handbuch

Golf von Neapel

VERLAG
MARTIN
VELBINGER

Bahnhofstr. 1o6 – 8o32 Gräfelfing/München

DIESES vorliegende Buch erscheint als Band 15 einer Reihe unkonventioneller Reiseführer im Verlag Martin Velbinger:

Band 1: SÜDAMERIKA, 1.584 Seiten/Neuausgabe, 68,- DM
Band 2: SÜDL. KARIBIK, 512 Seiten, M. Velbinger, 39,8o DM
Band 3: ZENTRALAMERIKA + MEXICO, in Vorbereitung
Band 4: GRIECHENLAND, 416 Seiten, M. Velbinger, 29,8o DM
Band 5: PORTUGAL, M. Müller, ca. 350 Seiten, 26,8o DM
Band 6: SÜDFRANKREICH, M. Müller, Neuausgabe, 24,80 DM
Band 7: PARIS, H. - J. Sing, 352 Seiten, 29,8o DM
Band 8: BAHAMAS & FLORIDA, 288 Seiten, 26,8o DM
Band 1o: WIEN, Norbert Steidl, 480 Seiten, 24,80 DM
Band 11: TOSKANA & ELBA, H.-J. Sing, 350 Seiten, 24,80 DM
Band 12: SÜDITALIEN, Hans Bausenhardt, 448 Seiten, 26,80 DM
Band 13: KORSIKA, Schröder/Pagenstecher, 416 Seiten, 24,80 DM
Band 14: SARDINIEN, Hans Bausenhardt, 432 Seiten, 22,80 DM
Band 15: GOLF VON NEAPEL/CILENTO, H. Bausenhardt, 24,8o DM
Band 16: JUGOSLAWIEN, Schröder/Pagenstecher, 320 Seiten, 24,80
Band 17: SCHOTTLAND, Franz Rappel, 384 Seiten , 26,80 DM
Band 18: SCHWEDEN, Marlen + Bert Baesgen, 416 Seiten, 26,80 DM
Band 19: NORWEGEN/Süd Mitte, Schröder/Pagenstecher, 26,80 DM
Band 20: ROM, Hans Bausenhardt, ca. 350 Seiten, 22,80 DM
Band 21: KRETA, Velbinger/Bausenhardt, ca. 350 Seiten, 22,80 DM
Band 22: INTERRAIL, Autorenteam, ca. 600 Seiten, 24,80 DM
Band 23: SIZILIEN & EOL. INSELN,H. Bausenhardt 480 Seiten, 26,80
Band 24: IRLAND, Franz Rappel, ca. 400 Seiten, 26,80 DM
Band 25: BRETAGNE & NORMANDIE, 480 Seiten, 26,80 DM
Band 26: FR. ATLANTIKKÜSTE/LOIRE, ca. 250 Seiten, 22,80 DM
Band 27: ENGLAND/WALES, Franz Rappel, ca. 400 Seiten, 26,80 DM
Band 28: SKANDINAVIEN- NORD, ca. 450 Seiten, 26,8o DM
Weitere Titel in Vorbereitung. Bitte Anfrage an den Verlag.

Illustrationen: Bettina von Hacke, Herbert A. Spiegl
Buchkonzept: Martin Velbinger
Layout: Barbara Schulze - Künstedt
Karten: Herbert A. Spiegl
Cover: Martin Velbinger, Bettina von Hacke, Herbert A. Spiegl

ISBN: 3 – 88 316 – o17 – 2

ALLE ANGEGEBENEN PREISE sind ca.- Preise, auch wenn sie nicht als solche bezeichnet sind. - Für die Richtigkeit und Vollständigkeit aller Angaben, insbesondere der Abfahrtszeiten und Preise kann keine Gewähr übernommen werden.

DRUCK: Pressedruck Augsburg
COVER-LITHOS: Gebr. Czech
SATZ: Verlag Martin Velbinger, Gräfelfing/ München
PRINTED IN WEST GERMANY

2. AUFLAGE 1987

INHALT

Anreise:

Öffentliche Transportmittel im Golf

Allgemeine Tips

Klima und Reisezeiten

Sport

Unterkunft

Essen und Trinken

ANREISE nach Neapel

DAS PLUS AN BEWEGLICHKEIT, das sonst beim Reisen das eigene Auto bringt, schrumpft im Golf von Neapel fast auf ein Nichts zusammen.

In der Stadt wird es sogar zum Hindernis für eigene Unternehmungslust, der Transport zu den Inseln Capri und Ischia ist recht teuer und auch dort nutzt es fast garnichts: auf Capri ist der private Autoverkehr extrem eingeschränkt und auf Ischia kann er dramatische Dimensionen annehmen, wie in Napoli selbst.

Am brauchbarsten ist das Auto noch bei Reisen auf der Halbinsel von Sorennto und Amalfi. Im Cilento: Auto ideal.

Häufig verkehrende und billige Nahverkehrsmittel lassen das eigene Fahrzeug leichten Herzens vergessen. Wer mit der Bahn reist, spart soviel Reisekosten gegenüber eigenem PKW ein, daß gelegentliches Automieten mit Leichtigkeit im Budget liegt.

(1) 

Bahn: konkurrenzlos billig ab italienischer Grenze. Die rund 1.000 km vom Brenner bis Napoli ohne Ermäßigung ca. 60 DM. Für Leute bis 26 mit "Transalpino" oder "twentours" innerhalb Italiens um ca. 25% ermässigt, bei der Bundesbahn (BRD, Österreich, Schweiz) ca. 40%.

ITALIENISCHE ZÜGE stellen oft noch einen Ausflug in die Eisenbahngeschichte dar, insbesondere auf Nebenstrecken. Wer Pech hat, reist wie einst in der 3.Klasse, auf solidem Holz. Die Züge auf den Fernstrecken sind meist voll. Kampf um einen Platz ist die Regel. Platzreservierungen im inneritalienischen Verkehr unbekannt, bei Zügen vom und ins Ausland aber möglich.

DIREKTVERBINDUNGEN MIT DER BRD: je einmal täglich mit München und Stuttgart (via Schaffhausen), - sonst in Roma Termini umsteigen. Zwischen ROMA und NAPOLI etwa 45 Züge am Tag. Dabei sind die Züge, die in Napoli enden, meist erträglich voll, was weiter südlich geht, oft bis auf den letzten Gangplatz besetzt.

AUFPASSEN: NAPOLI HAT MEHRERE FERNBAHNHÖFE:

NAPOLI CENTRALE, der eigentliche Hauptbahnhof, wo fast alle Züge halten. Dort auch gute Umsteigemöglichkeiten zu den Zügen der Circumsuviana-Bahn (SFSM) Richtung Pompei und Sorrento.

NA-PIAZZA GARIBALDI, unterirdisch unter der Stazione Centrale, die Züge benützen für einige Kilometer die Gleise der Metro. Fast ausschließlich von den zuschlagspflichtigen Rapidi benützt.

NAPOLI-MERGELLINA, durch die Metro mit Napoli-Centrale verbunden. Endbahnhof für die meisten Rapidi aus Norditalien.

NAPOLI CAMPI FLEGREI, außerhalb der Stadt. Hier halten die Nachtzüge nach Süditalien, die dann ohne Zwischenhalt durch den Metrotunnel fahren und erst wieder in Salerno anhalten. In Campi Flegrei besteht auch nachts eine Metro-Verbindung nach NA Centrale , kann aber Wartezeiten bis zu einer Stunde geben.

Wer plant, noch weiter südlich zu fahren, z.B. nach Calabrien, in den Cilento oder nach Sizilien, sollte gleich sein Billet bis zum weitestentfernten Ziel durchlösen (internationales Billet, das gilt zwei Monate!), denn ab Distanzen über 800 km werden alle weiteren Kilometer extrem billig, die Weiterreise z.B. nach Palermo kommt so dann weniger als 10 DM.

★Ideal für unabhängiges Reisen, das Kilometer-Billet (biglietto chilometrico): man kauft 3.000 km en bloc: gilt zwei Monate, kann von 1

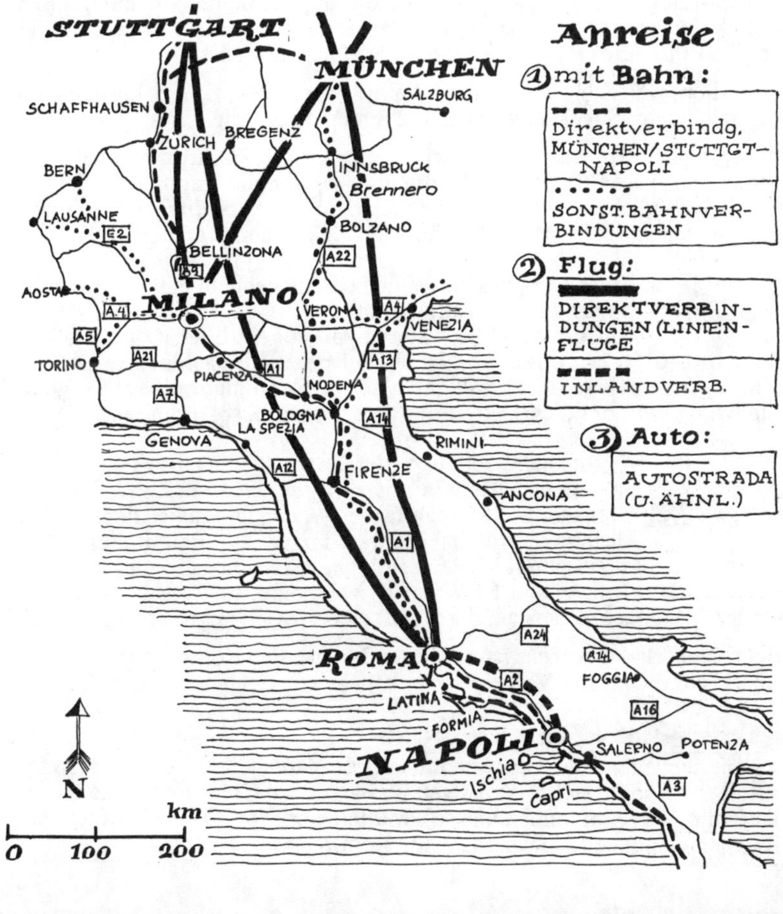

bis zu 5 Personen benützt werden, die aber von Anfang an eingetragen sein müssen, aber nicht immer alle reisen müssen. Bietet bei Entfernungen bis 800 km ca. 15% Ermäßigung. Bis zu 20 Fahrten möglich. Kostet 180 DM. Noch ein Trick:

Ist zum Schluß das biglietto fast verbraucht, auch wenn nur noch 1 km drauf ist, kann eine Person eine "eccedenza" lösen, eine wiederum um 15% ermäßigte Anschlußfahrkarte - Entfernung beliebig.

Im Nahbereich gibt es um 25% ermäßigte Rückfahrkarten (bis 250 km maximal 4 Tage gültig).

SCHLAF- UND LIEGEWAGEN:

Internationale Verbinungen: recht teuer - Fahrpreise wie bei der DB/ÖBB/SBB. Inneritalienischen Verbindungen wesentlich billiger. Reservierungen in der letzten Minute klappen nicht! Nur auf großen Bahnhöfen möglich, die ans Computernetz angeschlossen sind. Und bei großen Reisebüros ("Agenzia FS" steht dann an der Tür).

In Italien alle Züge außer den Rapidi zuschlagsfrei, die kosten 25% zusätzlich zum Streckenfahrpreis und führen oft nur die 1.Klasse.

Wer viel mit der Bahn reisen will: Fahrplanheft "Orario Generale von Pozzi", ca. 5 DM (Centro-Sud, enthält aber auch die Hauptverbindungen nach Norditalien) - einziger Fahrplan in dem die für Süditalien wichtigen, nicht zum Staatsbahnnetz (FS) gehörenden Kleinbahnen enthalten sind.

②

Flug: wer pauschal seinen Urlaub gebucht hat, kommt fast immer auf dem Luftweg an.
Billigflüge (Flieg- und Spar von Lufthansa/Alitalia) ab Frankfurt (610 DM) direkt bis Napoli, außerdem vielfach bei Reisebüros billige Charterflüge. Noch billiger wird es, wenn man mit verbilligtem Linienflug bis Rom fliegt und dann weiter per Bahn, spart runde 150 DM.

③

Auto: auch vom Süden der BRD und ohne die Autostrada zu verlassen kaum in einem Tag zu schaffen. Zwei Grenzkontrollen, mehrfaches Warten an Mautstationen, viele Geschwindigkeitsbeschränkungen auf den italienischen Autostraden, im Abschnitt Modena-Bologna-Firenze fast immer infernalischer Verkehr mit vielen LKW im Kriechtempo, im Abschnitt Chiusi-Orvieto-Magliano Sabina auf der A1 oft Nebel - auch im Sommer möglich.

Bei sehr starkem Verkehr kann vor den Mautstellen Roma Nord (A1) und Napoli Nord (A2) der Verkehr völlig kollabieren, Schlangen bis zu 25 km!

Anreise-Routen:

nur die schnellen Hauptstrecken mit einigen Varianten. - Wer zur Hauptreisezeit fährt, sollte sich Alternativen für die großen Grenzübergänge (Basel, Kufstein, Brenner und Chiasso) wählen und den Ostteil des Grande Raccordo Anulare (Ringautobahn um Rom).

Wer über Napoli hinausfährt, in Caserta auf die A 30 (Salerno!)

1 Basel - St.Gotthard (Tunnel) - Bellizona - Chiasso - Milano (westli. Umgehung) - Bologna - Firenze - Roma (G.R.A.) - Napoli: **1.116 km.**

Ausgenommen die 45 km stark überlasteter Landstraße südlich des St. Gotthard-Tunnels durchgehend Autobahn, in Italien gebührenpflichtig.

Bei sehr starkem Verkehr kann man den oft überlasteten Grenzübergang Chiasso mit ca. 10 km Mehrweg (Landstraße und Autobahn) ausweichen. Ausfahrt Lugano Nord, N.23 nach Ponte Tresa (Grenze) - Varese - Autobahnring Milano.

2 Schaffhausen - Zürich - Chur - S. Bernardino-Tunnel - Bellizona - Chiasso - Milano - Bologna - Firenze - Roma (G.R.A.) - Napoli: **1.179 km**

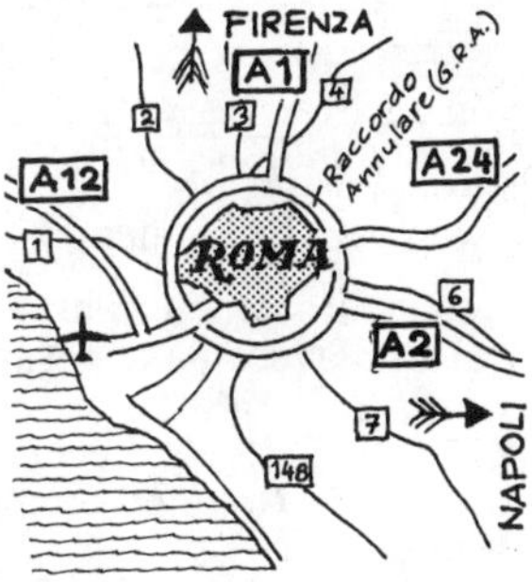

Fast ausschließlich Schnellstraße und Autobahn. Allerdings die Stadtdurchfahrt von Zürich (erträglich!). Sonst eine Route, die viel weniger befahren ist als die Gotthard-Strecke.

3 München - Rosenheim - Innsbruck - Brenner - Modena - Bologna - Firenze - Roma (G.R.A.) - Napoli: **1.134 km.**

Durchgehend Autobahn; Innsbruck - Brenner und in Italien gebührenpflichtig.

Zwischen München und Brenner (oder beliebig weit bis vor Verona) Möglichkeit auf der kürzeren und an der Grenze kaum belasteten Bundesstraße zu fahren (bis zum Brenner 20 km weniger).

München - Garmisch auf der Olympia-Autobahn, dann über Scharnitz (Grenze) und Zirler Berg (15% Gefälle, gut ausgebaut, für Gespanne gesperrt) nach Zirl, von dort bis Innsbruck Süd Gratis-Autobahn, dann auf die alte Brenner-Bundesstraße (für den LKW-Durchgangsverkehr gesperrt, wenig Verkehr). Danach Staatsstraße und Autobahn immer parallel. Besonders günstige Auffahrtsmöglichkeiten. Sterzing/Vipiteno, Brixen/Bressanone, vor Verona (in jedem Fall meiden, außer man will die Stadt Romeo und Julias besichtigen) letzte Auffahrtsmöglichkeit zur A 22 zur Auffahrt Verona-Nord hinter Ospedaletto!

Abstecher am östlichen Gardasee-Ufer entlang lohnt, dann gleich bis Mantova durchfahren (schöne Stadt und ein Stück wenig bekannter, gar nicht so langweiliger Po-Ebene), in Mantova-Süd auf die A 22.

4 Wien - Graz - Klagenfurt - Tarvisio - Udine - Padova - Bologna - Firenze - Roma (G.R.A.) - Napoli: **1.368 km.**

In Österreich und bis Tolmezzo weitgehend Landstraße, danach durchgehende Autostrada, wie immer in Italien gebührenpflichtig.

5 Varianten für Teilstrecken in Italien (5.1 - 5.3):

5.1 Ab Florenz quer durch die Toscana, dann in Küstennähe bis Napoli. Ca.50km weiter, weitgehend auf guten Schnellstraßen (gratis). Kunsthistorisch lohnende Abstecher: S. Gimignano (ab Poggibonsi 11 km), Siena, Tarquinia, Cerveteri (alle dicht an der Straße).

Vertretbare Bademöglichkeiten unterwegs: Küste zwischen Grosseto und Montalto di Castro, bei Sabaudia, Lido die Fondi. In der Hochsaison alles arg überlaufen, auch die "weniger" bekannten Ecken Strand und Wasser noch relativ o.K.

Genaue Route: Ausfahrt A 1 Firenze Certosa: Siena - Grosseto - Tarquinia, bei Civitavecchia auf Autobahn A 12 bis zum G.R.A. (Ringautobahn um Rom, S.S. 148 nach Terracina, Küstenstraße S.S. 213 nach Formia - landschaftlich ein Leckerbissen, Steilküste, dahinter hohe, kahle Berge), dann S.S. 7 quater über Pozzuoli nach Napoli. In Pozzuoli Fähre nach Ischia.

Zwischenstop in Rom:

Nur 215 km liegen zwischen den beiden Städten, die beide eine Welt für sich sind. Jeweils den Schlüssel für die völlige Andersartigkeit der benachbarten Stadtregion erleben lassen. Rom in einem Tag, als eiliges Darüberhuschen lieber den Amerikanern und Australiern überlassen, die immerhin in wenigen Wochen ganz Europa kennenlernen wollen.

Die Stadt ist einfach mehr als das "Hinterland" vom Petersdom, Trastevere-Kneipen, Touristenrummel an der Spanischen Treppe und der Münze in den Trevi-Brunnen, um die baldige Rückkehr zu sichern.

Viele handfeste Infos zu Geschichte, Archäologie, Kunst , Kneipen und Ristoranti, Hotels, Verbindungen in Stadt und Umland im ROM-FÜHRER, Band 20 dieser Reihe, von Hans Bausenhardt.

5.2 Roma G.R.A. (Sud) über die Via Casilina S.S. 6 nach Napoli; ca. 20 km länger als die parallel verlaufende Autobahn. Die Fahrt auf der ältesten Fernstraße des antiken Roms was für Leute, die Zeit haben, Gefallen an kleinen, wenig bekannten Ortschaften und bäuerlichen Landschaften.Trotz Nähe zur Autostrada landschaftlich völlig anders.

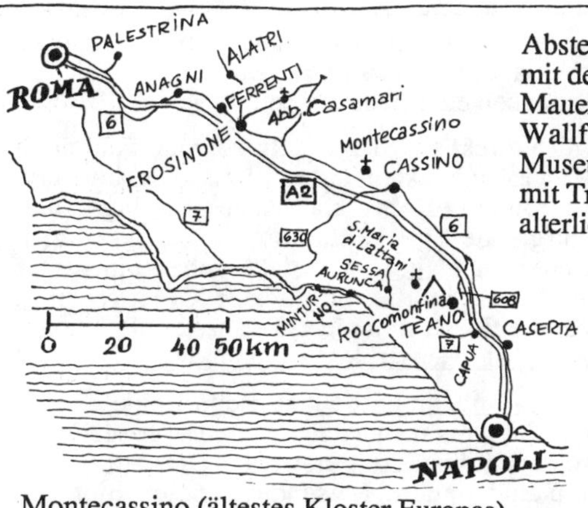

Abstecher: Palestrina (Kleinstadt mit den noch beachtlichen Mauerresten eines antiken Wallfahrtsortes - riesig, im Museum Riesenmosaik "Der Nil" mit Tropentieren), die mittelalterlichen Kleinstädte.

Anagni, Ferrentino, Alatri, das Zisterzienserkloster Casamari (ab Frosinone 15 km) in den Abruzzen-Nationalpark, wo noch Wolf und Bär auf freier Wildbahn, ab Frosinone oder Cassino 70 km.

Montecassino (ältestes Kloster Europas).

Bei klarem Wetter wegen der weiten Sicht auf Golf von Neapel, die Ebene um den Volturno, die Campi Flegrei und Ischia, auf dem erloschenen Vulkan Roccamonfina. Oberhalb der Wallfahrtskirche S. Maria dei Lattani bei Roccamonfina. Anfahrt auf kleinen steilen, oft schlechten Straßen durch eine waldreiche intensiv bebaute Bauernlandschaft. S.S. 6 bei Mignano Monte Lungo verlassen, auf die S.S. 608 bei Teano oder die S.S. 7 bei Sessa Aurunca (mittelalterl. Kleinstadt, Dom). Im Gebiet noch sehr archaische Landwirtschaft, viele Esel, fast nur alte Menschen.

5.3 Ab Roma G.R.A. oder stilechter ab Rom Stadtmitte auf der Via Appia, ca. 15 km länger als über die Autostrada. Die APPIA war die berühmteste Straße der Antike, die "Königin der Straßen", Hauptverbindung nach Griechenland. Der heutige Verlauf der S.S. 7 Appia entspricht nicht mehr der antiken Straße. Sowohl die alte wie die neue Appia berühren nicht Napoli, aber schon in der Antike gab es die Via Domitiana Minturno - Pozzuoli - Napoli, heute S.S. 7 quater.

Verlauf der Appia. Roma - Velletri - Terracina - Fondi - Itri - Minturno - Capua - Caserta - Benevento (hier trennen sich antike und moderne Appia, die antike lief weiter nördlich und viel geradliniger über Melfi-Altamura nach Taranto) - Avellino - Potenza - Matera - Taranto (ab hier antike und

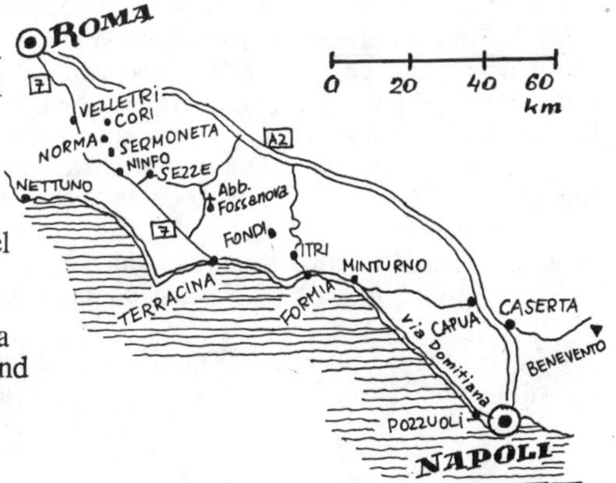

moderne wieder gemeinsam) nach Brindisi, schon in der Antike Hauptfährhafen nach Griechenland. Gesamtstrecke Roma - Brindisi 723 km. Heute nur noch auf Teilstrecken eine Hauptstraße.

Lohnend: die Via Appia Antica direkt am Südrand Roma, man fährt noch über das alte Pflaster, vorbei an Aquädukten und römischen Grabmälern, die Strecke durch Castelli romani, Roms klassische Ausflugs- und Weinregion, dann die schnurgerade Strecke durch die trockengelegten Pontinischen Sümpfe. Abstecher nach Ninfa - mittelalterliche Ruinenstadt zwischen idyllischen Sumpfseen, in die Bergdörfer Cori, Norma, Sermoneta, Sezze - Blick über die Ebene zum Meer, Felsnester mit intakter Bau- und Lebenssubstanz, zum Zisterzienserkloster Fossanova.

Zwischen Terracina und Formia unbedingt die klassische Route durchs Landesinnere nehmen (Fondi, Itri), bis ins letzte Jahrhundert berüchtigte Banditengegend, malerische Kleinstädte, erstmals Orangen- und Zitronenplantagen - Goethe und andere Reisende gerieten hier ins Schwärmen. An der Volturnobrücke bei Minturno (daneben die alte, zerstörte Hängebrücke) trennen sich Via Appia und via Domitiana.

6 Die Adria entlang und durch die Abruzzen:

Bologna-Ancona-Pecara-Sulmona-Isernia-Benevento-Napoli/Salerno, bei Zielgebiet Salerno, Amalfi-Küste, Cilento gegenüber der Standardroute über die Autostrada del Sole (Bologna-Firenze-Roma-Napoli gerade 15 km länger, dafür eine Reihe Vorteile:

Weniger Autobahngebühren, weit weniger Verkehr, besonders weicht man dem supervollen, steigungsreichen und im Ausbau befindlichen, damit baustellengesegneten Teilstück Bologna-Firenze aus. Zudem den römischen Nadelöhren (Mautstellen vor und hinter Rom, Ringautobahn). Die Adria-Autobahn (bis Pescara) ist flott zu fahren, ab Rimini nicht ohne Reiz, Blick aufs Hügelland und die Adria, in der Ferne Bergnester auf den Bergspitzen,bei guter Sicht die Bergketten der Appeninhauptkette ein eindrucksvoller Horizont.

Pescara-Bussi/Popoli auf der A 25, dann auf sehr breiten und hervorragenden Paßstraßen durchs Herz der Abruzzen: Sulmona - Kleinstadt mit viel Mittelalter und Barock, in einer weiten fruchtbaren Talmulde, die von den Bergen (2.000 m und mehr) eingerahmt ist. Die Paßstraße nach Castel del Sangro ein Superbonbon. Dort dann Abstecher möglich in den Abruzzen-Nationalpark, ca. 15 - 30 km, dann auf neuer Schnellstraße abwärts nach Isernia . Eventuell Abstecher in die Mainarde-Dörfer am oberen Volturno (Rocchetta, S.Vincenzo, Scapoli) mit Castellen, viel Grün, lebendiger Volkskultur und brauchbaren Übernachtungsmöglichkeiten.

Isernia-Benevento im Hochtal am Fuß des Matese- Massivs sehr schöne ursprüngliche Bergdörfer, verwinkelte Gassen, vorgeschichtliche

Zyklopenmauern und Saepinum, ein kleines provinzielles Pompeii. In Benevento schließlich der besterhaltene römische Triumphbogen Italiens und ein gutbestücktes Nationalmuseum im mittelalerlichen Kloster. Eß-, Übernachtungs-, Besichtigungs- und Landschaftstips siehe "Matese", "Samium" und "Irpinia". Bologna-Salerno 655 km, Bologna-Napoli 645 km.

Abruzzen-Nationalpark: Kurzinformation siehe Mainarde-Dörfer, mit Übernachtungstips, Essen, den Haupttrails, Background zu Natur und Ökologiebewegung.

Auf der **Fahrt von Süden nach Norden** die kritischen Stellen: Roma Sud (A2), Vipiteno/Sterzing (A22) vor dem Brenner und bei der Fahrt über Milano Melegnano/Milano Sud (A1): Ausweichmöglichkeiten, die aber alle auch Zeit kosten, aber man fährt wenigstens.

Roma Nord: Abfahrt Magliano Sabina, dann auf die S.S.3 Flaminia (recht ringelig, dafür schöne Landschaft) bis zum Raccordo Annulare (G.R.A.).

Ringstraße um Rom, auf dem höllischer Verkehr tobt, vom Dreirad bis zum LKW, daneben reichlich Zeitgenossen, die auf diesem Hauptanschaffe-gebiet des römischen Straßenstrichs nach Bordsteinschwalben ausschauen und entsprechend konzentriert fahren.

Bei dichtem Verkehr nicht den direkteren Weg zwischen A 1 oder S.S.3 und A 2 östlich der Stadt nehmen, sondern die westliche Route: besser ausgebaut, weniger Verkehr und weniger Anschaffe. Dort als schnelle Variante zur A 2, die kostenlose, gut ausgebaute Straße über Latina, Terracina, Formia, Pozzuoli nach Napoli.

Napoli Nord. Bei Caserta auf die A 30 (Salerno) gehen, bei Nola dann auf die von Bari kommende A 16 nach Napoli. Zwar ein Umweg und ca. 2 DM mehr Autobahngebühr, aber viel weniger Verkehr und weniger Stau - rentiert aber nur bei ganz dickflüssigem Verkehr!!!

Gegenrichtung Roma Sud: Hier muß man den Braten schon 150 km vorher riechen. In Capua runter von der Autostrada, auf der S.S.7 Via Appia über Formia-Latina zum Raccordo Anulare, schnelle Straßen mit nur wenigen Ortsdurchfahrten, landschaftlich viel interessanter als die Autostrada.

Wer glaubt vor Roma Sud dem Stau auf der A 2 durch Abfahren auf die S.S. 6 entgehen zu können, erlebt viel römischen Vorstadtverkehr und freut sich schon richtig auf den total überlasteten Raccordo Anulare.

Vipiteno/Sterzing: runter von der A 22 in Bressanone/Brixen und auf der alten Brenner-Staatsstraße bis zum Paß, einfach zu fahren, wenig Verkehr, Grenzabfertigung geht viel schneller.

Melegnano/Milano Sud: hier kann es zur Feriensaison und an

sommerlichen Wochenenden (speziell abends) Italiens längste Schlangen geben, bis zu 30 km. Runter von der A 1 in Lodi, dann S.S.9 nach Melegnano, dort Richtung Abbiategrasso für 7,4 km, dort dann Ri. Milano für 6,8 km zur Umgehungsautobahn über Locate zur Auffahrt Ripamonti.

Napoli/Golfregion als Start für Süditalien und Sizilien:

Napoli ist Summe und Schlüssel für das Verständnis Süditaliens. Vitalität und Widersprüche von ganzen Regionen sind hier auf wenigen Quadratkilometern zusammengepfercht und mit ihnen die Bewohner der Stadt.

Von Napoli aus lassen sich auch die entferntesten Ziele im Süden in einem Tag erreichen. Man hat sich nicht nur klimatisch akklimatisiert, die Museen und Galerien präsentieren den gesamten Süden, und man schaut schon mal in süditalienische Kochtöpfe.

Unterwegs mit dem Auto:

Hotel oder Campingplatz außerhalb der Stadt. z.B. Pompei, sorrentiner Küste. In die Stadt dann mit der Bahn. In diesem Fall ist Wohnen in Napoli naheliegend. Anreise per Flug (Kombination mit Mietauto):

Wagen dann am Flughafen mieten, wenn es weitergehen soll. Reservierung (Festbuchung) aus Deutschland verschafft deutliche Preisvorteile. Vom Flughafen gleich auf die Autostrada fahren.

Sizilien als Ziel:

Bequemer, wenn auch einiges teurer als die lange Fahrt den Stiefel hinunter, per Schiff:

Täglich Tirrenia nach Palermo. 1-3 mal pro Woche (hängt von der Saison ab). Siremar-Fähre zu den Eolischen Inseln (Stromboli-Panarea-Salina-Lipari-Vulcano). Distanzen: (ab Napoli, jeweils die bequemste Straße).

Caserta 35 km	Paestum 100 km
Benevento 65 km	Roma 217 km
Avellino 55 km	Bari 262 km
Salerno 58 km	Lecce 413 km
Pompei 25 km	Cosenza 315 km
Sorrento 50 km	Reggio di Calabria 500 km
Positano 60 km	Siracusa 650 km
Amalfi 70 km	Palermo 730 km

Benzingutscheine

Seit 1986 eine Neuregelung, die Reisende mit Ziel Süditalien eindeutig bevorzugen.

Sie verbilligen die Benzinkosten um ca. 30 %.

① Ausgabestellen sind die Automobilclubs außerhalb Italiens, einige Banken und Sparkassen in Grenznähe und die Grenzbüros des ACI an den ganz großen Übergängen (Montblanc-Tunnel, Chiasso-Autostrada, Brenner-Autostrada, Tarvis).

② Die Gutscheine gibt es einmal pro Jahr, der Fahrzeugschein muß vorgelegt werden. Bezahlt wird in nicht-ital. Währung. Erst einmal in Italien angekommen, läuft nichts mehr mit dem Gutscheinkauf.

③ Der Stiefel ist in 4 Zonen aufgeteilt, deren Gutscheine für Benzin und Autobahngebühren nur für das jeweilige Gebiet gelten.

Paket 1 : Norditalien inkl. Toscana und Umbrien
Paket 2 : Latium, Rom, Abruzzen
Paket 3 : Molise, Apulien und Campanien
Paket 4 : der ganze Rest des Stiefels, also Lucanien (Basilicata), Calabrien, Sizilien und Sardinien.

④ Nur die Bons für Norditalien (Zone 1) kann man direkt an Tankstellen und Autobahnmautstellen einlösen. Für die anderen Gebiete bekommt man Gutscheine, die man an im Paket angegeben Stellen (ACI-Büro, einige Autobahntankstellen) für die jeweilige Stiefelscheibe einlösen kann.

⑤ Anders als in der Vergangenheit sind die Bons nicht mehr auf Liter ausgestellt, sondern auf Lire-Beträge, um den Touristen an künftigen Preisveränderungen teilnehmen zu lassen .

Die Pakete bauen aufeinander auf:

Paket	Ausgabepreis	Ersparnis
1	DM 220,--	DM 55,--
2	360,--	100,--
3	500,--	170,--
4	630,--	210,--

Nichtverbrauchte Benzingutscheine werden von der Ausgabestelle zurückgenommen. Die beiliegende Carta Carburante (gleichzeitig Quittung) berechtigt einmal zu Gratispannenhilfe durch ACI. Für Diesel gibt es keine " Coupons " - es kostet ohnehin ca. 60 % weniger als Benzin.

⑥ Wer ins südliche Campanien (Cilento) fährt, dort viel auf Achse ist, unbedingt Paket 4 nehmen und den Tank immer dann füllen, wenn man über die Provinzgrenze in den Provinzen Potenza und Cosenza ist. Die zusätzlichen Gratisbons für die Autobahn nützen leider nichts, denn die A3 Salerno-Reggio Cal. ist gratis.

Autobahngebühren: (Beispiele)
Brenner - Napoli: ca. 80 DM
Como - Napoli: ca. 72 DM
Napoli - Bari: ca. 22 DM
Napoli - Salerno ca. 1 DM
Die A3 südlich von Salerno ist gebührenfrei
Preise jeweils auf Fahrzeug der unteren Mittelklasse bezogen.

Büros des ACI - Automobile Club d` Italia in Campanien
Nützlich besonders im Zusammenhang mit Bezingutscheinen, aber auch bei unerfreulichen Sachen rund ums Auto - wie Unfall, Diebstahl, große Pannen....

Napoli : Piazzale Tecchio 49 / D, Tel. 081/61 11 04 - im Westen des Centrums an der S.S. 7quater (" via Domitiana ") Ri. Pozzuoli
Avellino: Via Italia 217, Tel. 0825/36 459 - peripher in der Neustadt an der Zufahrtsstraße von/nach Napoli
Benevento: Via Salvator Rosa 24, Tel. 0824/ 21 582
Salerno: Via Giacinto Vicinanza 11, Tel. 089/ 22 66 77 - dicht an der Stazione FS - Parkplatzprobleme!

Wichtigste Verkehrsvorschriften:
Höchstgeschwindigkeit in Ortschaften von Ort zu Ort verschieden geregelt. Verkehrsschild.
Höchstgeschwindigkeiten außerhalb von Ortschaften richtet sich nach dem Hubraum der Maschine.

Hubraum	auf Landstraßen	auf Autobahnen
bis 559	80	90
600-900	90	110
901-1300	100	130
über 1301	110	140

Bisher keine Anschnall- und Helmpflicht. Kein festes Alkoholverbot am Steuer, in Italien ist eine der seltensten Unfallursachen. Wer im Suff einen Unfall verursacht, wird unwahrscheinlich hart angepackt. Außerdem kann jeder Polizist aus freiem Ermessen entscheiden, wen er noch für fahrtüchtig hält.

Fahrweise in Italien:
Viel weniger flott als ihr Ruf. Kleine Autos beherrschen die Szene, und so ist die Durchschnittsgeschwindigkeit viel niedriger als bei uns. Die hohen Benzinpreise spielen da auch noch mit. Wo es unübersichtlich ist, hupen! Kurven werden geschnitten, überholt oft auf Verdacht, an Kreuzungen unbekümmert eingefahren. Blinkzeichen beim Abbiegen oft gar nicht oder erst im allerletzten Moment. Bei Dunkelheit in beleuchteten innerörtlichen Straßen nur Standlicht.

Schnelle und langsame Straßen:
Das Verkehrschaos von Napoli setzt sich in den Vorstädten und im Vesuvumland fort. Bloß nicht versuchen, die Autobahngebühren für 20,30 km einzuspraen - das kostet Nerven und Zeit. Der Verkehr auf den Autobahnen der Region ist schon Horror genug.

Die Straßen auf Ischia und die Küstenstraße entlang der Halbinsel von

Amalfi und Sorrent fordern in der Hochsaison eine(n) ganze(n) Frau (Mann) am Steuer. Beim Fahren mit Kräften und Nerven haushalten, die braucht man für die Parkplatzsuche und zum Einparken. Und jeden Ärger sofort rauslassen, die Einheimischen machen das mit der Hupe.

Car rent: in Napoli, Sorrento, Ischia. Überwiegend die großen internationalen Firmen.
Ordern beim Vermieter selbst oder in den Touristenorten bei fast allen Reisebüros. Telefonische Vorbestellung wird akzeptiert und ist auch fast immer nötig.

Preisvergleiche der Vermieter untereinander lohnen, speziell für besondere Leistungen, wie Langzeitmieten und Wochenendtarife. Autos meist FIATs aller Größenklassen, beim Panda oder uno beginnend.

Grundmiete (FIAT uno pro Tag: ca. 60 DM, dann je Kilometer 1DM, dann pro Tag 12-15 DM Kaskoversicherung und zu allem noch 20% IVA (Mehrwertssteuer). Wer keine Kreditkarte hat, muß eine Kaution der voraussichtlichen Gesamtmiete stellen. Für AVIS, Europca, Hertz oder Interrent kann man schon in der BRD reservieren lassen (gratis).

Bei den Week-end-Mieten teilweise reichlich Freikilometer, aber von Vermieter zu Vermieter völlig anders!

Bereitstellenlassen über größere Distanzen kostspielig, innerhalb der Stadt gehört es zum Service, genauso wie man zum Schluß zu Bahnhof/Flugplatz/Hotel zurückgebracht wird.

Miete für Mopeds und Motorroller ("Motorini") pro Tag 20- 30 DM ohne Kilometerlimit. Gibt's nur in wenigen Ferienzentren.

Mit etwas Know- How und Vorplanung kann die Sache zum ausgesprochen billigen Vergnügen werden.

Folgende Möglichkeiten (als Steigerung)

1.) Wochenweise Miete inkl. aller gefahrenen Kilometer ("chilometraggio illimitato") - lohnt aber nur bei mehr als 100 - 150 km pro Tag.

2.) Das gleiche, aber statt beim Vermieter in Napoli oder anderswo in Italien gebucht, die Sache über ein deutsches Büro des Vermieters reservieren. Allerdings muß ca. 3 - 10 Tage vor Reiseantritt die Sache verbindlich festgemacht werden. An den einmalfixierten Terminen läßt sich dann nichts mehr rütteln.Gezahlt wird meist an Ort und Stelle , bei einigen Vermietern jedoch schon in der BRD.

3.) Wer pauschal reist, die superermäßigten Angebote der Reiseveranstalter nützen. Funktioniert wie bei Punkt 2.

4.) Auto nur für Kurzstrecken, aber für die gesamte Ferienzeit : Sofern man reinpaßt, bei Maggiore einen Fiat 126 mieten, Tagesgrundpreise (alles inkl., nur ohne Kilometer und Benzin), ca. 15 DM pro km dann noch DM 0,50.

5.) Für Ischia gelten Sondertarife, die weitaus billger sind als auf dem Festland. Also vor Ort mieten. Das Auto darf nicht aufs Festland (ist dort ohne Versicherungsschutz !!).

In Verbindung zu einem besonders günstigen Flug nach Rom ist überlegenswert, gleich am Airport Roma Fiumicino auf den Mietwagen umzusteigen. Man spart viel Zeit, der Flug ist weit billiger als nach Napoli - und für die Transferkosten ins Centrum von Rom und dann mit der Bahn nach Napoli zahlt man schon die Hälfte der günstigen Tagesmiete!

Mietwagen kleinerer Vermieter: meist o.k., aber mit einem Nachteil behaftet, sofern man in der Hochsaison auf der Halbinsel von Sorrento und Amalfi rumkurven will: für Autos mit Nummern der Provinzen Campaniens (AV, BN, CE, NA, SA) bestehen Vekehrsbeschränkungen !

★ Trampen:

Lohnt nur, wenn sehr scharf gerechnet werden muß. An italienischen Autobahnen am besten an den Einfahrten postieren oder an Tankstellen. Polizei kommt häufig und vertreibt. Mitnahme über lange Distanzen (mehr als 100- 200 km) selten. Nicht an zu kleinen Ausfahrten raussetzen lassen! Es ist wahr, daß italienische Autofahrer gegenüber weiblichen Solotrampern oft tief empfundene Leidenschaft entwickeln können, besonders, wenn Abfahrten von Hauptstraßen in Feldwege möglich sind.

★ Mittelmeer-Rundtrips:

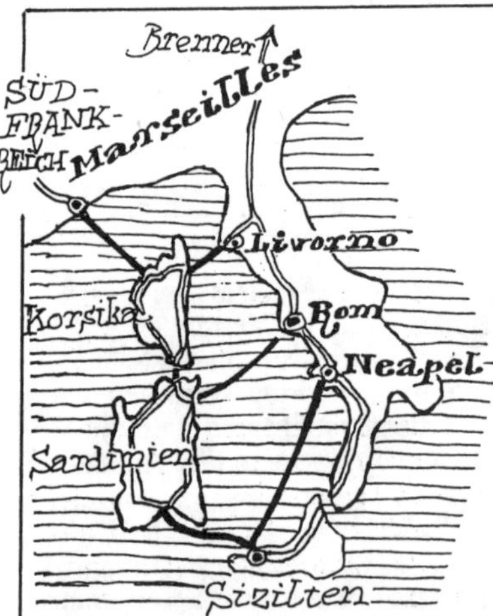

Viel Spaß auf KORSIKA macht die Inselüberquerung von Bastia nach Ajaccio an der Westküste die Fahrt mit der Transkorsika-Eisenbahn (im Sommer 2 mal tgl.), quer über das gebirgige Inselinnere. Ab Ajaccio gibt's 2 mal tgl. eine Busverbindung in den Süden nach Bonifacio, das zu einem der schönsten Orte der Insel gehört, mit seiner Altstadt auf einem riesigen Fels über dem Meer. Alle Details zu Verbindungen auf Korsika, vielen Wandertips in unserem KORSIKA-BAND (13) von Dirk Schröder und Ursel Pagenstecher.

Von Sta. Teresa/SARDINIEN täglich schnelle Busverbindung nach Olbia via Costa Smeralda. Ab Olbia die Nachtfähre rüber ans Festland. Der "Umweg" via Korsika & Sardinien somit nur runde 150 DM teurer. - WER diese Route ausweiten will, Sardinien enbauen und eventuell von Cagliari rüber nach SIZILIEN. Je nach Jahreszeit mehrmals pro Woche, Nachtfahrt nach Palermo. Von hier gibts eine Nachtfähre nach Neapel ("Tirrenia") bzw. mit dem Zug über den Stiefel rauf nach Neapel. - Alle Details im SARDINIEN-BAND (14), Hans Bausenhardt.

Interessante Anreise- Variante für Leute mit etwas mehr Zeit. An Fahrtkosten garnicht einmal so viel teurer, wenn man eine günstige Route wählt: MÖGLICHKEITEN: z.B. durch die Toscana und von Livorno bzw. Piombino rüber nach Bastia/Korsika. Die Fähre tgl., ca. 6 Std. und 40 DM in billigster Klasse. Von Korsika (interessante Sachen wie "Transkorsika-Wanderung"!) rüber nach Sardinien ab Bonifacio nach Sta. Teres, tgl. (ca. 1 Std. / 15 DM). Hier ab Olbia/Sardinien supergünstiger, inneritalienischer Fährtarif mit der staatlichen "Tirrenia", die für die 7 Std,. nachtüberfahrt nur ca. 45 DM im Schlafsessel und in der Kabine ca. 60 DM berechnet. Rüber nach Chivitaveccia mit Eisenbahnanschluß (1 Std.) nach ROM und weiter nach NEAPEL.

Diese Rundtrips sind bei günstigen Preisen und schöner Kombination von Meeresüberfahrten mit Inselfeeling dazwischen ungemein reizvoll. Transport von Autos allerdings auf den Fähren nicht billig.

Band 12: SIZILIEN, 26.80 DM, - Hans Bausenhardt.

Öffentliche Transportmittel in der Golf-Region:

Für Bahn, Bus, Schiff ist Napoli der entscheidende Ausgangspunkt mit den meisten Verbindungen. Die Region zählt zu den dichtest besiedelten in Europa (runde 450 Einwohner auf den qkm) und entsprechend gut sind die Verbindungen, auch von den großen Zentren des Umlandes.

①

Hauptverkehrsträger sind die drei großen FS-Bahnlinien, auf denen neben Nahverkehrszügen viele Fernzüge den Lokalverkehr Richtung Salerno, Caserta und Formia abwickeln, die 4 Linien der Circumvesuviana - Eisenbahn (SFSM), eine Art S-Bahn, und Busse verschiedener Gesellschaften - entlang der Küste zwischen Napoli und Sorrento mit einer Verkehrsdichte wie in der Stadt.

Genauso sind die Hauptferienorte auf der Sorrentiner Halbinsel und den beiden Inseln so gut mit öffentlichen Verkehrsmitteln ausgestattet, daß das Fehlen des eigenen Autos nicht schmerzt.

②

Die **Schiffsverbindungen** zu den Inseln Ischia, Procia und Capri und entlang der Küste von Sorrento und Amalfi sind das ganze Jahr häufig auf den Hauptlinien, die Zahl der Verbindungen ist aber saisonabhängig. Von Napoli aus Schiffe und Aliscafi (Tragflügelboote) in alle Richtungen, dann gute Verbindungen der Inseln untereinander, und von Capri an die Sorrentiner Küste, im Juli/August sogar mit vielen Zwischenhalten die ganze Cilento-Küste entlang.

Die Fährverbindungen fürs Auto überwiegend ab Napoli, für Ischia außerdem ab Pozzuoli.

Ob Schiff oder Aliscafo ist Neigungssache: vom Schiff aus sieht man was, es kostet nur halb soviel. Das Aliscafo rast übers Meer, innen Omnibusatmosphäre und schlechte Luft, aber zeitspraend.

Fahrpreise im Nahverkehr: (in ca.-DM-Preisen)

ab Napoli	einf. Fahrt	Rückfahrkarte (nur 1 Tag gültig)
Ercolano (SFSM)	1.-	1,50
Pompei (SFSM)	2.-	3.-
Sorrento (SFSM)	4.-	6.-
Salerno (FS)	4.-	7.-, gilt 3 Tage
Paestum (FS)	7.-	12.-, gilt 3 Tage
Pozzuoli (Metro)	1.- -	-
Caserta (FS)	2,50	4,50
Roma T. (FS)	15.-	26.-, gilt 3 Tage

Capri (einf.) Schiff 6.- Aliscafo: 12.-
Ischia (einf.) Schiff 6.- Aliscafo: 12.-

Schiffslinien im Golfo di Napoli:

Schiffe (mit Autobeförderg.)	Aliscafi (nur Personenbeförderg.)
Napoli - Capri: 10 mal tgl.	Napoli - Capri: 21 mal
Napoli -Ischia Porto: 12 mal	Napoli - Sorrento: 14 mal
Napoli - Forio (Ischia): 4 mal	Napoli - Ischia Porto: 24 mal
Napoli - Procida: 4 mal	Napoli - Casamicciola (Ischia): 5 mal
Pozzuoli - Procida: 11 mal	Napoli - Procida: 6 mal
Pozzuoli - Ischia Porto: 22 mal	Napoli - Capri - Amalfi -Cilentoküste: 1 mal
Ischia - Capri: 1 mal (nur Mai-Sept.)	Ischia - Capri: 1 mal (nur Mai-Sept.)
Sorrento - Capri: 4 mal	Sorrento - Capri: 11 mal

Verkehrshäufigkeit in der Haupsaison.
In vor- und Nachsaison weniger Verbindungen, zwischen Mitte Juli und Ende August bei Bedarf zusätzliche Schiffe und Aliscafi.

Fähren im Fernverkehr:

Napoli - Palermo (Tirrenia): tgl.
Napoli - Cagliari (Tirrenia): zweimal in der Woche
Napoli - Reggio Cal. - Catania - Siracusa - Malta (Tirrenia): 1 mal/Woche
Napoli - Palermo - Tunis (Tirrenia): einmal in der Woche
Napoli - Stromboli - Lipari - Milazzo (SIREMAR): 3 mal in der Woche

Aliscafi (nur in der Hauptsaison) - lediglich Personenbeför. - SNAV
Napoli - Maratea: 4 mal in der Woche
Napoli - Stromboli - Lipari: täglich, nur Juni bis September
Napoli - Ustica - Palermo: 6 mal in der Woche

③ ÖFFENTLICHER NAHVERKEHR:

Stadtbusse, Straßenbahn, Metro: Einheitstarif (ca. 1 DM), gilt nur für eine Fahrt ohne Fahrtsunterbrechung. Kleingeld mitführen, denn es müssen Automaten gefüttert werden. 100-Lire-Strücke immer problemlos, die anderen meist unverdaulich. In Napoli Fahrkarten mit 11 Fahrten zu 10 DM an Zeitungskiosken und in Tabacchi-Läden. Werden im Bus oder der Funicolare entwertet. Nach 21 Uhr stark eingeschränkter Fahrplan. Bei niedrigen Fahrpreisen nicht wundern, wenn es sehr eng zugeht und körperliche Kontakte (Streicheln, Arschzwicken) vorkommen.

Wichtige Buslinien im Regionalverkehr:

Pozzuoli - Campi Flegrei: ATAN Linie 152 ab Napoli Piazza Trento e Trieste nach Pozzuoli. SEPSA: Busse in alle Gegenden der Campi Flegrei ab Napoli, Piazza Garibaldi und Pozzuoli Staz. Circumflegrei.

Vesuv-Region: ATAN Linien 253 und 255 ab Napoli Porto und Portici-Ercolano-Torre del Greco, ca. alle 10-20 Min.
SFSM: ab Napoli Staz. SFSM in alle Orte der Vesuvregion. Wichtige Busknotenpunkte: Torre Annunziata, Castellammare di Stabia, Sorrento.

Halbinsel von Sorrento und Amalfi:
SFSM: dichter Verkehr auf der Linie Castellammare - Sorrento.
SITA: Hauptlinien: Sorrento - Massalubrense, Sorrento - Positano - Amalfi, Salerno - Amalfi.
Napoli - Caserta: TPN, ca. alle 20 Min.
Napoli - Avellino: CAT., ca. alle 20 Min.
Torre Annunziata - Pompei - Salerno: ATACS ca. alle 30 Min.

Tagesausflüge:

Trotz der großen Verkehrsdichte, in jedem Fall sehr früh starten, besonders wenn Museumsbesuche geplant sind, denn die schließen um 14 Uhr!
bei Fahrten von oder zu den Inseln noch schärfer kalkulieren. Relativ viel Zeit geht immer verloren, weil Bahnhöfe und Haltestellen der verschiedenen Verkehrsmittel zum Teil entfernt voneinander liegen.
Die FS als Nahverkehrsmittel möglichst ausschließen, wenn die Zeit drängt, - oft sind es Fernzüge, die den Lokalverkehr bedienen und die haben fast immer Verspätung!
Unbedingt bedenken, daß nach 20 Uhr die Verkehrshäufigkeit rapide abnimmt und viele Bus- und Schiffslinien überhaupt nicht mehr fahren.
Auf den Schiffslinien in Vor- und Nachsaison sehr stark eingeschränkter Fahrplan.

Speziell von Ischia und Capri:

Für Exkursionen zu den klassischen Stätten Ercolano, Pompei und

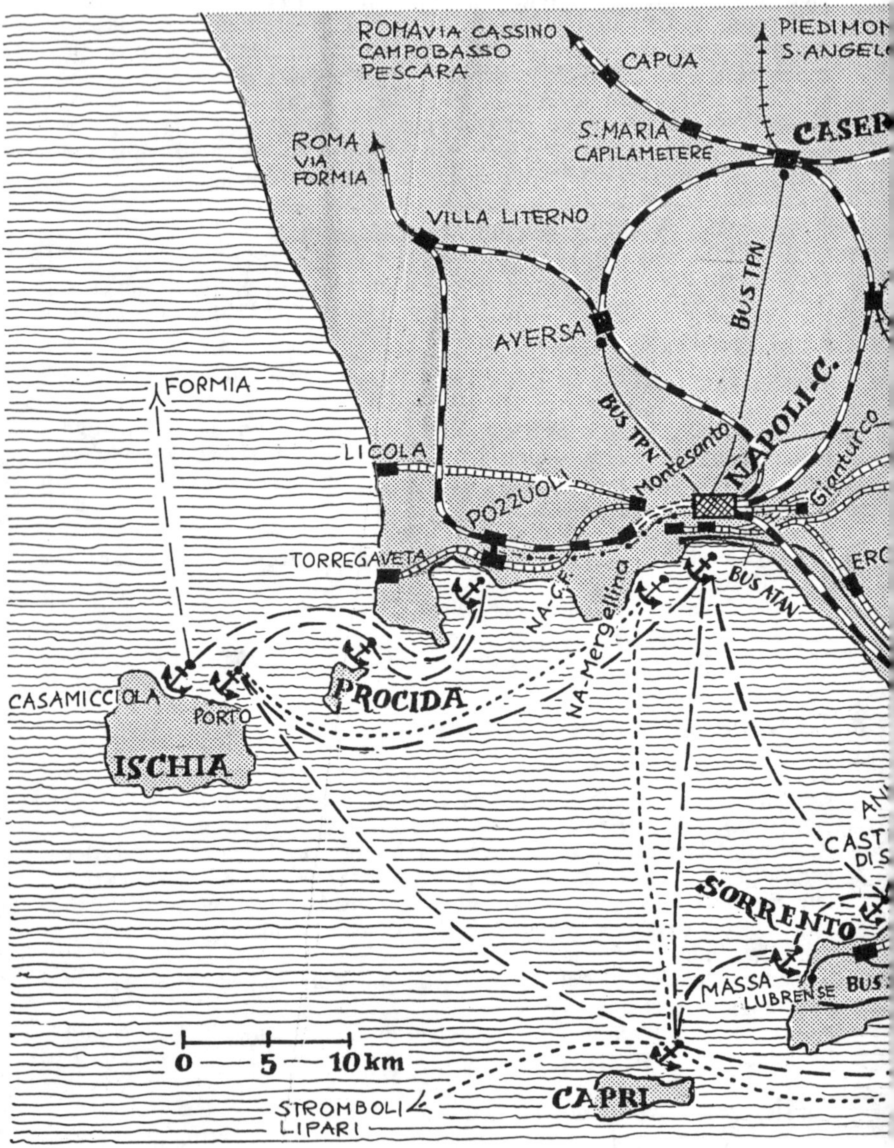
ROMA VIA CASSINO
CAMPOBASSO
PESCARA
CAPUA
PIEDIMON
S.ANGEL
S.MARIA
CAPILAMETERE
CASER
ROMA
VIA
FORMIA
VILLA LITERNO
AVERSA
BUS TPN
FORMIA
BUS TPN
NAPOLI-C.
Gianturco
LICOLA
POZZUOLI
Montesanto
TORREGAVETA
NA-C.F.
NA-Mergellina
BUS ATAN
ERC
CASAMICCIOLA
PORTO
PROCIDA
ISCHIA
CAST
DI S
SORRENTO
MASSA
LUBRENSE
BUS
0 5 10 km
CAPRI
STROMBOLI
LIPARI

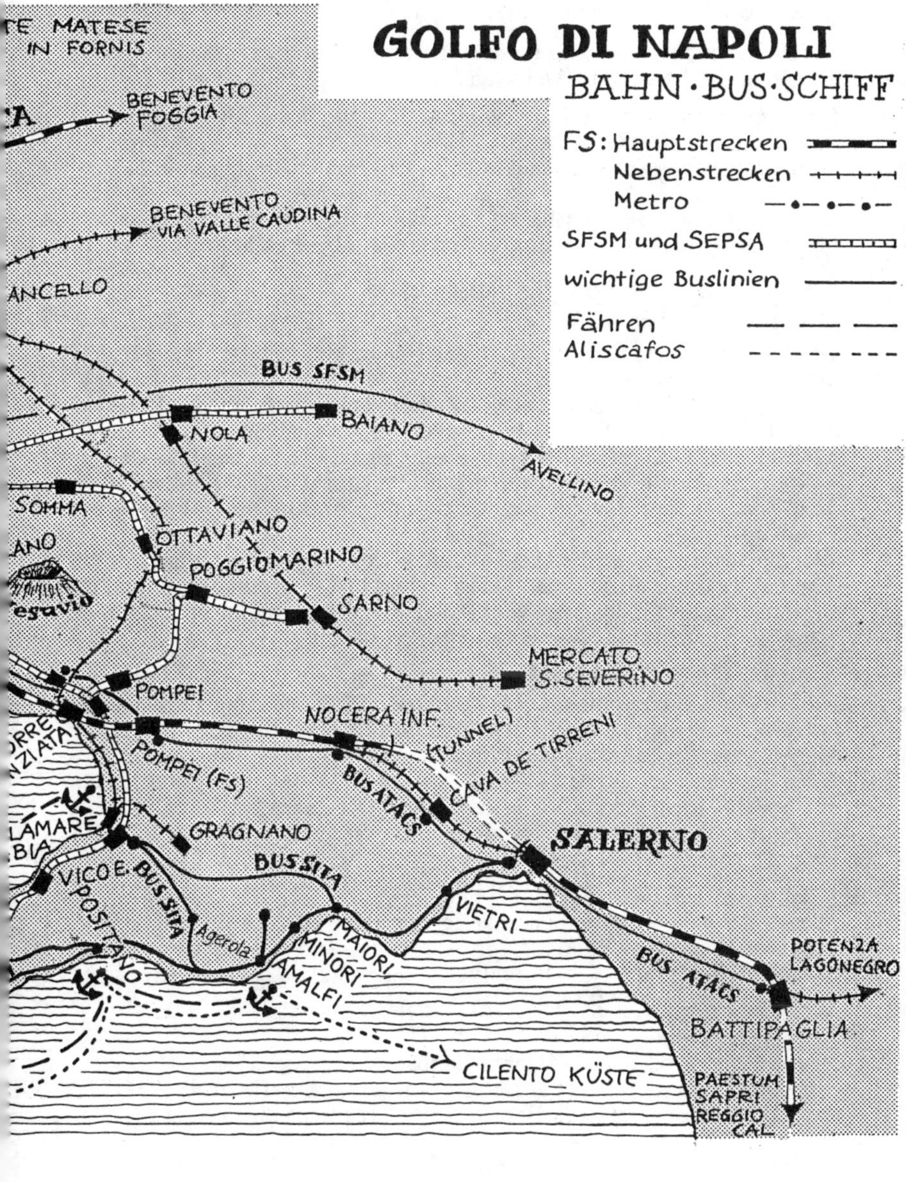
GOLFO DI NAPOLI
BAHN · BUS · SCHIFF
FS: Hauptstrecken
Nebenstrecken
Metro
SFSM und SEPSA
wichtige Buslinien
Fähren
Aliscafos
MATESE
IN FORNIS
BENEVENTO
FOGGIA
BENEVENTO
VIA VALLE CAUDINA
ANCELLO
BUS SFSM
NOLA
BAIANO
AVELLINO
SOMMA
OTTAVIANO
POGGIOMARINO
SARNO
MERCATO
S. SEVERINO
POMPEI
NOCERA INF.
(TUNNEL)
CAVA DE TIRRENI
POMPEI (FS)
BUS ATACS
GRAGNANO
SALERNO
BUS SITA
VICO E.
BUS SITA
POSITANO
Agerola
MAIORI
MINORI
AMALFI
VIETRI
BUS ATACS
POTENZA
LAGONEGRO
BATTIPAGLIA
CILENTO KÜSTE
PAESTUM
SAPRI
REGGIO
CAL

Paestum frühzeitig mit dem Aliscafo aufbrechen. Dann zu Fuß (knappe 10 Min.) zum Metro- Bahnhof MERGELLINA, Metro bis PIAZZA GARIBALDI (unterhalb der Stazione Centrale):

Ercolano: nicht alle Züge nach Torre Annunziata, Sorrento oder Poggiomarino halten (nur die loc und D).

Paestum: immerhin eine Reise von fast 100 km. Wenn als Tagesausflug konzipiert, Rückfahrkarte lösen!
In Paestum halten nur sehr wenige Züge. Fast immer Umsteigen in Salerno oder Battipaglia.
Die Ausgrabungsgelände haben bis eine Stunde vor Sonnenuntergang offen, das sehr schöne Museum in Paestum nur bis 14 Uhr.

TRANSFER IN DIE FERIENREGION

(Tips für Leute ohne Auto)

Gepäckbeladen und reisegestreßt bietet sich erst einmal das Umgehen und Durcheilen von Napoli an.
Pauschalreisende habens leicht, für ihren Transfer ist in der Regel ab Flughafen gesorgt, fast immer ist er schon im Preis enthalten.
Viele Hotels auf Capri und Ischia und auch eine Reihe der Oberklassehotels in Sorrento, Amalfi und Positano organisieren für ihre Gäste individuellen Taxi-Transfer, was aber stark ins Geld geht (DM 50,-- bis DM 100,-- pro Person).
Wer die Sache selbst in die Hand nimmt, kommt wesentlich billiger, sofern man das Taxi nur dort nimmt, wo es sinnvoll ist - also in Napoli und im Bestimmungsort für den Weg vom Bahnhof/Hafen/Busterminal zum Hotel. Ganz billig wird es mit öffentlichen Verkehrsmitteln.

★ Ankunft auf dem Flughafen Napoli Capodichino
Nur Taxi mit Uhr nehmen, die anderen haben Freibeuterpreise gegenüber Nicht-Napoletanern.. Die " korrekten " Taxis sind allerdings in Napoli Mangelware. Bis Hafen (Molo Beverello) ca. DM 18,--
Oder Stadtbus der ATAN (Nr. 14 rot) bis zum Bahnhof, dann in den SEPSA-Bus Richtung Pozzuoli (ist weniger voll als die Straßenbahn Nr. 1, die zudem vom anderen Ende der Piazza Garibaldi vor dem Bahnhof abfährt), kostet ca. DM 1,50.

★ Ankunft auf dem Flughafen Roma Fiumicino
(wegen der weit billigeren und häufigeren Flüge attraktiv): Flughafenbus der Acotral bis zum Bahnhofsvorplatz, dann weiter per Bahn (verkehrt zwischen Rom und Napoli praktisch jede Stunde, bis auf ein Loch zwischen 9.00 und 12.00 Uhr).

★ Ankunft per Bahn
Napoli Centrale oder Napoli Piazza Garibaldi :
Zum Fährhafen, wo alle Fährschiffe und die Aliscafi der CAREMAR starten (Molo Beverello) ab Bahnhofsvorplatz Straßenbahn Nr. 1 oder die

SEPSA- Busse Richtung Pozzuoli. Zum Aliscafi- Hafen an der Mergellina mit der Metro bis Mergellina, dann noch 500 m laufen. Wer von Rom mit dem Rapido kommt, hat fast immer in Mergellina die Möglichkeit auszusteigen.

WEITERFAHRT:

Ischia, Procida, Capri :
Fähren ab Molo Beverello, Aliscafi (außer CAREMAR) ab Mergellina. Auf den Inseln Taxis mit kontrollierten Tarifen am Hafen.

Sorrento, Massalubrense, Positano :
Circumvesuviana- Bahn (unterirdische Station neben der Stazione Centrale) bis Sorrento, dort Busse auf dem Bahnhofsvorplatz.

Amalfi, Ravello, Scala, Maiori, Minori :
Zug bis Salerno, dort ca. 200 m zum Busterminal der SITA - häufige Verbindungen .

Cilento :
Der größte Teil der Küste ist nicht per Bahn erreichbar, mit der Ausnahme von Sapri und Maratea halten nur Bummelzüge in den Küstenorten. Generell zwei Möglichkeiten:
- mit dem Hotel Abholung vom nächstgelegenen Bahnhof vereinbaren. viele Schnellzüge halten in Agropoli und Vallo di Lucania.
- selbstorganisiert : bis Salerno Zug, dann weiter per Bus auf der Küstenstraße, dabei bedenken, daß die Busse mit steigender Entfernung von Salerno immer seltener fahren (6 - 2 x pro Werktag), Terminal in Salerno Piazza della Concordia (nicht weit vom Bahnhof). Für den Süd-Cilento (Scario, Policastro Bussentino, Sapri, Maratea) Bahn bis zur jeweiligen Station, zudem ab Sapri leidliche Busverbindungen.

FAHRRAD

Für den größten Teil der Region wenig geeignet. In Napoli Stadt die beste Möglichkeit, unter die Räder zu kommen, zudem erstickt man dort fast und die Autofahrer kennen das Fahrrad allenfalls als Vergnügungsvehikel von Kindern in den Altstadtgassen.
Die Insel und die Halbinsel von Amalfi und Sorrento sind zu gebirgig, zudem sind die Straßen und Verkehrsverhältnisse nichts für Radler.

Bleibt eigentlich nur der (recht lange) Teil der Cilentoküste, wo es Ebene und recht erträgliche Steigungen der Küstenstraße gibt : Paestum-Marina di Camerota.
Da es dort ebenfalls einige Steigungen gibt, sollte das Rad eine gut abgestufte Schaltung und sehr gute Bremen besitzen, einigermaßen robust sein, um nicht auf den Feldwegen schieben zu müssen, die zu weniger begangenen Strandbuchten führen.
Fahrradtransport dorthin.

Reisegepäck per Bahn kostet DM 19,-- (sofern man selbst mit der Bahn runterreist, andernfalls wird es unerschwinglich teuer!).Durchgehende Reisegepäck/Fahrradbeförderung dort nur zu folgenden Stationen :
Salerno, Battipaglia, Agropoli, Vallo di Lucania, Sapri. An Ort und Stelle ist der Radtransport auf kurzen Strecken extrem teuer (um DM 20,-- für 1 - 200 km) und dauert meist lang !
Besser im Bus versuchen - unten in deren Gepäckfach ist Platz für 3 - 4 Räder, der Preis ist Verhandlungssache, mehr als DM 5,- kommt der Spaß eigentlich nie.
Ersatzteile : Flickzeug ganz wichtig, außerdem ein, zwei Bowdenzüge., Dreigangnabenschaltung : unbedingt Schaltkettchen mitnehmen, denn diese Schaltungen sind in Italien gänzlich unbekannt.
Reifen : Vor der Reise neu aufziehen, die bei uns besonders gängigen Formate 28 x 1.75 und alle 27-er Größen sind in Italien nicht zu bekommen.
Weil das Rad als Alltagsverkehrsmittel in der gesamten Region keine Rolle spielt, gibt es kaum Läden und Werkstätten. Und wo es sie gibt, sind sie fast ausschließlich auf Rennsport eingestellt.

Allgemeine Tips:

★ PAPIERE

Personalausweis genügt. Grüne Versicherungskarte empfehlenswert. Haustiere müssen tollwutgeimpft sein und brauchen ein frisches Gesundheitszeugnis (siehe auch unter "Fakten"- Hunde)
Fürs Auto internationaler Schutzbrief anzuraten.

★ DOUANE/ZOLL

Zwischen Italien und BRD (und umgekehrt):
300 Zigaretten oder 400 gr. Tabak. 1,5 l starke alkoholische Getränke und 3 l Wein. 750 gr. Kaffee, 75 gr. Parfüm.
Bei der Rückkehr in die BRD sind pro Kopf bis 360 DM an Ware zollfrei. Für hochwertige Kunstgegenstände und Antiquitäten braucht man für die Ausfuhr aus Italien eine Sondergenhmigung der Sopraintendenza alle Belle Arti.

Dieseltreibstoff darf nicht in Kanistern ausgeführt werden. Wein in größeren Mengen: Einfuhr in die BRD auf legalem Weg nicht teuer. Kostet je Liter 10-20 Pfg. bei hochwertigen Flaschenweinen Rechnung vorlegen. Deutsche Mehrwertssteuer wird dann berechnet.

★ DEVISEN

Ein- und Ausfuhr: 400.000 Lire pro Kopf und nur in Scheinen bis zu 50.000 Lire. Was darüber hinausgeht, kann beschlagnahmt werden. Der

Wechselkurs in Italien ist wesentlich günstiger. Wer große Bargeldsummen in DM, öS oder sFr. mitschleppt, sollte an der Grenze sicherheitshalber eine Devisenerklärung machen (dichiarazione di valuta estera).
Reiseschecks und Postsparbücher fallen nicht unter diese Vorschrift.

★ 

Wechselkurs: 1986: 1 DM ca. 680 Lire.
Bargeld kann geklaut werden. Die Region um Napoli ist für einschlägige Spezialisten bekannt.
Besser sind Reiseschecks, möglichst DM-Reiseschecks großer Banken oder American Express. Werden bei Verlust rasch zurückerstattet. Trotz Ausstellungsgebühr (1 DM je 100 DM und L. 3000 = 4,50 DM) rentieren sie, denn ihr Kurs ist höher als der Bargeldkurs.

Euroschecks: werden ohne Schwierigkeit in allen großen Touristenzentren umgetauscht, sonst aber nicht immer und überall. Müssen in Lire ausgestellt werden. 1986 Höchstsumme je Scheck 250.000 Lire (ca. 380 DM).

Nicht alle Banken tauschen, vor allem in ländlichen Gebieten und auch kleinere Filialen in der Stadt.
Banken offen: 8.30-13.30 (Montag-Freitag). Außerhalb dieser Zeiten tauschen in Touristenzentren manche Reisebüros.

★ POST

nur Post. Geldüberweisung und Telegraf-Telefon wird fast immer woanders abgewickelt.

★ TELEFON

Auslandsgespräche auch von der Zelle - man braucht zwei Leute dafür : Einer füttert den Apparat mit Münzen und Gettoni (Telefonmünzen , Kleingeldersatz), der Andere spricht. Besser also dorthin, wo man per Zähluhr telefonieren kann : SIP, oder den " posto telefono pupplico " - meist eine Bar, den es in fast jedem Dorf gibt.

Gebühren : Werktags 8.00 bis 20.00 Uhr reicht eine Einheit (z.Zt. L 200 = DM 0,30) für 12 Sekunden. Sonntags und zwischen 20.00 und 8.00 Uhr für 16 Sekunden.
Inneritalienisch über größere Distanzen ist recht teuer, besonders Mo - Fr. 8.30 bis 13.00 Uhr, der stark verbilligte Nachttarif Mo - Fr 22.00 bis 8.00 Uhr, Sa. ab 13.00 Uhr und Sonntag.

Die ital. Vorwahlbezirke sind groß, so hat z. B. die gesamte Provinz Napoli (inkl. Ischia und Capri) die Vorwahl 081. Was über die Ortsgrenzen hinaus geht, ist dennoch Ferngespräch !

★ 

GELD - WÄHRUNGSREFORM

Voraussichtlich 1987 wird das Nullenstreichen offiziell.

Drei Nullen fallen weg - also 1.000 alte Lire werden eine Lira, das Kleingeld heißt dann, wie vor 1945," Centesimi ".
Münzen, Geldscheine und Rechnungsweise beider Systeme werden wohl lange Zeit nebeneinander exisitieren, hoffentlich nicht mit zuviel Kuddelmuddel.

alt	neu
L. 50	c. 5
100	c. 10
1.000	L. 1,--
2.500	L. 2,50
10.000	L. 10,-- usw.

★ **Geldüberweisungen von zu Hause:**
Über Post oder Großbank abwickeln. Früh genug dran denken, denn auch auf dem telegrafischen Weg dauert das meist 2-4 Tage!

Post: telegraf. Zahlungsanweisung (in Lire) nach folgendem Adreßmuster, postlagernde Adresse spart Zeit!!!
Bausenhardt, Hans, fermo in posta, I-80077 Ischia Porto (Napoli), Italien.

Postlagernd läuft grundsätzlich über das Hauptpostamt (falls der Ort mehrere Poststellen hat). Dort ist dann der Schalter "vaglia" zuständig.

Bank: ebenfalls telegrafisch. Genaue Adresse angeben, aber oft erledigen das die Banker für euch. Grundsätzlich zur Hauptfiliale des Ortes gehen. Während bei der Post die Sache auch in kleinen Orten gut klappt, sind bei der Bank Städte und wichtige Ferienzentren unbedingt vorzuziehen.

★ **TELEFON** - auch international:

dort wo gelbe Wählscheibe mit Zusatz "Teleselzione" oder "interurbano automatico" in den Städten zusätzlich die Telefonzentralen der SIP. Auslandsgespräche von der Zelle gibt es nicht!
Vorwahl: BRD 0049, Österreich 0043, Schweiz 0041

★ **STROM**

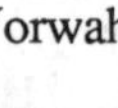

220-250 Volt. Flachstecker passen, Schukostecker nicht!

★ **ÖFFNUNGSZEITEN**

In Napoli in den großen Reisezentren angenehm flexibel geregelt. Jeder öffnet und schließt, wann es ihm und seinem Erwerbssinn gefällt.

Generell aber als Anhaltspunkte:
8-12.30 oder 13.00 Uhr, dann wieder ab 16.30 oder 17.00, Ladenschluß zwischen 20.00 und 21.00 Uhr.

Museen: 9-14 Uhr, montags geschlossen
Kirchen: 8-12.30, 16 bis gegen 18/19 Uhr
Post und Banken: 8.40-14.30, wichtige Postämter auch noch mal am späten Nachmittag, aber eingeschränkter Service.

★FEIERTAGE

1.Januar (capodanno), Ostermontag (lundi in albis), 25.April (anniversario della liberazione), 1.Mai (primo maggio), 15.August (Maria assunta oder "ferragosto"), 1.November (ognisanti), 25.Dezember (natale), 26.Dezember (S.Stefano)

TOURIST INFO

ENIT: staatliches italienisches Fremdenverkehrsbüro, in der Regel nur Basisinformation: Berliner Allee 26, 4000 Düsseldorf, Tel.: 13 54 6 / 47
Kaiserstr. 63, 6000 Frankfurt (Main), Tel.: 23 12 13
Goethestr. 20, 8000 München 2, Tel.: 53 03 69 / 53 39 33
Kärtnerring 4, 1010 Wien, Tel.: 65 43 74 / 65 15 30
Uraniastr. 32, 8001 Zürich, Tel.: 27 36 38

Wer mehr über ein Gebiet wissen möchte, Detailinformationen und Verzeichnisse von Hotels, Campingplätze etc. braucht, sollte direkt an die EPTs (Ente Provinciale per il Turismo) schreiben. Die hier angegebenen Adressen beziehen sich auf den Hauptsitz, die örtlich von denen der Informationsbüros (siehe Ortsbeschreibung) abweichen können.

NAPOLI (auch für Ischia, Capri, Vesuvgebiet und Sorrento): Via Partenope, 10/a, 80121 Napoli
CASERTA : Palazzo Reale, 81100 Caserta
BENEVENTO : Via Nicola Sala 31, 82100 Benevento
AVELLINO : Via Due Principati 5, 83100 Avellino
SALERNO (auch für Amalfi-Lüste und Cilento , Via Velia 15, 84100 Salerno
POTENZA (Gebiet um Maratea), Via Ciccotti 12, 85100 Potenza
Oder Kontakt zu den örtlichen Touristenbüros (Azienda Autonoma die Soggiorno e Turismo), die es aber nur in wichtigen Ferienorten gibt, Adressen in den Regionalteilen !

Im Moment wird die gesamte Struktur der Tourismusinformation und -promotion umgekrempelt. Die Region und die einzelnen Ortschaften sollen dabei mehr Gewicht bekommen - und auch mehr Autonomie. Zudem sollten neue Informationsbüros dort eingerichtet werden, wo es die Entwicklung des Tourismus erfordert.

Die neuen Büros nennen sich in den Hauptcentren APT - Azienda Promozione Turismo, sonst IAT - Indiziative Accoglienza Turismo. Bisher hat sich noch nichts getan, und wenn - dann wohl meist nicht mehr als der Austausch der Türschilder.

NOTRUFE:

Unfall, Autopanne: ACI 116, Carabinierei/Polizei 112 und 113
Generalkonsulat der BRD in Napoli: 081/ 68 33 93
Konsulat der Schweiz in Napoli: 081/ 66 71 07 oder 66 75 32
Konsulat Österreich in Napoli: 081/ 33 77 24
Notruf ACI (Roma), deutschsprachiger 24-Stunden-Service: 06/ 4998
Notruf ADAC (Roma): 06/ 49 54 730

★ KRANKHEITSFALL, UNFALL:

Vorsorge: Kleine Reise-Apotheke von Apotheker oder Arzt zusammenstellen lassen (ca. 20 DM)

Wenn in gesetzlicher Krankenkasse, dort den Auslandskrankenschein holen. Der berechtigt einen dann theoretisch zu Gratis-Leistungen der ital. USL. Wer sehr rechnen muß. Zum nächsten USL-Büro (Liste bekommt ihr zu Hause von eurer Kasse), und zwar spätestens um 8 Uhr früh, sonst ist die Warterei ewig. Dann alles an Mut und Italienisch zusammen nehmen und den Signore Capo-Ufficio verlangen. Der wird euch das deutsche Fromular in ein italienisches umtauschen, das zur Gratisbehandlung in den Ambulatorien von USL und bei Vertragsärzten berechtigt. Bedeutet in jedem Fall noch eine Warterei, oft Behandlung erst am nächsten oder übernächsten Tag. Bei Medikamenten auf Rezept ("ticket") Zuzahlung!

Wer es mit den Zähnen hat, wer nicht so rechnen muß und wenn es eilt: in der Nachbarschaft nach dem nächsten (oder einem guten) Arzt (medico) oder Zahnarzt (dentista) fragen und auch möglichst früh in die Praxis. Dort muß man dann zwar sofort und bar zahlen, aber gegen eine spezifizierte Honorarrechnung mit genauer Diagnose. Zahlt die deutsche Krankenkasse im Rahmen der heimischen Leistungssätze zurück.

Wer nichts Ernstes hat, meide USL und Arzt und gehe gleich in eine Apotheke (farmacia), dort bekommt er dann auch ohne Rezept die nötigen Medikamente. Und die sind in Italien wesentlich billiger als bei uns.

KLIMA

Der Golf von Napoli ist das klassische Reisegebiet fürs ganze Jahr. Noch zu Beginn dieses Jahrhunderts war Reisesaison in allen Monaten außer Juli und August. Wer es sich leisten konnte, überwinterte in Sorrento oder Capri.

März - Mai: Höhepunkt der Vegetation, warmer Frühling, aber mit unsicheren Tagen, bei Nordostwind ("Tramontana") kann es bei stahlend blauem Himmel sehr kalt werden. Meer noch kalt.

Juni - August: Sommer. Die Landschaft bleibt im Gegensatz zu vielen anderen Regionen Süditaliens, die jetzt verbrennen, grün. Durch die dichte

Vegetation und die Nähe des Meeres sind extrem heiße Temperaturen selten. Im Vesuvumland kann es allerdings unerträglich schwüle Tage geben.

September - Oktober: klimatisch die angenehmsten Monate, wenig Regen, viele klare Tage mit weiten Fernsichten. Im Meer noch gute Badetemperaturen.

November - Februar: ein Winter, der an unseren Frühling erinnert. Die Oliven und Orangen sind reif. Ausgesprochen kalte Tage sind selten, längere Regenperioden sind möglich. Was am meisten stört, ist die eisigkalte, scharfe Tramontana.

Golf von Neapel: die beiden Perioden mit den meisten Reisenden die Zeit um Ostern und Juli/August - langfristige Vorbestellung erforderlich.

Juni /September - ideale Reisemonate, relativ voll, aber Ende September/Anfang Oktober schließen in den Küstenorten und auf den Inseln die meisten Tourismusbetriebe. Auch was offen bleibt, ist nicht immer ideal zum "Überwintern", weil selbst in teuren Unterkünften oft die Heizung fehlt.

Cilento: Hauptsaison: Juli/August, manchmal noch bis 15.9., Hotels und Campingplätze haben nur selten ganzjährig geöffnet, sonst von Mitte April/Anfang Mai bis Oktober. In der Vor- und Nachsaison ist erheblich weniger los. Die Italiener als Gäste fehlen fast völlig. Baden mit Genuß von Juni bis Ende Oktober.

VEGETATION

Die natürliche Vegetation, Mittelmeermacchia und immergrüne Steineichenwälder, ist nur noch an steilen Hängen und in den Bergregionen zu finden.

Sonst ist das Gebiet an den Küsten eine Garten- und Parklandschaft, in der neben den einheimischen Arten viele Tropenpflanzen zu finden sind.

MEER

Je näher man an Napoli herankommt, desto dreckiger wird es. Weitere Schmutzflecken, wo auch Badeverbot seit Jahren besteht (von Nord nach Süd) gesamte Küste ab Capo Miseno bis Castellammare di Stabia, also praktisch der ganze innere Bogen des Golfs bis vor Sorrento: nähere Umgebung von Salerno.

SPORT

Ischia, Capri, Nordküste der Sorrentiner Halbinsel, - meist Steilküste mit wenigen, sehr kleinen Buchten. Die Wasserqualität: mäßig bis stellenweise schlecht. Fast überall treibt Zivilisationsschutt und wird angeschwemmt.

Küste von Amalfi: auf lange Strecken unzugängliche Steilküste, dann kleine Buchten, mal Fels, mal Schotter. Das Wasser recht sauber.

Paestum: flache, lange Sandstrände, Wasser verbessert sich mit Entfernung von Salerno, oft sehr starke Brandung wie auch an der südlich anschließenden Cilento-Küste.

Cilentoküste. Klippen und Buchten wechseln sich ab. Bis auf wenige Ausnahmen (Agropoli und Sapri) sehr sauberes Wasser.

Die Wasserverschmutzung hat von der früher reichen Unterwasserwelt des golfes von Neapel kaum etwas übrig gelassen. Letzte Relikte: dort, wo das Wasser wieder sauber wird, zwischen Sorrent, Massalubrense und Capri. - Ideale Tauchreviere: die gesamte Cilento-Küste. Dort auch reiche tauch-Stützpunkte und Läden mit Zubehör. Das Gebiet um PUNTA LICOSA: als Naturschutz-Unterwasserpark unter behördlichem Schutz.

Lattari-Massiv oberhalb von Amalfi, - Monti Alburni, Monte Cervati, Monte Bulgheira im Cilento. Speleologie: innere Cilento-Berge, vieles noch nicht erforscht.

Fast überall hinter dem Meer gehen gleich die Berge hoch, vielfach auf 1.500 und mehr Meter. Selbst wenige Kilometer von frequentierten Urlaubsorten findet ihr dort unbekanntes Italien, wo selten fremde Füße hinkommen.

Wandererfahrungen von der Schwäbischen Alb oder der Lündeburger Heide vergeßt getrost. Gekennzeichnete und ausgetretene Pfade gibt es praktisch keine. Und die Wege sind fast immer mehr von Schafen und Ziegen gespurt als von Exkursionisten.

Sogar auf Ischia oder im Hinterland von Amalfi kann es passieren, daß ihr stundenlang auf keinen Menschen trefft, und noch weniger Freizeitzivilisation gibts in den auf viele Quadratkilometer völlig einsamen Bergen des Cilento, wo sich dann Hirten, Waldarbeiter oder Einödbauern über eine Unterbrechung ihrer Einsamkeit freuen (und die kennen die Wege).

Ausrüstung: deutlich bessere Schuhe als Turnschuhe, sonst leichte, aber robuste Kleidung, was Warmes und bei längeren Touren Regenschutz und Schlafsack. Essen für die Dauer der ganzen Tour und reichlich Wasser.

Kartenmaterial: unabdinglich und wichtigste Info-Quelle:
Topografische Karte, entweder 1:25.000 des Istituto Geografico Militare (IGM) oder davon abgeleitete Karten anderer Verlage. Die Karten des IGM sind zwar Mitte der 50er Jahre aufgenommen worden, sind aber für die Wegverhältnisse in den Hochlagen immer noch weitgehend aktuell. Angaben zu Quellen und Wasserstellen exzellent.

Die IGM-Karten sind etwas schwer zu bekommen, in den Feriengebieten gibt es sie eigentlich nie.

Geobuchhandlungen in der BRD haben sie wegen sehr geringer Nachfrage nie auf Lager, sie müssen dann auch direkt beim Verlag selbst bestellen. Eure eigene Direktbestellung geht fast immer schneller und ihr bekommt die Karten zum Abgabepreis des Verlages: Istituto Geografico Militare, Sezione Vendite. Viale F. Strozzi, 14 I-50129 FIRENZE/ ITALIA.

Die Karten kommen nach 3-4 Wochen per Nachnahme, zum Preis kommen Porto- und Verpackungskosten.

Ihr könnt aber auch direkt beim Institut kaufen: ist ca. 10 Min. vom Florentiner Hauptbahnhof Santa Maria Novella entfernt. Offen Mo-Sa 8-12 Uhr. Preis je Karte ca. 5 DM (im deutschen Buchhandel ca. 13 DM).

✶ Surf: ideal die Cilentoküste mit ihren Buchten.

✶ Tennis: die meisten Plätze gehören zu Hotels und Campingplätzen. In den größeren Zentren auch Plätze im Gemeinde- oder Vereinseigentum.

✶

FOTOGRAFIEREN UND FILMEN: FILME sind in Italien wesentlich teurer. Pro Nase können 10 Filme legal über die Grenze mitgenommen werden.

Bei AUFNAHMEN in vollem Sonnenlicht an die Reflektion und UV-Strahlung von Meer und hellem Gestein denken! Licht/Schattenkontraste verkraften Farbfilme nicht unbedingt. Daher nicht voll auf die Automatik der Kamera vertrauen!

Menschen nicht einfach abknipsen - im Gegensatz zu euch sind die Einheimischen nicht in Urlaubsstimmung. Mißstimmung oder auch mal rabiate Reaktionen kann die Folge sein. Vorher fragen; aus dem Gespräch entwickelt sich oft eine viel interessantere Situation fürs Foto. Alte Leute schämen sich oft ihrer offenkundigen Armut und wollen nicht auf irgendeinem Dia-Abend in den Wohlstandsregionen Europas vorgeführt werden.

In Museen und Kirchen Blitz verboten, in Museen zusätzlich das Stativ genehmigungspflichtig - und die Genehmigung ist fast nie einfach zu bekommen. Beharrlichkeit kann zum Ziel führen.

Mitnahme von Vierbeinern: überlegt es euch genau, die Sache kann traumatisch sein. Klima, Strapaze der langen Reise, sowie Bekanntschaften mit, für euch und euren Vierbeiner bisher unbekannten Parasiten. - Viele Hotels und Restaurants sowie 1/3 der Campingplätze sind für Hunde gesperrt. Auch in Museen, Ausgrabungsgeländen, Banken und Postämter und andere öffentliche Gebäude dürfen sie nicht rein.

In den AFD-Wäldern (der staatlichen Forstverwaltung) Hundeverbot, in Hirtenregionen nimmt man sie besser nicht mit, denn "i pastori" schätzen fremde Hunde nicht, sie haben reichlich schlechte Erfahrungen mit wildernden Jagdhunden.

Papiere:
Internationaler Impfpaß mit Impfzeugnis für Tollwut, das nicht älter als 11 Monate sein darf. Weiter ein Gesundheitszeugnis, vom Amtstierarzt bestätigt und möglichst mit Übersetzung in italienisch oder französisch, das vom Tag der Ausstellung an 30 Tage gilt.

Beide Papiere beim Betreten der Fähre nach Capri und Ischia bereithalten, weil auch für Hunde vom ital. Festland dieser Nachweis verlangt wird. Auf der Fähre darf das Tier nicht in Kabine oder Schlafsaal, einzig erlaubter Aufenthalt: dafür vorgesehene Käfige.

Wer mit öffentlichen Verkehrsmittel reist, hat nur einen minimalen Aktionsradius: die wenigen Züge der FS mit Gepäckwagen, wo es Hundkäfige gibt. Personenwagen, Busse die Triebwagen der Kleinbahnen und er FS sind für Hunde gesperrt.

Generell besteht Leinen- und Maulkorbpflicht, mit der letzteren nimmt man es nicht so genau.

Hotels und Campingplätze sind in den Hotelverzeichnissen der EPTs aufgeführt. Deren Preise unterliegen ihrer Kontrolle, in den Zimmern oder zumindest an der Rezeption muß eine abgestempelte Preisliste aushängen.

Davon ausgenommen Ferienwohnungen und Unterkunft bei Privaten. Preise für Vor- und Nachsaison in der Regel deutlich billiger. Die Hotels sind nach Kategorien aufgeteilt, was aber nicht unbedingt genaue Qualitätsmerkmal liefern muß.

In einfachen Stadthotels versuchen die Wirte wieder, die relativ niedrigen Preise durch Nebenleistungen gegen Barzahlung aufzubessern. Beliebtestes Ausbeutungsmittel die meist lauwarme Dusche - 3000 Lire und du bekommst die Wasserhähne ausgehändigt. In den Feriengebieten besteht ausgenommen die frühe Vorsaison und die späte Nachsaison fast immer der Zwang zur Halb- oder Vollpension.

Das Hotelfrühstück ist fast immer erbärmlich und immer überbezahlt, die Bar um die Ecke liefert für den halben Preis besser - allerdings muß man dort stehen.

Hotel - Suche:

Oft kommt man sich vor, wie die Heilige Familie, bevor sie bei Bethlehem den berühmten Stall gefunden hat. Die Hochnäsigkeit der Wirte nimmt fast immer mit steigendem Preis ab.

Wer ohne jedes Risiko seinen Leib betten will und das Geld hat, kehre in der I. und II. Kategorie ein und halte sich an Neubauten und Frischrenoviertes.

Wer Hotelarchäologie (erfreuliche) betreiben will, unter den Spitzenhotels in den alten großen Ferienzentren wie Sorrento und Napoli gibt es noch einige wenige, die im Stil der Belle Epoque perfekt erhalten sind. Die meisten haben aber als Zugeständnis an die großen Reiseveranstalter und Komfortwünsche vor allem von deutschen und amerikanischen Reisenden eine Totalrenovierung hinter sich.

Wer Reisen als Abenteuer empfindet und die kleinen, ungefährlichen Abenteuer schätzt, der suche auf eigene Faust, egal ob im Provinznest, der Großstadt oder im Urlaubszentrum. Kategorie und Preis brauchen dabei keine Rolle spielen!

Fast überall gibt es Herbergen (nicht immer sind sie wohlfeil), über die man später den lieben Freunden als Abenteuer erzählt: über die durchlittene Nacht, die heiße Diskusssion mit dem Padrone, die Mißverständnisse, den eigenen Heroismus. Wie das Bett unter einem zusammengebrochen ist, das Waschbecken aus der Halterung fallen wollte, wie erst einmal das Großreinemachen begonnen wurde - vom reinlichen Reisenden, versteht sich. Wer erzählt schon über perfekte Luxusbleiben?

Tips:

Besonders zu beherzigen, wenn die Bleibe die Einzige am Ort ist, die Reisekasse einer großzügigen Auswahl den Riegel vorschiebt, oder man einfach das nehmen muß, wo noch Platz ist.

★ Wer daran gewöhnt ist, mit sauberen Füßen ins Bett zu gehen, deponiere einen nassen Scheuerlappen vor dem Bett (eventuell mitbringen!), denn sonst hat er zwischen Wasserzapfstelle und Bett oft schwarze Füsse.

★ Es gibt Betten, die grauenvoll durchhängen. Bevor man mit dem Wirt handelseinig wird, Bett ausprobieren. Meist quietschen sie zudem herzzerreißend bei jedem Atemzug. Ich bin schon mehrfach mit der Matraze auf den Fußboden umgezogen.

★ Das Waschbecken oder die Dusche laufen nicht ab. Geduld! Wer Platz im Auto hat, nimmt Eimer und Rohrzange mit und bringt das diskret aufs Zimmer, öffnet den Siphon (aber mit Gefühl, sonst muß wirklich der Klempner her) und schüttelt die Sedimente aus. Der Wirt wird's euch danken und den Kopf über die eigenartigen Deutschen schütteln. Wer über Beharrlichkeit und beste Sprachkenntnisse verfügt, wende sich mit dem Problem an den Padrone. An der Rezeption hört man euch zu und vergißt es wieder.

★ Einzelzimmer stehen oft nur auf dem Papier der Hotelverzeichnisse. Wenn dann der/die Singel kommt, wird einem ein Doppelzimmer angedreht für den Preis von beiden Betten mit dem ganz heißen Spartip, sich doch noch einen Zimmergefährten zu suchen.

So speziell fast immer in den "billigen" Dingern. Als Single fährt man deshalb oft in der nächst höheren Kategorie besser, wo es wirkliche Einzelzimmer gibt - was zudem fast immer weniger kostet.

CAMPING: im Golf von Neapel mehr als dürftig und auch nur wenig schöne Plätze. Oft mehr als Durchreiseplätze genutzt. Reichlich Plätze erst von Paestum an südlich, wo auch das Meer stärker zu längeren Aufenthalten animiert.

Landschaftlich sehr schön gelegen die Plätze im Gebiet von Sorrento (allerdings wenig ideale Bademöglichkeiten); auf Capri und der gesamten Amalfi-Küste überhaupt keine Plätze. Freicampieren ist praktisch überall unmöglich und zudem verboten. Bedenken, daß praktisch kein Fetzchen Erde unbebaut und daher eingezäunt ist.

Pennen zum Nulltarif:

Wartesäle der FS. Diese warmen und trockenen Paradiese werden fast immer um 23 Uhr geschlossen. In den Schalterhallten von Napoli Centrale sind auf dem Boden ausgerollte Schlafsäcke an der Tagesordnung und werden meist auch geduldet, aber: Kontrollen über sich ergehen lassen; schmutzig ist es außerdem und ganz ehrlich geht es in dieser Schläfergemeinschaft nicht zu.

Auf kleineren Bahnhöfen, wo der Schlafsack vielleicht idyllisch auf dem Boden liegen würde, liegt da nichts drin.
Parkbank und der gestirnte Himmel über mir: lockt zumindest die Carabinieri an, oft auch noch Gestalten, die man lieber weiter weg hätte.

JUGENDHERBERGEN:

in Napoli (Mergellina), Agerola-S.Lazzaro (oberhalb von Amalfi), Praiano-Vettica (zwischen Amalfi und Positano), Sorrento, Salerno. Außer JH ("Ostello") in Napoli alle mit der Möglichkeit, sich selbstzu bekochen. Im Sommer sehr überlaufen. Internationaler Jugenherbergsausweis erforderlich. Bettwäsche wird gestellt. Übernachtung ca. 8 DM.

FERIENWOHNUNGEN, VILLEN, ZIMMER:

In geringen Umfang über die Reiseveranstalter in der BRD, überwiegend für Ischia (frühzeitig im Reisebüro buchen, denn sehr viel haben die nicht zu Verfügung!).

Sonst nur an Ort und Stelle möglich. Vermittlung durch Immobilienagenturen, einzelne Reisebüros und örtlich auch die Azienda Autonoma die Soggiorno e Turismo (Fremdenverkehrsverein). Zur A.A. in jedem Fall zuerst gehen, die reichen einen weiter und wissen auch, wer gerade was hat. Auch bei brieflichen Anfragen zuerst an die A.A. schreiben, an den EPT hat überhaupt keinen Wert!

Monatsmiete im Sommer bei guter Ausstattung für 4 Personen ca. 2500-5000 DM. Billige Sachen gibt es , sind aber rar. Man muß suchen und auf Zufälle hoffen. In Bars, Andenken- und Tabacchi-Läden fragen.

HOTELS:

In der Hochsaison und in der schon/noch belebten Vor- und Nachsaison läuft am Meer meist nichts, wenn man nur das Zimmer will. Erst wenn die Geschäfte kurz vor dem Stillstand sind, entgeht man der Voll- oder Halbpension. Unter dem Ansturm deutscher Touristenmassen hat sich speziell auf Ischia die üble Unsitte des deutschen Hotelfrühstücks durchgesetzt.

Circa-Preise nach Kategorien: fürs DZ

Hotels	Pensionen	Sterne	Preise
Luxusklasse L	------	*****	ab 180 DM
1. Kat. I	------	****	100 - 200 DM
2. Kat. II	P.1	***	75 - 150 DM
3. Kat. III	P.2	**	50 - 100 DM
4. Kat. IV	P.3	*	30 - 80 DM
Locanda	loc.	*	15 - 25 DM, wird oft jedes Bett einzeln als"posto letto" berechnet

Die Hotel-Kategorien bzw. die neuen Sterne müssen nicht für Qualitätsabstufungen stehen.

PAUSCHALREISEN

Die Ferienregionen des Golfs von Neapel, besonders Ischia und Sorrent, sind Standardprogramm fast aller Reiseveranstalter. In den meisten Hotels haben sie ihre " Kontingente ", in einigen haben sie sogar das völlige Monopol. Trotzdem - Pauschaltourismus wie in Mallorca läuft nirgends, er ist weniger sichtbar und keinesfalls dominierend.

Die Reise " alles eingeschlossen " kann, muß aber nicht vom Finanziellen her lohnend sein. Je nach Saison und Anreise kann eine selbst organisierte Reise (sogar mit dem Flugzeug) weniger kosten.

Tips: Leistungen und Preise möglichst vieler Reiseveranstalter vergleichen. Es kann sogar in ein und demselben Hotel beachtliche Preisunterschiede geben!

Billige Reisezeiten heraussuchen, die Preisabstufungen sind beachtlich, anders als für den Individualtouristen mit Hauptsaison und Nebensaison gibt es vielfach 4 - 5 verschieden teure Reisezeiten. Sonderangebote nützen! Außerhalb der Hochsaison gibt es immer wieder sehr billige Sachen für Schnellentschlossene.

Falls geplant, schon bei der Buchung den Mietwagen reservieren, die Reisebüropreise liegen um 20 - 30 % niedriger !
Ausflugsprogramme auf jeden Fall auf eigene Faust organisieren - das kostet nicht nur wesentlich weniger, sondern bringt intensiveres Erleben. Wen dann doch der Mut dazu verläßt : vor Ort kosten diese Exkursionen nicht mehr !

Vorteile : Man kann seinen Kummer (sofern vorhanden) dem Reiseleiter klagen, oder falls zu riesig, einem heimatlichen Gericht.
Der Flug ist preislich günstig (rund DM 150,- billiger als " Flieg & Spar " von Lufthansa/Alitalia), außerdem ist der Transfer schon im Preis enthalten.

Essen und Trinken

Napoli ist die Heimat der Pizza und die Napoletaner sind voller Dank, daß die Chinesen die Nudel erfunden haben, Marco Polo sie nach Italien gebracht hat und die Venezianer sie auf dem Stiefel heimisch gemacht haben, - aber sie, die Napoletaner haben sie in Italien zu der Speise gemacht, die keinen Tag auf dem Tisch fehlen darf.

Die Küche um den Golf vereinigt das Meer, die Gemüsegärten der Ebene von Sarno, die Bergweiden von Sorrento, mit der Arme-Leute-Küche der Altstadt Napolis, wo die Nudel und Hefeteig kombiniert mit Tomate das tägliche Überleben sichern.

Die Spaghettis: in ihren Legenden wurde die NUDEL in Napoli erfunden. Zur Zeit der Könige lebte in der Stadt ein guter Zauberer, der dem Hungerleiden seiner Mitbürger ein Ende setzen wollte. Er laborierte jahrelang mit den Nahrungsgrundstoffen, dem Mehl und den damals noch teuren Tomaten ("pomodori"), an die sich niemand herantraute. Seine Aufwartefrau war neugierig, was im Labor vor sich ging, - und dann noch der ständige Geruch.

Bei Gelegenheit spionierte die Frau mit Auge, Mund und Nase und gab das Geheimrezept ihrem Mann, der Unterkoch bei Hof war.

Dort drohte wegen des täglichen Kücheneinerlei der Rausschmiß aller Köche. Unter dem Gelächter aller Kollegen formte er nun aus Mehl und Wasser das, was man später Maccheroni nannte - ein Wort, das angeblich vom griechischen "makarios" - glücklich - kommt. Dazu ein Sößchen aus Öl und Tomaten. Das Gericht kam gut an und wurde täglich in neuen Varianten bei Hof verlangt. Der Siegeszug in die Gassen dauerte nicht lang.

Fest steht, daß die Nudel Jahrhunderte vor der Tomate Volksnahrungsmittel war. Die blieb erst einmal Zierpflanze.

Goethe, der gerade den Napoletanern tief in die Teller geschaut hat, erwähnt sie nicht in seiner Italienischen Reise (1784-86), dafür aber die Nudeln.

"Die Maccaroni, ein zarter, stark durchgearbeiteter, gekochter, in gewisse Gestalten gepreßter Teig von feinem Mehle, sind von allen Sorten überall für ein Geringes zu haben. Sie werden meistens nur in Wasser abgekocht, und der geriebene Käse würzt und schmälzt zugleich die Schüssel."

Auch 20 Jahre später ist die Tomate noch nicht da. Johann Gottfried Seume macht in 90 Tagen seinen "Spaziergang von Leipzig nach Syrakus" und hat damals in seinem auflagenstarken Reisebericht den Ruf der Deutschen als Kartoffelliebhaber gefestigt. Von den Makkaronen glaubte er, daß sie "das Gedärme der armen Leute verkleistern" und von sich, daß er noch "manches grundehrliche deutsche Kartoffelgericht zu verspeisen gedenke". 20 Jahre später, unbeachtet von der Literatur, der Durchbruch. Italiens Nudeln werden rot und fast gleichzeitig die ersten Fabriken im Gebiet von Napoli, die Tomaten konservierten.

Hatten Pizza und Maccharonen dann die nötige Sättigung geschaffen, spendierte das Meer ein paar Proteine mittels einiger gesottener Tintenfische (im eigenen Saft und nur ganz, ganz wenig Tomate). Die Verdauerei - wegen der von dem wackeren sächsischen Wandersmann befürchteten Verkleisterung der Gedärme - regt der Napoletaner auch heute noch durch reichlich roh genossenes Grünzeug wie Salat, Sellererie, Fenchel, wilde Spargel etc. an Fleisch erschwinglich, Fisch und Muscheln holten sie aus dem Meer. Inzwischen haben Umweltschmutz und Überfischen mit reichlich Dynamit die Bestände so reduziert, daß Fleisch weniger kostet.

Milchprodukte: typisch, die in der Molke schwimmenden "mozzarelle", besser die aus Büffelmilch (die Tiere zu bewundern in den Flußebenen des Voltuno bei Capua und des Sele bei Battipaglia und Paestum).

Nur Spaghetti bolognese, Rotwein und dann die Rechnung geht nicht (allenfalls in Rimini)! - In Hamburg verlangt ja auch niemand nur Salzkartoffeln mit Soße!

Antipasto (Vorspeise): zum Appetitkriegen, mal wird es zusammengestellt, mal Schinken oder Salami mit Melone oder Feigen. - Muß nicht sein. - Wer nudelmüde ist und seine Suppe nicht mehr mag, kann so den obligatorischen ersten Gang umgehen.

Primo Piatto: Nudeln, Suppe, auch mal Polenta (aber immer vom Holzteller, anders wird sie steif) oder winzige Knödel aus gekochten Kartoffeln (gnocchi) oder auch Pizza. Der Gang zum satt werden.

Dann "il secondo" (zweiter Gang): Fisch, Fleisch oder Eierspeise. Ist unumgänglich. Wer wirklich an dem Tag schwach auf dem Magen ist, kann Mozzarella (weißer, weicher Frischkäse) bestellen.

Dazu Salat oder Gemüse (contorni), Kartoffeln, sie gibts in Italien als Gemüse (ihr merkt die Menge).

Nachtisch. Frutta oder dolce (meist was Cremiges, Likörgetränktes, was gut schmeckt und ziemlich dick macht). Eis seltener! Nachtisch braucht nicht. "Frutta" wird immer mit Messer und Gabel gegessen, sogar Äpfel, nur Trauben nicht.
Ich bin in der bestimmt recht simplen Uni-Mensa in Perugia beim naturnahen Apfelverzehr mit Blicken überschüttet worden, die mich als halben Kannibalen fühlen ließen.
Statt der Süßspeise geht auch Käse.

Cafe zum Abschluß fördert die Verdauung und wirft den geschwächten Kreislauf wieder an.

Danach kommt die Rechnung (il conto). Früher war es üblich, den Zettel zusammen mit Rechnungsbetrag und Trinkgeld auf dem Tellerchen liegen zu lassen.

Mit der Einführung der "ricevuta fiscale", die's ebenso für Übernachtung, Autowerkstatt etc. gibt, soll sich nach dem Willen von Gesetz und Fiskus folgendes ändern: die Rechnung muß von einem Quittungsblock kommen, deren Durchschrift der Wirt dem Finanzamt vorlegen muß. Deren Steuermoral wird nun an den Gästen überprüft. In letzter Zeit häufen sich Berichte, daß vor der Tür die Rechnung verlangt wurde, wenn nicht vorhanden, dann Strafen bis ca. 100 DM (für den Gast).

Trinkgeld (mancia) muß sein. Außer ihr habt mit dem "padrone" zu tun gehabt. Da wäre es beleidigend. Sonst rund 10% der Rechnungssumme. Kein Metallgeld!

Im Gegensatz zu den Hotels nicht in feste Kategorien eingeteilt. Ursprünglich war das "ristorante" das Feinere und die "trattoria" fast immer familiär. Speisekarte und Preisliste hängen meistens aus. Wo es ganz einfach aussieht, fragen! nicht immer wird gekocht. In den alten "osterie" und "Cucine", wo es meist nur zu trinken, allenfalls sehr einfaches Essen gibt, haben nur Leute, vom Ort das Recht, Selbstmitgebrachtes zu verzehren.

Für eilige Leute, denen eine Reiskugel oder ein Teigkrapfen auf die Hand nicht langt, sind die "Tavola Calda" und "Rostivveria" gemacht: in heißen Tresen recht großes Angebot, aus dem man wählt. Preislich meist wie eine mittlere "Trattoria" wo das Essen und vor allem der Wein origineller und ursprünglicher sind.

Pizzeria: außer in Neapel oft ein mäßig geführtes Ristorante mit salzigen Preisen. Pizza ist in.

Pizza-Tip: Pizza in Napoli auf Vorrat essen! Solltet ihr dennoch drauf gelüstet sein, morgens beim Bäcker kaufen, wird von der quadratmetergroßen Riesenpizza nach Gewicht abgeschnitten.

Panini (belegte Brötchen) macht man um die Mittagszeit in jedem Alimentari, dazu gibts gekühlte Getränke. Der Service ist gratis.

Rohes Meeresgetier: Muscheln aller Art, winzig kleine Tintenfische, aber auch ganz kleine Fischchen, Seeigel.
Viele Italiener halten das für die "genuinste" Art, beim Kochen gehe der ganze Geschmack verloren. Stimmt - leider. Geht aber nur dort, wo das Meer bakteriologisch absolut in Ordnung ist. Hepatitis kann sonst das Mindeste sein. Über die Schuld und Unschuld der Muscheln an der Cholera 1972 wird heute noch leidenschaftlich gestritten. Fest steht aber, daß es die meisten Fälle dort gab, wo die Muschelbänke in trübem Wasser standen (Neapel, Tarent, Bari, Salerno und Cagliari). Kochen macht die Erreger tot, aber gelegentlich an den ganzen Chemieschmutz denken. Gerade Muscheln gedeihen in extrem verschmutztem Wasser prächtig. - Während andere Fischarten aussterben, werden die Tintenfische immer mehr.

Wein

Süditaliener sind mäßig mit dem Wein, erzählen aber mit Wonne von Saufgelagen und Vollräuschen und setzen mit Vergnügen weinunerfahrene Ausländer kräftig unter Alkohol. Wer als Einheimischer seine Grenze nicht einhält, verliert sein Gesicht.

Rotwein überwiegt, die Sorte, die schwarz-violette Flecken aufs Tischtuch macht. Er ist immer herb und geht rabiat in Kopf und Knochen. Einfache Bauernweine sind onhe alle Chemie gemacht, bekömmlich, aber oft nicht haltbar, - ein Jahr reicht, und sie beginnen im Faß umzukippen, was sich durch einen beißenden Essiggeschmack ankündigt. Und Transporte halten sie schon gar nicht aus.

Was in 1- oder 2-Liter-Flaschen mit Kronkorken oder Drehverschluß ist, liegt im Umland Napolis meist weit unter dem Durchschnitt solcher Tischweine. Einheimische sehen zu, was aus dem Faß zu bekommen.

Aber an den Hängen des Vesuv (rückseite!), auf Ischia und in den Bergen hiter Avellino wachsen in schlanke Flaschen abgefüllte Weißweine, die zum Besten in Süditalien zählen - sie haben aber ihren Preis.

Spitzenweine - Campaniens

Falerno - ein kräftiger, trockener Roter aus der Provinz Caserta, Lieblingswein der alten Römer

Solopaca - trockene Weine aller Farbschattierungen aus der Provinz Benevento

Greco di Tufo, Taurasi - weiße herbaromatische Weine aus dem Bergland von Avellino, zählen zu den besten, gesuchtesten und teuersten Weinen Italiens !

Ischia - alle Farbschattierungen, leicht, herb und frisch

Capri - Bianco, rar und lecker, herb

Lacrima Cristi - weiß, vom Vesuv, gibt`s trocken und als Likörwein

Asprino - rein spritziger, moussierender Weißer aus Gragnano/Na. in Sektflaschen.

Aglianico- eigentlich der klassische Rote (herb, schwer) aus Lucanien, wird im Gebiet von Maratea / PZ angebaut - Spitze !

Leckeres von außerhalb

Beliebt besonders in guten Restaurants: weiße Flaschenweine aus Apulien, den Abruzzen und Sizilien. Sie passen ausgezeichnet zu Fisch und Meeresfrüchten und zählen zum Besten Italiens - und kosten dabei weit weniger als Erlesene aus Nord- und Mittelitalien.

Die ganz speziellen Sachen

Zuerst natürlich das, was Bauern, Restaurants und kleine Kellereien für den Eigenbedarf im Faß anbauen, manchmal auch abfüllen. Und dann kleine Weingüter, die gerade 4 , 5 Restaurants beliefern - die tollsten Sachen auf Capri und Ischia, auf der Halbinsel von Amalfi und am Maratea. Im Laden sind diese Sachen kaum zu bekommen.

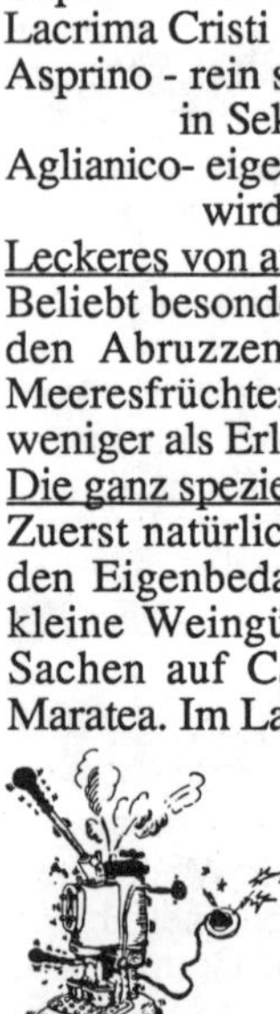

Die Bar: ursprünglich ausschließlich Männertreff. In den Dörfern nur für landesfremde Frauen Zutritt. In den Großstädten und Ferienzentren sind die Sitten nicht mehr so streng, aber es gibt auch dort noch Rückzugswinkel für wahre Patriarchen. Es gilt als chic, sich die Post in die Bar

schicken zu lassen. Der Brief fällt nie in falsche Hände und kann gleich herumgezeigt werden, besonders, wenn von zarter Hand geschrieben.

Die Bar ist zugleich Kommunikationszentrum; für Dauerkunden besteht kein Zwang zum Konsumieren.

"ESSPRESSO" und "CAPUCCINO" sind nicht teuer, - solang im Stehen eingenommen. Nur in kleinen, einfachen Bars in touristisch wenig befleckten Gebieten kann man sich sein Getränk eigenhändig an einen der Tische im Raum tragen, niemals jedoch nach Draußen. Sonst kostet Bedienung am Tisch, besonders vor der Bar (der Preis verdreifacht sich etwa).

In größeren Bars muß man meist erst ein Bon (scontrino) an der Kasse holen. Außer in reinen Familienbetrieben an der Theke nicht einen Obulus von 50 oder 100 Lire für die Mannschaft an der Kaffeemaschine vergessen.

Eine weitere wichtige Funktion der Bar: hier findet das italienische Frühstück statt: Espresso oder Capuccino plus süßes Stückchen, stehend eingenommen. Frühstückspuristen, die sich aufs Mittagsessen freuen, bleiben beim "caffe" pur.

"SCIPPO"

Straßenraub-Tricks

Weniger verbreitet als es der schlechte Ruf Napolis erwarten läßt. Aber erwischen kann es Einen. Am leichtesten, Menschen voll lockerer Urlaubsstimmung und die ganz Verängstigten, die hinter jeder Straßenecke, den auf der Lauer liegenden Spitzbuben erwarten.

Geklaut und beschissen wird aus dem Augenblick heraus, ohne lange kriminelle Vorplanungen und stundenlange Beobachtung des Opfers. Das geht blitzschnell, ohne große Gewaltanwendung - zur napoleanischen Tradition gehört die Vermeidung von ernsthaften Personenschäden.

Die Haupttechniken:

- Klassischer Scippo: Moped oder Vespa oder ein geklauter Kleinwagen kommt ganz langsam von hinten und der Beifahrer pflückt Tasche oder Fotoappaprat von eurer Schulter und dann wird durchgestartet, ohne Rücksicht auf Passanten.

- Gedränge am Bahnhof, an Haltestellen, auf Märkten, Gepuffe und Geknuffe, die eigene Mobilität ist weitgehend blockiert. Ideal für den schnellen Griff nach Sichtbarem von Wert - Brieftasche, Geldbeutel, Taschen etc, auch die so sicheren Brustbeutel lassen sich angeln! Die Flucht geht blitzschnell. Die Jungen haben Kondition und kennen ihre Fluchtwege.

- Bahnhof, Haltestelle, Hafen, Taxistand - wo eben viele Leute mit Gepäck sind. Man inszeniert schnell was - ganz echt, sehr dramatisch. Theatralische Begabungen haben in Napoli Tradition. Mal werdet ihr ins Schauspiel direkt einbezogen, z.B. ein eiliger, bedauerlicher Anrempler mit vielen Entschuldigungen, und danach ist ein Koffer weniger da.

Oder zweie machen sich eine Szene mit Geschrei, Ohrfeigen, Tritten - man sieht nicht alle Tage so was. Resultat wie oben.

★Im Umfeld der Jugendherberge und klassischer Sight-seeing-Stätten ein klassischer Trick, der immer noch zieht: ein Typ kommt, fragt, woher ihr kommt, und dann wird tiefste deutsch-italienische Freundschaft beschworen. Danach die Einladung zu einer Rundfahrt, Ihr werdet den Freunden in ein zwei Bars vorgestellt, man zahlt euch den Kaffee und schließlich gehts am Stadtrand in ein Ristorante. Blick auf Capri, viel Stimmung und ihr seid euch mit dem Gastgeber einig, daß Napoli die schönste Stadt der Welt sei. Dann muß der Freund ans Telefon und kommt mit Sorgenfalten und leicht verlegenem Blick zurück. "Ein ganz wichtiges Geschäft, eine Gelegenheit, die morgen schon vorbei ist". Die Bank habe heute leider schon zu, und er habe jetzt nicht genug Bares. Aber unter Freunden... Morgen bringe er das Geld, als Sichheit gebe er einen Scheck oder die Autoschlüssel. In zehn Minuten sei er wieder zurück, man solle es sich nur weiter schmecken lassen. Der Freund wird nie wieder auftauchen und die Rechnung fürs Ristorante hat er auch vergessen. Den Scheck hat er irgendwo her und das Auto hat er ohne lange Fragerei "ausgeliehen".

★Der Trick mit dem Ziegelstein

Auch mit wenig geschicktem Handeln kann man auf den Straßenmärkten gelegentlich für Kameras, Recorder, Radios usw. fantastisch niedrige Preise erzielen. Dann bloß keine Euphorie, wenn die 800-Mark-Camera für 200 den Besitzer wechseln soll. Natürlich "alles Schmuggelware" und draußen auf der Straßen wimmelt es von Polzisten in Zivil und so wird dann ganz schnell in der Dunkelheit eines Toreingangs die Camera ganz neutral in Packpapier gewickelt, als sei sie ein Kopf Salat. Beim Auspacken dann die Überraschung, daß ein Ziegelstein drin liegt.

★Günstige Gelegenheiten

Speziell für die Klamottenmärkte im Duchesca-Viertel. Da gibt's auch immer reichlich Skonto, am reichlichsten an Schuhständen. Die Schuhe, oft die Mode von vor zwei Jahren oder dritte Wahl, können teurer kommen als aktuelle Mode im Schuhgeschäft in einer der Hauptstraßen.

ANMERK. der Red.: wir haben hier die wichtigsten "Scippo"-Tricks zusammengestellt, da wir meinen, daß die Kenntnis viel zu Verhütung von Schaden hilft. Man sollte daraus jedoch nicht schließen, daß an jeder Straßenecke "scippiert" wird. Vorwiegend auf NEAPEL beschränkt und hier auch nicht "permanent". Noch folgende Tips:

Die Tasche immer zur Hauswand hin tragen, dann wird der Scippo erst gar nicht versucht.

Fotoausrüstung in schwarzen Profitaschen oder Alu-Koffern beeindrucken, eine abgewetzte Stofftasche militärischer Herkunft tut gleiche Dienste, erweckt aber kaum Gelüste.

Für Wertvolles ist die Hotelrezeption da, und wenn die nicht vertrauenswürdig aussieht, gehören die Sachen ins Gepäck und auf die Gepäckaufbewahrung in der Stazione Centrale (fast so sicher wie ein Banksafe).

Drogen

An der viel kolportierten Geschichte, Drogen zum unmittelbaren Selbstverbrauch seien in Italien straffrei, ist nichts dran. Auch mit der Tagesration in der Tasche wandert man erst mal hinter Gitter und die Mühlen der Justiz fangen an zu mahlen. Der Markt ist bestens bestückt, die Camorra steckt dick im Drogendeal (Detail und en gros) - besonders in Napoli : VI. US-Flotte und ca. 100.000 Drogenabhängige im Großraum Napoli - fast ausschließlich Jugendliche aus Problemgebieten. Entsprechend hoch die Beschaffungskriminalität und das Morden der Dealer und ihrer Hintermänner im Kampf um Marktanteile.

N.B. Die Drogenfahndung arbeitet sehr effizient - das als Information für Leute, die es nicht seinlassen wollen.

Literatur:

Wer italienisch kann, Napolis Buchhandlungen durchschmökern - je unordentlicher es aussieht, desto vielversprechender. Da gibt es Titel zur Lokalgeschichte, zu irgendwelchen Formen des Aberglaubens, zu einem halbvergessenen Heiligen oder Revolutionären, die vor zwanzig, dreißig Jahren ohne jede Marktchance gedruckt wurden, einfach weil sich Verleger in das Mauskript verliebt hatten. Und der Verleger ist in diesen Buchhandlungen oft der unscheinbar aussehende Herr im Hintergund, der euch erst den Stapel mit angegrauten, eselsohrigen Büchern hingelegt hat, oft mit dem Messer zum Aufschneiden der Seiten. Und der beobachtet jetzt eure Reaktion, die Technik eurer ersten Bekanntschaft mit einem Spezialthema, von dem ihr vor fünf Minuten noch gar nichts gewußt habt.

Und wenn ihr dann beide richtig warm geworden seid, spricht er über die Zeiten, als er noch nicht allein von Schulbüchern, Formularen, Briefumschlägen und den gängigen Universitätstexten hoffte, sein Auskommen hatte: zwanzig, dreißig Bücher verlegt, - die Universitätsbibliotheken und sonst keinen erreichten.

★ **Bücher in deutscher Sprache:**

Dominique Fernandez, Süditalienische Reise, Insel-Verlag, Frankfurt, vergriffen - aber Standardbestand von Bibliotheken. Refletkiert den sozialen, kulturellen und historischen Hintergund des heutigen Südens - die italienische Ausgabe war eines der erfolgreichsten Bücher eines Nicht-Italieners über Süditalien.

Ernst Kirsten, Süditalienkunde, Band 1 (Campanien und seine Nachbarlandschaften), Carl Winter Universitätsverlag, Heidelberg, 68 DM, 650 Seiten. Ausführlichste, genaueste kunsthistorische und archäologische Information. Wo der Weg schwer zu finden ist, auch detailierte Wegbeschreibungen. Nur Campanien und nördlichstes Calabrien.

Reclams Kunstführer, Neapel und Umgebung (Italien Band VI), Reclam Stuttgart, DM 46.80. Sehr detailiert für Stadt, Golf-Region, Inseln und Caserta.

Artemis Cicerone, Neapel, 30 DM, ähnlich nur knapper.

Hans Pichler, Italienische Vulkangebiete Band I und II, Bornträger Verlag Stuttgart (Sammlung geologischer Führer). Ausgesprochen wissenschaftlich geschrieben. Sehr genaue Wegeangaben für Exkursionen und Fundorte.

Band I: Somma-Vesuv, Latium, Toscana, 1970, DM 37,50.

Band II: Phlegräische Felder, Ischia, Ponza, Roccamonfina, 1970, DM 34.

✶ Bücher in italienischer Sprache:

Die klassischen Reiseführer, genau, absolut flächendeckend, kein Dorf fehlt, stark kunstgeschichtlich ausgerichtet, aber nicht ausschließlich. Landkarten und sehr gute Stadtpläne. Dünndruckpapier, winzige Schrift - aber insgesamt sehr gute Stadtpläne. Wer beim Reisen Pflichtgefühle entwickelt, kommt nicht daran vorbei:

Touring Club Italiano, Guida d'Italia, Milano:

Campania (ohne Napoli und Umgebung), 1981 ca. 700 S., ca.57 DM.

Napoli e Dintorni (Napoli, Vesuv-Region, Ischia, Capri, Amalfi, Sorrento), 1976, 640 S., guter Stadtplan von Napoli, Umgebungskarten, ca. 46 DM.

Renato e Bruno Massa, Guida alla Natura della Campania e Molise, Mondadori, Milano, 1981, ca. 17 DM. Reich bebilderter Naturführer, auch mit wenig Italienischkenntnissen gut lesbar.

✶ Kartenmaterial:

Übersichtskarten Italien, es gibt noch mehr aber... Hier die optisch ansprechendsten, die gleichzeitig zuverlässiges Werkzeug sind. Jedes Jahr Neuausgaben, Druckdatum auf allen Karten unverschlüsselt, aber klein in irgendeiner Ecke.

Hallwag 1: 1.000.000 mit Ortsregister, opitsch sehr ansprechend, gut herausgearbeitetes Gebirgsprofil. DM 9.80.

Große Shell-Karte 1:750.000, genau - aber einige Irrtümer, optisch sehr ansprechend. DM 10.80.

Touring Club Italiano Italia Nord und Italia Sud, zwei Blätter. 1:800.000. Sehr genau. Gebirgsrelief sehr plastisch. Optisch ein Genuß. Auf der Rückseite gute Stadtpläne. Je Blatt ca. 6.50 DM. Außerhalb Italiens nur schwer zu bekommen.

✶ Detailkarten:

Touring Club Italiano, Carta automobilistica 1:200.000, Blatt Campania/Busilicata, Kümmerly+Frey. Genaueste und optisch ansprechendste Autokarte. Preis (in der BRD) 12 DM, in Italien 10 DM.

✶ **Deutsche Zeitungen** in der Saison überall dort, wo deren Käufer sind. Ein Tag Verspätung.

Wer irgendwie mit der Landessprache zurecht kommt, sollte Einheimisches wählen, schon wegen der hautnahen Information, von der schwarzen Chronik zu genauen Daten wann wo wie lange gestreikt wird. Daneben hervorragende Information im Teil Kleinanzeigen über örtliche Dienstleistungen - z.B. Sprechzeiten von weißen und schwarzen Magiern.

✶ Italienische Zeitungen

Il Mattino, Napolis auflagenstärkste Zeitung, viel Lokales, viel Werbung, sehr konservativ, Napoli als Nabel der Welt.

Il Messagero, linksliberales römisches Blatt mit Napoli-Ausgabe.

Paese Sera, linke römische Zeitung mit eigenem Napoli-Teil, viel Kultur, kaum Anzeigen

La Republica, progressiv-offen. Viel Internationales und Kultur.

Wer TV auf dem Zimmer hat, kann mal sämtliche Kanäle des Privatfernsehens durchprobieren, noch mehr Auswahl bieten die Radiowellen, dort allerdings auch mehr engagierte Programme dazwischen, wo nicht ständig der Kommerz durchschimmert.

✶ Seekarten

Nicht allein nützlich für die wenigen Glücklichen, die mit der eigenen Yacht Kurs auf Capri nehmen.
Besonders die Detailkarten sind interessant für Unterwassersportler und Gummibootkapitäne.
Bezug über zwei Stellen, die in etwa gleich teuer sind :
Baade & Hornig, Deutsches Seekarten-Berichtigungsinstitut, Stubbenhuk

10, 2000 Hamburg 11 - die größte deutsche nautische Buchhandlung. Die bestellten Karten werden von Hand auf den jeweils neuesten Stand gebracht. Maßstäbe 1:250.000 und 1:100.000 sind generell auf Lager, Detailkarten müssen in Italien bestellt werden.
IIM - Istituto Idrografico della Marina, Stazione Marittima - Ponte dei Mille, I-16100 Genova.
Direktbestellungen dort bei Detailkarten geht schneller, die Karten kommen per Nachnahme, übrigens auch auf den neuesten Stand berichtigt. Wer in Genua vorbeikommt : Öffnungszeiten Mo-Fr 9.00 - 12.30 Uhr, 16.00 - 18.00 Uhr, Sa. 9.00 - 12.00 Uhr.
In Napoli eine Verkaufsstelle : Ufficio Vendita Documentazione Nautica, Via Cesario Console.
Übersichtskarten : 1:250.000 - Nr. 914 Fiumicino-Punta Licosa
1:100.000 Nr. 10 Ischia-Punta Licosa
Nr. 11 Punta Licosa-Diamante

<u>Detailkarten</u>
1:60.000 Nr. 127 Golfo di Napoli (nur teilweise berichtigt)
1:25.000 Nr. 129 Ischia e Procida (mit Capo Miseno)
Nr. 130 Litorale di Napoli (Pozzuoli- Torre del Greco)
Nr. 131 Litorale di Castellammare di Stabia (Torre del Greco-Sorrento)
Nr. 132 Passaggio di Capri (Capri, Vico Equense, Positano)

WICHTIG für den Wanderer als Orientierungshilfe und für Autofahrer, wenn Wegweiser fehlen oder demoliert worden sind.

Alle Staatsstraßen (S.S.) und viele Provinzstraßen (S.P.) haben eine durchlaufende Kilometrierung. Jeden Kilometer gibts einen Stein mit km-Angabe zum Ausgangspunkt.

Die meisten Hauptstraßen südlich von Rom beginnen mit der km-Zählung im Norden und die Querverbindungen im Westen.Die fette Km-Einmeißelung im oberen Teil des Steines wiederholt sich in den wichtigsten Detailkarten.

Der Stein enthält außerdem im unteren Teil - sofern nicht verwittert - folgende Information : Nummer und Name der Straße (z.B. " Via Appia " oder " Tirrena inferiore ") und die Distanz zum nächsten Ort, manchmal auch zur nächsten wichtigen Kreuzung (" bivio ").

Zusätzlich gibt`s alle 100 m einen kleinen Stein. Die untere arabische Zahl = km, die obere römische Zahl = Meter x 100. In unserem Beispiel : km 364 + 300, - also Kilometer 364,2. Mit den km-Steinen und Zwischensteinen sowie einer guten Landkarte kann man immer seine Position finden.

Hupende Blechlawinen, die sich stockend ineinanderschieben, enge dunkle Straßenschluchten, über denen Wäsche flattert, und unten auf dem schwarze Lavapflaster das Leben Europas dichtest besiedelter Stadt.

Italienische Journalisten sprechen oft von einem europäischen Hongkong. Kinder von 10, 12 Jahre, die in Kellerwerkstätten Erwachsenenarbeit machen, die Vespa fahren, meist zu dritt oder viert, die Espresso aus den Bars in Werkstätten und Läden tragen. Früh gealterte Frauen, die Schmuggelzigaretten verkaufen.

Jedes Stückchen Pflaster, das Umsatz und Überleben verspricht, ist Markt: Grünzeug, gekochter Tintenfisch, Lotteriescheine, Plastikspielzeug, Schirme bei Regen, sonst Dinge, die unabhängig vom Wetter verkäuflich sind. Der Duft von Pizza und Zuckerbäckerei vermischt mit Dieselqualm. Über der Szene Industriedunst, der oft tagelang den klassischen Blick auf Capri und Vesuv verhüllt - die Kulisse für "Napoli sehen und sterben", behördliche Badeverbote und wegen Baufälligkeit geräumte Häuser, deren uralte verwitterte Bausubstanz anderswo Nationalmonument wäre.

Als Reiseziel steht die Stadt generell in schlechtem Ruf, bei Italienern wie bei Ausländern: die Angst um die Brieftasche und um das gepflegte Blech. Nicht übrigens bei den Süditalienern, die zwar auf beides höllisch aufpassen, aber Napoli lieben - wegen der Napoletaner: wegen ihrer Spontaneität, ihrer gewinnenden Herzlichkeit, die trotz Geschäftstüchtigkeit keinesfalls berechnend ist.

Ankunft:

Flug: Flugplatz Capodichino. Auslandsverbindungen (Umsteigen in Milano oder Roma) von und nach Hamburg, Köln-Bonn, Düsseldorf, Frankfurt (auch direkt), München, Stuttgart, Wien und Zürich (auch direkt). Inlandflüge (nur die direkten): Roma, Milano, Catania, Palermo. ***INFO:** Stadtbüro der ATI/Alitalia: Via Medina 41, Tel.: 32 53 25. Inzwischen kein Flughafenbus aus dem Centro. Stattdessen ATAN-Stadtbus 14 rot ab Bahnhofsvorplatz.

Bahn: ich halte sie für die brauchbarste Reiseart, denn das Auto ist in Napoli nur ein Klotz am Bein. Etwa 45 Züge nach und von Rom (Fahrzeit 2-3,5 Std.), rund 25 Züge nach nach Calabrien, größtenteils mit Ziel Sizilien.
Bahnhöfe für den Fernverkehr: für die meisten Züge der Hauptbahnhof Napoli Centrale. Eine Reihe von Rapidi startet unterhalb im Tunnel der Metropolitana (Bahnhof Piazza Garibaldi). ***INFO:** Pavillon im Bf. Centrale. Ebenfalls die Gleise der Metro benützen die Züge, die in Mergellina. ***INFO:** Bf. Mergellina, besser als NA-Centrale - ankommen (nur Rapidi und TEE) nicht alle fahren bis Piazza Garibaldi und die meisten Nachtzüge von und nach Süditalien halten nur auf dem Vorortsbahnhof Campi Flegrei, dort etwa jede Stunde in der Nacht eine Metro.
Campi Flegrei ist Haltestation der Autoreisezüge. April-Sept. täglich Torina-Napoli C.F.

Auto: Fahrt basiert auf eigener Erfahrung. Seither, was Napoli angeht, eingefleischter Bahnkunde . Trotzdem sicher, die am meisten authentische Art, die Napoletaner schon 20 km vor der Stadt kennen zu lernen - Blech an Blech. Man ignoriere alles, was man seit der ersten Fahrschulstunde gelernt und erfahren hat, man vergesse auch das vielleicht noch eigene glatte, gepflegte Blech.

Am Eingang der Stadt über dem großen blauen Schild "NAPOLI" zwei runde,rotgerahmte Tafeln, einmal mit einer 50, dann mit einer gestrichenen Hupe. Das eine wird man nie erreichen, außer man fährt zwischen 22.00 Uhr und 6.00 Uhr, das andere ständig gebrauchen. Rote Ampeln werden nicht immer respektiert. Gefühlssache!

Einfädeln in andere Verkehrsströme und Durchqueren ebensolcher: wer noch nicht genügend eigene Courage hat, hänge sich an einen stark verbeulten Vordermann, vor dem alle anderen Mitkonkurrenten um wenige Meter freie Straße Respekt haben, da sie mehr als er verlieren können. Wo Einbahnstraßen in gesperrter Richtung über kurze Distanzen befahren werden, handelt es sich um von der Bevölkerung gewohnheitsrechtlich befahrene Abkürzungen, man achte aber unbedingt auf Polizisten in der Nähe.

Parkplätze und Parklücken: In der Innenstadt ist das Abstellen entgegen anderslautender Informationen durchaus möglich:

1. Auf "bewachten" Plätzen, wo die Autos in mehreren Reihen parken, man das Fahrzeug offenläßt, um zu signalisieren, hier ist nichts zu holen, und um dem Parkwächter das Rangieren zu ermöglichen. Preis erste Stunde ca. 2 DM, jede weitere 1,50 DM.

2. Im Parkverbot. Normalerweise schaffen die Polizisten in Napoli gar nicht so viele Strafzettel, wie Autos verboten stehen. Gebührensätze: Strafzettel under der Scheibe ca. 20-40 DM. Auto nicht mehr da, weil zur Belustigung der Anwohner und Passanten an den Haken eines Abschleppwagens gehängt: ca. 1 DM für den Busfahrschein bis zu einer der Sammelstellen, dann etwa 50 DM, eventuell anfallende kleinere Schönheitsreperaturen nicht eingerechnet.

3. Einige der wenigen Innenstadtzonen, wo man relativ leicht Platz findet, in der Villa Communale an der Chiaia.

Egal wo das Auto abgestellt wird, auch in Garagen, es sollte perfekt von allen wegtragbaren Gegeständen geleert sein, auch von fest montierten Radios, Recordern etc.

Napoli / Anreise:

★Von Norden. A 2 von Rom auf der Autostrada Tangenziale bis NA-Est für die Bahnhofsgegend, bis NA-Centro für Innenstadt und Mergellina, bis NA-Vomero für Vomero.

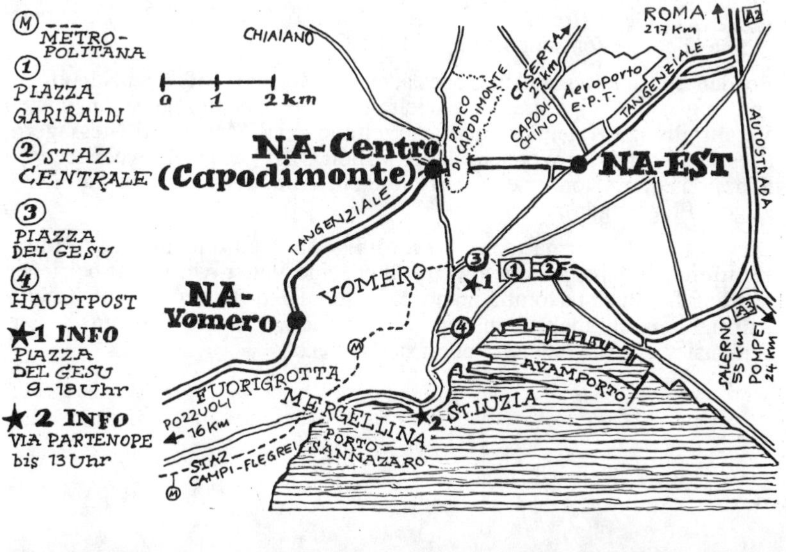

Touristeninformation: A 2 (Area die Servizio-Tankstelle) S. Nicola La Strada, südlich Caserta Nord.

Staatsstraße von Rom über Terracina-Formia-Pozzuoli, dort auf Tangenziale.

★**Von Süden:** A 3 (obwohl es hier oft Staus gibt, auf keinen Fall von der Autobahn runter, das dauert noch viel länger!) Die Autobahn hört nahe bei der Stazione Centrale auf. Wer in die westlichen Stadtteile will, muß sich in jedem Fall durch die Innenstadt quälen.
Touristeninformation: Area di parcheggio La Pineta bei Torre del Greco.

★**Von Osten:** A 16, dann auf den Tangenziale, wie oben beschrieben.
Touristeninformation: Area di Servizio Tre Ponti Ovest (Marigliano) - Tankstelle.

Von diesen Informationsstellen in jedem Fall Gebrauch machen und dort auch, falls noch nicht geschehen, telefonisch die Unterkunft klar machen lassen, denn die Hotelsituation in Napoli ist schwierig! Gleich nachfragen, wo man das Auto lassen kann. Garage kann mitunter soviel wie das Bett kosten. Die meisten Hotels außerhalb der Innenstadt haben Parkplätze, sind bloß nicht viele.

Tourist INFO (soweit noch nicht angegeben): Via Partenope 10, Tel.: 406 289, nur bis 13 Uhr, dorthin auch Anfragen per Post. Können auch Deutsch.

A.A. - Azienda Autonoma die Soggiorno e Turismo: derzeit die weitaus bessere Stelle für Informationen. Hauptsitz im Palazzo Reale, aber besser gleich zum Auskunfstbüro an der

Piazza del Gesù (Innenstadt, nahe S. Chiara), 9-18 Uhr. Für Direktauskünfte über das Zentrum die optimale Stelle.

Bei den Informationsstellen gibt es auch die Monatsschrift "Qui Napoli" (it. und engl.) mit Tips und den wichtigsten Veranstaltungen. Ansonsten Veranstaltungs-Kalender der Tageszeitungen (Il Mattino, Il Messagero, Paese Sera) und der Wochenzeitung Napoli Oggi (jeden Mittwochabend, - Kino, Theater, Konzerte, Ausstellungen, Abfahrtszeiten von Schiffen, Zügen, Flugzeugen).

Die Touristikinformationen neuerdings sehr spröde mit der Hotelvermittlung, wahrscheinlich weil früher reine Vetternwirtschaft betrieben wurde. Mit Glück bekommt man viel Material und Bücher und auf direktes Anfragen noch mehr konkrete Information. Fragen, was an Kunstdenkmälern zugänglich ist. Ändert sich laufend!

Öffentliche Verkehrsmittel:

Busse: Innerhalb der Stadt die orangefarbenen Busse der ATAN, gerade noch eine Straßenbahnlinie und die Funicolari-Seilbahnen, die wie eine schräggestellte Straßenbahn aussehen und wie ein Aufzug steil den Berg hochgezogen werden. Die Einzelfahrt kostet ca. 1 DM, wie fast überall in Italien, ohne Umsteigeberechtigung, aber dem hilft eine sehr große Zahl von Linien ab. Werktags kann man in allen Tabakläden Karten mit 11 Fahrten für 10 DM kaufen. Im Bus entwerten.

Zwischen 8 und 20 Uhr, wenn die Napoletaner auf den Beinen sind, geht's in den Bussen sehr eng zu, und da es auf den Straßen ebenso eng ist, steht man meist ewig im stehenden Bus.

Wichtigste Knotenpunkte im Busnetz:

1. Piazza Garibaldi (für Fern- und Stadtbusse)
2. Corso Garibaldi (Staz. Centrale)
3. Corso Umberto in seiner ganzen Länge
4. Piazza Municipio (Castel Nuovo und Hafen), Busse SITA
5. Piazza Plebiscito (Palazzo Reale)
6. Piazza Dante
7. Piazza Vittoria (Chiaia)
   Piazza Sannazaro (Mergellina)
9. Tribunali (Castel Capuano), Busse TPN

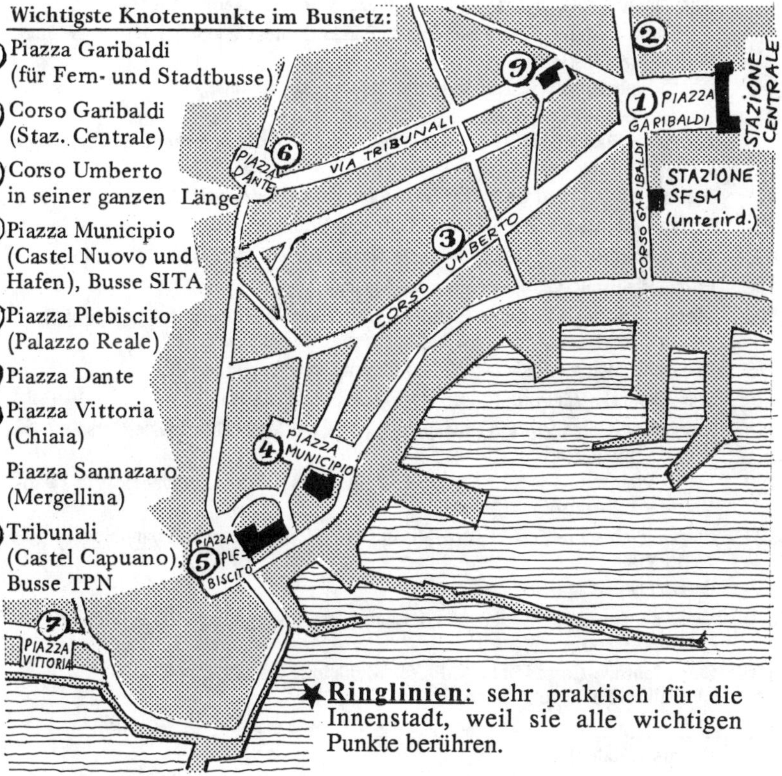

★**Ringlinien:** sehr praktisch für die Innenstadt, weil sie alle wichtigen Punkte berühren.

C.A. Staz. Centrale - Corso Umberto - Via Roma - Piazza Municipio - Corso Umberto - Staz. Centrale

C.D. Staz. Centrale - Corso Umberto - Piazza Dante - Piazza Cavour - Via Foria - Staz. Centrale

C.S. Staz. Centrale - Via Foria - Piazza Cavour - Piazza Dante - Via Roma - Via Diaz - Corso Umberto - Staz. Centrale

C 4 Mergellina-Piazza Amedeo Riviera di Chiaia- Via Partenope- Piazza Plebiscito- Piazza Municipio- Piazza Bovio- Piazza Municipio- Piazza Trento e Trieste- Via Chiaia- Via dei Mille- Piazza Amedeo- Corso Vittorio Emanuele - Mergellina.

C 21 Piazza Plebiscito- Via S. Lucia- Riviera di Chiaia- Piazza Sannazzaro- Via Petrarca- Via Manzoni (Posillipo - Via Partenope-Piazza Plebiscito.

★Innenstadtbusse (inkl. Mergellina, Vomero, Capodimonte)

FT Staz. Centrale- Corso Umberto- Piazza Municipio- Piazza Plebiscito- Via S. Lucia- Riviera di Chiaia- Fuorigrotta (Staz. Campi Flegrei).

14 (schwarz und rot): Piazza Garibaldi- Piazza Carlo III- Aeroporto Capodichino.

22 und 23: Parco Castello- Piazza Municipio- Piazza Dante- Capodimonte (und Weiterfahrt in diverse Vororte).

24 Piazza Plebiscito - Via Toledo-Piazza Dante- Capodimonte.

31 und 32: (nur Innenstadtverlauf) Piazza Carlo III - Via Foria-Via S. Anna dei Lombardi-Piazza Dante-Via Foria-Piazza Carlo III - fahren recht oft und verbinden touristisch Wichtiges in der Altstadt.

42 Staz. Centrale-Corso Umberto-Via Duomo-Museo Nazionale- Vomero.

47 Piazza Carlo III-Via Foria-Museo Nazionale-Vomero.

49 Staz. Centrale-Corso Umberto-Piazza Dante-Vomero-Certosa di S.Martino.

102 Piazza Plebiscito-Chiaia-Fuorigrotta-Agnano

106 Mergellina-Chiaia-S. Lucia-Piazza Municipio-Corso Umberto-Staz. Centrale-Piazza Carlo III.

109 Piazza Municipio-Via Monteoliveto-Piazza Dante-Capodimonte.

110 Staz. Centrale-Via Foria-Museo Nazionale-Capodimonte.

118 Mergellina-Corso Vittorio Emanuele-Via Pessina-Museo Nazionale-Corso Vittorio Emanuele-Mergellina

120 Piazza Plebiscito-Via S.Lucia-Via dei Mille-Corso Vittorio Emanuele-Via Tasso-Via Manzoni-Posillipo Capo.

128 Piazza Plebiscito-Via S. Lucia- Via dei Mille-Corso Vittorio Emanuele-Via Tasso-Vomero.

137 Piazza Dante-Capodimonte.

140 Piazza del Gesù-Via Medina-Via S. Lucia-Chiaia-Mergellina- Via Posillipo-Posillipo Capo.

150 Staz. Centrale-Corso Umberto-Piazza Municipio-Via S. Lucia-Chiaia-Mergellina-Fuorigrotta-Bagnoli.

152 Piazza Garibaldi-Hafen-Castenuovo-Via S. Lucia-Chiaia-Fuorigrotta- Solfatara-Pozzuoli (Hafen)

185 Staz. Centrale-Corso Umberto-Via Monteoliveto-Piazza Dante-Vomero.

253	(O-Bus): Piazza Municipio-Hafen-Portici-Ercolano
255	(O-Bus): Piazza Municipio-Hafen-Portici-Ercolano-Torre del Greco.

Es gibt weitaus mehr Buslinien, dafür aber keinen Linienplan. Bei den wartenden Mitbewerbern um einen Stehplatz im langsam fahrenden Gedränge fragen und dabei markante Punkte, in deren Nähe man möchte, angeben. Am besten so: Der Bus Nr. x naht, dann fragen "va a XY". Allgemeine Fragen, welcher Bus nach x fahre, ergeben meist nur eine Liniennummer, auch wenn dorthin 5 oder 6 Linien fahren, - übrigens auch, wenn man einen Schaffner fragt.

Linien ab 400: Nachtbusse.

Straßenbahnen:

1: Poggioreale-Piazza Garibaldi-Piazza Municipio-Riviera della Chiaia-Piazza Sannazzaro-Fuorigrotta-Bagnoli

2: Poggioreale-Piazza Garibaldi-Piazza Municipio-Riviera della Chiaia-Piazza Sannazzaro-Fuorigrotta

★**Funicolari (Schienenseilbahn):**

Funicolare Centrale: Galleria Umberto I (Via Roma) - Vomero. Die größte und längste Funicolare, noch museal-altmodisch.

Funicolare di Chiaia: Piazza Amadeo - Vomero, modern, sehr steil.

Fundicolare del Posillipo: Mergellino - Posillipo Alto, altertümlich, die steilste überhaupt. Gehört nicht zum ATAN-Netz.

Die Funicolare di Montesanto: Montesanto - Vomero, frisch renoviert.

FUNICOLARE - FAHREN gehört zu Napoli. Sie ist ein Stück Folklore, zudem erspart sie lange Umwege mit dem Bus. Ein Erlebnis im rasanten Fußgängertempo klappernd und schaukelnd den Berg hochgezogen zu werden, regelrecht Höhe zu machen. Leider das meiste im Tunnel.

★**Metropolitana** - eine echte Metro ist sie nicht, auch wenn sie meist im Untergrund fährt. Alle 5-10 Minuten, nach Mitternacht sehr eingeschränkter Verkehr. Eine einzige Linie, die Stationen liegen weit auseinander: Piazza Garibaldi - Piazza Cavour - Montesanto - Piazza Amadeo - Mergellina - Campi Flegrei - Bagnoli - Pozzuoli - Solfatara.

Einheitstarif (ca. 1 DM), keine Fahrtunterbrechung möglich. Obwohl von der FS betrieben, Fernfahrkarten ungültig.

★**Metro II**

Eine neue Untergrundbahn ist in Bau und Planung: vom Hauptbahnhof über den Corso Umberto zum Vomero und dann in die chaotisch gewachsenen Vorstädte im Norden bis Secondigliano.

Ein paar Streckenstücke sind schon im Rohbau fertig - aber wann die neue "Metropolitana" wirklich kommt, steht in den Sternen.

★Nahverkehr der FS (ab Staz. Centrale): häufige Verbindungen nach Salerno, ca. alle 20-40 Min., oft Fernzüge und nach Caserta, ca. alle 30-60 Min. Fernzüge. Verbilligte Rückfahrkarten.

Vorortsbahnen:

★Circumvesuviana (SFSM): elektrische Schnellbahn für die Region um den Vesuv und die Sorrentiner Halbinsel.

Napoli - Torre Annunziata, alle 10-20 Min., D und DD gekennzeichnete Züge halten nicht überall. Wer nach Ercolano will - 15 min. Fahrzeit - unbedingt vorher fragen!

Über Torre Annunziata hinaus Weiterfahrt nach Sorrento über Pompei Villa Misteri (der ideale Bahnhof für die Ausgrabungen) - Halt auf allen Stationen, alle 20-30 Min., Fahrzeiten: NA - Villa Misteri 25-30 Min., nach Sorrento 40-50 Min.

Oder Weiterfahrt nach Poggiomarino oder Pompei Santuario (Bahnhof für moderne Pompei, alle 30-60 Min.)

Napoli - Ottaviano - Sarno (Vesuv-Rückseite), ca. alle 40 Min.,
Napoli - Nola - Baiano (Gemüsegarten und Haselnußgebiet Napolis), alle 30-40 Min.

Außer diesen Zügen zahlreiche Busse der SFSM. Abfahrt am Bahnhof in Corso Garibaldi, die Züge auch an einer unterirdischen Station am Stazione Centrale. Fahrpreise nach Distanz gestaffelt. Günstige Rückfahrkarten.

★Ferrovia Cumana und Ferrovia Circumflegrea (SEPSA), die auch westlich der Stadt in den Campi Flegrei die Buslinien betreibt. SEPSA-Busse ab Stazione Centrale, Züge ab Montesanto, alle 20 Min. nach Pozzuoli und Torregaveta und nach Licola Marina mitten durch die Campi Flegrei. Fahrpreise nach Distanz.

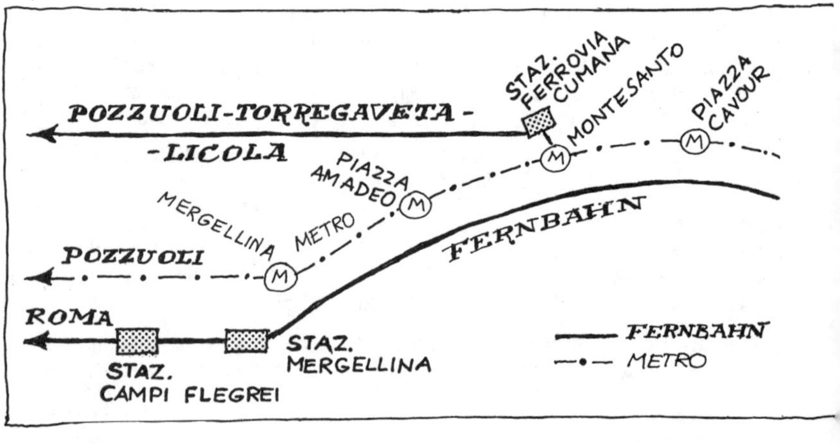

Verkehren alle 20-30 Min. Gestaffelter Tarif. Die Strecke nach Pozzuoli-Torregaveta ist zur Zeit zwischen Fuorigrotta und Pozzuoli- Girolamini unterbrochen, dort Busersatzverkehr - Beeilung beim Umsteigen, die Anschlüsse sind knapp. Neu zwischen Torregaveta und Licola Marina die Verbindungsstrecke, ca. 6 Züge täglich am Strand von Cuma entlang.

Bus zum Airport:
Stadtbus Nr. 14 ab Stazione Centrale, ca. alle 20 Min. bis zum Haupteingang des Airports.
Fahrzeit außerordentlich unbestimmt, offiziell ca. 25 Min., der reale Durchschnittswert wird auf 60 - 80 Min. geschätzt. Per Taxi geht es kaum schneller.
Sonntags kein Busverkehr, werktags nach 22 Uhr sehr eingeschränkter Dienst.

Busse in die Umgebung und die Region Campanien:

Wie überall in Italien hat jede Busgesellschaft ihren eigenen Terminal und die sind locker über die ganze Stadt verstreut - eine gewisse Ballung findet im Umkreis von 10 Fußgängerminuten um die Stazione Centrale/Piazza Garibaldi statt.

Richtung Campi Flegrei, Vesuvregion, Caserta, Avellino, Salerno ausgesprochen große Verkehrshäufigkeit.
Wo Bahn und Bus parallel fahren, dort die Schiene nehmen, wo man sich noch in Sicht auf den Vesuv befindet, der chaotische Straßenverkehr im Großraum Napoli sorgt sonst für konkurrenzlos lange Fahrzeiten.

Über größere Distanzen - speziell die Provinzen Benevento, Avellino und Salerno, ist der Direktbus ab Napoli eigentlich immer schneller als die Bahn oder die Kombination Bahn/Bus.

Vorortverkehr der ATAN (touristisch wichtige Linien):

152 Staz. Centrale-Riviera di Chiaia-Pozzuoli Porto.

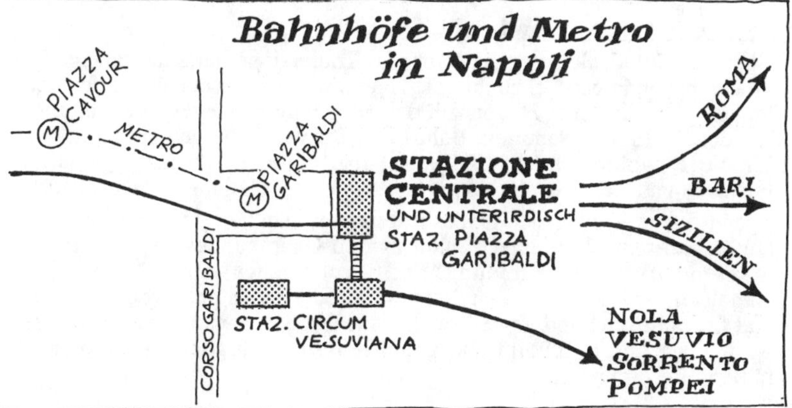

157	Piazza Municipio-Ercolano
253	Piazza Municipio-Ercolano (O-Bus)
255	Piazza Municipio-Torre del Greco (O-Bus)

Terminal Piazza Garibaldi: Mehr oder weniger weit weg vom Bahnhofsausgang. Regel: was oft fährt, ist dicht dran!

SEPSA: Richtung Pozzuoli und Campi Flegrei, sehr dichter Verkehr.

SEA: Avellino (dort Anschlüsse in die Irpinia), ca. alle 20 Min., weitere Verbindungen nach Avellino (langsamer) durch die Circumvesuviana ab Porta Vesuviana.

Ferrovia Benevento-Napoli (Valle Caudina): Benevento und die Orte im Valle Caudina, ca. 6 - 8 mal am Tag.
Weitere Busse nach Benevento ab Hafen.

Schnellbusse verschiedener Gesellschaften nach Apulien, Lucanien und Calabrien, meist einmal am Tag.

Terminal Porta Capuana: TPN - dichter Lokalverkehr in die Terra di Lavoro und alle 20 Min. nach Caserta, z.T. mit Weiterfahrt nach Capua. In Caserta gute Anschlußverbindungen in die Provinz.

Terminal Porta Vesuviana (vor dem Bahnhof der "Circumvesuviana"): SFSM ("Circumvesuviana"): Lokalbusse ins Vesuvgebiet, nach Nola und Avellino, häufige Verbindungen.

Terminal Via Pisanelli (Piazza Municipio): SITA: Alle 30 Min. nach Salerno (via Autostrada), dort sehr gute Anschlüsse für die Amalfi-Küste, den Cilento und die Bergregionen im Landesinneren. Einzelne Direktbusse an die Amalfiküste. Schnellbusse entlang der A 3 nach Lagonegro mit Weiterfahrt ins lucanische Pollino-Gebiet(S. Arcangelo-Senise-Policoro).

Terminal Via Marina Nuova (Hafen): ETAC nach Benevento

Terminal Via Marittima (Hafen). Palombi nach Benevento

✶Fernverkehr ab Napoli:

Napoli ist der ideale Ausgangspunkt für Touren innerhalb Süditaliens. Das Straßennetz und parallel zu ihm die Hauptlinien der Eisenbahn laufen noch immer in der früheren Hauptstadt des 1860 untergegangenen Königreichs "beider Sizilien" zusammen. Bahn- und Busverbindungen sind gut, denn für die Bewohner der süditalienischen Regionen Abruzzen, Apulien, Lucanien und Calabrien ist Napoli immer noch die heimliche Hauptstadt.

Irgendwelche Verwandten gibt es fast immer, man fährt hin zum Einkaufen (süditalienische Provinzler zählen zu den Hauptkunden napoletanischer Straßenmärkte für Kleidung und Technisches), man schätzt die Napoletaner wegen ihrer Herzlichkeit und der guten preiswerten Küche - und für politische und gewerkschaftliche Großdemonstrationen bietet die Stadt Platz und Publikum und gleichzeitig die Möglichkeit zu ohnehin fälligen Besorgungen.

Bahn:

Strecke Salerno-Sapri-Paola-Lamezia-Reggio di Calabria /Sizilien, dichter Verkehr, die Züge nach Sizilien immer gesteckt voll. In ihnen auf die ersten 2 oder 3 Waggons ausweichen, die nach Reggio fahren und meist wesentlich leerer sind.
Als Strecke sehr attraktiv, verläuft weitgehend an der Küste, Zwischenstops zum Baden siehe Cilento-Teil dieses Bandes oder den Süditalien-Band dieser Reihe.

Strecke Salerno-Potenza-Metaponto-Taranto-Brindisi, die interessanteste Querverbindung über den Stiefel ab Napoli. Allerdings nur wenige durchgehende Züge, und die meist als zuschlagspflichtiger Rapido.

Strecke Caserta-Benevento-Foggia, schnellste Querverbindung nach Apulien, sofern man den Rapido nimmt. Wenige und volle Fernzüge, landschaftlich langweilig.

Strecke Caserta-Vairano-Isernia-Sulmona-Pescara, Querverbindung zur Adria mitten durch die Abruzzen, wo die Bahn auf über 1.200 m klettert, zwischen Castel di Sangro (der Zugang zum Abruzzen-Nationalpark) und Sulmona einzigartige Panorama- und Gebirgsstrecke. Nur zwei durchgehende Züge am Tag, sonst muß man 2 - 3mal umsteigen (Anschlußverbindungen zum Teil mäßig).

Strecken nach ROM:

Zwei Hauptlinien zur Auswahl:
1.) Die "Direttissima" über Formia-Latina, über welche fast der gesamte Fernverkehr läuft. Tagsüber Taktverkehr zwischen beiden Städten, wenigstens ein Zug pro Stunde, außerdem Langstreckenzüge, so daß man mit 2 - 3 Verbindungen stündlich rechnen kann. Fahrzeit ca. 2 - 3 Std., bis auf den Abschnitt Formia-Terracina ziemlich einförmig.

2.) Die alte Hauptstrecke über Cassino, landschaftlich interessant, die Züge weitaus weniger voll, aber man muß Zeit haben, außerdem 1 - 2mal umsteigen, meist in Cassino und Caserta. - Fahrzeit 3 - 4.30 Std., ca. 15 brauchbare Verbindungen am Tag.

Schiffe:

Napoli hat zwei Häfen
1. Molo Beverello (am Castello Angioino). Hier starten die Fähren im Fernverkehr (Reggio di Calabria-Malta, Eolische Inseln, Palermo, Cagliari) und die Fähren nach Ischia und Capri, sowie die Aliscafi der CAREMAR nach Ischia und Capri.
2. Mergellina: Ab hier die Aliscafi der anderen Gesellschaften nach Ischia und Capri, im Sommer außerdem die Jumbo-Aliscafi der SNAV nach Lipari und Palermo.

Schiffsexkursionen an der Küste entlang:
Fischerboot ab S. Lucia mit kräftigen Ruderern und Canzonen sind Ange-

legenheit romantisch verklärter Vergangenheit. Aber es gibt Ersatz: Die Linienschiffe Napoli Molo Beverello-Ischia/Procida, die bis zum Kap beim Monte di Procida (Festland) ganz dicht an der Küste entlang fahren. Zudem reizvoll wegen Abstechern auf die Inseln. Wer allerdings im Aliscafo durch die Wogen donnert, zahlt mehr als das Doppelte und sieht nichts.

Taxis: gelber Anstrich. Am Bahnhof oft schwer zu kriegen. Taxis ohne Uhren gibts leider sehr viele. Tel.: 36 44 44 oder 36 43 40. Vorher den Preis nach der Entfernung auskalkulieren und fest vereinbaren!
Grundgebühr bei ca. 3 DM, für Feiertage, Nachtfahrten und Außenbezirke nochmal ca. 2-3 DM Zuschlag. Preise je km ca. 1 DM, je Minute Wartezeit oder Stau ca. -.50 DM, Trinkgelt 10%, sonst gibts Ärger. Rausgeld in Münzen wirkt popelig.
Auf keine der so beliebten Pauschalforderungen wie 10.000 oder 15.000 eingehen, dafür kommt man immer weiter als man eigentlich will. Bei Touristinformation neuesten Tarif nachfragen.

Napoli zu Fuß:

Stadtplan / Umgebungskarten / Autokarte:

Mit dem Gratisstadtplan der Touristinformation werdet ihr nicht weit kommen. Wegen seines kleinen Formats aber als Übersicht immer wieder gut, also nicht wegwerfen!

Pianta die Napoli 1:10.000, Ed. Procaccini, mit Register, Detailkarte Innenstadt, ca. 4 DM, im Buchhandel und vielen Zeitungskiosken.
TCI, Golfo die Napoli 1:50.000, - Blatt I: Napoli - Vesuvio - Campi Flegrei - Ischia - Procida; Blatt II: Penisola -m Sorrentina - Salerno - Amalfi - Positano - Capri.

Detailreiche Karten, auch zum Wandern, als Stadtplan unbrauchbar. Je Blatt DM 8,50. Nur in großen Buchhandlungen.

TIP: die riesige PIAZZA GARIBALDI vor dem Bahnhof nehmt als Übungsfeld. Wenn man sie in 10 Minuten oder weniger geschafft habt, ist man als Fußgänger dem napoletanischen Autoverkehr gewachsen. Einzige Regel: beherzt draufzu gehen. Jedes Zögern wird als Unsicherheit ausgelegt - und man bleibt ewig in Warteposition.

Bücher:

Wer sich systematisch und fundiert durch die Kunstschätze Napolis, Pompeis, Amalfis und Ercolanos durchfressen will, dem seien zwei ausgesprochene Kunstreiseführer empfohlen, die ebenso schwer lesbar wie ausführlich sind:

TCI: Guida d'Italia, Band Napoli e Dintorni, Milano 1976, 640 Seiten, Stadtplan, Karten und Grundrisse, DM 50.

Reclams Kunstführer: Neapel und Umgebung, DM 46,80.
Trotz 200 Jahren Abstand immer noch reizvoll zu lesen: J.W.Goethe, Italienische Reise, Erster und Zweiter Aufenthalt in Neapel.

Auf neuere Zeiten zurückgreifend: Curzio Malaparte, Haut, Roman. Das Napoli der Nachkriegszeit und des schwarzen Marktes.

Peter Gunn, Neapel - engagierte Geschichtsschreibung der Stadt bis in die fünfziger Jahre. Viel Background, Piper-Verlag (vergriffen, aber in der BRD in sehr vielen öffentlichen Bibliotheken).

Conrad Ley, Das tägliche Erdbeben, Klaus Wagenbach-Verlag (vergriffen). Arbeitslosigkeit, Kleinhandwerk, Fabrik im Hinterhof.

de Crescenzio, Il Napoli del Belvedere, Bildband über das Napoli der "kleinen" Leute, DM 24, Montadori, Milano.

TCI, Napoli, Bildband, kritisch und wunderschön fotografiert, it. Texte, ca. 60 DM.

Banken: die meisten Banken (8.30-13.30) im Corso Umberto und in der Via Roma, dort auch private Wechsler, die auch am Nachmittag offen haben.
Auch abends und am Wochenende: Wechselschalter (Fahrkartenausgabe) in der Stazione Centrale - aber deutlich ungünstiger Kurs!

Konsulate:
BRD: Via F. Crispi, 69, Tel.: 68 33 93, nahe Piazza Amadea.
Österreich: Corso Umberto I, 275, Tel.: 33 77 24, nahe Piazza Garibaldi
Schweiz: Via Pergolesi, 1, Tel.: 66 75 32, zwischen Chiaia und Mergellina.

Goethe-Institut: Riviera di Chiaia, 202, Tel.: 41 39 43

Wichtige Buchhandlungen:

Minerva, Via S. Tommaso d'Aquino 70, Centro - nahe Via
Medina Guida, Port'Alba, Centro - nahe Piazza Dante

Macchiaroli, Via Carducci, 55 - ChiaiaTreves, Via Roma, 249, Centro

Capelli, Via Verdi 46, Galleria Umberto IA. Berisio, Via Port'Alba, 19-24 - Centro nahe Piazza Dante
Colonnese, Via S. Pietro a Majella - Centro, nahe Piazza Dante

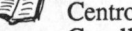

- international -

S.I.P. Durchgehend geöffnet: Stazione Centrale und Via Depretis, 48; 8-22 Uhr; Aeroporto Capodichino, Stazione Marittima (Hafen), Galleria Umberto I, Via Torrione S. Martino / Via Bernini (Vomero).

Post für "fermo in posta", Postsparbuch, Geldanweisungen von den Lieben daheim - ("vaglia internazionale") Piazza Matteotti an der Kreuzung Via Monteoliveto und Via A.Diaz.

Verbilligte Fahrkarten, BIGE-Transalpino, Jugend- und Studentenreisen Eurostud Travel, Via Mezzocannone, 119 (Universität) und an der Staz. Centrale.

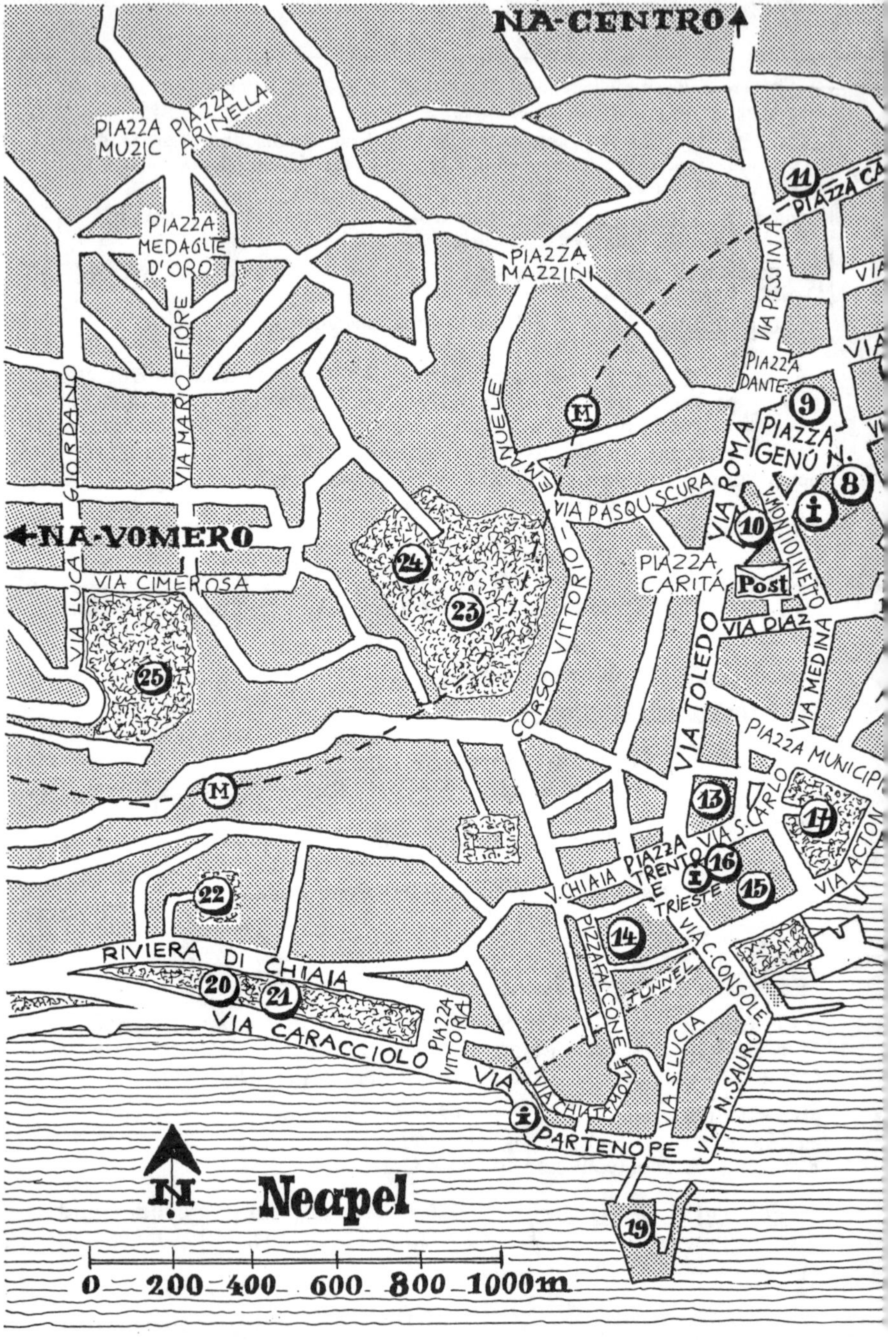
NA-CENTRO
PIAZZA MUZIC
PIAZZA ARINELLA
PIAZZA MEDAGLIE D'ORO
PIAZZA MAZZINI
VIA PESSINA
PIAZZA CA
VIA
PIAZZA DANTE
PIAZZA GENÚ N.
VIA MARIO FIORE
VIA LUCA GIORDANO
EMANUELE
VIA PASQU. SCURA
VIA ROMA
MONTOLIVETO
NA-VOMERO
VIA CIMEROSA
PIAZZA CARITÁ
Post
VIA PIAZ
CORSO VITTORIO
VIA TOLEDO
VIA MEDINA
PIAZZA MUNICIPI
VIA S. CARLO
VIA ACTON
V. CHIAIA
PIAZZA TRENTO E TRIESTE
VIA C. CONSOLE
PIZZAFALCONE
TUNNEL
RIVIERA DI CHIAIA
VIA CARACCIOLO
PIAZZA VITTORIA
VIA
VIA CHIATAMONE
VIA S. LUCIA
VIA N. SAURO
PARTENOPE
N
Neapel
0 200 400 600 800 1000m

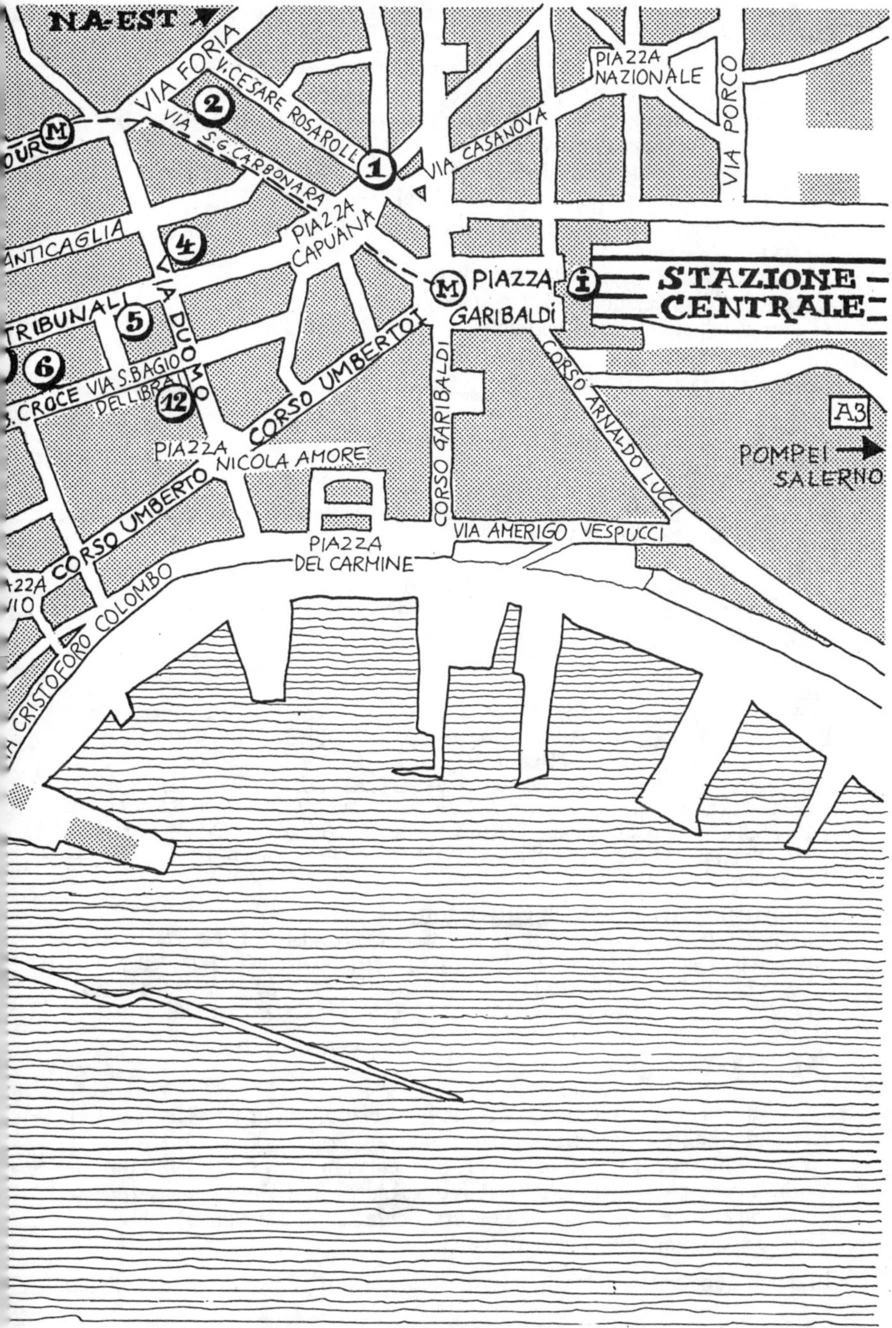

NA-EST
VIA FORIA
V. CESARE ROSAROLL
VIA S.G. CARBONARA
PIAZZA NAZIONALE
VIA PORCO
VIA CASANOVA
PIAZZA CAPUANA
ANTICAGLIA
TRIBUNALI
VIA DUOMO
S. CROCE
VIA S. BAGIO DEI LIBRAI
PIAZZA GARIBALDI
STAZIONE CENTRALE
CORSO UMBERTO I
CORSO GARIBALDI
CORSO ARNALDO LUCCI
A3
POMPEI
SALERNO
PIAZZA NICOLA AMORE
CORSO UMBERTO
VIA AMERIGO VESPUCCI
PIAZZA DEL CARMINE
CRISTOFORO COLOMBO

Car Rent: Hertz: Aeroporto Capodichino, Tel.: 081/400 400 und 44 13 77, Via Partenope 29, Tel.: 081/400 400; Piazza Garibaldi 68, Tel.: 081/20 62 28
AVIS: Via Partenope 32/34, Tel.: 081/416 243, Stazione Centrale, Tel.: 081/24 80 41; Aeroporto Capodichino, Tel.: 081/44 97 40
Interrent: Aloschi, Via Nazzario Sauro 21/a, Tel.: 081/41 61 81 und 40 05 66
Maggiore: Via Cervantes 92, Tel.: 081/ 32 19 00
Europcar: Via Partenope 38, Tel.: 081/40 14 54
ai-eurotrans: Aeroporto Capodichino, Tel.: 081/780 30 82

Notdienste

Polizei 113
Automobile Club (ACI)-Pannenhilfe 116
Carabinieri 21 21 21
Gestohlene Autos 31 31 31
Nächtlicher und sonntäglicher medizinischer Notdienst 444 621
Krankenwagen 75 20 696
Apotheke 192
ADAC-Notruf 06 - 49 54 730 (Rom)

Küchenrezepte - jeden Tag was anderes - Tel. 199

Nachttankstellen:

NÖRDLICH DER STAZIONE CENTRALE: Fina, Via Foria, - MOBIL, Piazza Carlo III, - MERGELLINA: AGIP, Piazza Mergellina, - VOMERO: AGIP, Corso Europa, - Esso, Viale Michelangelo, - FUORIGROTTA UND CAMPI FLEGREI: AGIP, Via Caio Duilio, - IP, Piazza Lala, - Esso,Pianura, - NÖRDLICHE VORSTÄDTE: AGIP, Viale U. Maddalena (Capodichino), - MACH, Via Nuova Miano, MACH S.S. 7 bis km 23, - ESSO, Quadrivio Arzano, - SÜDLICHE VORSTÄDTE: MACH, Via Argine, - ESSO, Via Galileo Ferraris (Autobahnzufahrt A 3), - MOBIL, Via Emanuele, - TOTAL, Via Argine.

Autowerkstätten mit Nachttelefon:

CENTRO UND NÖRDL. VORORTE: Autosoccorso del Sud, Tel.: 74 13 777, - Autoservizi Lux, Tel.: 45 66 22, - BAGNOLI: Mario Siniscalchi, Tel.: 760 920 9, - WESTLICHE STADTTEILE: Ferdinando La Rocca, Tel.: 760 45 57, - ÖSTLICHE STADTTEILE: GIOVANNI PARLATO, TEL.: 75 96 802 UND 75 96 775

HOTELS

Platz finden ist gar nicht einfach, obwohl Napoli nicht von Heerscharen Reisender heimgesucht wird. Eine Bettenzahl von 9.000 ist für eine Stadt dieser Größe nicht viel - und das Erdbeben vom November 1980 hat die Verhältnisse zugespitzt. Nicht, daß die Häuser und Hotels massenweise eingestürzt wären. Von den Hotels erwischte es nur ein paar Bruchbuden, deren Tage schon längst gezählt waren.

In der Innenstadt wurden hunderte von Häusern geräumt, um die längst überfällige Renovierung in Angriff zu nehmen, und als zwischenzeitliche Quartiere müssen die Hotels herhalten. Offizielle Stellen sprechen von 10% derart genützter Betten, schön wär's. Meine Erfahrungen lassen mich zu 25-30% kommen, wenn ich die Hotels der Luxus-Kategorie ausnehme.

Aber auch dort wohnen Gäste, die den Nobelherbergen jenen napoletanischen Flair geben, den sie davor nie hatten: von den Balkons flattert Wäsche, in der Empfangshalle begrüßen kurzgewachsene, füllige Mütter in Kleidern aus dem Warenhaus oder vom Klamottenmarkt ihre schulranzenbepackten Kinder mit Küßchen, durch die Gänge weht ein Duft von Tomaten, Basilikum, Tintenfisch, gesottenen Innereien, gekochtem Grünzeug. Hingegen im Hotelrestaurant geruchsneutraler, dort wird "international" gekocht.

Aktuelle Situation

Auch Jahre nach dem Erbeben dienen noch viele Hotels ganz oder teilweise als Notunterkunft. Und wenn dann die Hotels wieder für ihren eigentlichen Zweck freigemacht werden, ist in der Regel eine langwierige Totalrenovierung fällig. Die Hotelsituation ist ausgesprochen schwierig: teuer, der Standard vielfach nicht dem Preis entsprechend, Platzfinden ist mühselig, wer was bestimmtes in Preis, Lage oder Ausstattung sucht, sollte unbedingt 1-2 Wochen vorher verbindlich reservieren!

Von den Hotels der mittleren Preislage auf den Hügeln oberhalb der Stadt ist kaum noch was geblieben (viele waren es nie). Am ehesten und leichtesten findet man Quartier um den Bahnhof - leider, denn dort ist es laut, die Hotels sind für den ausgesprochenen Durchgangsverkehr gebaut und das Viertel hat wenig Ausstrahlung.
Im Umland sind so gut wie keine Hotels, die einzig empfehlenswerte Ausweichmöglichkeit ist Pompei (häufige schnelle Verbindungen), aber nur außerhalb der Hauptferienzeit (siehe Villa Misteri).

Obere Preisklasse (100-200 DM für DZ): sind erheblich ausgelastete, oft bis zum letzten Zimmer, besonders, weil hier einige Hotels mit gewachsener Tradition und der entsprechenden Einrichtung zu finden sind. Fast alle könnten aber ein wenig Auffrischung vertragen - die leider oft in einer amerikanisierenden Totalmodernisierung mißverstanden wird - und was für tolle Möbel, Spiegel, Türen und Tapeten gehen dann verloren!

Mittelklasse (80-150 DM für DZ): ohne Vorbestellung läuft fast nie was. Zwischen kärglich bis ganz nett - in der Regel zweckmäßig. Fast immer tritt man durch eine verheißungsvolle Rezeption ein, wird im Treppenhaus völlig ernüchtert, doch die Zimmer sind dann meist so, daß man nicht nur in finsteres Brüten verfällt.

Untere Preisklasse (30-80 DM für DZ): Abenteuer sind möglich, wirklich positive Überraschungen selten. Viel von Dauermietern besetzt. Ihr habt entweder mit Leuten zu tun, die euch Napoli zu einer Herzensangelegenheit machen wollen, oder mit bedingungslosen Freibeutern, die euch gründlicher rupfen wollen, als sie es je mit einem Huhn für die sonntägliche Backröhre machen würden.

Darunter gibt es noch eine gar nicht unbedeutende Zahl von Bleiben, wo nicht mehr nach Zimmern, sondern "posto letto" - Bettplatz - gerechnet wird. Der kostet dann zwischen 10-15 DM. Napoli ganz hautnah, selbst wenn eine Wand dazwischen ist - an die man sich ohnehin nicht lehnen sollte, weil sonst Schadensersatz. Während ein großer Teil mit Dauermietern besetzt ist, wird euer Quartierwunsch für eine ganze Nacht in anderen Beherbungsbetrieben auf fröhliches Grinsen stoßen. Abweisen wird man euch nicht immer, aber die Betten sind für erheblich kürzere Ruhezyklen wie 8/9 Stunden geschaffen. Überwiegend um Bahnhof und Hafen gelegen.

Um die Universität immer eine Art Studentenwohnheim - in den Sommerferien also frei, Preis, Einrichtung und Sauberkeit ähnlich wie in der Jugendherberge. Nochmal: hier Konkurrenz mit einer großen, wie auch gearteten Stammkundschaft. Vorbestellungen sind weder üblich, noch werden sie ernst genommen.

Jugendherberge:
Napoli - Mergellina, Tel.: 68 53 56, DM 12 incl. Frühstück, meist überfüllt.

CAMPING

Vom einzigen Platz in unmittelbarer Stadtnähe bei der Mostra d`Oltremare/Agnano ist abzuraten. Weiter draußen gibt es einige brauchbare Plätze - gleichzeitig mit guten Verkehrsverbindungen (Bahn oder Bus) in die Stadt.

★ **Pozzuoli:** "Solfatara" - im Kratergelände, bebaumt, offen April - Mitte Okt. Zudem Möglichkeit Bungalows zu mieten - in der Regel bei einem Mindestaufenthalt von einer Woche, z.B. für 2 Personen = 350 DM/Woche - Kochgelegenheit vorhanden. Verbindung: Bus 152, Metro (Staz. Pozzuoli ca. 1 km entfernt).

★ **Lago Averno** (bei Pozzuoli): "Averno" - oberhalb des Sees. Gut eingerichtet - Pool mit geheiztem Mineralwasser, Disco, Sauna, Surf-Schule, Wasserski, Mietbungalows. Verbindung: Cumana-Bahn bis Lido di Napoli (ca. 1,5 km) - besser Stadtbus nach Pozzuoli, ganzjährig offen.

★ **Marina di Licola** (Meer, mäßig sauber und wenig reizvoll):
"Ideal" - am Strand, gut bebaumt, Pool, Tennis, offen Mai - Sept.
"Cyrus", 300 m vom Meer - nur Juli - Sept. offen, daher meist von Napoletanern überlaufen, die hier ihren Wohnwagen stehen haben. Ordentlich ausgestattet, großes Freizeit- und Sportangebot.
"Torre del Greco" (Einfachplatz in schöner Lage) s.S. 204, - ohne Auto ungünstig), Torre Annunziata (s.S. 204), Pompei (ideal mit Circumvesuviana, s.S. 209) und Boscotrecase (s.S. 204). Außerdem die meisten Plätze an der Sorrentiner Küste - zwar weite Fahrt, aber schnell (Bahn), zudem landschaftlich sehr schön und als Daueraufenthalt und Ferienort geeignet.

Baden:

Das Meer fällt im gesamten inneren Golfbereich wegen massiver Verschmutzung flach. Ebenso die Küste bei Torregaveta und Licola, solange dort nicht die seit Jahren praktisch fertiggestellte Kläranlage in Betrieb genommen wird.

Bleiben zur Erfrischung eigentlich nur die beiden öffentlichen Schwimmbäder:
Piscina Comunale, Via Bernini (Vomero) - erreichbar mit Funicolare Centrale, Funicolare di Montesanto, Funicolare della Chiaia, Bus 49.
Piscina Polimpionica, Mostra Oltremare - erreichbar mit Metro Campi Flegrei, Busse FT, 102, 129, 150, 152, Straßenbahn 1.

Essen:

Hier empfängt euch Napoli mit offenen Armen, vollem Herzen und gefüllten Töpfen. Reinkommen und die Wärme von Küchenduft, teilhaben an der Lieblingsbeschäftigung der Napoletaner. Über Maccheroni läßt sich länger, intensiver und mit mehr Freude debattieren, als über Betten. Und im Gegensatz zu billigen Betten sind die Garküchen, wo man auch ohne viele Nullen was ganz Spezielles bekommt, eine gute Erinnerung.

Wo Napoletaner essen: keineswegs eine reine Geldbeutelfrage. Der Anlaß ist ausschlaggebender. Sattwerden kostet in der Frigitoria (oder besser vor ihr) 2-3 DM. Im Stehen eine Tüte Fettgebackenes (Gemüse, Teigkrapfen mit Füllung, Reiskugeln...) - in der Pizzeria: im Stehen 4-5 DM, im Sitzen 5-7 DM; in Garküchen und kleinen Trattorien: 10-15 DM.

Im Ristorante mit einer wirklich besonderen Küche 25-45 DM, aber aucgh mehr. Wo es unter 15 DM kostet, ist mittags am meisten los - und dann ißt man auch am besten. Was ab 25 DM liegt, dient dem abendlichen und sonntäglichen Vergnügen, und liegt meist fern ab von den Arbeitsstätten - in der Innenstadt sind wenige Spitzenristoranti.

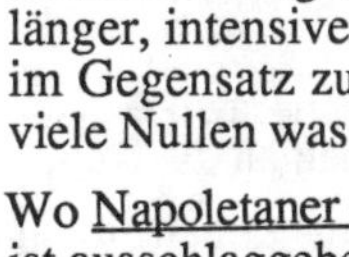

NAPOLI und seine MÄRKTE:

Sicher - es gibt auch Lebensmittelgeschäfte - sie sind aber selten voll, außer sie münden, wie häufig in einen Marktstand. Napoletaner kaufen lieber unter freiem Himmel, sie wollen besehen, befühlen, weitergehen und wieder zurückkommen, sich auf dem Gang durch die Stände den Speisezettel entwerfen, immer wieder korrigieren. Das Wort "Einkaufszettel" ist fremd. Der Marktgang soll ihnen Appetit machen.

Der Markt soll inspirieren und das Auge sättigen. Früchte zu Pyramiden aufgetürmt, was verkauft wird, kommt in gleicher Qualität auch aus einer weniger arrangierten Kiste. Der Stockfisch mit Myrthenlaub verziert und ständig von frischem Wasser überrieselt. Die Muscheln farblich durch Zitronenschnitze belebt, Fische mit einem Nylonfaden zusammengekrümmt, als seien sie direkt aus dem Meer in den Marktkorb gesprungen - zwischen frischen Tang gebettet.

In den Bergen von Früchten immer wieder eine aufgeschnitte - der Augengenuß soll ganz unmittelbar den auf der Zunge vorwegnehmen. Dann natürlich die Herkunftsbezeichnungen, die nur bei den ganz vergänglichen Dingen der Wahrheit entsprechen.

Grüne, ungesalzene Oliven (olive dolci) sind "vere spagnuole", obwohl sie nie aus Spanien kommen, dieSchwarzen werden als Echte aus Gaeta bezeichnet, wo heute kaum noch Oliven eingelegt werden. Sie werden in der Art von Gaeta in Apulien produziert, aber die Wahrheit - apulische à la Gaeta - wäre in Napoli unverkäuflich. Zwischen den Ständen wandelnd und schreiend die wahren Spezialisten, die Luftballons, Lose, Büstenhalter oder Basilikum verkaufen und sonst nichts.

Tips: Preise - immer niedriger als im Geschäft, aber - wo sie besonders niedrig sind, handelt es sich nicht um Kilopreise, sondern es geht 500-Gramm-weise!

Wurst, Fleisch und oft auch Käse sind nicht immer taufrisch - also Augen auf! Einen Stand weiter erinnert sich der Käse vielleicht noch an die Kuh.

Mit geräumigen Plätzen haben die Märkte nichts zu tun, sie ziehen sich in den engen Straßen der Altstadtviertel entlang. In den "besseren" Stadtteilen fehlen sie. Dort gibt es Supermärkte, wo alles sauber unter Plastikfolie verpackt ist.

PARTHENOPE *in der Küche:*

Daß die Sirene Parthenope Odysseus und seine Gefährten an die napolitanischen Gestade mit Gesang locken wollte, erscheint den heutigen Bewohnern wenig plausibel.

Sie stellen Parthenope an den Herd, ihre Reize sind TOMATE und BASILIKUM. Während die Sirene der Antike von Odysseus verschmäht sich ins Meer warf, und in Napoli nur ihr Grab fand, kommt an der neuen Parthenope keiner so leicht vorbei, ohne wenigstens mit einem Teller maccheroni al ragu oder polpi alla luciana an ihre Stadt gefesselt zu werden. Odysseus wäre Napoletaner geworden, nach und nach hätte man die Maccheroni erfunden und er wäre nur noch einmal nach Amerika gesegelt, um dem Land der Sirenen die Tomate zu bringen. Sie ist überall präsent, drängt sich aber nie auf. Die Napoletaner sind Meister leichter, fruchtiger Tomatensoßen, die Tomate soll nicht verdecken, sie bindet, rundet ab, gibt das Gefühl von Harmonie.

VERMICELLI CON LE VONGOLE und POLPI ALLA LUCIANA sind Küchenlieblinge: die Sandmuscheln, es müssen die ganz kleinen Grauen sein, bekommen einen Klecks Tomate, ausreichend, um die Vermicelli (so heißen hier traditionell die Spaghetti) erröten zu lassen, Nudeln und Muscheln zu verbinden. Die polpi, die Tintenfische, dünsten im eigenen Saft, mit Olivenöl, Knoblauch und Tomatenstücken, aber nur soviel, daß die Meeresbewohner weiterhin schwimmen können.

FLEISCH spielte füher kaum eine Rolle. Man verzehrte das, was die Adelsfamilien nicht auf den Teller bekamen: Innereien, Pfoten, Köpfe, Schwänze, machte phantasievolle Ragouts draus, Würste, oder genießt es wie "trippa e musso" (Kuttel und Schnauze), penibel gereinigt, dann gekocht und immer mit frischen Wasser frisch gehalten, einfach mit Salz und Zitronensaft. Stände mit diesen Leckereien gibt es auf allen Märkten. Man kauft soviel wie man Hunger hat und fischt die Stücke im Stehen aus dem Packpapier. Erst in den letzten Jahren, nachdem alles Meeresgetier rar und teuer geworden ist, kommt häufiger Fleisch auf den Speiseplan.

Das klassische Beispiel für die haushälterische Verwendung von Fleisch ist das "ragù", dessen Duft die Straßen des sonntäglichen Napoli durchzieht: Fleisch (im ganzen Stück, wo Hackfleisch im Spiel ist, sind Ignoranten am Werk), Speck, Öl, Zwiebel und Knoblauch werden zusammen mit Tomatenkonserve 6 Std. auf kleinstem Feuer gekocht. Neben dem Topf muß ständig jemand stehen, von Zeit zu Zeit umrühren und etwas Flüssigkeit zugeben.

Die Harmonie aus Fleischduft und Tomate ist der Höhepunkt napoletanischer Nudelküche, kein Käse drüber, nur ein wenig frisches Basilikum oder Petersilie.

Pizza In Napoli mit etwas Glück ein Vergnügen, das all die nördlich der Alpen kursierenden Pizza-Karikaturen vergessen läßt. Zuerst die Mißverständnisse über die Güte der Pizza: meist wird sie an der Reichlichkeit der Auflagen gemessen. Mancher wird sich um 10 Oliven, 15 Dosenchampignongs und ein Halbdutzend Salamischeiben betrogen fühlen.

Und so liebt man sie in Vesuv-Nähe: heiß als käme sie direkt von der Lava, aber mit Holzkohlenduft, der Teig darf nicht zu dünn sein und keinesfalls hart wie Knäckebrot (Napoletaner wollen satt werden, und haben meist schlechte Zähne). Durchmesser: Tellerrand muß unsichtbar bleiben. was drauf ist, es darf nicht zuviel sein, weil sonst der Teig naß und pappig wird. Lieber ein paar Teiginseln im Tomatenmeer. Auf keinen Fall soll sie aussehen, als habe es Oliven gehagelt oder sie wäre beim Schlachter unter der Wurstschneidemaschine gestanden.

Pizza margherita: Tomate Mozzarella, Basilikum }
Pizza romana: Tomaten, Sardellen, Mozzarella } Die beiden ursprünglichsten Formen

marinara: Tomate, Mozzarella, Oliven, manchmal Kapern - nie Fisch!

con funghi: Tomaten und Pilze

quattro stagioni: Tomaten, Pilze, Mozzarella, Schinken, Muscheln oder Fisch, kann aber auch ganz anders aussehen.

Pizza ripiena: in der Mitte zusammengeklappt, mit Schinken, Mozzarella und Quark gefüllt - und einem Hauch Tomate.

Daneben die "Pizza al metro" - vom Meter, von großen Backblechen, die stückenweise nach Gewicht als Stehimbiß verkauft wird. Kommt immer aus dem elektrischen Brotbackofen, ist in der Regel öliger und hat einen gröberen Teig.

Neben dem Pizzaofen steht meist ein Kessel mit kochendem Öl für salzige Krapfen aus Hefeteig mit verschiedenen Füllungen, Reiskugeln.

Ausgebackenes Gemüse:

aracine: Reiskugeln mit Ragu, Erbsen und Mozzarella drinnen

panzerotti: gewürzter ausgebackener Kartoffelbrei

zeppole: ausgebackene Hefeteigstückchen

calzoni: Hefeteigkrapfen mit Quark oder Mozzarella, Schinken und ein wenig Tomate oder mit Grünzeug und Kapern

tittoli: ausgebackene Polenta, dreieckig geschnitten

vurraccie: Borretschzweige in Eierteig gebacken, ähnlich Kürbisblüten, Zucchinistücke, Paprika, Auberginenscheiben..

Alles heiß, kräftig gesalzen, knusprig. Wer unentschieden ist, holt sich von den kleinen Dingen für ein paar hundert Lire "robba mischiata" - von allem etwas.
Preise: robba mischiata zum Sattwerden ca. 2 DM, ebenso ein calzone oder eine arancina, oder 100 g Pizza auf die Faust.

Wein

Es gibt in Napoli guten Wein, man muß ihn nur finden. Die Hauptanbaugebiete liegen außerhalb der Sichtweite der Stadt, hinter dem Vesuv und in der Gegend zwischen Avellino und Benevento. Ausprobieren - es gibt hunderte von dunklen Läden, wo Fässer und Flaschen zum Besuch einladen.

Ein Glas über die Tresen geben lassen ("vini e olii"), gefällt er, die mitgebrachte Flasche vorholen (die sollte man dabei haben, denn nicht immer sind leere Flaschen verfügbar). Preis je Liter ca. 1,50- 2 DM. Ein besonderer Genuß, von dem besonders die deutschen Neapelreisenden des letzten Jahrhunderts schwärmten, der Gragnano (rot) und Asprino (weiß), in Sektflaschen, denn er prickelt und moussiert, erfrischt und geht in den Kopf, ca. 2,50-3 DM.

Napoli ist seine Metropole. Er ist "denso" - dicht, unter Verzicht auf Flüssigkeit über das unbedingt Nötige hergestellt. Ähnlich positives zum Capuccino - nur die Milch der städtischen Molkerei hat oft einen leichten Stich.

Da für das gesamte Stadtgebiet Höchstpreise bestehen, und nirgendwo andere Preise als diese verlangt werden, lieber gleich in eine Bar, wo viel los ist, Edelstahl glänzt, es nach Kaffee und Pasticceria duftet (den süßen Stückchen und Kuchen, die jeden Diätvorsatz zunichte machen). Die großen Hauptstraßen sind in der Regel besser. Hier frühstückt Napoli:

caffe oder cappuccino, dazu eine sfogliatella, ein knusprig blättriges Gebäck, am besten heiß, mit einem Innenleben aus kandierter Zitrone, süßem Quark und etwas Griespudding. Kostenpunkt für so ein Stehfrühstück um 3 DM.

Meiner Erfahrung nach die besten Bars in der Via Roma, um die Piazza Dante, in der Via Chiaia - aber auch anderswo gute Stützpunkte. Nur sonntags ist dort fast alles dicht.

★ **Ein paar Tips für Selbstverpfleger:**

Das Angebot der Stadt ist ideal - doch wo die Landesprodukte garen? Das Recht, im Hotelzimmer zu kochen, ist den "terremotati" - den vom Erdbeben oder sonstiger Baufälligkeit aus ihren Wohnungen Vertriebenen vorbehalten. Ihren Speisedünsten dürft ihr in der Regel nichts hinzufügen.

Das Brot ist Spitzenklasse, und an weichen, frischen, ungewohnten Käsen gibt es zu entdecken, und sofort zu konsumieren, denn die sind allesamt nicht transportgeeignet, Oliven, Eingemachtes- aber euch entgeht eine wichtige Dimension napoletanischer Genüsse, wenn ihr euch nicht wenigstens einmal an den gedeckten Tisch setzt.

Vergeßt die Mortadella. In Napoli treffen sich die Ältesten, die es auf dem italienischen Markt gibt - deshalb sind sie auch so wohlfeil. Die harten scharfen schlanken Salamis aus Avellino und Calabrien sind dem Klima besser angepaßt - aber: gute Qualtitäten, die nicht nur aus Schwarten und Sehnen bestehen, kosten ihren Preis.

Es nimmt euch niemand übel, die pomodori, melanzane, die Trauben selbst in die Tüte zu tun, aber holt euch gleich eine Tüte, man sieht so gleich eure Bereitschaft, handelspolitisch tätig zu werden.

!!! Auch auf napoletanischen Lebensmittelmärkten gelten Festpreise. Nachrechnen und beim Wiegen aufpassen!!!

★ **Schmuggelzigaretten:** zuerst - sie kaufen ist absolut legal. Durch die Talfahrt der Lira und den Höhenflug des Dollars sind die echten Amis, made in Yugoslavia oder anderswo, nicht mehr rentabel. Der Tabacchi-Laden ist nicht teurer, und italienische Zigaretten sind sogar billiger.

Der schlechte Ruf Napolis oder "die geraubten Handtaschen": schreckt ab. Wer nicht ganz blau-äugig-naiv durch die Straßen schlendert, befindet sich in Napoli nur zwischen ehrbaren Leuten. Vertrauen ist gut, aber Taschen, die einem lieb und teuer sind, trägt man immer so, daß sie nicht mit einem Griff abgepflückt werden können. Wenn euch Passanten auf Leichtfertigkeiten in Wort und Gebärde aufmerksam machen, droht fast nie direkte Gefahr, aber die Gelegenheit könnte da sein. Die meisten Opfer sind übrigens nicht Ausländer, und Handtaschenraube ("scippi") sind nur so häufig, daß sie noch einzeln in der Lokalchronik der Zeitungen vermerkt werden.

Napoli zur Nachtzeit

Schon vor Mitternacht wird Napoli kreuzbrach und grundsolide. Die Straßen gehören den Hunden und Katzen. Aber gewisse Möglichkeiten nächtlichen Divertimento gibt es, je 150.000 Napoletaner teilen sich eine Disco. Kinos und Ristoranti schließen so, daß man ausgeschlafen aufwacht. Und wer nächtlichen Trost im Wein suchen will, kaufe seinen Vorrat vor 21 Uhr.

Ab 22 Uhr die ideale Zeit, Napoli mit dem Auto kennen zu lernen. Autos, Taxis und Busse fahren im Rallye-Stil.

Besichtigungen, Öffnungszeiten

Napoli hat hunderte Kirchen und Kapellen, die in Kunstreiseführern in aller Ausführlichkeit beschrieben werden. Vor Ort in Napoli sind sie meist nur schon seit Jahren, oft seit Jahrzehnten geschlossen oder im Verfall. Günstigenfalls werden sie gerade restauriert. Mit etwas Glück kommt man dann rein, versaut sich die Schuhe mit Zement, fällt, die Blicke zu einem erhabenen Altar erhoben, in metertiefe Löcher und hält die gerne plauschenden Restauratoren von ihrer Arbeit ab.

Information: in was man wann und wie hereinkommt, wissen am ehesten die Leute bei der Touristeninformation an der Piazza Gesù Nuovo im Herzen der Altstadt. Was zum Schreiben mitnehmen, weil kein gedrucktes, aktuelles Material vorliegt.

Kirchen: wenn offen, dann von 8-13 Uhr und von 16-19 Uhr.

Innenhöfe der Paläste: sind nur Wohnungen und Werkstätten - kommt man immer rein. Die Leute blicken einen zwar etwas fragend an, besonders wenn man anfängt, die Mauern nach bedeutender Bausubstanz abzusuchen. Sind die Höfe mit Banken, Versicherungen, staatlicher oder kommunaler Verwaltung besetzt, kann man am Eingang den Herren in Lederjacke mit der geschulterten Maschinenpistole sein kunsthistorisches Interesse nahebringen, reinkommen tut man meist trotzdem nicht.

GESCHICHTE

Historiker habens schwer, denn Schicht auf Schicht wie anderswo gibt es nicht. Jeder Neubau, jedes neue Fundament hat unweigerlich in den archäologischen Untergrund störend vorgestoßen. Sicher ist, daß seit runen 2.700 Jahren eine Stadt besteht. Als florierendes Handels- und Produktionszentrum von griechischen Kolonisten ausgebaut. Und die Griechen haben auch den Namen hinterlassen: Neapolis - Neustadt.

In der griechischen und römischen Antike war es immer eine der größten Städte der italienischen Halbinsel, war geschätzt und gerühmt wegen seiner schönen Lage, seines ausgeglichenen Klimas. Und war trotz des guten Hafens, seiner zentralen Lage eher ein Tummelplatz der Reichen, der Literaten und Künstler.

Roms finanzielle, politische, militärische und kulturelle Größe hielten sich in oder bei Neapels Villen: Cicero, Caesar und Cleopatra, Lucullus, Vergil, die meisten Kaiser. Und weil Neapel etwas abseits von den großen Handels- und Militärstraßen lag und in der Oberschicht die nachgeahmte griechische Kultur mehr galt als solid-römisches, hielten sich hier auch griechische Sprache und Kultur.

Aber von dieser Vergangenheit ist praktisch nichts zu sehen. Einmal, weil man immer über das Alte gebaut hat. Dann wegen der vielen Erdbeben und Vesuvausbrüche und weil zwischen 450 und 1000 nach Chr. die weitgehend entvölkerte Stadt mehrfach ausgeplündert, zerstört und völlig verlassen wurde. Und Trümmer dienten als Baumaterial.

Die Kontinuität der Stadt wird erst ab ihrer Blüte im Mittelalter sichtbar. Aber auch hier im Vergleich zur damaligen Ausdehnung und Pracht der Stadt nur noch bescheidene Reste zu sehen. Napoli, seit dem Mittelalter bis um die Wende zum 20.Jahrhundert immer die bevölkerungsreichste Stadt Italiens, erhielt sein heutiges Gesicht im wesentlichen im 17. und 18. Jhd., als eine der prachtvollsten Residenzstädte Europas war - und schon damals eine der größten Zusammenballungen von Massenelend.

Wenn man heute durch die Altstadt geht, dort wo sie nicht durch den Verschönerungswillen der Faschisten und die Bodenspekulation der 50er und 60er Jahre ein Alptraum aus Travertin, schlechtem Marmor und Stahlbeton geworden ist, folgt man Straßenzügen, die sich seit der Römerzeit nicht verändert haben, sogar das schwarze Lavaplattenpflaster wirkt antik (hält aber nur ein paar hundert Jahre) - die Häuser haben sich immer wieder geändert: barocke Herrschaftsfassade neben ganz ähnlichem 19.Jhd., mal ein Restchen Mittelalter, doch der strenge nach außen einfache und zweckmäßige Barock überwiegt.

Das moderne Elend Napolis begann 1860, als die korrupten Bourbonenkönige verjagt wurden - nicht von den Napoletanern, die duldeten selbst die obskursten Gestalten auf dem Thron, man lachte über sie, machte sie zum Gespött des Pulcinella-Theaters. Und gab es Aufstände in den Elendsquartieren, lag das Plündern von Adelspalästen, Warenlagern und Läden näher als langwierige Systemveränderungen.
Die wenigen Versuche, im Gefolge der französischen Revolution allgemeine Freiheits- und Menschenrechte im Königreich Neapel zu erkämpfen, endeten für Süditaliens Intelligenz in der Isolierung seitens der Volksmassen, im Gefängnis, auf dem Schaffott. Die Massen wurden derweil von den Priestern in die Paläste der Freiheitskämpfer zum Plündern geführt, zum Abschlachten derer, die sich gegen die von Gott gewollte Mißwirtschaft stellten.

1860 war keine Befreiung. Napoli hörte auf, Hauptstadt zu sein - alles was irgendwo von den Brotsamen des Hofes satt geworden war, fing an zu hungern. Die Stadt verlor auch ihre Position als Wirtschafts- und Handelszentrum, der Hafen wurde erst wieder um 1880 bedeutend, als er Durchgangstation für Millionen Süditaliener auf dem Weg nach Amerika wurde.

Und die Korruption hörte keineswegs auf, sie wurde moderner, effektiver. Neue und alte Mächtige hatten beide Geldhunger. Der Neubau riesiger Stadtviertel und Straßendurchbrüche nach pariser Muster durch die Altstadt ließen Boden- und Bauspekulation explodieren. Ohne Tangente (eine Art Maklergebühr für Gefälligkeiten, Stillhalten, Maulhalten, Eliminierung von Konkurrenten) lief nichts mehr.

In demokratischen Zeiten wurden die Wahlen mit Spaghetti für die Armen und dem Einkauf der richtigen Fußballspieler gewonnen. Die Bürgermeistercliquen Lauro und Gava mit politischem Hintergrund aus Democrazia Cristiana , Monarchisten und Neofaschisten verwüsteten die Stadt nach Strich und Faden, klotzten Hochhäuser, Bauruinen und Abrißflächen in die Altstadt und sorgten für Schlagzeilen: Neubauten, die nach wenigen Jahren zusammensackten und ihre Bewohner unter sich begruben. Die

Schuldigen nicht zu finden, denn schließlich gab es meist nicht einmal eine Baugenehmigung.

"Napoli ist unregierbar" - die gängige Entschuldigung der herrschenden Gruppen in der Stadt. Nach dem Zwischenspiel einer roten Stadtverwaltung (1975 - 1983) und seitdem sehr knappen Mehrheiten für die jeweilige Rathauspartei, bei inzwischen sehr geschärftem Bewußtsein der Napoletaner, ist doch einiges in Gang gekommen.

Die Stadt erlebt die größte Rekonstruktionsphase ihrer jüngeren Geschichte, überall wird gewerkelt, wieder aufgebaut, die Altstadtviertel werden nicht weiter vernachlässigt, es wird weit mehr getan, als die Schäden des Erdbebens von 1980 repariert. Und wenn die Stadt überleben will, reichen nicht nur optisch sichtbare Verschönerungsarbeiten aus wie Fassadenrenovierung, Müllabfuhr und Busse, die wirklich funktionieren.

Die Bewohnbarkeit der Stadt steht auf dem Spiel. Unwürdige Wohnverhältnisse, Arbeitsbedingungen in den Hinterhoffabriken wie im 19. Jahrhundert (Kinderarbeit, Unterbezahlung, Arbeitsunfälle, Einsatz giftiger Substanzen z.B. in der Schuhindustrie) und die totale Umweltzerstörung besonders duch den totalen Autoverkehr beim völligen Fehlen von Grünzonen können die Stadt zum größten geschlossenen Slumgebiet Italiens machen.

Aber es ist zuviel an allen Ecken und Enden zu tun, Napoli hat die höchste Arbeitslosigkeit Italiens, was nicht heißt, daß die Leute nichts tun. Sie arrangieren sich mit unterbezahlten Jobs ohne jede soziale Absicherung. Kinderarbeit tritt zunehmend an die Stelle der Erwachsenenarbeit. Wer Glück hat, als Straßenfeger oder Museumswärter bei der Stadt zu fungieren, so füllt er den Posten nur so aus, daß er für seinen zweiten Job irgendwo in der Hinterhofindustrie noch fit ist.

Der Kampf ums tägliche Überleben, das Sich-Arrangieren ("arrangiarsi") gerät immer mehr aus seiner Tradition des Übersehens staatlicher Gesetze (z.B Schmuggel, Verkauf von Hehlerware) in die organisierte harte Kriminalität, daß Napoli inzwischen im Konsum harter Drogen den Spitzenplatz in Italien einnimmt, ist ein Grund für die Resignation und Hoffnungslosigkeit, die mehr und mehr zur Grundstimmung in der Stadt geworden ist.

Die schlimmsten Problemgebiete sind nicht mehr die Altstadtviertel, sondern die Neubauviertel überall in der Peripherie, wo Kontakt und Solidarität untereinander fehlen.

Napoli in ristauro:
Das alte Napoli ist derzeit eine Baustelle - nicht nur um runtergekommene Wohnhäuser wieder halbwegs menschenwürdig bewohnbar zu machen. Die künstlerisch beachtliche Baumasse wird restauriert. Davon gibt es mehr als reichlich, sie war extrem heruntergekommen, vielfach schon seit 100 und mehr Jahren. Krieg, Erdbeben, Bauspekulation, Verkehr und Luftverschmutzung, die Verelendung der Altstadtviertel haben effektiv zerstört.
Wichtig ist die Rekonstruktion des alten, vor allem barocken Napoli weniger für touristische Zwecke - die großen Zeiten des Tourismus sind seit 70, 80 Jahren vorbei. Wesentlicher ist, daß die Napoletaner wieder eine Bindung an ihre Stadt bekommen sollen, in ihr leben wollen, statt in die unwürdigen Peripherie-Viertel zu flüchten. Perfekte Lösungen sind nicht möglich, dafür ist die Stadt zu belebt und zu bewohnt, Macht- und Geldinteressen zu lebendig. Zudem ist die Altstadt einfach zu groß - noch 1900 war Napoli die einwohnerstärkste Stadt Italiens, heute Nummer 3, was die gemeldete Bevölkerung angeht. Als Ballungsgebiet kommt es mit 3,5 Mio. Einwohnern kurz hinter Mailand, noch vor Rom.

Ausstellungen:

Irgendetwas gibt es immer, was den Besuch lohnt. Die A.A. veranstaltet laufend thematische Sonderausstellungen, die sich mit der Stadtgeschichte, ihrer Kunst und den Problemen der Gegenwart befassen. Ausgezeichnet dokumentiert, hervorragende Kataloge, Teilnahme von Fotografen von Weltruf. - Für die Tourismusplaner der Stadt, der Weg, Terrain zu gewinnen, die Stadt wieder ins Gedächtnis zu rufen - die nach Rom, Florenz und Venedig das größte architektonische und künstlerische Erbe in Italien besitzt, auch wenn es vielfach in erbärmlichem Zustand ist, nicht oder nur schwer zugänglich ist

CAMORRA:

Die napoletanische Variante der Mafia. Weniger bekannt und außerhalb ihres Aktionsgebietes somit von weniger romantisierendem Beiwerk umgeben.

Mit Sicherheit Napolis größte Handels- und Dienstleistungsgesellschaft - oder besser, ein lockerer geschäftlicher Zusammenschluß von "Gesellschaften", die Preise, Märkte, Einflußsphären untereinander absprechen. Immer wieder von Neuem, denn es herrscht Konkurrenz. Manager, aber auch kleine Mitarbeiter spielen mit Leben und Gesundheit. Nicht der Managertod durch Herzinfarkt. Das besorgt in Napoli eine "raffica di mitra" - eine Salve aus der Maschinenpistole. Begräbnis und deren handverlesener Teilnehmerkreis dann bei bedeutenden Gestalten ähnlich pompös und erlaucht, wie bei einer Wirtschaftsgröße mit Nachruf in der "Frankfurter Allgemeinen".

Geschäftsbereiche: Bau- und Bodenspekulationen, Schmuggel, Drogenhandel (Ingrosso und Detail), Arbeitsvermittlung, Vermarktung von Tomaten, Erbsen, Artischocken und Blumenkohl. Schutz vonLäden und Warenlagern, Besetzung von Posten in der Verwaltung, kleine Gefälligkeiten, Hinrichtungen, Gewinnen von Wahlen.

Die meisten Opfer der Camorra stammen aus den eigenen Reihen, meist kleine Fische, die ihre Grenzen nicht sehen wollten. Das In-die-Luft-Sprengen von Staatsanwälten, Richtern, Polizeipräsidenten, Provinspräfekten, wie es in Sizilien und Calabrien Mafia-Brauch ist, hat in Napoli und Vesuv-Gebiet noch keinen Eingang gefunden. Sicher gelegentliche Verwarnungen und Denkzettel an nicht-konforme Linkspolitiker und Gewerkschafter, immer auf lokaler Ebene.

Und auch das Geschäft mit Entführungen läßt man links liegen. Unternehmenskapital läßt sich im Gegensatz zu Calabrien und Sizilien diskreter holen.

Bilanz: ca. 30 -50 Tote im Jahr. Über den Umsatz in Lire nichts bekannt. Man führt weder Buch, noch hat man feste Geschäftsräume, und Steuern werden schon gar nicht abgeführt. Die kleinen Geschäfte sorgen für die meisten Schlagzeilen: Prostitution, "Bewachen" von Läden und Handwerksbetrieben, Verschieben von LKW-weise geklauten Konsumartikeln, Zigarettenschmuggel, Drogenhandel, das Geschäft mit dem Wiederaufbau in den Erdbebengebieten von 1980.

Am Lukrativsten: Geschäfte, wo der Staat die Gelder bereitstellt, etwa große Industrie- und Straßenbauprojekte.Man kennt ja die richtigen Leute, die auch ganz gern unter dem warmen Regen stehen. Im Prozeß gegen den derzeit einsitzenden Renato Cutolo, smarter Jungunternehmertyp, einer der am meisten dynamischen Camorra-Bosse, sind die feinen Verzweigungen in die Machtzentralen und Bürokratien nicht immer zuzudecken gewesen. Und dabei hat Cutolo kein Wort geredet. Er weiß nicht einmal mit dem Wort "Camorra" etwas anzufangen.

Wir teilen wie folgt NAPOLI auf in:

1.) Die Altstadt:

Zwischen Stazione Centrale - Hafen - Via Roma - Piazza Cavour - Via Carbonara - Via Poerio.

Das Napoli der kleinen Leute und der großen Adelspaläste, die längst nicht mehr von den "großen Familien" bewohnt werden. Wohnviertel und "Industriegebiet" in einem.

Die engen Straßen und Gassen sind Markt, Vorraum der engen Wohnungen und Spielplatz. Wenn es das Wetter erlaubt, wird vor den Werkstätten mehr gewerkelt als drinnen. Durch das Menschengewimmel schieben sich Autos, Lieferwagen, Dreiräder, Mopeds. Die Luft ist schneidend, Geschrei, Gehupe und Radiomusik aus allen Kanälen. Und immer wieder Duftwolken, mal süß, mal Fettgebacken, mal Brot, mal cafè. Die Sinneseindrücke lassen sich nicht entflechten, erst recht nicht sortieren.

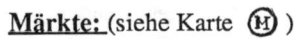

Märkte: (siehe Karte Ⓜ)
PORTA NOLANA, vor allem im Vico Soprammuro, Lebensmittel, Napolis reichster Fischmarkt. Gesegnet mit Garküchen, Pizzerien, Trattorien - die man so nach und nach alle mal ausprobieren kann. Was es gibt ist aus-gestellt.

DUCHESCA-VIERTEL - direkt an die Piazza Garibaldi anschließend. Ganz und gar nicht nahrhaft: Radios, Küchenmaschinen, Rucksäcke, Schuhe, Fotoapparate, angeblich alles Schmuggelware, aber die Herkunft wohl überwiegend aus dunkleren Kanälen - und halt vieles zweiter Wahl, oder aus der Produktion von vorgestern. Klamotten (meist Syntetik), original schweizer Uhren. Hier decken sich überwiegend die Leute aus den süditalienischen Provinzen ein. Wenn sie hart handeln, holen sie ihre Fahrtkosten in jedem Fall wieder rein, denn die Dinge, die es hier gibt, kosten in Benevento, Potenza oder Reggio mit Leichtigkeit das Doppelte. Und wahrscheinlich viel Ramsch, billigstes Plastikspielzeug - Ufo-Robots seit Jahren in Mode,oder es sind noch nicht alle Restbestände verkauft. Sie haben sogar die 1.Auflage dieses Buches überlebt.PORTA CAPUANA: beginnt auf der Piazza S. Francesco di Paola und zieht sich die Via S. Antonio Abate hoch. Napolis größter und schönster Lebensmittelmarkt. Grünzeug, Früchte, viel Fleisch und Würste, reichlich Käse, vom zarten Mozzarella zum steinharten Pecorino, an dem sich die Reibe die Zähne ausbricht, Oliven und eingelegtes Gemüse. Wenig Fisch, wenig Garküche. Viele Weinläden mit großen Fässern im Hintergrund.

PIAZZA MERCATO: trotz des Namens kein Markt. Abstellplatz für die Lieferwagen der Händler an der Porta Nolano; nur ein paar Reihen mit den Ständen von Kleiderhändlern.

Nebenan die PIAZZA DEL CARMINE, früher Hinrichtungsort. War fürher das Zentrum des Hafenviertels, dichtes besiedelt - heute großflächig abgerissen und von häßliche Häusern eingerahmt, die so verkommen sind, daß man ihnen ihre erst 30 Jahre nicht glauben mag.

LAZZARONI: sie waren die typischen Bewohner des Hafenviertels, das den Sanierungen im letzten Jahrhundert (besonders nach der großen Cholera 1884) und den Bombardementen des letzten Krieges zum Opfer gefallen ist.

Sie waren diejenigen, die bei Nordeuropäern das unausrottbare Vorurteil vom "dolce far niente" als der Hauptbeschäftigung der Süditaliener in den Köpfen einbürgerten: Arbeitslosigkeit und Gelegenheitsarbeit gibt es schon seit Jahrhunderten in Napoli, schon in der Vergangenheit nicht allein ausgelöst von der ungeheuren Fruchtbarkeit napoletanischer Eheleute, sondern durch die Zuwanderung aus den immer mehr verelendeten Provinzen.

Es bestand Hoffnung auf irgendwelche Arbeit - und auf großzügige Geld- und Lebensmittelschenkungen des Königs oder der reichen Familien, wenn das bis zum Zerplatzen gespannte soziale Klima abgekühlt werden mußte.

Es bildete sich die soziale Gruppe der "Lazzaroni" heraus - sie arbeiteten, wenn es Arbeit gab, im Hafen als Träger, als Maurer, als Gehilfen der Fischer, als Soldaten, Zuträger, Spitzel, Kehrrichtsammler... und arbeiteten meist solange, bis das Überleben wieder einmal gesichert war. Und zwischendrin saßen sie am Hafen , warteten auf einen dummen Fisch, der ihnen an die Angel ging und ließen sich die Sonne auf die nackte Haut scheinen, denn ihre Kleidung war meist mehr Loch als Tuch.

Als dann seit 1750 Napoli Hauptziel europäischer Bildungs- und Vergnügungsreisender wurde, machte sie den Fremdenführer. Die Stadt kannten sie - doch für den Reiseleiter als Hauptberuf reichten einfach nicht die Touristenzahlen.

Klassisch ist die Geschichte:

Ein Engländer sieht einen Lazzarone am Kai in der Sonne liegen. "Warum leigst du hier, es ist doch früh am Morgen". - "Ich habe meine Fische verkauft, ich ruhe aus". - "Wenn du fleißiger wärst, könntest du mehr Fische fangen." - "Und dann?" - "Würdest du mehr Fische fangen, hättest du mehr Geld." - "Und dann?" - "Könntest du ein Boot kaufen."- "Und dann?" - "...und dann könntest du dir eine Villa kaufen, Bediente und Fischer einstellen." - "Und dann?" - "Dann könntest du dich ausruhen." - "Aber das tue ich doch schon die ganze Zeit."

Die offenkundige Verachtung aller Daseinsvorsorge beeindruckte und provozierte - was aber die meisten übersahen: es gab mindestens ebensoviele Kleinhandwerker, die sich erheblich weniger freie Zeit gönnten als ihre Kollegen nördlich der Alpen. Und sie bestreiten heute den Großteil der "Industrieproduktion" in der Stadt. Man sieht sie nur nicht, weil sie bis auf die Kunsthandwerker (sie müssen ihr Produkt sichtbar ausstellen), in Kellern und Hinterhöfen arbeiten.

Die Hauptstraßen:

"Rettifilo" = Corso Umberto: im letzten Jahrhundert wurden die großen Durchbrüche gemacht - nach Pariser Muster, mit dem Lineal durch die Altstadt geschnitten: zwischen Bahnhof und Via Roma, der Hauptstraße des bürgerlichen und adeligen Napoli, zog man den Rettifilo ("die Gerade") mitten durch die Altstadt. Ohne jede Rücksicht auf bestehende Bauformen und Straßenzüge.

Die alten, übervölkerten verkommenen Häuservierecke mit ihren zugebauten Innenhöfen blieben hinter den Prachtfassaden der Gründerzeit bestehen bis in unsere Tage. Heute die immer verstopfte Hauptverkehrsader der Stadt. In der Mitte zur Zeit des höchsten Fortbewegungsstandes der Napolitaner zwei Reihen Busse - stehend, soweit das Auge blickt, auf den Seiten die private Blechlawine, auch im Stillstand und ebenso lang. An den Rändern die besseren Geschäfte des bürgerlichen Napoli, aber mehr die,wo gut gestellte Provinzler kaufen. Reisebüros, Bars (den besseren Caffe findet man in der Via Roma). Die höheren Stockwerke meist Büros und Kanzleien, aber auch Wohnungen.

Der zweite Durchbruch in der Altstadt rechtwinklig dazu, die VIA DUOMO. Auch viele Geschäfte. Auffallend viele Bars (mit dem besseren Caffe und den viel besseren Süßbäckereien). Hochzeitsbedarf und die Schaukästen der Fotografen für dieses wichtige Fest.

Die alten Straßen:

SPACCANAPOLI **("Spaltet Napoli")**. 3 km lang, gerade durch die Altstadt. Die Napoletaner nennen sie so, auf Straßenschildern und Stadtplan taucht "Spaccanapoli" nicht auf, aber die Bezeichnung ist geläufiger als Via Pascale Scura (westl. der Via Roma), Via D. Capitelli (Via Roma bis Piazza des Gesu Nuovo), Vie Benedetto Croce (bis Piazza S. Domenico Maggiore), Via S. Biagio dei Librai (bis Via Duomo), danach Vie Vicaria Vecchia, Via Giudecca Vecchia, Vicolo V. Tuputi.

Die alte Händlerstraße. Zwischen Via Roma und Piazza Domenico Maggiore dominieren die Buchhändler, die Universität ist nicht weit, dann schließen sich die Goldhändler an ("compro oro anche pegnorato" - kaufe Gold, auch verpfändetes). Handel mit Devotionalien, Heiligenfiguren, Rosenkränzen, Marienbildern.
Von der Kreuzung der Via Duomo der Markt der Anwohner. Grünzeug, Gebackenes, geklaute Radios und Fotoapparate, Garküchen, Schmuggelzigaretten. Die Märkte mit allem, was man zum Wohnen und zur Kindererziehung und -beglückung braucht, setzen sich in die schräg abzweigende Via Forcella fort.
Je weiter der Straßenhandel in die Seitenstraßen und Gäßchen, in die Hauseingänge hineingeht, um so zweifelhafter die Herkunft der Waren - hier am ehesten das Spielchen mit dem Stein (siehe Einleitung, Beschiß).

Parallel zum Spaccanapoli zwei ebenso enge und gerade Straßen, VIA TRIBUNALI, **"Wohnstraße"**, die Hinterhöfe mit Kleinstfabriken vollgestopft, unterbrochen von Straßenmärkten, und einen Straßenzug weiter die ANTICAGLIA, noch enger, noch verkommener.

Die Hauptproduktion der Altstadt kommt aus den Hinterhoffabriken, wo zu Minilöhnen Schuhe, Handschuhe, Warenhauskonfektion und Alta Moda, aber auch minderwertiges Plastikspielzeug, Wegwerfschirme, Wicklungen für Elektromotoren entstehen, lauter arbeitsintensive Sachen. Napoli ist ein europäisches Hongkong oder Singapur.Gleichzeitig hat aber auch viel vom traditionellen Handwerk überlebt. Vom Flickschuster (die schnell für wenig Geld exzellente Arbeit liefern) bis zum Intarsientischler und Mandolinenbauer.
In einigen wenigen Straßen hat sich dieses künstlerisches Handwerk gehalten. Die Probleme der Meister sind groß, nicht weil Nachwuchs fehlt, sondern weil außerhalb Süditaliens das Kunsthandwerk Napolis nahezu unbekannt ist - Florenz und Venedig sind bekannter.

VIA S. GREGORIO ARMENO: Straße der Krippenmacher, Restauratoren sakraler Kunst und der Hersteller künstlicher Blumen (auch in den anliegenden Gassen).

Ihren Höhepunkt erlebt die Straße in der Vorweihnachtszeit - sie ist dann Weihnachtsmarkt, ganz ohne gebrannte Mandeln. Dann wird die Jah-

Lageplan Napoli/Altstadt

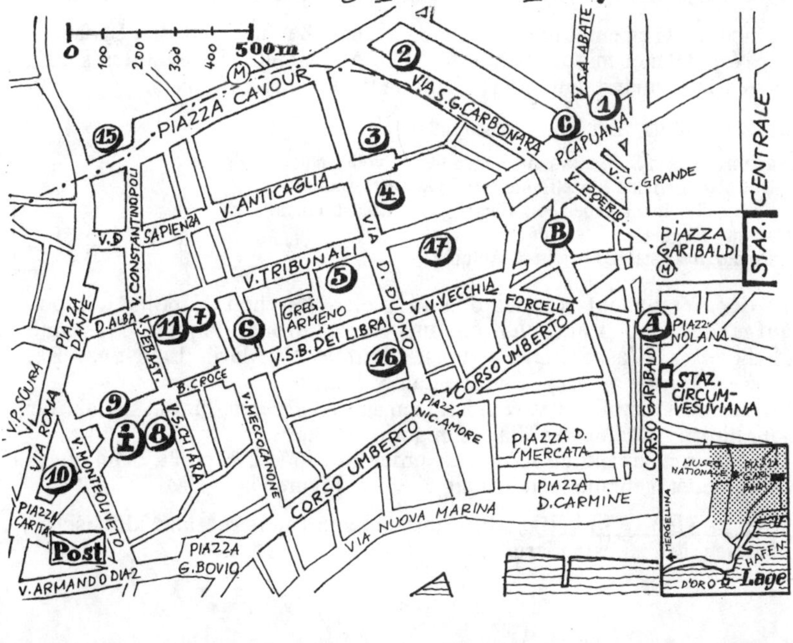

resproduktion an Krippenfiguren aus Ton (und zunehmend aus Plaste) verkauft.

Die Krippen sind eine Leidenschaft der Napoletaner - nicht nur zu Weihnachten. Entstanden in der Barockzeit, boten sie den Vorwand mit einer Fülle von Figuren, da napoletanische Volksleben prall und drastisch darzustellen. Während die Krippen des Bürgertums und des Volks aus kleinen buntbemalten Tonfiguren bestanden, zogen die Adelsfamilien die führenden Bildhauer ihrer Zeit heran, denen es gefiel, mal in weniger edelm Material als Marmor nicht feinst polierte Heilige, Marien, Allegorien der Tugenden, Büsten ihrer Auftraggeber und Grabmale formen zu dürfen. Diese Figuren waren meist 30 cm hoch, steckten in Stoffkleidung, die Köpfe und Hände aus Ton oder Holz, die Augen winzig kleine Glasaugen. Manche Krippen umfaßten mehrere tausend Figuren.

Die Geburt des Herrn geht meist unter in Volksleben, Tafelfreuden, begleitet von keifenden Alten, abstoßenden Bettlern, Kartenspielern und Zechgelagen. Dann die Hirten, die nicht nur zum Anbeten kommen, sondern in der Krippe musizieren, Käse und Quark machen. Heerscharen von Mohren und Türken, überhaupt bei den Hl. Drei Königen die größte Pracht, auch die Sultanin in Pluderhosen und Saffianstiefeln kam mit, und ganze Mohrenkapellen, Maccaroni-Esser am Straßenrand, Berge von Fischen, Grünzeug. Markszenen und drüber die himmlischen Heerscharen.

KRIPPEN IN MUSEEN UND KIRCHEN:

München, Krippenmuseum, Prinzregentenstraße: hier sind zum Bedauern der Napoletaner mit die Schönsten. Die Adelsfamilien verkauften sie im letzten Jahrhundert, um ihre Hofhaltung finanzieren zu können.

Die schönsten napoletanischen Schaukrippen:

Napoli: Museo S. Martino, mehrere Säle mit vollständigen Krippen und vielen Einzelfiguren. 1986 in Restauration.
S. Chiara, neben dem Eingang zum Chiostro maiolicato
Caserta: Reggia, im Museum
Sorrento: Sakristei der Kirche S. Antonio

In der Weihnachtszeit werden in vielen Kirchen Napolis Krippen aufgebaut, mit Landschaften aus Kork, Moos, Pappe, Gips und fließendem Wasser. Die schönste Kirche S. Maria La Nova. Bei Touristinformation nach "Presepe Laino" fragen.
Die meisten Familien besitzen Krippen aus Tonfiguren, für die sie Jahr für Jahr hinzukaufen, in der Via S. Gregorio Armeno.
Die Figuren für billige Krippen werden in Modeln gepreßt, dann etwas überarbeitet, gebrannt und bemalt. Kleinere Figuren ab 3 DM.

VIA S. SEBASTIANO: Musikinstrumente (moderne und klassische), Intarsien, Möbelrestaurierung.

Daran anschließend VIA S. MARIA DI CONSTANTINOPOLI: Kunsttischlerei, Restaurierung. Antiquitätenhändler (aber nicht die "günstigen Gelegenheiten" - Händler, die wissen, was ihr Sortiment wert ist); setzt sich hinter dem Nationalmuseum mit Kunsttischlerwerkstätten bis in den unteren Teil der Via Salvatore Rosa fort.

VIA PORT'ALBA: Buchhändler, auch mit antiquarischen Büchern, man muß aber mächtig zwischen gebrauchten Universitätstexten und Schulbüchern wühlen. Das Gleiche bei den Buchhändlern in Spaccanapoli.

VIA S. CHIARA und Seitenstraßen: vorwiegend Werkstätten für den täglichen Bedarf des Quartiers, aber auch Interessantes zum Umschauen.

Kunsthandwerk:

Baracca e Burattini, Piazza Museo (ein Eingang zur Galleria gegenüber dem Museo Nazionale) - Anfertigung von Puppen und Marionetten.

Ospedale delle Bambole (Puppenklinik), Via S. Biagio dei Librai (Spaccanapoli).

Buchantiquariate:

Berisio, Via Port'Alba 28; Cassitto, Via Port'Alba 10; Guida, Via Port'Alba 20 - gleichzeitig wichtiger Verleger für Bücher mit Bezug auf Napoli und Süditalien; Colonnese, Via S. Pietro a Maiella 33; Lombardi, Via Constantinopoli 4; Regina, Via Constantinopli 51; (alle Nähe Piazza Dante). Fiorentino, Calata Trinità Maggiore 36; Miliano, Via Benedetto Croce 60 - beide Nähe Piazza del Gesù. An der Chiaia Casella, Via Poerio 92 und Cicerano & Grimaldi, Via Bausan 61.

Shopping:

Kleider und Schuhe gibts nicht allein auf dem Straßenmarkt und aus der Hinterhoffabrik. In Napoli wird auch Alta Moda gemacht, nach Mailand und Rom ist es (mit einigem Abstand) die 3.Metropole Italiens auf diesem Gebiet. Die napoletanischen Modemacher haben allerdings allesamt in Rom eine Filiale, die das Stammhaus meist in Größe und Auswahl um Einiges übertrifft.

Kleidung und Schuhe: Via Chiaia, Via S. Caterina - und unbedingt den Abstecher nach Capri und Positano machen (viel Kreativität und vertretbare Preise).

Antiquitäten und Möbel: Via Chiatamone, Via S. Maria di Constantinopoli, Via Salvatore Rosa.

Die "BASSI" Wohnen in der Altstadt:

Napoli kennt nicht die Trennung von Arbeit und Wohnen in sauber voneinander geschiedenen Quartieren - und in der Vergangenheit auch nicht verschiedene Wohnviertel für Arm und Reich. die Stadt war hiefür zu eng und die Caraffa, Belmonte, Spinelli, Ruffo, Sansevero, Cuomo, Gravina und wie sie sonst hießen, konnten es nicht brauchen, wenn ihre Bediensteten und all das nötige Hilfspersonal, die Wäscherinnen, Pastetenbäcker, Köche und, und... weit ab in irgendwelchen Vorstädten hausten.

Neben den Palästen die "Hütten", die oft verlotterte Paläste waren und sich erst recht in deren Hinterhöfen breitmachten.

Nachdem die "besseren" Familien mit der Expansion Napolis im letzten Jahrhundert in die Grünzonen des Possisipo und des Vomero aus der Altstadt auszogen, wurden die Paläste immer mehr Massenquartier (das zudem Miete einbrachte, oder man verkaufte sie wohnzellenweise). Soziale Schichtungen verlaufen seitdem horizontal. Unten - zu ebener Straße, die "bassi", Wohnhöhlen, meist ein, zwei Räume, wo nicht allein gewohnt wird. Tagsüber im vorderen Teil der "guten Stube" die Schneiderwerkstatt, der Laden, der einige Kaugummis, Pakete Waschpulver, Büchsen Tomatenkonserve, Haarnadeln etc. Umsatz macht.

Das einzige Licht kommt durch die Türe. Da sie immer offensteht, nimmt jeder Vorübergehende am Familienleben teil, sofern es sich wegen der Beengtheit nicht ohnehin auf der Straße abspielt. Das riesige Bett, das Platz für alle Generationen bieten muß, der Tisch, auch er muß allen Platz bieten, der Herd, der Fernseher und das Bild der Hl. Jungfrau (von Montevergine oder Pompei oder von Pomigliano d'Arco - jeder hat seine Lieblingsmaria) - kurz die elementare Möblierung eines Basso läßt dann nur noch Platz für schmalste Durchgänge.

Dabei waren bis zur Sanierung und Bombardierung des Hafenviertels und Pizzofalcones die "Bassi" nur die Vorstufe zur Hölle. Dort wohnte man in den Fondachi, ehemaligen Lagerhäusern und Felshöhlen aus dem Mittelalter, die mit Wohnverschlägen vollgestopft waren.

Über den Bassi das Piano nobile, früher immer die herrschaftliche Etage, mit Räumen so hoch, daß die Decke fern wie der Himmel war. Die Illusion wurde oft verstärkt durch auffliegende Engel und sich in die Endlosigkeit öffnenden Wolken. Seitdem der Adel dort ist, empfangen hier Rechtsanwälte, Ärzte, Vermittler von Gefälligkeiten und Beziehungen, die besseren Wahrsager, städtische Ämter, Kleinfabrikanten, deren Reichtum ihnen das Piano nobile schon erlaubt, aber noch nicht den Vomero.

Nach oben nehmen Wert und Prestige der Wohnungen wieder ab. Von den einstigen Gärten in den Innenhöfen sind noch ein paar Blumentöpfe geblieben, und natürlich die ausrangierten Blecheimer, in denen Basilikum und Petersilie sprießen. Die Tierwelt präsentiert sich durch Zeisige und Kanaris hinter Gittern.

Sonst ist alles vollgebaut, denn über Jahrhunderte fand die Expansion des Stadtgebictes nach innen statt. Bis 1750 vermehrt sich die Bevölkerung gegnüber dem Mittelalter um ein Vielfaches (noch 1860 war Napoli die volkreichste Stadt Italiens), aber bis auf den Bau des Spanischen Viertels war die Stadt innerhalb der Mauern geblieben.

Monumente:

Verglichen mit nord- oder mittelitalienischen Städten bieten sie weniger, hinzu kommt ein oft beklagenswerter Erhaltungszustand - wie sollte es auch anders: die Paläste in elende Behausungen umfunktioniert, viele Kirchen in der Altstadt aufgegeben, weil die Zahl der Gläubigen und auch deren Glaubensstärke nachgelassen haben.

Vergessen sollte man auch nicht, daß mancher vermögende Stifter Kirchen errichten ließ, weil er Seelenqualen wegen der zu erwartenden Höllenqualen litt.

Und viele Kirchen gehörten den Orden, die teils seit Jahrhunderte aufgehoben und erloschen sind oder heute an Nachwuchsmangel leiden. Es war einmal üblich, einen Sohn oder eine Tochter - schon aus Versorgungsgründen - ins Kloster zu stecken - es ist es aber heute nicht mehr.

Aber selbst eine Reihe von Kirchen, die hohen kunstgeschichtlichen Wert haben, warten auf die Restaurierung oder werden seit Jahren schonend wiederhergestellt, Die Schäden durch das Erdbeben von 1980 haben zuerst die Situation verschlimmert, aber gleichzeitig ernstzunehmende Restaurierungen in Gang gebracht. Die Altstadt ist eine einzige Baustelle!

Von der Piazza Garibaldi ausgehend zur Via Roma:

1 PORTA CAPUANA. Stadttor aus dem Mittelalter mit robusten Türmen. Bis um 1875 war hier der Armenfriedhof, bestehend aus 365 geräumigen Grabhöhlen, abgedeckt durch solide Steinplatten. Jeden Tag wurde eine Gruft geöffnet und die namenlosen Toten in sie hineingeworfen. 365 Tage und Kalk reichten aus, um die Körper und Knochen vollständig zu zerfressen. Der Vulkantuff, auf dem Napoli gebaut ist, ist aggressiv.

2 S. GIOVANNI A CARBONARA. Renaissancebau, in restauro, wenn gearbeitet wird, kann man rein. Grabkirche des Königs Ladislao, sein Grabmahl ein repräsentatives Monster, ebenso monsterig das Grab des Sergianni Caracciolo, der in der Weltgeschichte den Platz des Geliebten der Königin Giovanni II. einnahm.

Der Carcciolo wurde - unter dem unverhohlenem Beifall der Napoletaner ermordet, man verstand es als Rache an dem lasterhafen Leben der zweiten Giovanna, die so viele Liebhaber und Laster hatte, daß man in der Überlieferung einen Teil davon auf die erste Giovanna ablud, obwohl die schon tot war, als die Zweite 9 Jahre zählte, und einen relativ soliden Lebenswandel führte.

Die zweite Giovanna hatte einen ungeheuren Verbrauch an gut gebauten Jünglingen und Edelmännern und die schlechte Angewohnheit, sie nach Verwendung aus der Welt schaffen zu lassen. Die Leichen der Bedauerswerten wurden in die Abtrittgrube des Castel dell'Ovo gefangen gehalten. Die erste Giovanna wurde 1381 gestürzt, der Krone wegen, und im Castel dell'Ovo gefangen gehalten, wo nach der volkstümlichen Überlieferung sie für ihre Laster büßte. In den Gemächern, wo die "gute" die Sünden büßte, die Jahre später die böse Giovanna begehen würde, erzählen die Kustoden die schlimmsten Geschichten, als wären sie erst vorgestern passiert. Die "gute" Giovanna wurde später nach Muro Lucano (Potenza) geschafft und in der Provinz in aller Stille ermordet. Die Böse starb friedlich im Bett.

14 SS. ANNUNZIATA. Eine der größten Barockkirchen der Stadt, ganz einfach, weiß in weiß mit großartiger Raumwirkung.

3 DONNAREGINA VECCHIA. Durch den Innenhof gehen, eine Treppe rauf, dann nach links. Die Glocke unten im Hof für den Kustoden funktioniert, aber es gibt keinen Kustoden. Oben wird restauriert (hier werden Restauratoren vor Ort ausgebildet). Unbekümmert reingehen. Fresken des 14.Jahrhunderts aus dem Umkreis von Giotto (Assisi, Florenz, Padua), Simone Martini, der lange in Napoli gearbeitet hat (Siena, Assisi) und Pietro Cavallini (Rom, S. Christina in Trastevere, Mosaiken in S. Maria in Trastevere). Die Fresken etwas verbleicht, aber Restaurierung bewirkt Wunder.

4 DUOMO S. GENNARO. Innen frostiger Barock, man ist versucht, gleich wieder umzudrehen, Wer drinnen bleibt: rechter Hand die Capelle die S. Gennaro dort unter viel Silber (maximale Prunkentfaltung) die Gebeine des wichtigsten Heiligen Napolis.

In der Phiole aus Bergkristall etwas Blut dieses frühchristlichen Märtyrers, das die wunderbare Eigenschaft hat, sich zu verflüssigen, wenn Napoli in Not ist (Vesuv, Erdbeben, Pest und Cholera), um das Unglück dann von der Stadt zu nehmen. Gelingt das Blutwunder nicht, geht man mit dem Heiligen grob um, er wird beschimpft, bedroht, man droht, die heiligen Überreste ins Meer zu wergen (meist wird er dann gefügig) und wie der Glauben Berge versetzt, tritt Besserung ein. Zu seinen regelmäßigen Pflichten gehört die jährlich fällige Verflüssigung seines Blutes am 2.Mai - Sonntag, am 19.Septemberr und am 16.Dezember. Wissenschaftlich interessierte Gemüter sind seit Jahrhunderten neugierig, welche Flüssigkeit nun wirklich in der Phiole ist.

Rechts eine Seitenkirche, dort das Battisterio, Rundbau aus spätantiker Zeit, mit Mosaikresten aus dem 5.Jahrhundert.

5 S. LORENZO MAGGIORE. (Haupteingang meist geschlossen, Nebeneingang - sehr unauffällig - in der Via Tribunali, ein Riesenraum, in ganz klaren Formen der französischen Gotik, aber ohne alle Spielerei, der gelbe Tuff Napolis ist dafür als Stein nicht geeeignet. Gelegentlich wird die Hallenwirkung betont durch Kinder, die hier viel besser spielen können als auf der Straße. Pfarrer oder Kirchdiener stellen den religiösen Frieden mit lautem Geschrei dann wieder her.

S.Lorenzo war im ausgehenden Mittelalter die Lieblingskirche des jungen reichen Napoli. Wahrscheinlich, weil man sich hier so gut hinter den Säulen verabreden konnte. Das einfache Volk strömte mehr in die Kirchen der Franziskaner und Dominikaner, wo im Geist christlicher Armut und Solidarität gepredigt wurde.

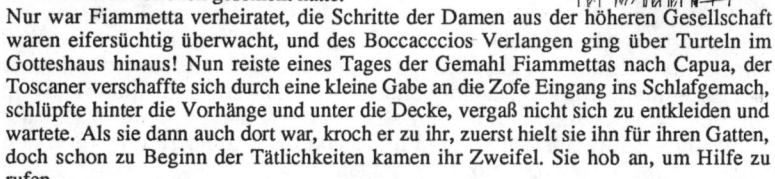

In S.Lorenzo trafen sich am 30.März 1336 Signore Giovanni Boccaccio und die Dame Fiammetta. Napoli war damals eine der reichsten Handelsstädte Italiens. Kaufleute, Dichter und Künstler besonders aus der Toscana liebten Napoli mehr als das damals nocht etwas hinterwäldlerische Florenz. Französische Poesie und Minnelied hatten in Napoli und Palermo ihre ersten Stützpunkte und der junge Boccaccio ging dem in Napoli mehr nach, als dem Erlernen des Kaufmannsberuf, wegen dessen ihn sein Vater 15jährig in die Stadt der Sirenen geschickt hatte.
Nur war Fiammetta verheiratet, die Schritte der Damen aus der höheren Gesellschaft waren eifersüchtig überwacht, und des Boccacccios Verlangen ging über Turteln im Gotteshaus hinaus! Nun reiste eines Tages der Gemahl Fiammettas nach Capua, der Toscaner verschaffte sich durch eine kleine Gabe an die Zofe Eingang ins Schlafgemach, schlüpfte hinter die Vorhänge und unter die Decke, vergaß nicht sich zu entkleiden und wartete. Als sie dann auch dort war, kroch er zu ihr, zuerst hielt sie ihn für ihren Gatten, doch schon zu Beginn der Tätlichkeiten kamen ihr Zweifel. Sie hob an, um Hilfe zu rufen.

Boccaccio beruhigte sie: wolle sie nicht, so würde er sich im Bett mittels eines mitgebrachten Dolches entleiben, das Leben sei ihm dann ohnehin nichts mehr wert. Fünde man dann bei ihr einen toten, unbekleideten und stadtbekannten Nachwuchsschriftsteller, sei auch ihre Situation brenzlig. "Antwortet mir, soll ich diesen kalten Stahl in die Brust senken, die ihn erwartet, oder soll ich mich an der Euren wärmen?" Fiammetta entschied sich für den lebenden Boccaccio, ihr Feuer hielt nur einige Monate an. Weiter siehe Giovanni Boccaccio.

12 S. PAOLO MAGGIORE. Gegenüber von S. Lorenzo, eine der großen repräsentativen Barockkirchen mit malerischen, erzählenden Freskenzyklen, deren Betrachten wie die Lektüre von Bildergeschichten ist. Meist geschlossen, beim Touristbüro der A.A. nachfragen!

6 CAPELLA SANSEVERO. Via de Sanctis, in der Nähe von S. Domenico Maggiore. Früher Familienkapelle der Sansevero, heute Museum und Monumento Nazionale. Entsprechend geöffnet. Fotografieren verboten! Spätbarocke Plastiken, die am Rand dessen geschaffen wurden, was sich aus Stein schaffen läßt, Netze und dünne Schleier plastisch über den Körperformen.

In der Mitte der Cristo Morto von Giuseppe Sammartino: der tote Christus auf einem Steinblock liegend, unter einem Tuch, das sich - wie naß - über die Körperformen legt. Aus einem Marmorblock gearbeitet. Tuch und der darunterliegende Körper von betroffen machender Plastizität.

Im Keller der Kapelle zwei Figuren, die einmal wirklich gelebt haben, die zu Stein gewordenen Adergeflechte eines Mannes und einer schwangeren Frau, die vor 200 Jahren gestorben sind und an denen ein Sproß der Familie Sansevero sein Können als Naturforschen und Präparator demonstriert hat, indem er eine zu Stein werdene Masse in ihre Adern gebracht hat - steingewordener Blutkreislauf - einschließlich des Ungeborenen.

7 S. DOMENICO MAGGIORE. Wirkt von außen eher wie ein maurisches Kastell. Innen kalte und goldene Pracht über die gotischen Formen gekleckert. Altäre und Seitenkapellen voll von napoletanischem Barock (Skulptur, Relief, Malerei). Wer sich dafür interessiert, kann hier einige Zeit verbringen. In der Kapelle das Kruzifix, das sich mit Thomas von Aquin über theologische Fragen unterhalten hat.

13 S. ANGELO A NILO. Kleine Rokkoko-Kirche, innen hell und sehr verspielt.

8 S. CHIARIA. Innen und außen schmucklos, wie es die Franziskaner-Regel forderte. Eine große Halle. Der Raum wirkt aus sich heraus. Daß plastischer Schmuck völlig fehlt, ist hingegen "Verdienst" amerikanischer Fliegerbomben. Die Bildhauerarbeiten (Grabdenkmale und Altarbilder) im Stil der französischen Gotik ebenfalls stark beschädigt. Die Fresken der Giottoschule im Klostertrakt sind nicht von der Kirche zu erreichen (am Eingang zum "Chiostro majolicato" fragen!).

CHIOSTRO MAJOLICATO. Seitlich an der Kirche entlang gehen, offen 8-12.30, 16-18.30 Uhr. Ein kleines Stück Grün, Ruhe und Frieden in der Altstadt. Der Kreuzgang der Clarissen-Nonnen. ein Gemüse-, Kräuter- und Obstgarten. Die Säulen und Mäuerchen mit eingelassenen Ruhebänken sind mit bunten Majolikakacheln verkleidet. Darstellungen von Landschaften, Jagd und Fischfang, Nonnen die Katzen füttern, die Natur in die Stadt geholt. Hier kann man ausruhen, aber hauptsächlich ist es der Ort, wo Mütter oder Kindermädchen die Kleinen mal ins Grüne führen, Studenten in letzter Minute Examenswissen aufpolieren - und der Kreuzgang ist eine beliebte Szenerie für Hochzeitsfotos. Wie immer bei den Hochzeitsfotografen die Rolleiflex und ein potenter Blitz. Mag die Sonne noch so hell scheinen, Bilder ohne Blitz zählen nicht.

Fototip: sehr starke Hell-Dunkel-Kontraste, die ein Farbfilm nicht ohne weiteres verkraftet. Belichtung an mindestens drei, viel Stellen messen, die ins Bild sollen. Am idealsten ein Regentag. Hochempfindlichen Film nehmen. Neben dem Eingang einer der großen Barockkrippen.

9 GESU NUOVO. Kirche der Gesellschaft Jesu. In ihrer bunten Barockpracht entspricht sie der Vorstellung der triumphierenden Kirche und die bunte Pracht erfüllt den erwünschten Zweck: sie zieht die Leute in die Kirche, deren Wohnungen sich deutlich vom Haus Gottes unterscheiden. Keine Kirche Napolis ist von Kirchenpublikum im ursprünglichen Sinn so frequentiert.

Auf dem Platz eine Guglia - ein zur Säule gewordener Barockschnörkel, oben drauf die Maria, und drunter Heilige und Engel, die sie tragen müssen. In Napoli gibt es noch weitere davon (Piazza S. Domenico Maggiore und beim Dom).

10 S. ANNA DEI LOMBARDI. Die Renaissance-Kirche verdient als Einzige in Napoli das Prädikat "graziös". War die Kirche der toscanischen

Kaufleute. In den Seitenkapellen sehr fein gearbeitete Reliefs in toscanische und norditalienischer Manier. In einer Seitenkapelle (ganz hinten) die Beweinung des toten Christus von G. Mazzoni, aus lebensgroßen unbemalten Tonfiguren, mitreißend lebendig. 1986 in Restaurierung.

11 S. PIETRO A MAIELLA. Eine der mittelalterlichem Hauptkirchen: klare Formen, die dem gelben Tuffstein entsprechen.

Museen:

15 MUSEO NAZIONALE. Eine der größten Antiksammlungen der Welt. Die Napoletaner behaupten, die größte überhaupt. Da die Bausubstanz ziemlich heruntergekommen ist, sind immer Teile geschlossen. Wird jetzt ernsthaft restauriert. Immer wieder andere. Der Großteil der Funde von Pompei und Ercolano befindet sich hier.
Daneben Funde aus Rom, dem Campi Flegrei und aus Napoli selbst.
Statuen, Vasen, abgelöste Wandmalereien und Mosaiken aus Pompei und Ercolano, Gebrauchsgegenstände des täglichen Lebens, verkohlte Brote und Früchte aus Pompei, Kleinkunst, Goldschmuck, Gladiatorenrüstungen, Papyrusrollen aus Ercolano, einer der Höhepunkte die Bronzestatuen der Villa Papiri in Ercolano.

16 MUSEO FILANGIERI. Palazzo Cuomo, Via Duomo 288: Porzellan und Majolika, Kunsthandwerk, Waffen, Münzen.

17 PINACOTECA DEL PIOMONTE DELLA MISERICORDIA; Via Tribunali 253. Früher Getreidemagazin zur Versorgung der Armen. Bilderzyklus des Caravaggio über die Wohltätigkeit.

Essen in der Altstadt:

Hier ist die Region des "schnellen" Essens - schnell zubereitet und ebenso zeitsparend gegessen. Ristoranti, wo man sich ausführlich speisend niederläßt, sind rar. Was um den Bahnhof herum weiße Tische präsentiert, ist für Durch gangsreisende und unkritische Zungen. Wenige Ausnahmen im Gebiet der Porta Capuana.

Da Giovanni il Ferroviere, Via Carriera Grande 28. Anheimelnd wie der Wartesaal der Ferrovie dello Stato. Aber die Küche stimmt. Napoli zwischen Fisch und Nudel. 30 DM.

La Quercia, Vicolo La Quercia (Gasse nahe am Spaccanapoli / Via Toledo) - klassisch-einfaches Restaurant mit großer Küchenbrigade, die sich der traditionellen napoletanischen Küche verpflichtet fühlt. Zicklein, große Auswahl an Meeresfrüchten. 22-30 DM. Samstag geschlossen.

Osteria Cibi Cotti, Vicolo La Quercia 18, in der unmittelbaren Nachbarschaft - volkstümliche Trattoria (nur Mittags!), Portionen zum babbsatt werden, also Nudelberge - nicht nur als Spaghetti, sondern noch mehr als Suppe ohne viel Flüssigkeit (Nudeln mit Kartoffeln, Bohnen, Kichererbsen), deftige Fleischsachen, ausgebackene Sardellen. Ca. 10 DM, Sonntag geschlossen.

Sonst bietet die Altstadt: Pizzerie, Frigitorie, Cucine (Küchen) und Osterie; diese massiert am Markt an der Porta Nolana. Trattoria am Vico Soprammuro, von der Piazza Garibaldi zur Linken. Reiches Speiseangebot schon von außen zu sehen. Hier essen Eisenbahner, Marktleute, Marktbesucher. Man wählt unter dem Ausgestellten. Alles, was es auf dem Markt gibt, kommt in Topf und Pfanne. 15 DM (als Mittelwert).
Gegenüber eine Pizzeria. - Etwas weiter noch eine Pizzeria mit einer der besten Frigitorie Napolis.
In der parallel laufenden Via C.Carmignano eine weitere bemerkenswerte Frigitoria und eine Cucina (liegen sich gegenüber). Die Cucina sehr volkstümlich. Oft lautes Geschrei, weil es wohl tut, sich nach dem Essen zu streiten (nicht über das Essen).

Pizzeria - an der Porta Nolana, Via Cesare Carmignano, sehr lecker, Holzofen durchgehend in Betrieb.

Via Forcella und Via Vicaria Vecchia: Frigitorie, ein paar Cucine, derb und nahrhaft, sehr preisgünstig.
Via Tribunali, Pizzeria zwischen S. Lorenzo und Via Duomo, linker Hand. Gute Frigitoria und gute Pizza (Löwenbräu-Reklame).
Ecke Via Montoliveto / Calata die SS.Trinita: gute Frigitoria und Pizzeria.

Via D. Capitelli: Pizzeria Spaccanapoli: denkwürdige Pizza, sehr gute Calzoni und Arancine.

Essensaison überall in der Altstadt zwischen 11.30 und 15 Uhr. Abends läuft nichts oder Resteverwertung (bei mildem Lächeln über die Fremden).

HOTELS in der Altstadt:

(Telefonvorwahl für NA: 081/)
Im Bahnhofsviertel die überwiegende Mehrzahl, in der eigentlichen Altstadt nur einige - meist fürchterliche - Bleiben.

PIAZZA GARIBALDI:

Palace Hotel (II cat.), Piazza Garibaldi 9, Tel.: 264 575, ordentlich ausgestattet, aber sehr unterschiedlichd, DZ 54-105 DM.

Cavour (II cat.), Piazza Garibaldi 32, Tel.: 285 929. Zimmer sehr unterschiedlich, meist mittelpräöchtig, leicht konsumiert. Man spricht dutsch. Voranmeldung (2 Tage, im Sommer 3-4 Wochen), DZ 63-85 DM.

Ideal (IV cat.), Piazza Garibaldi 99, Tel.: 269 237, annehmbar, viele Dauermieter, 58 DM.

Potenza (IV cat.), Piazza Garibaldi 120, Tel.: 286 330, sauber, einfach, eng (Kopf einziehen!), DZ 41 DM.

NÖRDLICH DER STAZIONE CENTRALE:

Eden (III cat.), Corso Novara 9, Tel.: 285 690, etwas verwohnt, sauber, geräumig, DZ 67 DM.

Guiren (III cat.), Via Bologna 114, Tel.: 286 530, im Bahnhofsviertel zu annehmbaren Preisen eines der brauchbarsten, knurrige Rezeption, Vorbestellung unbedingt nötig, DZ 45-50 DM.

Nuovo Rebecchino (III cat.), Corso Garibaldi 356, Tel.: 286 026, sauber, nüchtern, reell, DZ 60-64 DM.

Prati (III cat.), Via C. Rosaroll 4, Tel.: 268 898, über dem Durchschnitt der Preisklasse ausgestattetn, etwas laut, DZ 40-63 DM.

Casanova (IV cat.), Via Venezia 2, Tel.: 268 287. Innenhof, klein, sauber, ruhig. Freundlicher Padrone, Einrichtung erträglich bis nett. DZ 35 DM, 5 bis 10 Tage vorbestellten!

Primus (IV cat.), Via Torino 26, Tel.: 227 354, gepflegt, ruhig, DZ 55 DM.

Speranza (IV cat.), Via Palermo 31, Tel.: 269 268, zweckmäßig modern, sauber, DZ 53 DM.

Viola (IV cat.), Via Palermo 23, Tel.: 269 368, einigermaßen sauber, karger Durchschnitt, 3-4 Tage vorbestellen, DZ 48 DM.

Zara (IV cat.), Via Firenze 81, Tel.: 287 125, einfach, sauber, nett. DZ 33 DM.

SÜDLICH DER STAZIONE CENTRALE:

Coral (III cat.), Via G. Pica 12, Tel.: 260 944, Standard in der unteren Mitte, etwas abgewohnt, DZ 54 DM.

Gallo (III cat.), Via S. Spaventa 9, Tel.: 201 849, ruhig, sauber, modern, freundlich, DZ 58-64 DM.

Pugliese (III cat.), Via G. Pica 14, Tel.: 269 766, Zimmer arg unterschiedlich, einige brauchbar, andere nix. DZ 56 DM.

Tirreno (IV cat.), Via G.Pica 20, Tel.: 281 750, ruhig, sauber, brauchbar, DZ 36 DM.

CORSO UMBERTO UND ALTSTADT:

Die wenigen "Hotels" der Altstadt sind Studentenwohnheime, Seefahrerquartiere, Domizil von Griechen und Nordafrikanern - zwischen 15.7 und 15.9 kann man dort einfachstes, primitivste Quartier zu Jugendherbergspreisen finden, sonst nicht! - deshalb seien sie nicht erwähnt, auf eigene Faust losgehen. Dort Preis um 20-30 DM per DZ.

Esedra (III cat.), Piazza A. Cantani 12 (etwa in der Mitte des Corso Umberto), Tel.: 339 465, ruhiges Touristenhotel, DZ 64-74 DM. Renovierung in Gang.

Gammaldi (III cat.), Via Regina Sancia (am Ende des Corso Umberto), Tel.: 265 781, sauber, einfach, ruhig. Ganz nah an der Altstadt, DZ 71 DM.

Torino (II cat.), Via Depretis 123, Tel.: 322 410, ansprechend renoviertes Hotel der Gründerzeit, wohnlich ausgestattet, sehr sauber, DZ 85 DM, Zimmer nach Vorn mit Lärmschutzfenstern.

2. Toledo und Spanisches Viertel:

1503 wurde Napoli spanisch (für 210 Jahre). Die neuen Herren brachten Soldaten und Hofhaltung mit. Um beides unterbringen zu können und dem Ganzen einen herrschftlichen Rahmen zu geben, baute man erstmals außerhalb der mittelalterlichen Stadtmauern.
Dem Adel die Via Toledo. Ihr verpaßte die Turiner Monarchie 1860 den Namen Via Roma, an den sich die Napoletaner nie gewöhnen mochten - es blieb "il Toledo", die Republik nach 1946 ließ dann Bekenntnisfreiheit. Via Roma und Via Toldeo führen heute namentlichte Koexistenz. Dem Militär das Spanische Viertel, vom Toledo bergaufwärts rechtwinklig sich kreuzende Gassen, in denen heute napoletanisches Volksleben unmittelbar und offener stattfindet als in jedem anderen Teil der Stadt.
Nördlich daran anschließend die räumlich kleinen Viertel Montesanto und Cavone, die auf dem Stadtplan organisch gewachsen erscheinen. Die Gassen halten sich nicht mehr an die strenge Geometrie des spanischen Viertels. Im Süden Pizzofalcone und S.Lucia.

VIA TOLEDO (VIA ROMA): ist die Hauptstraße Napolis geblieben. Die Hauptstraße des Caffe, Gelato und der Sfogliatelle. Abwärts überwiegend auf der rechten Straßenseite Napolis feine Geschäfte. Links Banken, und die Monsterbauten, mit denen der Faschismus und die Ära Lauro die Stadt auf imperales und dann auf mafios-newyorker Niveau bringen wollten.

Immerhin Standa und Upim sind dort heimisch geworden. Zur Erläuterung derer, die in Italiens Städten noch nicht so heimisch sind: Upim und Standa sind Warenhausketten. Verglichen mit westdeutschen Verhältnissen ausgesprochen ramschiges Angebot. In der Lebensmittelabteilung der STANDA gibt es billige Konserven und deutschen Fruchtjoghurt.
Rinascente ist als Warenhaus etwas gehobener, liegt auch auf der rechten Straßenseite, aber verglichen mit den Rinascente in Rom ist das napoletanische bescheiden.

18 **GALLERIA UMBERTO I.** Der Galleria Vittorio Emanuele in Milano nachempfunden, ebenso prachtvoll, über den pseudobarocken Fassaden das Dach aus Glas und Gußeisen, in der Mitte, wo sie die Straßen der Galleria treffen, eine große Glaskuppel.

Treffpunkt zu allen Tageszeiten - überwiegend von Angestellten, die in der Nähe arbeiten. Aber es fehlt etwas an Atmosphäre, die man sich von der Galleria erwartet.
Die besseren Bars sind außerhalb, und die Geschäfte ziehen ohnehin den Toledo vor oder die Via Chiaia.
Bleibt die Architektur: Glas, Stahl, Stukkatur - und die lohnt das Durchschlendern.

Bars in der Via Toledo, wo Cafe und Cappuccino der Stolz von Neapel sind: den Toledo aufwärts: Gambrinus, Caflish, Roma, Augustus, eine Bar an der Piazza Dante linker Hand. Auf der rechten Seite, kurz hinter der Kreuzung mit dem Spaccanapoli eine Pasticceria in vollendetem Interieur des ausgehenden letzten Jahrhunders, caffe aber mäßig, Pasticceria hervorragend.

Lageplan: NA-Toledo und Spanisches Viertel

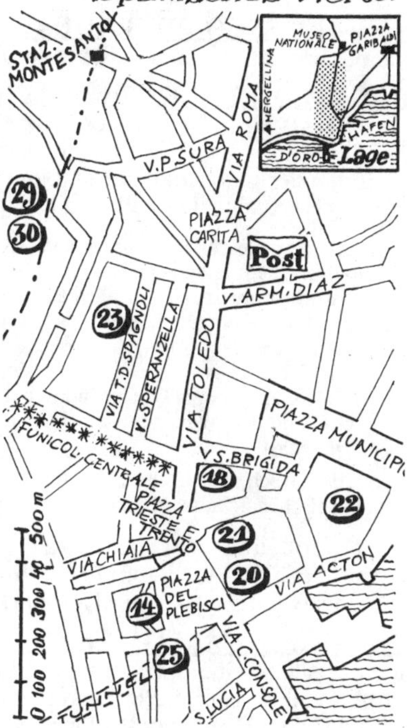

Von der Piazza Carità ins <u>MONTESANTO-VIERTEL:</u> Straßenmärkte, Lokale mit trippa e musso (Kuttel und Schnauze).

<u>SPANISCHES VIERTEL.</u> Es hat unter dem letzten Erdbeben sehr stark gelitten, schlimmer als jedes andere Viertel Napolis. Teile der Straßenzüge sind tot. Aber dennoch ist das Leben nicht erloschen. Fast überall Straßenmärkte. Liebhabern eines guten Nektars (nettaro) sei mitgeteilt, daß es sich hier lohnt, immer mal auf einen bel bicchiere einen Abstecher zu machen: dort, wo Fässer und Flaschen darauf warten, leer-gemacht zu werden. Sorge tragen um Handtaschen und ähnliches!

Ich persönlich liebe das Viertel, weil hier selten ein Nicht-Napoletano durchgeht. Nicht einmal Schmuggel-Zigaretten gibt es (man holt sie von Toledo oder bescheidet sich mit Nazionali oder MS).
Die Vitalität des Viertels zeigt sich an der Wäsche, die über den Passanten der Gassen flattert und den Schulen, die außer Betrieb sind: die Bewohner des spanischen Viertels ließen sich nicht auf die hochherzigen Evakuierungspläne nach dem Erdbeben ein, ihre feuchten Bleiben mit den Ferienparadiesen in Amalfi und Baia Domizia zu vertauschen. Statt dessen richteten sie sich in den Schulen des Viertels ein - zum Schlafen, tagsüber sind sie in ihren Gassen, produzieren im Hinterhof oder handeln auf der Straße.

Die kunsthistorischen Blickpunkte

Am Rand des Viertels. <u>PIAZZA TRENTO E TRIESTE</u> (zwischen altem Königsschloß und S.Francesco di Paola), beeindruckender Parkplatz (werktags), sonntags ohne Blech. Von hier die Buslinien in alle Richtungen.

19 **S.FRANCESCO DI PAOLA.** Imitation des römischen Pantheon, kleiner und innen von bedrückender Enge.

20 **PALAZZO REALE.** (Zwischen 1602 und 1860 Königsschloß, soweit die Majestäten nicht ihre Residenzen im Grünen vorzogen. Capodimonte, Portici und Caserta). Die überlebensgroßen und grobschlächtigen Steinmänner in der Fassade stammen von 1888 und sollen die illustersten Herrschergestalen dar-stellen, die Napoli regierten.

Das wahrhaft majestätische Mienen- und Gebärdenspiel der marmornen Herrschafte führte in Napoli zu Interpretationen. Die vier älteren Gerkönten ließ man stumm, ihre Zeit war schon zu weit zurück und sie haben einen alles Menschliche ersterben lassenden Blick. Aber die 4 jüngeren unterhalten sich: Carlo V zeigt auf die Straße: "Wer hat hier sein Geschäft verrichtet?" - Carlo III, Bourbone mit Perücke und der familientypischen großen Nase "Man riecht es", Gioacchino Murat, die Hand aufs Herz legend (so wie er in Pizzo/Calabrien vor dem Erschießungskommando stand) "Ich schwöre, daß ich es nicht war" und Vittorio Emmanuele mit dem Degen nach Oben zeigend: "Es waren die da Oben im Palast".

(Nach dem Buch von H.Kesel, Capri. Der hörte es um die Jahrhundertwende von seinen napoletanischen Schulmeistern auf dem deutschen Gymnasium in Napoli)

Im Schloß überwiegend Ämter und die Nationalbibliothek. In den Appartamenti Reali, den früheren Repräsentationsräumen wechselnde Ausstellungen zeitgenössischer Künstler, die in Napoli arbeiten.

21 **TEATRO S. CARLO.** Neoklassizistisch. Besichtigung 9-12 Uhr, oder man besucht eine Vorstellung. Eine der berühmtesten Opern Italiens. Werke von Rossini, Bellini und Donizetti wurden hier uraufgeführt.
Was auf dem Hof die große Oper war, die in der Barockzeit in Napoli ihre erste große Blüteperiode hatte, war dem Kleinbürgertum das bescheiden operierende (und natürlich nicht subventionierte) S. Carlino (das St.-Karlchen), wo Pulcinella auf der Bühne stand und Dialekt gesprochen wurde.

Das S. Carlino steht schon lange nicht mehr - es verschwand mit den Sanierungsarbeiten im letzten Jahrhundert, aber verschiedene Kleinbühnen machen noch Pulcinea-Stücke. Wann und wo, erfährt man aus den Zeitungen, bei der A.A. und dem EPT.

PULCINELLA:

Napolis Komödiantenfigur mit den weiten weißen Kleidern und der schwarzen Maske mit den Riesenzinken und Backenknochen, die so weit vorstehen, daß der Ausdruck irgendwo zwischen häßlich, verschlagen, aggressiv liegt, sie verfremdet derart, daß es unmöglich ist, sich einen Mitbürger unter der Verkleidungn vorzustellen.

Er hat die gleichen Eltern wie der Hanswurst oder der Pickelhäring, sein Publium und seine Bühne die Straße. Der ist so, wie sich die Napoletaner aus dem Volk ihr Ideal vorstellen: frech, nimmt kein Blatt vor den Mund, erfinderisch, wenn es darum geht, zu einem Teller Maccheroni zu kommen (wovon er unbeschreibliche Mengen verdrücken kann) oder zu einer Liebschaft (auch hier bremsen ihn weder der Gedanke an seine geliebte Familie noch Anstand und Sittlichkeit). Zur Arbeit hat er ein eindeutiges Verhältnis. Er meidet sie. In den Pulcinellastücken hat er immer den direkten Draht zum Hof, besonders, wenn man höheren Ortes beschlossen hat, die Hofhaltung noch glanzvoller zu gestalten durch neue Steuern auf Maccheroni, Wein, Spielkarten und was sonst so zum täglichen Leben gehört. Sein Theater ist Akrobatik, Pantomime, natürlich beherrscht er auchg herzzerreißende Canzonen.

22 CASTEL NUOVO. Das mittelalterliche Königsschloß, erinnert mit seinen dicken schwarzen Mauern und den mächtigen Türmen an den Ecken eher an eine Zwingburg, was durchaus beabsichtigt war. Eventuelle Ankömmlinge zu Wasser, konnten sich schon meilenweit vor Napoli auf die Schwierigkeiten bei einer eventuellen Eroberung einstellen.

In seiner heutigen Gestalt stammt das Castel Nuovo aus dem 15. Jahrhundert, die Baumeister kamen aus der Toscana und Katalonien. Man tritt durch den Renaissancetriumphbogen ein, der die Werke des Alfonso I von Aragon (in Spanien) auf dem napoletanischen Thron verherrlicht. Der Bogen, mit seinen Reliefarbeiten in antiker Tradition, wird von den mächtigen schwarzen Türmen an den Seiten regelrecht eingequetscht.

23 CONCEZIONE A MONTECALVARIO. Reizend verspielte Spätbarockkirche, ganz oben im Spanischen Viertel.

Märkte:
In den meisten Straßen des Spanischen Viertels kleine Straßenmärkte, verglichen mit denen um die Porta Capuana und die Porta Nolana weniger reichhaltig und aufregend. Teuer!
Um den Bahnhof Montesanto (Metro/SEPSA) und im Cavone, Seitenstraße des Toledo zwischen Piazza Dante und Museo Nazionale, weitere Märkte.

Das Spanische Viertel ist das kulinarische Hinterland des Toledo mit seinen Banken und Büros. Wer dort arbeitet geht zu Mittag auf einen Sprung in eine der vielen Osterie und oft Läden mit einer Küche, ein paar Tischen und zwischen 12 und 14 Uhr kräftigem Gedränge. Wo es voll ist, stehen die tüchtigeren Frauen an den Töpfen. Anschauen, durchprobieren, reinriechen.
Mit Abstand die meisten Speisestätten in der Via Speranzella. Preis in den Cucine, Osterie, Pizzerie um 10 DM. Ähnlich die Lage im Montesanto-Viertel, das aber weniger nahrhaft ist. Dort besonders die Via Pignasecca.
Hinter der Galleria Umberto I einer der wenigen Eßtempel Napolis: **Ristorante Ciro a S.Brigida**, Via S.Brigida 71, für abends vorbestellen. Ein elegantes Ristorante, wo es auch Fisch gibt - aber mehr und

besonders eine Gelegenheit Napolis Küche auch mal ohne Meeresgetier zu erschmecken. Als Süßspeise Cassata - kein Eis!!! Um 30 DM.
Rist. S.Carlo, Via Cesario Console (Seitenstraße am unteren Ende des Toledo): was Feines, Elegantes - und entsprechend teuer. Auf raffinierte Fischspeisen spezialisiert, fantastische Süßspeisen. Ca. 50 DM (Meeresgetier im Preis).

BELLINI VIA COSTATINOPOLI 79-80 081/45 97 74

HOTELS (Toledo · Spanisches Viertel)

Die wenigen Beherbungsbetriebe des Viertels kennen weitgehend nur zwei Typen Kundschaft: Dauermieter und Paare, die nur wenige Stunden bleiben.
Mit einigen Reserven eine Adresse, denn das Wohnen im Spanischen Viertel hat den Reiz, wirklich mitten in Napoli zu sein:

Rinascimento (IV cat.), Via Roma 323, Tel.: 407 893. In einem alten Palast, also hinter dicken Mauern. Im Winter kalt und feucht, im Sommer angenehm. Geräumig, abgewohnt, die beiden Wirte freundliche, hilfsbereite Männer. DZ 15 DM pro Bett. Dusche 3 DM extra. Vorbestellung ratsam.

(3.) S.Lucia · Pizzofalcone:

Fischer- und Canzonenromantik, flatternde Wäsche über den Gassen und spielende Kinder im Schmutz haben das Viertel bekannter gemacht als den Rest von Napoli. Hier hoben die Dichter und Maler der Romantik aus Europas hohem Norden gerne einen Roten (der im Volksmund "sgugnizzo"= Lausbube heißt) und ließen Arcadien hochleben. Literarisch schlug sich das so nieder: etwas schmuddelig, etwas unmoralisch, heiter und liebenswert.

Buchtip: Vittorio Paliotti, Santa Lucia (dt.), kostenlose Sonderausgabe der A.A. über die Veränderungen Napolis und besonders von S.Lucia.

GESCHICHTE:

S.Lucia ist mit Sicherheit der älteste Teil von Napoli. Als Fischersiedlung auf der Insel des Castel dell'Ovo entstanden, wo heute die berühmten Ristoranti des Borgo Marinario und das Castel dell'Ovo sind mit Manodlinengeklimper, saftigen Preisen und mäßiger Küche. Später dort die Villa des Lucullus, dann das Castel als die erste Residenz.

Weil die Insel bald zu eng wurde, gründeten die griechischen Siedler auf dem Festland, dort wo S.Lucia ist, Paläopolis = Altstadt, die Vorläuferin von Neapolis (Neustadt). Diese schon von römischen Historikern vertretene These findet nicht bei allen Erforschern des klassischen Altertums Anklang, - aber was tuts?

S.Lucia war dann lange Vorort, wo die Fischer hausten und wo sich Napolis Fischküche entwickelt hat, besonders in der Zubereitung von Muscheln (vongole) und Tintenfischen (polipi). Das letzte Jahrhundert brachte das Ende von S.Lucia. Es war zu sehr in Mode. Napoli war damals viel mehr von Touristen frequentiert als heute.

Man beschloß in Napoli eine Touristenstadt zu schaffen, wie es Nizza und Monte Carlo waren. Die Lage und der Ruf von S.Lucia boten sich an, nach der Cholera war es zudem sanierungsbedürftig. Man riß es Straßenzug für Straßenzug nieder, vergrößerte mit dem Bauschutt seine Fläche. Zuvor war das Ufer etwa entlang der heutigen Via S.Lucia.

Und baute Hotels:
Hotelpaläste entlang der neugeschaffenen Uferpromenade (einfachere Hotels in den Seitenstraßen). S.Lucia wurde für ein paar Jahrzehnte ein "feines" Viertel. Heute zwischen Napolis meist befahrene Einfallstraßen geklemmt.
Für die Fischerfamilien blieb kein Platz mehr. Sie mußten sich noch mehr in den engen Gassen oberhalb des alten S.Lucia, auf dem Pizzofalcone zusammendrängen, heute neben dem Spanischen Viertel, was unmittelbar hinter der Via Chiaia anschließt, Napolis dichtest besiedeltes Viertel.

Die Küche von S.Lucia:

Meeresgetier spielt hier auf den Tischen der Familien eine weit größere Rolle als in anderen alten Vierteln der Stadt.

spaghetti con le vongole:

Die Spaghetti wie immer al dente - sie haben ein kaum noch zu beißendes, aber spürbares Rückgrat.
Vongole sind die kleinen grauen Sandmuscheln, bei deren Verzehr es immer noch ein wenig zwischen den Zähnen knirscht. Die Muscheln werden in heißem Öl gar gemacht, Petersilie und ein Kleckschen Tomatenkonserve - sie soll um Himmelswillen nicht zudecken. Das Ganze über die Spaghetti, die Muscheln mit der Schalen, schon wegen der Optik. Könner essen es mit Gabel und Finger.

Polipi alla Luciana:

Tintenfischen, Polipi oder calamari werden in wenig Öl und der eigenen Flüssigkeit mit grob zerschnittener Zwiebel gar, Petersilie drüber und den allerletzten Rest der Flüssigkeit mit Brot aufgetaucht. Auch hier nur ein Hauch von Tomatenkonserve.

Via Chiaia: Napolis Modestraße - hier sind die Modemacher, Schuhe, die nur für feines Parkett taugen, Anzüge, Kleider und Blusen, die eher in internationalen Zeitschriften kommen als der ganze Rest von Napoli.

Pallonetto di S.Lucia:

Das, was vom alten S.Lucia geblieben ist, einschließlich der Wäsche über die Straße, in mehreren Stockwerken; am Bein festgebundene Hühner, die pickend auf die Erlösung im Topf warten. Wohnungen zu ebener Erde, die gerade aus einem Loch bestehen. Frauen, die auf die Heimkehr ihrer arbeitslosen Männer warten. Osterie, voll von diesen Männern, denen die Spielkarten den Job ersetzen.

Borgo Marinaro und Castell dell'Ovo:

Die Insel ist durch einen Damm mit der Uferstraße verbunden. Hier um das "Eierkastell": Napolis bekannteste Fischristoranti, früher einmal sehr volkstümlich, dann in moda und heute mehr von Touristen besucht.

Napoletaner führen hier aber gern ihre Freunde von Außerhalb hin, weniger des Essens wegen, sonder der Atmosphäre halber, jede Mischung

aus Meeresgeruch und den meist leisen Wellen am Kai (die aber bei Sturm sehr gewalttätig angerauscht kommen). Man sitzt halb im Freien,um sich herum hunderte von Essern, der Duft von Muscheln, Tintenfisch und Frittura di mare, Manodlinengeklimper und Bel Canto.Die Szenerie des Castells, die noch verbliebenen) Fischerhäuser, ein paar Boote. Die Muschelverkäufer, die früher zu S.Lucia gehörten, sind aber schon vor Jahrzehnten an die Mergellina umgezogen, mit ihnen die meisten Fischer und die Käufer maritimer Herrlichkeiten.

RESTAURANTS

Insgesamt können hier einige Tausend Leute essen. Natürlich, wer will auch Fleisch (was in jedem Fall weniger als Meeresgetier kostet). Spaghetti con le vongole, frittura di mare, zuppa di pesce, polipi alla Luciana…
Die Preise überall um 40 DM, außer man versteift sich auf Aragosta (Languste), inklusive Mandolinengeklimper.

LA BERSAGLIERA, ZI'TERESA. Mit ihnen hat die Gastronomie im Borgo Marinaro begonnen, sie sind und waren berühmt. Die legendäre Zi'Teresa hatte um 1875 als ambulange Getränke- und Kringelverkäuferin angefangen. Mit den großen Hotels an der Uferpromenade kamen die prominenten und betuchten Kunden, denen der Sinn nach authentischer Lucianer Fischerromantik und Küche stand.

TRANSATLANTICO - gilt zur Zeit als die beste Küche ums Castel dell'Ovo.

24 CASTEL DELL'OVO. Die mittelalterliche Königsburg, später dann Festung, Gefängnis, Kaserne. Inzwischen restauriert und als Kongresszentrum hergerichtet, deshalb meist nicht mehr zugänglich.

Der Legende nach ist das Castell um ein verzaubertes Ei herumgebaut, das Vergil dort eingemauert haben soll. Vergil gilt im Volksglauben mehr als großer Magier denn als Dichter. Dieses Ei beschütze Napoli, aber es dürfe nie berührt werden und zerbrechen, sonst werde die Stadt unfehlbar vom Meer verschlungen. Im II.Weltkrieg, als dann das Castell mit Kanonen vollgestellt wurde, und die Beschießung Napolis vom Meer aus begann, und es auch im Castel dell'Ovo Treffer gab, zitterten die Bewohner von S.Lucia um das Ei und ihr eigenes Schicksal.
Auch bei den jüngeren Ausgrabungen im Castell wurde kein Ei gefunden. Der Dichter und Magier wird es wohl schon gut versteckt haben.

DAS SCHWEFELWASSER VON S.LUCIA:

Gibt es nicht mehr. Die Quellen am Chiatamone sind gesperrt worden - aus hygienischen Erwägungen.
Das als sehr erfrischend geltende Wasser wurde in Tonkrüge ("mummare") abgefüllt - in Gasflaschen hielt es nicht, und überall von fliegenden Händler verkauft. Man trank es aus kleinen Tonkrügchen mit zwei Henkeln, die heute vielfach an Getränkebuden als Dekoration zwischen den Zitronen- und Orangengirlanden hängen. Immerhin hatten mit der Wasserabfüllerei runde 50 Familien ihr Auskommen. Der barocke Marmorbrunnen steht jetzt trocken, jeder erfrischenden Funktion beraubt, an der Chiaia.

RE NASONE (KÖNIG NASE):

Eigentlich Ferdinando II, Napolis vorletzter König (1830-59), und wahrscheinlich der Unfähigste, den das Königreich je besessen hatte - und schon seine Vorgänger hatten nicht durch Weisheit, den Geist der Aufklärung, Pflichtbewußtsein geglänzt.
Aber Re Nasone, wie man ihn in den Gassen der Altstadt liebevoll nannte, trieb alles bisherige auf die Spitze: seine Regierungsgeschäfte pflegte er am Lago Lucrino zu erledigen, in Langschäftern, Fischerklamotten, auf einer Barke - Majestät fischten gern. War die Ausbeute zufriedenstellend, verkaufte er in den Gassen S.Lucias die Beute ans Volk.

Der Verdienst als Fischermann kann nicht so bedeutend gewesen sein, denn die Auspowerung der Provinzen wurde bis aufs Äußerste getrieben. Wo es wie 1848 in Napoli und Messina Aufstände der Liberalen gab, antwortete er mit Kartäschen (und bekam seinen zweiten Übernamen -"Re Bomba"), und ließ gnadenlos füsilieren und aufhängen. Daß es 1860 Garibaldi mit wenigen Tausend Freiwilligen, die miserabel ausgerüstet waren, in Wochen schaffte, auf einem bewaffneten Spaziergang durch Sizilien und Calabrien die Dynastie aus dem Sattel zu heben, zeigt, wie überreif diese Frucht war (Gefechte gab es gerade noch in Sizilien, sonst erinnerte das Ganze mehr an den Giro d'Italia).

Die Bourbonen hatten nichts für die Entwicklung des Landes getan, außer daß sie mit fast allen Herrscherhäusern Europas verwandt waren.

Das Königreich besaß nur zwei Institutionen, die perfekt funktionierten: das Eintreiben der Steuern, an Privatunternehmer verpachtet, sogar Hochzeiten kosteten eine Steuer, und die Geheimpolizei, die ihre V-Männer in den Beichtstühlen hatte.

Straßen und Bauwerke:

Außer in der **Via Pallonetto** bekommt man am ehesten noch im Viertel Pizzoflacone oberhalb des modernen S.Lucia einen Eindruck davon, wie es früher einmal war. In den Straßen viele Vini e Olii-Läden, kleine Werkstätten (Möbelbau), Geruch von Lack und Leim, Brot, Fisch und vergossenem Wein. An den Rändern Blick über S.Lucia und den Golf. Von der **Via Chiatamone** (gut sortierte Kunst- und Antiquitätenläden der oberen Preisklasse) in die Altstadtgassen von S.Lucia. Aufstieg über die Salita di Pizzofalcone, Privatstraße der Anwohner. Die Restbestände der alten, in den Fels gebauten Höhlenwohnungen, überwiegend stilvoll renoviert und sehr gepflegt.

Lageplan: NA-S.Lucia·Pizzofalcone

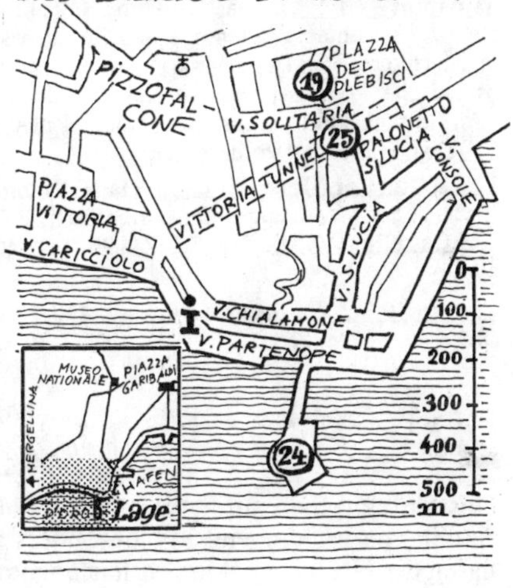

25 Innenhof des INSTITUTO STATALE D'ARTE, Via Solitaria, dicht an der Piazza Plebiscito: Portal mit Majolikakacheln der Belle Epoque um das Thema Arbeit kreisend: Sklavenarbeit, Arbeit des Handwerkers und Künstlers.

Essen: !! DA PEPPINO ?

Im Inneren des Viertels nur wenige Lokale, vor allem keine Osterie und Cucine, man ißt zu Hause.

! Ristorante AMICI MIEI: Interieur eine Mischung aus rustikal und Jahrhundertwende. Großes Nudelprgramm. Antipasti. DM 35, Via Monte di Dio.

DA PAPELE D'MARENARO: Trattoria und Cucina, ein letztes Stück altes volksnahes S.Lucia. Nudeln, Fisch, Innereien, Grünzeug, ca. 12 DM. Versteckt gelegen an der Salite Serapide, die von der Via S.Lucia abzweigt.

Hotels in S.Lucia:

Vorne am Meer die großen Hotelpaläste mit verblichener und meist ungeschickt renovierter und modernisierter Pracht. Die Uferstraße (Via Partnenope und Via Nazaro Sauro) eine der Hauptverkehrsadern. Statt Meeresrauschen hört man anderes. In den kleineren Hotels innen in S.Lucia muß man lange vorausbestellen.

Excelsior und **Vesuvio**, die beiden Traditionshotels der Luxusklase. Wer schon sehr viel Geld dalassen will, im Excelsior ist neben perfekter zeitgemäßer Ausstattung der traditionelle Ambiente besser erhalten. Beide dicht beieinander an der Uferstraße (Via Partenope), Excelsior: DZ 280-540 DM; Vesuvio: DZ 175-330 DM.

Miramare (II cat.), Via N. Sauro 24, Tel.: 400 795. Das kleine unter den "großen" Hotels. Hat eine Totalrenovierung im amerikanischen Geschmack über sich ergehen lassen (die meisten Besucher kommen aus den Staaten). Das viele Blau kann einem psychische Störungen bereiten, sonst mo-dern, praktisch, die Zimmer enthalten alles (bis zum Getränkekühlschrank), was einem den Aufenthalt angenehm machen kann, DZ 78-120 DM. Unbedingt vorbestellen.

Le Fontane al Mare (III cat.), Via N. Tommaseo 14, Tel.: 416 354, im 6.Stock, mit Blick übers Meer, angenehm altmodisch; 2-3 Wochen vorher anmelden. DZ 75-100 DM.**Castello (IV cat.)**, Via S.Lucia 90, Tel.: 407 786, IV. Stock, erträglich. DZ o.B. 30 DM.

Tersita (P.3), Via S.Lucia 90, Tel.: 412 105, brauchbar, länger vorbestellen, DZ 35 DM.

4.) Chiaia · Mergellina:

Das Stück Meeresufer, wo die Napoletaner am liebsten hingehen. An Sonntagen ist hier viel los, besonders an der Mergellina, die als Fischerhafen die Nachfolge von S.Lucia angetreten hat.

Die frühere Fischervorstadt ist um die Jahrhundertwende zu einem bevorzugtem Wohnviertel des vermögenden Bürgertums geworden. Entlang der Chiaia die Villa Communale, die einzige ausgedehnte Grünanlage im Stadtgebiet, von sehr befahrenen Durchgangsstraßen eingerahmt.

VERKEHRSVERBINDUNGEN:
1. mit der Innenstadt:
Metro: Stationen Piazza Amadeo und Mergellina
Atan: Tram 1,4, Busse 15, 140, 150, 152

2. mit der Außenwelt:
Auto: S.S.7 quarter von Roma-Pozzuoli. In den Tunnels zwischen Fuorigrotta und Mergellina ist der Abgasqualm zum Schneiden dick. Im Mergellina-Viertel und der Villa Communale recht gute Parkmöglichkeiten.
Bahn: einige Rapidi der Linien Roma-Napoli, Bari-Napoli; Palermo/Siracusa/Reggio C. - Napoli halten in Mergellina.
Aliscafi: von und nach Capri und Ischia ab Mergellina.
Touristeninformation und Hotelvermitttlung: EPT im Bf. Mergellina.

26 VILLA COMUNALE und RIVIERA della CHIAIA. Im ausgehenden 18.Jhd. als die Promenade des feinen Napoli gebaut, in die Parkanlagen kamen damals nur Leute hinein, deren Kleidung unzerlöchert war und einen gewissen Chic besaß. Derartige Auflagen bestehen nicht mehr. Trotz der reichen Vegetation (Palmen und allerleich Subtropengewächse) und der prächtigen Aussicht auf Capri gebe man sich nicht dem Irrtum mancher meist aus den USA stammenden Jungtraveller hin, hier könne man bei mildem Wetter seinen Schlafsack ausrollen. Einmal gefährlich, doch bevor es gefährlich wird, hat sich das meist bei den Carabinieri herumgesprochen, die das unnachsichtig als Stadtstreicherei auffassen.

Wenn es Feste zu feiern gibt, ist die Villa Comunale Schauplatz: die wichtigsten: Anfang September das Piedigrotta-Fest - eine Art religiös motivierter Luna-Park mit Feuerwerk, Naschkram, Bel Canto-Sänger und Nachwuchs-Schlagersternchen. Früher mal der jährliche Wettbewerb unter den Canzonensängern Napolis, wobei es besonders auf die Texte ankam.

FESTA dell'UNITA (falls nicht in der Monstra d'Oltremare): eine Art politisch motivierter Luna-Park (Pressefest des kommunistischen Partei-Organs) mit Feuerwerk, Naschkram, Pizza und Wein zu Anti-Inflationspreisen, Bel Canto-Sängern, politischem und Volkslied (manchmal beides in einem), Marionetten, Straßentheater und Pulcinella, Debattierecken und einige Ansprachen - verbissen ernst und parteipolitisch geht es nicht zu. Meist irgendwann nach dem Piedigrotta-Fest im September.

27 ACQUARIO. Meeresbiologische Forschungsanstalt, in deren Untergeschoß in großen Glasbecken die wichtigsten Vertreter mittelmeerischen Wasserlebens schwimmen. 1870 von dem deutschen (vermögenden) Gelehrten Anton Dohrn ins Leben gerufen.

Geöffnet 9-17 Uhr, sonntags 9-13 Uhr. Im Obergeschoß die berühmten Fresken von Maress - man muß danach fragen, denn der Saal gehört zu den Arbeitsräumen des Instituts.

Wie weit die Mitteilung von Curzio Malaparte in seinem Roman "Die Haut" über das Nachkriegsnapoli stimmt, daß 1944 die US-Besatzer (die obersten Chargen) die Becken leerfischten und die besten Köche Napolis die zoologischen Raritäten gekonnt zubereiteten, konnte ich nicht nachprüfen - in der Regel war Malaparte ein wahrheitsliebender Chronist.

Via Mergellina: die nicht besonders schöne Hauptstraße des Viertels, viele kleine Läden und Werkstätten, in der Seitenstraße Via F.Galiani, die Markthalle des Viertels, mit einer Cucina (Cibi cotti - gekochte Speisen), wo man für wenig Geld gut und volkstümlich essen kann. Gezahlt wird am Ausgang.

Um den Bahnhof solide Fassadenarchitektur der Gründerzeit. Das gleiche entlang des Corso Vittorio Emanuele und an der Piazza Amadeo, wo Napolis besseres Bürgertum wohnt (sofern nicht weiter außerhalb).

Piazza Mergellina: heute der wichtigste Fischerhafen Napolis. Verkauft wird direkt von den Barken und von kleinen Ständen an der Uferpromenade: alle Arten von Muscheln, die richtige Napoletaner trotz Meeresverschmutzung und allen Cholera-Epidemien der Vergangenheit roh essen, nur mit etwas Zitrone darüber, die angeblich stark desinfizierend wirkt, sicherlich aber geschmacksverbessernd. Getränkestände, Buden mit Taralli, kleine feste Kringel, salzig, mit Mandeln drin, machen guten Durst und sind immer frisch. Außerdem alle Sorten Knabberkram, Süßzeug, daß einem schon beim Hinsehen die Zähne wehtun, auf der anderen Straßenseite Bars, wo man sich hinsetzt, Eis ißt und süße Pastetchen. Noch mehr im Hintergrund beliebte sonntägliche Ristoranti.

Monumente:

Kunsthistoriker können ohne Gewissensbisse einen Bogen um das Viertel machen.

28 **VILLA PIGNATELLI (Museum)**. Klassizistische Villa in schönem Park. Museum mit Stilmöbeln und Porzellansammlung, Kutschen des 19.Jhds.

PIEDIGROTTA-KIRCHE. Verspielter Spätrokkoko. Eine hochverehrte Madonna, deren Segen besonders auf den Fischern, ihren Netzen und Booten liegt.

TOMBA DI VERGILIO. Grab des Vergil, wo er mit Sicherheit nicht liegt. In einem kleinen Park zwischen Verkehrsinferno und Eisenbahn - meist ist das Tor mit einer soliden Kette zugesperrt.

PALAZZO DONN'ANNA. Eine romantische Bauruine direkt am

Meer (Via Posillipo). Obwohl es nicht so scheint, ist er bewohnt, und zwar nobler als die bröckelnden Wände erscheinen lassen. Rein kommt man nicht.

Erbaut für Donn'Anna di Carafa, eine schwerreiche Partie des Hochadels der Spanierzeit. Um die Dame rissen sich die Bewerber, machten das Defilee, geheiratet hat sie dann der spätere Vizekönig, ein Spanier namens Ramiro Guzman di Medina de las torres, der die Steuerkasse des Vizekönigreiches für den weiteren Ausbau des Palastes plünderte.

Es sollte der größte im gesamten Königreich mit eigenem Hafen werden, wenn nicht Guzman nach Spanien zurückgekehrt wäre, um in den Armen einer anderen zu landen. Das Monster blieb unvollendet, wurde später beim Volksaufstand des Masaniello geplündert und verwüstet, verfiel und wurde Quartier für Landstreicher und Schmuggler. Besonders sonntags sind die Ristoranti entlang des Meers und am Hang des Posillipo brechend voll - aber dafür dann die meiste Atmosphäre. In der Woche besser am Abend (nicht vor 20.30 Uhr) hingehen, es ist mehr los, auch in der Küche.

Ristorante DON SALVATORE, Via Mergellina 5, nur Meeresküche, um 45 DM, hohes Küchenniveau.

Ristorantes LA SAGRESTIA, Via Orazio 116 (auf halber Höhe), elegant, große Aussicht, napoletanische Küche mit französischem Pfiff. DM 50.

Ristorante SBRESCIA, Rampe S.Antonio a Posillipo 109, auf halber Höhe - vielleicht Napolis berühmtestes Ristorante, fest in der Hand des Familienclan Sbrescia. Überwiegend wird mit Fischen gekocht und Muscheln und Krebsen - nicht unbedingt mit den Luxusgeschöpfen des Meeres - das wäre zu einfach, Gelato. 45 DM.

TOTONNO A MERGELLINA, Via Mergellina, einfaches genuines Fischristorante, ca. 25 DM.

Ristorante IL GALLO NERO, Via Tasso 466 (Hauptstraße des Posillipo), in alter Villa. Im Sommer auch Garten. Nur abends offen. Küche des aristokratischen Napoli. Nudeln und Fleisch überwiegen. Beliebter Treffpunkt des "besseren" Napoli. Tisch reservieren lassen. Tel.: 680 270, 50 DM. CIRO A MERGELLINA VIA MERGELLINA

Jugendherberge

Unmittelbar hinter der Stazione Mergellina. Nichts für Menschen mit leichtem Schlaf. Nach 23 bis 7 Uhr passieren die Metro genau 46 mal und mindestens 12 Express-Züge, die jeweils zweimal pfeifen, wenn es gnädig abgeht. Die Betriebsvorschriften der Ferrovie dello Stato wollen vor jeder Station und vor jedem Tunnel ein akkustisches Signal. Wenn sich Züge begegnen, ist ein zusätzliches Signal vorgeschrieben.

Hotels in Chiaia und Mergellina:

Majestic (I cat.), Largo Vasto a Chiaia 58, Tel.: 416 500, modern und halt auf dem internationalen Niveau solcher Erster-Klasse-Hotels, DZ 110-130 DM.

Parkers (I cat.), Corso Vittorio Emanuele 135 - klassisches Nobelhotel englischer

Reisender, mit prächtiger Aussicht hoch über der Chiaia. Zur Zeit (1986) Baustelle, verspricht sehr schön zu werden. Preislich wie das Britannique nebenan. Tel. 684 866.

Britannique (I cat.), Corso Vittorio Emanuele 133, hat die gelungene Renovierung schon hinter sich, dabei wurden Einrichtung, Struktur und Originalmöbel der Jahrhundertwende erhalten (Jugendstil und Klassizismus). Außerordentlich beliebt, deshalb Vorbestellung ratsam!
Tel. 66 09 33.

Galles (III cat.), Via Sannazaro 5 (ruhige Nebenstraße der unteren Chiatia), Tel.: 668 344. Angenehm bewohnbar, sonst keine besonderen Eigenschaften. Man ist zum Hotelfrühstück verdammt, wenigstens eine Woche Voranmeldung! DZ (mit Frühstück) 70-78 DM.

Pinto-Storey (III cat.), Via G.Martucci 72 (Piazza Amadeo). Zum Teil durch Dauermieter belegt. Sehr sauber. Im ital. Jugendstil. Sehr viele Stammgäste, unbedingt lange vorbestellen! DZ 57 DM.

Colibri (IV cat.), Via Caracciolo 10 (nach hinten, also keine Aussicht, aber ruhig), einfach. DZ 36 DM. Einige Tage vorher anrufen. Tel.: 681 846

Ausonia (P.3), Via Caracciolo 11, Tel.: 682 278, einfachm sauber, ruhig, Frühstückszwanf, DZ 50 DM.

Canada (P.3), Via Mergellina 42, der heimatliche Name zieht viele Rucksackreisende von jenseits des großen Wassers an. Jugendherbergsstandard. Recht laut, DZ 35 DM (o.B.), Tel.: 680 952

Muller (P.2), Piazza Mergellina 7, Tel.: 669 056, in der Hand eines älteren schweizer Ehepaars, erheblich sauberer als vieles in den oberen Kategorien. Sehr viel Stamm- und Dauerkundschaft, 2-3 Wochen vorher anrufen. Rucksacktouristen, die in NA zwar Aufsehen, aber nie Anstoß erregen, weniger ästimiert. Ziemlich teuer: DZ 68 DM.

5.) Posillipo · Vomero:

POSILLIPO: Napolis Villenviertel in Panoramalage über dem Golf. Die Mauern sind solide und die Hunde dahinter blutdrünstig. An die berühmten Ufer kommt man nur am Marechiaro ("klares Meer") - ein Name, der vermutlich aus früheren Zeiten stammt. Man geht in dem Viertel durch paradiesische Gärten, an phantastischen Villen der Jahrhunderwende vorbei, genießt den Blick über den Golf, und neben Einem,Mauern mit den einzementierten, ach so einladenden Glasscherben oben drauf, den knurrenden Hunden dahinter, solide Ketten um die Tore.

Am Marechiaro eine Ansammlung von Ristoranti mit - früher mögen es mal Mandolinen gewesen sein, sie sind ersetzt durch Alleinunterhalter an der Elektro-Orgel, wenn die Gäste nicht den Mund zu voll haben, singen sie mit, sonst wird geklatscht.
Man ißt nicht schlecht, aber die Napoletaner, die den Weg in die Provinz nicht scheuen, erleben dort mehr Originelles auf dem Teller. Preise bei allen befremdlich nivelliert, um 30-40 DM.

In der Wochc ist hier der Hund begraben (in den Ristoranti, hinter den Umfassungsmauern der Villen leider nicht).

AL FARO, LA SIRENA, FENESTRELLA A MARE-CHIARO, TERRASSINO DEI FIORI. Bei eventuellen Reklamationen wende man sich weder an den Verlag noch an mich, sondern an den Geschäftsführer, der meist ein gut turales Englisch spricht.
Besser die oberhalb gelegene "FAZENDA" in ehemals ländlicher Villa mit viel Grün und schöner Sicht- Küche raffiniert, viel mit Scampi - was aber ins Geld läuft. 40-50 DM.

VOMERO: das gutbürgerliche Wohnviertel mit Blick auf die weniger erstrebenswerten Viertel der Stadt. Produkt der Bodenspekulation der Jahrhundertwende und der 50er Jahre. Auf mich wirkt es kalt und steril. Kommunikationsfreundlich ist Vomero bestimmt nicht. Nirgends sonstwo so viele neofaschistische Wandinschriften und so viele japanische schwarze Motorräder.

MÄRKTE

Einige Supermärkte, wo "man" aber nicht kauft. Das besorgen die Dienstboten (meist Mädchen aus dem Cilento und aus Sardinien). An den Märkten der Porta Nolana oder Porta Capuana.

VERKEHRSVERBINDUNGEN

Mit der Buslinie 49 (ab P.za Garibaldi und Museo Nazionale) oder besser, schneller und regelmäßiger mit der Funicolare, Napoli originellstem Verkehrsmittel.
Drei Linien (ATAN): Galleria Umberto (Via Toledo) - Vomero, Piazza Amadeo - Vomero. Montesanto-Vomero frisch restauriert. Die erste original, nostalgisch altmodisch, die andere ganz modern.

23 CERTOSA DI S.MARTINO und darin das gleichnamige MUSEO NAZIONALE. Das frühere Kartäuser Kloster stammt aus der Blütezeit des Ordens und somit war der Geist strengster Askese damals historisch überlebt.
Ein Meisterwerk des schwelgerischen Barock, an dem Punkt Napolis mit dem umfassendsten Panorama, vielleicht Camaldoli ausgenommen, wo die Ordensregeln einen ähnlichen radikalen Verzicht auf alles Weltliche gefordert haben, und Poggioreale, wo die Toten ruhn.
Intarsien in Stein und Holz, Stuck. Und überall Symbole der Vergänglichkeit wie Schädel und Knochen aus dauerhaftem Marmor.

MUSEO NAZIONALE

Museum zur Stadtgeschichte Napolis. Ganz große Kunst wird man nicht finden. Neben überreichlich Portraits von Herrschenden alte Stadtansichten, auch von anderen Städten des Ex-Königreiches, Gebrauchsgegenstände. Und - als meistbesuchtes Glanzstück - die Weihnachtskrippen. Ganze Vitrinen voll Figuren, einzelne Krippen als Ganzes. Darunter Kuriositäten, wie eine sizilianische Krippe aus Korallen und

Blattgold und eine ganz winzige in der Schale eines halbierten Eies. Viele Säle geschlossen.

Im Garten des Museums ein lieblicher Ort zum Ausspannen, nach 14 Uhr nicht mehr zugänglich. Den Napoletanern, besonders den Kindern ist wieder eines der wenigen grünen Fetzchen genommen worden.
Vom Vorplatz führt ein Treppenweg ins spanische Viertel, der stellenweise voll Müll überwuchert ist, dann aber durch die letzten Gärten und ländlichen Ansiedlungen in die Stadt führt. Verfehlen kann man den Weg nicht.

30 VILLA FLORIDIANA. Park mit Camelien (Blüte im Winter), Museum: in klassizistischer Villa, Keramiken und Porzellan.

31 CASTEL S.ELMO (Militärgefängnis). Oberhalb des Castells in der Via T.Angelini ein Juwelier, der aus starken Muschelschalen Kameen schneidet. Läßt einen gern zusehen. Macht auch Sachen nach Auftrag, etwa Kamee mit dem eigenen Portrait (Foto mitbringen).

Nur wenige **Hotels : Posillipo · Vomero**

Paradiso (II cat.), sehr schön gelegen, vordere Zimmer Blick über Golf bis Capri, Via Catullo 11, Tel.: 660 233, vorbestellen! DZ 110 DM.

Splendid (II cat.), Via A. Manzoni 96, Tel.: 645 462, moderne Anlage mit Garten, Blick leider zur falschen Seite auf die eisenwerke von Bagnoli., DZ 85 DM, Totalrenovierung Ende 1986 abgeschlossen, eines der wenigen erfreulichen Mittelklassehotels.

Belvedere (III cat.), Via Tito Angelini 51 (bei der Certosa di S.Martino), Tel.: 364 540. Zur Hälfte modernisiert, dabei die neuen Zimmer erträglich, was den Geschmack der Einrichtung angeht, die Zimmer im Urzustand unter jeder Kritik, aber genauso teuer. In mehreren Stockwerken in den Berghang gebaut. Großartiger Blick. DM 85.

Margherita (P.3), Via Cimarosa 29, oberstes Stockwerk, Tel.: 377 044, deutschsprechende Wirtin, bescheiden eingerichtet, freundlich, sehr sauber, DZ 48 DM, unbedingt voranmelden!

FUORIGROTTA

Vorstadt hinter dem Posillipo. Ein überwiegend gehobenes Wohnviertel. Mit dem Auto leicht erreichbar (ohne Verkehrschaos). S.S.7 quater (Domitiana) oder Autostrada Tangenziale Ausfahrt Fuorigrotta. Ins Zentrum dann mit der Metropolitana, Stationen Campi Flegrei und Leopardi.

Domitina (II cat.), modernes Haus, Viale Kennedy 143, Tel.: 610 560, günstig für Leuge mit Auto, DZ 90-128 DM, vorbestellen!

Serius (II cat.), Viale Augustus 74, Tel.: 614 844, modern, eigene Garage, vorbestellen, DZ 95 DM.

6.) Capodimonte:

Königsschloß, 1738 begonnen, um Napoli ein zweites Versailles zu bescheren. Indes, man entschied sich nach 15 Jahren Bauzeit in Caserta noch großräumiger als in Versailles zu bauen und so wurden beide Schlösser nie recht fertig.
Capodimonte, weil es noch einigermaßen klein war, wurde nach 100 Jahren weitgehend abgeschlossen - zumindest das erste Stockwerk, aber die Majestäten hatten ja Ausweichquartiere im halbfertigen Caserta und in der Stadt war auch noch ein vollständig eingerichtetes Schloß, es gab auch noch Portici und die fast 15 Jahre Napoleon mußte die Dynastie im Schutz britischer Bajonette in Palermo verbringen.

1.Stock: die Prunkräume 1980 teilweise beschädigt. Das Porzellanzimmer, eine Spitzenleistung des Rokkoko. Beschreibungen und Fotos können es nicht wiedergeben. Reiche Porzellanansammlung. Capodimonte war eine der großen europäischen Manufakturen. Renovierung fast beendet.

2.Stock: Gemäldegalerie: ein wenig alte italienische Meister (meist Toscaner, darunter Simone Martini), viel süditalienische Renaissance, Tiziano, andere Venezianer als qualitätsvoller Kontrast dazu aus dem Norden. In einem Seitenraum, gut versteckt, zwei Werke von Breughel (die Blinden und die Bosheit der Welt - das Bild, wo dem Priester die wohlgefüllte Börse abgenommen wird).

Über die Hälfte der Ausstellungsräume ist von Barockschinken gefüllt, wer nicht farbenblind werden will und nicht erschlagen sein möchte von den aufgesetzten Posen der Mitglieder der heiligen Familie, der himmlischen Heerscharen und der Heiligen und Büßer, der durcheile die Räume - zu Zeiten Goethes war das klassische Moderne und gefiel auch dem großen Johann Wolfgang.

Wer optisches Durchstehvermögen hat, vergnüge sich an den Francesco Ribera, Guido Reni, Luca Giordano, Mattia Preti, Francesco Solimena etc., dazwischen einige wenige Bilder von Claude Lorrain und Salvatore Rosa, wo man die Augen öffnen sollte.

Der Park von Capodimonte, für Spaziergänger zu Roß angelegt, heute einigermaßen verkommen. Dient Liebespaaren und den noch sehr jugendlichen Nachwuchsfußballern als Übungsterrain. An feuchten Tagen bringen ältere Besucher, denen es mehr auf Schnecken und Pilze ankommt, eine ernsthaftere Atmosphäre in den Park.

7.) Poggioreale: (Friedhof, Straßenbahnlinie 1)

Enden wir dort, vor der Abreise, wo die meisten Napoletaner ohne Wiederkehr enden - in Poggioreale.

Die Totenstadt spiegelt das lebende Napoli wieder, sie hat ihre Stadtteile, - die oberen Hunderttausend verbrauchen vielmehr Platz als die unteren Millionen, die dafür die höher gelegenen Friedhofsregionen einnehmen. Ihr Bereich ist der,der wirklich augenfälligen Vergänglichkeit. Zehn Jahre, und niemand kümmert sich mehr um das Grab, der Name ist vom Holz- oder Betonkreuz runtergewaschen, Gras und Kräuter über den kleinen Hügel gewachsen, der Stromanschluß gekappt, denn auf funktionierenden "Gräbern" geben die Überlebenden durch ein elektrisches Licht das Gedenken an die Gestorbenen zu erkennen. Ganz im Abseits die völlig zur Wiese gewordenen Gräber der "Minderheiten" - Kinder und Nichtkatholiken.

Das etwas vermögendere Bürgertum bestattet in Hochhäusern - Platz ist rar. Es ist wie eine moderne Vorstadt, nur die Wohnungen sind kleiner. Wer mehr irdische Mittel gehabt hat, ruht in einer Familiengruft, die neuen als allen falschen Materialien, die den Eindruck von Pietät und Gediegenheit vermittelt, davor Zuckergußfiguren aus steinähnlichen Materialien.

Der untere Friehof ist in der Gründerzeitepoche begonnen und wurde um 1950 geschlossen. Mehr Patina, mehr Grünes, und auch noch besseres Formempfinden bei besseren Materialien - und mehr individuelles Empfinden gegnüber den Verblichenen.

Selbstbewußte Büsten erfolgreicher Geschäftsleute mitsamt den Gemahlinnen, wer die Musik liebte, bekam eine Partitur eines ernsthaften Liedes in Marmor, Militärs in Uniform mit allen Orden, Angeordnete halten eine letzte immerwährende Rede, Sportler stehen in Turnhosen auf ihrer tombe, Dichterbüsten mit weichem gedankenerfülltem Blick. Die älteren Gräber werden nicht eigeebnet, und sonst machen sich überall zwischen den Büsten Moose und Kräuter breit, die Friedhofswärter spendieren immer mal wieder aus dem Überfluß der noch bedachten Denkmäler den längst vergessenen ein paar angewelkte Blumen - und aus den Gräbern, deren Grabplatten nicht mehr so stabil sind, schauen die nackten Gerippe zu.

Auf Friedhöfen stellt sich menschliches Bewußtsein meist in radikalster Form dar, und manchen reizt es, das fotografierend zu dokumentieren. In Poggioreale generell verboten, die Wärter sind auf jeden Fall dagegen und schicken einen auf einen Instanzenweg, der ein ewiges Leben erfordert. Aus dem Verborgenen operieren und wenn sie einen erwischen, kein Wort verstehen!

RESTAURANTS IN NEAPEL

MIMÌ ALLA FERROVIA VIA A. D'ARAGONA 21 So

LA SACRESTIA VIA ORAZIO 116 Mo

! UMBERTO VIA ALABARDIERI 30 Mi
(PIAZZA DEI MARTIRI)

!! DA PEPPINO VIA PALEPOLI 6/1 So

!! DANTE E BEATRICE PIAZZA DANTE 44 Mi

CAMPI FLEGREI

Übersetzt die "Brennenden Felder" - der ausgebrannte Reste eines Vulkans, der nur noch Dampf, kochenden Schlamm heißes Wasser und Schwefelgestank produziert.

Die Küste zwischen Pozzuoli und Capo Miseno war in der Antike das luxuriöseste Villenviertel überhaupt. Kaiser, Bankiers und die römischen Adeksfamilien hatten hier ihre Villen. Die fruchtbare Landschaft, der Blick über den ganzen Golf von Napoli machten die Gegnd so anziehend, - wie auch das Vorhandensein seltenster kulinarischer Genüsse, besonders der Wein der Gegend und seltene Fische, und die Nähe zu Napoli, wo man griechisch sprach und griechische Kultur pflegte, machten die Gegend so anziehend. Obwohl nirgendwo der Untergrund derart unsicher ist wie hier.

Neben recht häufigen Erdbeben hebt und senkt sich die Küste, nicht von einem Tag auf den anderen, aber innerhalb von Jahrzehnten deutlich sichtbar. Die meisten Villen, die direkt am Meeresufer lagen, liegen heute metertief im Wasser, bis zu mehreren hundert Meter von der Küste entfernt.

Daß es nicht nur Senkungen, sondern auch Hebungen gibt, macht die Säulenhalle des Serapeo in Pozzuoli sichtbar. Löcher von Bohrmuscheln finden sich in den Säulenschäften bis zu 5,70 m Höhe, während heute die Säulen nur noch mit den Füßen im Wasser stehen.

Tourist INFO

Tourist Info: A.A. 80078 Pozzuoli (NA), Via Campi Flegrei 3 (an der Stadteinfahrt Richtung Formia), Tel.: 081 / 86 724 19. Außerdem A.A. Napoli und EPT Napoli.

Verkehrsverbindungen:

Auto: nach Napoli S.S.7 quater (Via Domiziana)
Roma Via Formia S:S.7 quater, autobahnähnlich, im Hochsommer voll.

Autobahnen: A 2 (Roma), A 3 (Salerno), A 16 (Bari) - über die Tangenziale, Abfahrten Pozzuoli oder Autobahnende.

Bahn und Busse: Metro Pozzuoli Solfatara - NA Piazza Garibaldi

Ferrovia Cumana: NA Montesanto - Pozzuoli (Stadt) - Lido di Napoli (Lago Averno) - Baia - Torregaveta, Teilstrecke außer Betrieb - Bus.

Beide von der SEPSA betrieben, die im Gebiet der Campi Flegrei auch die Buslinien betreibt. Elektrische Vorortsbahnen, etwa alle 20 Min. Ca. 8-10 mal / Tag Verbindungsbahn Torregaveta - Cuma - Licola

Busse der SEPSA: NA ab Piazza Garibaldi, die meisten Busse aber ab Pozzuoli Hafen (nähe Staz. Cumana). Buslinie 152 der ATAN Pozzuoli - NA. (Staz. Cumana).

HOTELS

Waren überwiegend auf den Sommerferienbetrieb eingestellt, der durch die starke Meeresverschmutzung (am schlimmsten Pozzuoli, Torregaveta und Licola) zurückgegangen ist, was in einigen Hotels den Willen zu Reperaturarbeiten deutlich reduziert hat. Fast alle liegen in landschaftlicher Position, von den Ortszentren entfernt.

Das Erdbeben von 1983, das besonders in der Altstadt von Pozzuoli starke Schäden verursacht hat, hat im Gebiet der Campi Flegrei die Unterbringungssituation weiter verschlechtert : Zum Teil dienen die Hotels als Notunterkunft, zum Teil hat man sie einfach geschlossen, wo zusätzlich zum Ausbleiben der Touristen wegen der starken Umweltzerstörung noch Schäden an den Gebäuden gekommen sind.

POZZUOLI (an der Via Domitiana Richtung Napoli):

La Solfatara (II cat.), Via Solfatara, obere Mittelklasse, DZ/DM 90-- bis DM 110,--

Mini-Hotel (II cat.), Via Domitiana, einfach und brauchbar, DZ/DM 45,--. Beide Hotels liegen in der Nähe der Solfatara, sind ausgesprochene Durchgangshotels, bei motorisierten Reisenden geschätzt, die in Napoli zu tun haben, gut geführt.

LAGO LUCRINO: Alba (II cat.), am See, einfach DZ/DM 36,--

Cuma Villa Cuma (P.3), einfach, in der Nähe der Ausgrabungen, DZ/DM 38,--

ARCO FELICE:

S. Guiseppe (III cat.), guter Standard, Tel.: 081 / 8 661 649, Via domiziana, DZ ca. 55 DM.

Villa Verde (III cat.), guter Standard, Tel.: 081 / 8 661 342, gleichzeitig besuchtes Ausflugsristorante mit Blick, DZ ca. 55 DM

Frei Campieren wenig ratsam. Die Gegend ist zu dicht bevölkert und wo sie es nicht ist, Straßenstrich und überhaupt wenig vertrauenserweckende Gestalten, besonders wenns dunkel ist. Organisierte Campings - wichtig, da die einzigen dicht an Napoli.

Camping VULCANO SOLFATARA: am Rand des Solfatara-Kraters, ordentlicher kleiner Platz unter Bäumen (gute Busverbindung 152 oder 1,5 km zur Metro).

Camping AVERNO: Arco Felice, schön ausgestatteter Platz mit Sportmöglichkeiten (Tennis, Reiten, Schwimmbecken mit Thermalwasser, Sauna) - keine brauchbare Busverbindung.

Um den Hafen jede Menge Trattorien und Ristoranti, die alle Meeresküche machen und sehr verschieden gut und teuer sind. Lohnend besonders am Wochenende, dann wimmelt es von napoletan. Ausflüglern, die Küche ist auf Hochtouren, die Auswahl am größten und es herrscht Stimmung ....

Tratt. DA GIGETTA an der Villa Comunale, Mittwoch geschlossen; Fischsuppe, Muscheln, Polypen in der Casserole, Meeressalat, ca. DM 16,-- bis DM 20,--. Pizza um DM 8,--, eigener Wein.

CIUFFIELLO, in einer Seitenstraße, Mittwoch geschlossen.
Einer der Treffs für Meeresküche, Nudeln und Scampi, Antipasto aus Frutti di Mare oder auch die simplen, dennoch sehr leckeren marinierten Sardelen (" Alici "); sehr große Fischauswahl , nur taufrische Sachen. Komplettes Essen ab DM 25,--.

MARTUSCIELLEO - an der Hafenfront, Dienstag geschlossen. Gepflegtes Großrestaurant mit stark parfümierten Kellnern, gute und recht preiswerte Meeresküche. Allerdings viele Sachen aus Tiefgefrorenem (auf der Karte gekennzeichnet), ab DM 20,-- bis DM 25,--.

LA CANCIOLA, in einer Seitengasse, winzig klein, Montag geschlossen. Kleine Auswahl, sehr gut zubereitet, im Frühsommer Spezialist für Schwertfisch (" pesce spada ") . Ab DM 25,--.

Tratt. DA LUIGI, Seitenstraße, Dienstag geschlossen.
Das Lokal der Gebrüder Causa ist mein Tip für Pozzuoli. Speisesaal und Küche gehen ineinander über, die ganze Fülle an Fischen, Muscheln und Krebsen ist ausgeteilt, überhaupt - man versteht nicht nur (mit einfachsten, sparsamsten Zutaten) zu kochen, sondern auch optisch zu präsentieren. Eigener Wein, komplett um DM 30,--.

Lago Lucrino: LA NINFEA, typisches Fischrestaurant, an den Wochenenden oft alle 500 Plätze voll, auch beliebt zum Hochzeitfeiern. Fischsuppen, Frittura, Polipi in Cassuola (im eigenen Saft), gute Dolci, ab 35 DM.

Bacoli: LA MISENETTA, schöne Pergola mit Blick aufs nahe Meer, Fischküche, die Napoletanisches mit Pariserischem verbindet, napoletanische und sizilianische Zuckerbäckerei und Dolci, eigener Wein vom Monte Procida, ca. 35-40 DM.

Darüber hinaus eine riesige Zahl weiterer Restaurants, Trattorie und Pizzerie, wo man aber nicht überall befriedigend ißt.

Selbstverpfleger:

Für Fisch, Obst und Grünzeug den Markt von Pozzuoli am Hafen nützen. Da ist alles frisch und reichlich. Außer in Pozzuoli sehr beschränkte Einkaufsmöglichkeiten.

Bücher und Landkarten:

Wer die archäologischen Stätten befriedigend und mit Hintergrund besichtigen will, kommt nicht ohne einen der drei kunstgeschichtlich orientierten Reiseführer aus. Mit Ausnahme von Cuma nur für ausgesprochene Archäologiespezialisten!

TCI, Napoli e Dintorni, S.331-374, - Ernst Kirsten, Süditalienkunde, S.189-252, - Reclam, Neaple S.441-465.
Karte: TCI 1:50.000 Golfo di Napoli 1.

Pozzuoli

(60.000 E.)

Daß die Stadt einmal der wichtigste Hafen des römischen Reiches war, besonders für den Handel mit Luxusprodukten aus dem Orient, sieht man weder Hafen noch Stadt an. Ein kleines Napoli, noch ärmlicher und schmuddeliger, und im Hafen außer den Fischerbooten nur die Fähren nach Ischia und Procida.

Sofia Loren stammt von hier. Aber weder Fischerviertel noch die Hinterlassenschaften der Antike können darüber hinwegtäuschen, daß Pozzuoli ein Industrievorort Napolis geworden ist, und was hier mit den Geldern der Casa per il Mezzogiorno bebaut worden ist, steht großflächig, unbeschreiblich häßlich, Rauch und giftige Gase ausstoßend jeder künftigen Tourismusentwicklung im Weg.

Außer dem Serapeo an Hinterlassenschaft der Römer in der modernen Oberstadt ein riesiges ANFITEATRO, eine riesige Steinmasse, das Zweit- oder Drittgrößte, das es in Italien gibt. 40.000 Besucher paßten hinein. Neben Gladiatorenkämpfen konnten auch Seeschlachten veranstaltet werden. In den unterirdischen Gängen und Kammern (Besichtigung möglich) warteten die Darsteller auf ihren Einsatz.

SOLFATARA: an der Straße nach Napoli (1,5 km außerhalb, Bus 152). Offen von 7 - Sonnenuntergang. Eintrittsgeld. Auch ohne die sehr trinkgeldgierigen Führer bekommt man alles zu sehen. Ein handlicher verlöschender Vulkan mit einigen blubbernden Schlammtümpeln und

Fumarolen, die heiße, stinkende Gase aushauchen und Schwefelkristalle ausschwitzen. Achtung! Nicht die Finger dran verbrennen. Auch der Boden ist stellenweise heiß. Wer brennendes Zeitungspapier in den Dampf hält, regt die Dampfproduktion der Fumarolen an.

Lago Lucrino und Lago d'Averno

(an der Straße nach Baia): der Lucrino, eine Küstenlagune, war in der Antike berühmt für ihre Austernzuchten, die den Besitzern so viel einbrachten, daß der See seinen Namen von "lucrus" = Gewinn bekam. Bis 1538 war er viel größer, dann wurde die Erde unter ihm aktiv und in 48 Stunden war der Monte Nuovo (140 m hoch) aus Vulkanaschen hochgetürmt, ein Dorf darunter verschwunden und die Fisch- und Muschelzuchten im See vernichtet. Seitdem tut sich vulkanisch nichts mehr.

Landeinwärts von einem bis 100 m hohen Kraterrand umgeben, der kreisrunde Lago d'Averno, ein ersoffener Vulkankrater, von fast 1 km Durchmesser. Die Hänge von düsteren Wäldern bestanden und weil der See so düster ist und es stellenweise unter Wasser Ausbruchstellen giftiger Gase gab, hielt man den See in der Antike für den Eingang in die Unterwelt, an den Ufern waren Heiligtümer des Totenkultes.

Angeblich flog nie ein Vogel über den Totensee, möglicherweise wegen inzwischen erloschener Mefite. Kohlensäurequellen, die alles Leben ersticken lassen - ähnlich und noch aktiv die Mefite bei S.Angelo dei Lombardi (Avelino), ca. 100 km östlich von Napoli, ein Teich der durch Gasquellen scheinbar kocht und über dem Vögel tot vom Himmel fallen, die ebenfalls für einen Eingang in die Unterwelt gehalten wurde.

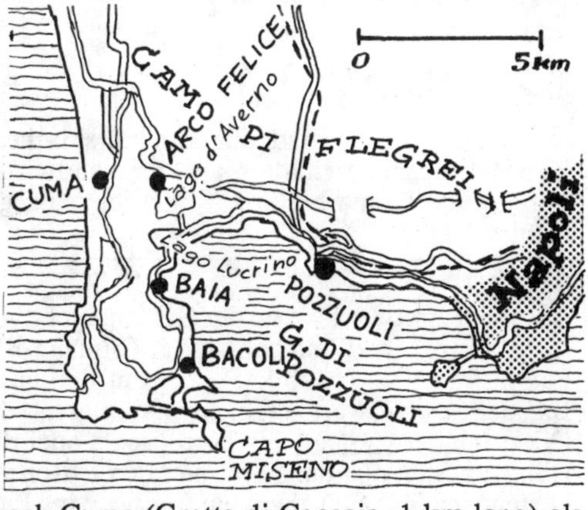

Mit dem Verfall der Religionsgläubigkeit in der ausgehenden römischen Republik wurde der See anders genützt. Die warmen Quellen an seinem Rand für Thermalbäder, deren Reste wie Felsen wirken, und dann mittels eines Durchstichs zum Lago Lucrino und zum Meer als Militärhafen. Die Hebung des Geländes ließ den Kanal aber bald wieder unbrauchbar werden. Per Straßentunnel schaffte man eine schnelle Verbindung nach Cuma (Grotta di Cocceio, 1 km lang) als Munitionslager im II. Welt-krieg explodiert und so beschädigt, daß man nicht mehr rein kann. Grotta delle Sirene - unterirdischer Gang aus der Römerzeit, 300 m tief - Kustode.

Baia

Die alte Strandlinie und damit die meisten Villen sind abgesoffen. Man genoß hier die verschiedenen Thermalquellen (heute versiegt) inmitten einer myrthenduftenden Macchialandschaft. Unter Caligula wurde eine 5 km lange Pontonbrücke nach Pozzuoli gebaut.

Nach antiken Beschreibungen muß der Ort ein mit allen Komforts ausgestattets Sündenbabel gewesen sein. Der Philosoph Seneca, der harte Maßstäbe an seinen und der anderen Lebenswandel legte, reiste nach einem Tag wieder ab, nicht ohne später plastisch das Klatschen der Masseure zu schildern, das ihn bei der Meditation gestört hatte.

Nero, Caligula, die galanten Dichter der Kaiserzeit wie Properz und Petronius hielten sich umso länger in Baia auf. Für die Heilkraft der Bäder sorgte Vernus, die Schutzgöttin der Thermen.

Die Reste der großartigen Mauerwerke sind zu besichtigen, der Eindruck ist eher verwirrend - eine richtige Vorstellung will nicht kommen.

Bacoli - Capo Miseno

In der Antike und auch heute Villenorte mit phantastischen Ausblicken. Die antike Pracht ist auch hier meist im Meer versunken.
Miseno mit seinen Lagunen war ein wichtiger Kriegshafen (Stützpunkt der größten römischen Flottenverbände, denn die flachen Sandküsten um Rom boten keine brauchbaren Häfen).

Cuma

(4.000 Einw.)

Die älteste Griechenstadt auf dem italienischen Festland. Cuma brachte es zu beachtlichem Reichtum aus der Landwirtschaft und wurde durch die Sibylle von Cuma berühmt, eine der ganz großen Wahrsagerinnen der Antike.

Anfahrt:

Auto: bei Arco Felice von der S.S.7 quater abfahren (gelbes Schild). Ohne Auto anstrengend und schwierig: Cumana-Bahn bis Baiae, von dort zu Fuß auf Straßen (ca. 3 km) oder auf den ca. alle 1-2 Std. verkehrenden Bus der SEPSA warten (Ri. Licola).
Oder: mit der Cumana bis Torregaceta oder der Circumflegrea bis Licola. Dann am Strand entlang bis unter den Felsen von Cuma (der einzige in der Gegend, er fällt auf), dann auf Fahrweg ins Landesinnere und aufwärts bis man auf die Straße kommt, dic nach Cuma führt. Ohne genaue Karte absolut zwecklos. Dauert 1 1/2 bis 2 Stunden.

Der Strand unterhalb von Cuma zwischen Torregaveta und Licola ist unvorstellbar verschmutzt. Unterhalb von Cuma münden die bislang völlig ungeklärten Abwässer von Napoli ins Meer, trotz fertiggestellter Kläranlage!

Neben Delphi in Griechenland war Cuma der rennomierteste Ort für Horoskope, damals Orakel genannt. Darf man den bildlichen Darstellungen trauen, wurde das Geschäft von sehr hübschen jungen Frauen besorgt, die nie alterten. Nur in Cuma nicht, da war es eine ganz häßliche Alte. Die Horoskope hat sie in einer künstlich angelegten Höhle ausgestellt.

Der Überlieferung nach prophezeite sie Aeneas die Gründung Roms und die Römer machten später Cuma aus Dankbarkeit zu ihrem Staatsorakel, dessen dunkle seherische Sprache in konkrete Tips übersetzt werden mußte.
Wenn die Sibylle im Krieg mit Karthago den Rat gab, sich hinter hölzerne Mauern zu begeben, so hieß das für die Militärs, Bäume zu fällen und Schiffe bauen zu lassen.

Nach etwa 800 Jahren schlief dann der Sibyllenkult ein, und die greise Seherin "konnte von der Last des Lebens erlöst werden" - so erfuhren es Reisende im 1. nachchristlichen Jahrhundert, die mit dem "Pausanias" in der Hand die berühmten Stätten des Altertums besuchten.

Der "Pausanias" war in der römischen Kaiserzeit ein viel beützter Reiseführer mit Tips, die nicht jeder kennt. Er wurde in Schriftrollen überliefert.

AKROPOLIS: Nennenswerte Reste von Grundmauern, wie es sie auch anderswo gibt, von Straßen mit antikem Pflaster. Was Cuma einmalig macht, ist die Lage auf dem Felsen mit Blick über die Campi Flegrei, den Golf von Napoli, zu den Inseln und nach Norden über die weitgeschwungene Bucht von Gaeta.
Die Ausgrabungszone mit ihren dunklen Steineichen, der dichten Macchia hat etwas von einem heiligen Hain.

Grotte der Sibylle: erst 1930 entdeckt, ein langer unterirdischer Gang mit trapezförmigem Profil, der in den weichen Tuff geschnitten ist und in den immer wieder Licht fällt. An seinem Ende dann das Heiligtum der Sibylle.

Der Besuch von Cuma loht, denn an kaum einer anderen Stelle des antiken Italien empfindet man so sehr Ruine als Ruine.

DR. OTTO FESSL
FACHARZT FÜR ORTHOPÄDIE
U. ORTHOP. CHIRURGIE
MARGARETENSTR. 82
A-1050 WIEN, 587 97 61

Ischia

Die beiden berühmten Inseln im Golf von Neapel - ISCHIA und CAPRI - sind der vollkommene Gegensatz.

Ischia, ein aus dem Meer aufgetauchter Riesenvulkan, der seit Jahrhunderten keine Lava mehr speit. Nur noch heiße Quellen, Dampf, der aus der Erde kommt, erinnert an den jungen Vulkanismus.
Grün und fruchtbar, fast jedes Eckchen bebaut. Trotz Massentourismus hat Ischia noch reichlich Platz für ursprüngliche ländliche Winkel.

Schroff abfallende Küsten, der große zerklüftete Vulkan des Monte Epomeo und viele Vukankegel bestimmen das Bild der Insel. Vulkanische Gesteine in allen Farben: grau, schwarz, weiß, zartes Grün, rosa, das kräftige Ocker des Vulkantuffs.

Ischia ist vielseitig. Weit mehr als eine Insel, wo ältere Herrschaften ihr Rheuma kurieren: Meer, Gebirge, eine unwahrscceinliche reiche Vegetation, abgeschiedene Winkel, in die nur Gäßchen, Treppenwege führen, und die Touristenpromenade mit Shopping. Bars, Straßencafés, Ristoranti,wo die Inselneulinge sich vom 2. Tag an wie Insider benehmen - und die Ischia-Reisenden, die seit 1o, 2o Jahren nirgend anderswohin fahren.

Tourist INFO A.A.,Corso V. Colonna, 116, 8ooo77 Ischia (NA), Tel.: 081/983o66 und am Hafen das Informationsbüro der A.A.
In den übrigen Inselorten lokale Informationsbüros.
Reisebüros und Polizisten helfen auch weiter.

Telefon: Telefonvorwahl: o81/
Internationales Telefon. In Ischia Porto: SIP, Corso Vittoria Colonna (bei der A. A.). In den anderen Orten fragen. Generell von jedem öffentlichen Telefon mit Zähluhr ("teleselezione" o. "interurbano automatica").

Anreise:

Wegen der sehr guten öffentlichen Verkehrsverbindungen (Bus, Taxi, Microtaxi) und der Kleinräumigkeit der Insel, ist das eigene Auto relativ entbehrlich, wer nur die Region Napoli bereist, sollte darauf verzichten.

Wer mit dem Auto durch Süditalien unterwegs ist und Ischia nur als Abstecher macht, nimmt es besser mit, denn die Fähre kommt nicht teurer als einige Tage Garage in Napoli. Auf der Insel braucht man keine Angst zu haben, auch wenn das Auto irgendwo am Straßenrand abgestellt wird.

Fähren (auch mit Autobeförderung)

Ab Napoli/Molo Beverello (am Castel Nuovo), mehrere Gesellschaften, deren Preise identisch sind, man nimmt das nächste Schiff. Nur einfache Fahrt lösen (die Rückfahrt bringt keine Ermäßigung). Die Karten sind nicht auf andere Gesellschaften übertragbar. Fahrplan sehr verschieden, je nach Saison 10 - 25 Fährverbindungen pro Tag, letzte Überfahrt gegen 20.3o Uhr.

Ab POZZUOLI, Fähren je nach Saison 12 - 3o mal am Tag. Relativ kleine Schiffe.

Wenn Poseidon grollt (er tut das oft im Golf), wird man auf diesen Schiffen recht schnell dem Meeresgott geopfert.AMALFI/Capri/Ischia (nur im Sommer, 2 mal in der Woche).

Aliscafi:
ab Napoli Mergellina oder Molo Beverello, nur Personenbeförderung, von Ischia Aliscafi nach Capri und Sorrento.

FAHRPREISE für einfache Fahrt ab Neapel bzw. Pozzuoli - pro Person mit Schiff DM 6,-, mit Aliscafi DM 12,-, Pkw (Schiff) je nach Größe ab DM 35,- von Ischia nach Capri, Schiff DM 1o,- , Aliscafi DM 15.

Tips für Autofahrer:

Zur MOLO BEVERELLO: Nicht auf den Tagenziale gehen, sondern auf der A2 und A3 der Ausschilderung "Porto" folgen. Man erspart sich so die Innenstadt!

POZZUOLI (der kürzeste Weg, nur interessant vom Preis her, wenn man mit dem Auto rüber will.)

Autostrada Tangenziale bis Pozzuoli/Solfatara. Wer von Norden kommt, kann die A2 schon in Cassino verlassen, dann Schnellstraße S.S. 63o nach Minturno/Scauri, von dort auf der S.S. 7quater (Via Domiziana) bis Pozzuoli. Die Domiziana ist wie eine Autobahn ausgebaut.

Bahn: Ankunft in NA Centrale oder NA Piazza Garibaldi: Zum Molo Beverello: Taxi oder Straßenbahn 1, Busse 1o6 und 15o der ATAN oder alle SEPSA-Busse ab Bahnhofsvorplatz bis Piazza Municipio (Castel Nuovo).

Zur Mergellina: Metro bis NA Mergellina, dann 1o min. laufen oder ab Bahnhofsvorplatz der Stazione Centrale Straßenbahn 1 oder ATAN-Busse 1o6 und 15o bis Piazza Sannazzaro, von dort 5 min. laufen.

VERKEHR AUF DER INSEL ISCHIA:

Rundstraße S.S. 27o, im Norden meist dicht am Meer, im Süden über die Dörfer im Inselinneren, dort stellenweise recht eng, Busse haben Vorfahrt.

Busse: Derartig fest in der Hand deutscher Touristen, daß Schaffner gelegentlich auch bei Italienern den Fahrpreis auf deutsch verlangen. Zu den touristischen Stoßzeiten krachend voll. Auf den Hauptlinien dichte Busfolge, Verkehr bis spät in die Nacht. Zentraler Abfahrts- und Umsteigepunkt: Oberhalb des Hafens in Ischia Porto, halten überall, wo ein Schild "Fermata S.E.P.S.A." steht.

Linie 1 : (Nordteil des Rundkurses) Porto - Casamicciola - Lacco Ameno - Forio - Panza - Succhivo - Cava Grade (S. Angelo), alle 1o - 2o Min.
Linie 2 : (Südteil des Rundkurses) Porto - Pilastri - Piedimonte - Barano - Buonopane - Fontana - Serrara Fontana - Panza - Succhivo - Cava Grado (S.Angelo), alle 3o - 6o Min.
Linie 2/A : Porto - Pilastri - Piedimonte - Testaccio - Maronti, etwa stündlich
Linie 2/B : Porto - Pilastri - Piedimonte - Fiaiano, relativ selten.
Linie 3 : Porto - Casamicciola - Maio, selten.

Außerdem die halbstündlich verkehrende Stadtlinie Porto - Ischia Ponte, Kleingeld mitnehmen, hier kassiert ein Automat.
Die Fahrpreise liegen zwischen 1,- DM und 2,5o DM je nach Entfernung.

Taxis: Warten überall und immer auf Kundschaft. Preis vorher absprechen.

Microtaxi:
Die Konkurrenz zum Taxi. Dreirad auf der Basis eines "Ape" - jener "Biene"", die anderswo dem Bauern den Esel ersetzt. Antrieb mittels des bewährten Aggregats der "Vespa". Dort wo beim "Ape" die Pritsche ist, ist beim Microtaxi der Fahrgastraum, oben drüber ein Planenverdeck. Bis zu 5 Leute passen rein. Preis reine Verhandlungssache. Ist der "Ape" nicht voll, werden unterwegs Mitreisende aufgelesen, wer zum Schluß kommt zahlt meist weniger, bewegt sich dann bei etwas Hartnäckigkeit nur noch wenig über dem Buspreis. Fahren dafür langsam und drinnen stinkt es grausam nach 2- Takter.

Rundfahrten:
Außer wenn die Wellen zu hoch schlagen, täglich - meist mehrfach - ab

Ischi Porto mit kleineren Schiffen, die in S. Angelo ein bis zwei Stunden Pause machen (2o DM). Ausflugsfahrten nach Capri (25 DM)

Ischia erforschen:

LANDKARTEN:

Litografia Artistica Cartogfafica. Le isole di Ischia e Procida, 1: 2o.ooo,ca DM 4,- in jedem Zeitungsladen zu kriegen. Straßennetz aktualisiert, Wegenetz, wie es einst einmal war. Mancher Weg ist inzwischen längst zugewuchert.

IGM: 1: 25.ooo. Nr. 183-II-SE Ischia, 1957 aufgenommen, im Detail genauer, die Höhenlinien hilfreich, man kann seine Puste besser planen, ca DM 6,- (meines Wissens auf Ischia nicht zu bekommen, s. Einleitung)
Alle anderen "Wanderkarten" (TCI und Kompass, beide 1: 5o.ooo) unbrauchbar, bei der Orientierung kommt es auf kleine Details an.

WANDERFÜHRER:

Joachim Deumling, Ischia, Geobuch München 198o, DM 8,8o, 72 S. - als Wanderführer hervorragend, denn Deumling geht von der aktuellen, tatsächlichen Wegsamkeit aus. Wer nicht nur einmal von Fontana auf den Epomeo steigen will, sollte das Buch dabei haben.

BÜCHER:

Viel geschrieben worden und nicht befriedigend, oder nicht aktuell, und insgesamt nicht präzise, oder wo Präzision, dann nur auf Einzelgebieten. Zwei ältere Veröffentlichungen, die gut einstimmen und konkrete Anregungen geben:

Paul Buchner, Gast auf Ischia - Prestel Verlag München 1971, 32 DM. Ischia-Reisende und was sie auf der Insel gut fanden und zum Meckern zwischen Mittelalter und dem Ende des 19.Jahrhundert, als zwar die Hoheiten kamen, aber noch keine Palace-Hotels standen.

Aladar von Wesendonk, Bella Ischia, Buchmann-Verlag München, 197o. Mit Fotos, aber kein Bildband. Sehr konkret, viel Detailwissen, aber leider nicht mehr in vielem aktuell. (vergriffen, in vielen Bibliotheken).

Martin Locher/Richard Mayer, Ischia, Bruckmann Verlag, München 49 DM, sehr schön fotografierter Bildband mit informativem Begleittext.

Sprachliches:

Unbestrittene Touristensprache ist deutsch, und - vom Juli/August abgesehen, wenn die Italiener dominieren - ist die Insel fest in "Deutscher Hand" - es sind (trotz Pauschalarrangement) meist individualistische Germanen.

Völlig unproblematisch, die größeren Filialen des BANCO DI NAPOLI nehmen auch Euroschecks.

Thermalquellen

Ischia ist vulkanischen Ursprungs, der letzte Ausbruch des Arso bei Ischia Porto liegt über 7oo Jahre zurück, der Epomeo ist schon viel länger nicht mehr aktiv. Im Untergrund ist es aber noch vulkanisch heiß. In die Tiefe versickerndes Meereswasser wird erhitzt, zum Teil so stark, daß es als unter Druck stehender Dampf aus der Erde austritt (Fumarole) und das Wasser reichert sich in der Erde mit Mineralien an und nimmt auch die hohe natürliche Radioaktivität der Gesteine im Untergrund Ischias an. Diese natürliche Radioaktivität nicht verwechseln mit dem, was im Auftrag von Militärs und Stromerzeugungskonzernen produziert wird.

Gratis und so ganz frei in der Landschaft läuft schon lange nichts mehr (oder fast nichts mehr).

Es gibt über 3o Gruppen von Quellen, teils auf natürlichem Weg an die Oberfläche gekommen, teils angebohrt. In der Schüttung meist relativ schwach, die Wassertemperaturen an der Austrittsstelle fast immer um 5o - 8o ° C. Die meisten Quellen werden von überdachten Thermalbädern, fast immer Hotels angeschlossen, genützt, Eintritt gegen Bezahlung meist auch für Nicht- Hotel- Gäste. Dort überwiegend rein therapeutische Nutzung. Fürs Vergnügen im heißen Wasser die Thermalgärten mit ihren Schwimmbecken.

THERMALKUREN:

In den heißen Wassern zu baden, ist vergnüglich, aber durch ihre starke natürliche Radioaktivität haben sie doch vielfach eher den Charakter von Heilmitteln, deren Anwendung medizinisch kontrolliert sein sollte. Man verläßt zwar auch nach Stunden im heißen Wasser das Becken nicht als strahlendes Monster, aber wer dafür empfänglich ist, kann sich seinen Kreislauf gründlich durcheinander bringen und einen netten Erschöpfungszustand holen.

Ausgenommen das Baden in den Schwimmbecken der Giardini Termali (Parks mit bis über 1o verschieden heißen Schwimmbecken), steht vor der Anwendung von Thermalwasser, Fango und heißem Dampf erst einmal eine ärztliche Untersuchung.

Wer von seiner Krankenkasse eine Kur auf Ischia verordnet bekommt, kann für Untersuchung und Kurmittel mit Zuschüssen rechnen. Mit Hausarzt und Krankenkasse vorher drüber reden. Kuren auf eigene Faust und Rechnung wie alles im Gesundheitswesen nicht billig!

Aktuelle Preisliste und Liste der Kurmittel und Anwendungen bei der A.A. Ischia und bei den Krankenkassen. Nützlich die Broschüre der A.A. "Le Terme e Acque dell'Isola Ischia" mit genauen Wasseranalysen, Indikationen und Kontra-Indikationen. Bis auf wenige Ausnahmen sind die Thermalkomplexe nur zwischen Ostern und Anfang November geöffnet.

Schwerpunktgebiet der Thermen die Nordküste der Insel. Im Süden eigentlich nur um den Marontistrand. Im Inselinneren bis auf einige Fumarolen keinerlei thermale Aktivitäten.

In die Giardini kommt man per Tageskarte (ca 15 - 3o DM), die Mehrzahl der Thermalkomplexe sind an Hotels angeschlossen, aber allgemein zugänglich. Für Bewohner bestimmter Hotels Ermäßigungen, manchmal sind die hoteleigenen Kurmittel schon im Pensionspreis eingeschlossen. Wer auf Ischia Kuren will, sollte auf jeden Fall mit Reiseveranstaltern fahren, denn die bieten auf dem Gebiet die meisten Vergünstigungen und der Reiseleiter vor Ort kann besser weiter helfen als die nicht gerade qualifiziert besetzten Touristinformationen. Immerhin hat man über 7o Thermalkomplexe zur Wahl.

Preise:

Ischia kann relativ teuer sein. Wer rechnen kann oder muß, braucht aber keine Kurgastpreise zu zahlen. Der Einritt in die Thermalgärten ist teuer, dafür wird aber Einiges geboten, die Anlagen sind aufwendig und schön angelegt und perfekt in Schuß.

Unterkunft

Nach Möglichkeit nicht allzu spontan anreisen, besonders in der Saison, die auf Ischia von Mai bis Ende September dauert. Im April (außer Ostern) und im Oktober ist weniger los, aber sehr viele Hotels haben dann schon geschlossen.

HOTELS

Durchweg gut ausgestattet, Komfort meist je nach dem preislichen Rahmen, allerdings sind innerhalb der offiziellen Kategorien die Preise oft sehr über einen Kamm geschoren - Findigkeit beim Suchen kann im Haus nebenan Extras zum "Nulltarif" bringen. Preislich überhöht sind allerdings einige moderne Großhotels, mit wenig Ambiente, dafür Heerscharen dienbarer Geister. Typisch für alle Teile der Insel ist das kleine, höchstens mittelgoße Hotel, fast immer direkt von der Besitzerfamilie geführt - deutsch spricht eigentlich überall jemand.

Rund die Hälfte aller Hotels hat wenigstens ein Thermal- oder Minderalwasserbecken, das den Gästen gratis zur Verfügung steht. Pauschal oder individuell - das ist die Frage.

Die Reiseveranstalter haben praktisch in allen Hotels wenigsten einen Fuß in der Türe, einige Hotels sind sogar zu 100 % in der Hand meist mehrerer Reiseversanstalter (die Deutschen an erster Stelle, dann Schweizer und Dänen).

Pauschalreise kann, muß nicht die billigere Reise sein. Das hängt sehr stark von der Reisezeit und von der Reisedauer ab. Während der Hotelier vor Ort meist nur Haupt- und Nebensaison kennt, operieren die Reiseveranstalter gleich mit 5 - 6 Jahreszeiten und da kann es saftige Preisdifferenzen geben (übrigens zusätzlich auch noch zwischen den einzelnen Veranstaltern - für ein und die selbe Leistung!). Die Kosten für den Flug werden übrigens auch je nach Saison verschieden hoch kalkuliert!

Generell: Kurzreisen in den "toten" Monaten sind fast immer per Reiseveranstalter preisgünstiger, längere Aufenthalte (2 Wochen und mehr) in den belebten Jahreszeiten können individuell organisiert ganz schön Geld sparen.

Bei Hotels der unteren Preisklassen rentiert Reisen auf eigene Faust eigentlich immer, besonders dann, wenn man die Anreisekosten durch die Benutzung der Bahn und Ausnützung von Ermäßigungen (Transalpino, Familienkarte, Seniorenpaß) drückt.

Nebenbei: nach zum Teil sehr unerfreulichen Erfahrungen mit den

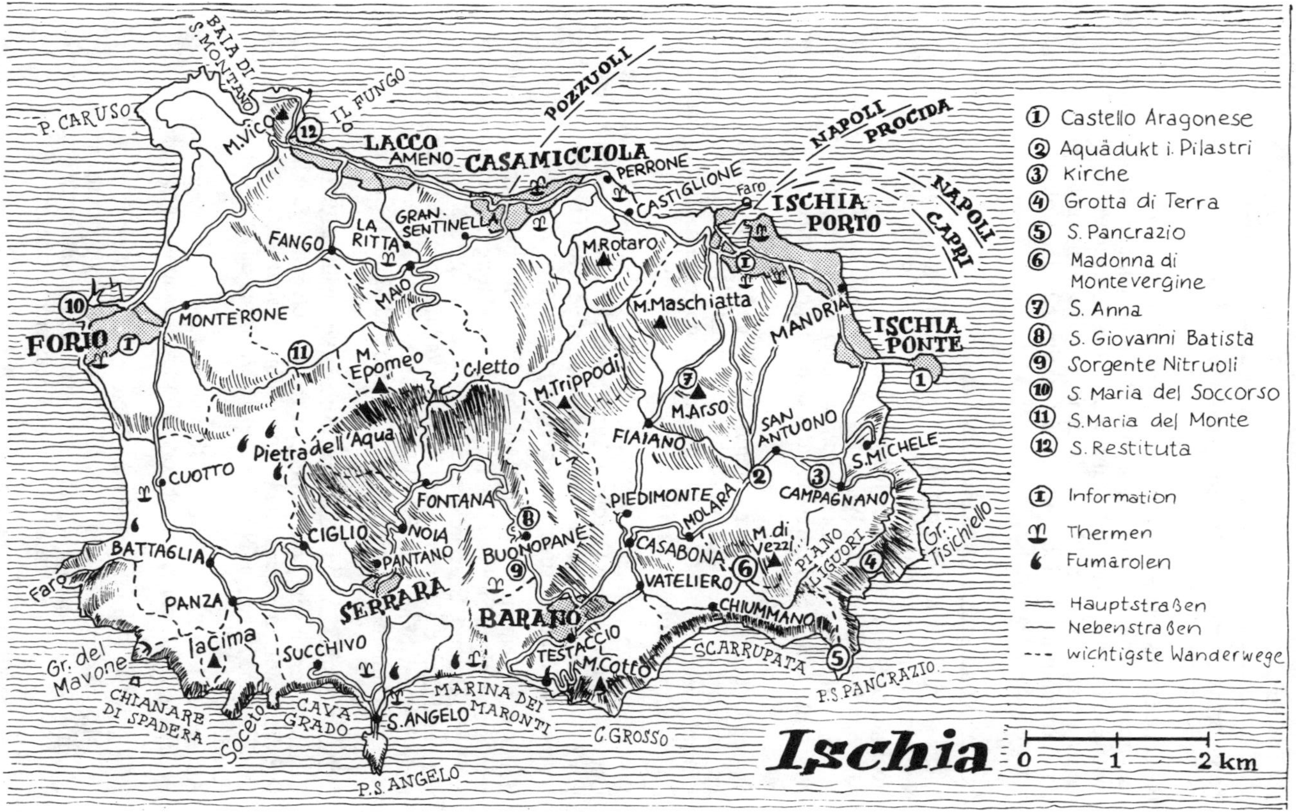

Ischia
1 Castello Aragonese
2 Aquädukt i. Pilastri
3 Kirche
4 Grotta di Terra
5 S. Pancrazio
6 Madonna di Montevergine
7 S. Anna
8 S. Giovanni Batista
9 Sorgente Nitruoli
10 S. Maria del Soccorso
11 S. Maria del Monte
12 S. Restituta
Information
Thermen
Fumarolen
Hauptstraßen
Nebenstraßen
wichtigste Wanderwege
0 1 2 km
FORIO
P. CARUSO
BAIA DI S. MONTANO
M. VICO
IL FUNGO
LACCO AMENO
CASAMICCIOLA
POZZUOLI
PERRONE
CASTIGLIONE
Faro
ISCHIA PORTO
NAPOLI
PROCIDA
NAPOLI
CAPRI
ISCHIA PONTE
MANDRIA
M. Rotaro
M. Maschiatta
FANGO
LA RITTA
GRAN. SENTINELLA
MAIO
MONTERONE
M. Epomeo
Cletto
M. Trippodi
M. Arso
FIAIANO
SAN ANTUONO
S. MICHELE
CAMPAGNANO
Gr. Tisichiello
PIANO LIGUORI
M. di Vezzi
MOLARA
PIEDIMONTE
CASABONA
VATELIERO
CHIUMMANO
SCARRUPATA
P. S. PANCRAZIO
Pietra dell'Aqua
CUOTTO
FONTANA
NOIA
PANTANO
CIGLIO
BUONOPANE
BARANO
TESTACCIO
M. Cotto
SERRARA
BATTAGLIA
Faro
PANZA
la Cima
Gr. del Mavone
CHIANARE DI SPADERA
Soceto
CAVA GRADO
SUCCHIVO
S. ANGELO
MARINA DEI MARONTI
C. GROSSO
P. S. ANGELO

Reiseveranstaltern in den letzten Jahren freut man sich fast überall über den Individualgast.

Fast alle Hotels und Pensionen bestehen zu allen Jahreszeiten, wenigstens aber in der Hauptkampfzeit (Ostern, Mai - Sept.), auf Halb- oder Vollpension. Übernachtung mit Frühstück gibt es nur selten und bei Gästen, die länger als 3 - 4 Tage bleiben, besteht man eigentlich immer auf Pension! Die Ermäßigung für Halbpension ist gegenüber der Vollpension meist minimal: 5 - 8 DM pro Kopf!

Preiswert unterkommen auf Ischia:

Nicht ganz einfach, denn die Hotels sind immer gut ausgelastet - in der Nebensaison (Vor-und Nachsaison) durch die Deutschen, in der Hochsaison (Juli/August) durch die Italiener.
Also den Superskonto des Wirts, der händeringend nach Gästen sucht, gibt es nie. Und da fast alle Hotels und Pensionen ausschließlich auf der Basis von Voll- oder Halbpension arbeiten, belastet das auch noch die Reisekasse.

Sparen läßt sich am ehesten durch Mobilität und die Ortswahl. Die Dörfer im Süden der Insel sind wesentlich billiger als die wohleingeführten Kurorte Ischia Porto, Casamicciola und Lacco Ameno - Ischia Ponte und Forio nehmen eine Mittelposition ein.

Wer in den am wenigsten begehrten Monaten fährt (April - soweit nicht Osterwoche, Juni und Oktober), kann bei geplantem längeren Aufenthalt (ab 2 Wochen) mit dem Reisebüro alles inklusive sehr gut bedient sein, hier besonders auf kurzfristige Sonderangebote achten!

Sollen es nur ein paar Tage zum Anschnüffeln, ein Abstecher vom Festland sein, die wenigen Sachen ohne Pensionsverpflichtung raussuchen - speziell in Porto, Barano, S. Angelo und Panza und wenigstens 4-5 Tage vorher verbindlich per Telefon reservieren! Privatzimmer gibt es praktisch gar nicht, Ferienwohnungen und Villen sind sehr teuer, die Details zu den drei einzigen Campingplätzen siehe Ischia Porto und Maronti-Strand.

Privatzimmer, Appartements und Ferienwohnungen:

Bislang überwiegend von Italienern genützt, etwa die gleiche Bettenzahl wie die Hotels und Pensionen. Vermittlung durch: Agenzia MIZAR, Via Jasolino, 8oo77 Ischia (NA), Tel.: 981897. Haben ca 2.ooo Objekte an der Hand.
Außerdem lohnt es, in allen örtlichen Reisebüros zu fragen und bei der A.A. in Ischia Porto - Deutsch- oder Englischkenntnisse überall!

Camping: Nur drei Plätze, einer am Maronti-Strand, zwei in Ischia Porto. In der HS Vorbestellung sehr ratsam, da alle Plätze klein sind. Frei Campieren ist verboten. Auch in der "toten" Zeit mit keinerlei Nachsicht rechnen!

Essen und Trinken

Das Trinkwasser kommt mit einer untermeerischen Wasserleitung vom Festland aus der Provinz Avellino. Nur isoliert gelegene Häuser sind noch auf Zisternenwasser angewiesen.

WEIN:

Den Inselwein direkt vom Produzenten gibt es noch, allerdings fast ausschließlich im Westen undSüden, den traditionellen Weinregionen Ischias. In der Regel ist er leicht, trocken und etwas säuerlich, das angenehmste Erfrischungsgetränk, das die Insel bietet. Man findet ihn im Direktverkauf, und in allenTrattorien und Restaurants der Weinbauregion, die ganz bewußt traditionell kochen. Ansonsten gibt es überall Ischia-Wein in Flaschen, auch wohlschmeckend, der gesetztlichen Vorschriften wegen jedoch alkoholhaltiger und durch Pasteurisierung haltbar gemacht - das kleine Etwas fehlt ihm!

Offenen Wein in Restaurants wird man in Ischia Porto, Ponte, Casmicciola und Lacco Ameno nur selten bekommen, und wenn, dann wird er aus einer vorborgenen Ecke hervorgeholt, als handele es sich um eine Droge. Angeblich soll der Ausschank offenen Weines auf der Insel verboten sein - aus "gesundheitlichen Gründen". Was genau dahinter steckt, habe ich nicht herausfinden können, denn die Erklärungen waren zu vielfältig und auch die Verabreicher vom Verkorkten gaben immer zu, ihnen würde der Offene mehr schmecken.

Häufigste Argumente:

- Mancher Bauer oder Wirt habe gestreckt. Glaube ich nicht, denn der Offene ist wohlfeil und wenn in Italien gepanscht wird, dann sind es die Hersteller von Markenwein.

- der Offene sei fast nie versteuert, es gäbe Ärger mit der Finanza. Eigenlich ein gesamtitalienisches Problem, vielleicht ist die Steuerfahndung auf Ischia besonders scharf oder völlig abstinent...

- der Offene entspreche nicht den Vorschriften des ital. Weingesetzes. Ist was dran, denn die Weinbürokraten in Rom und Napoli verlangen wenigstens 10% Alkoholgehalt, um ein Getränk auf Rebenbasis als Wein anzuerkennen und die schafft ein naturreiner Ischia-Wein nicht immer.

Die guten Qualitäten des Ischia Bianco sind eher zu bekommen als brauchbarer Tischwein - die Preise sind allerdings recht hoch. Sonst überwiegend Markenweine auf dem Markt, besonders die mit dem leichten Bonbon-Geschmack, den unsere Landsleute so schätzen. "Chianti" und "Valpolicella" bekommt man eher als die sauberen, herben Weine des napolitanischen Hinterlandes.

ESSEN:

Es gibt Läden ausschließlich für Touristen, wo es auch Sauerkraut ,

Essiggurken und Würstchen namhafter deutscher Hersteller gibt und die lokalen Früchte hochglanzpoliert zu Apothekenpreisen. Und die Läden wo Einheimische kaufen. Ischia muß nicht unbedingt sündhaft teuer sein!

Die Erholung von der Hotel- und Pensionsküche, die meist (nicht immer!) stark auf Touristengeschmack, preiswertes Abspeisen und ältere Reisende (mit Gebiß) abgestellt ist. Natürlich gibt es auch Touristen-Nepp, Konventionelles zu Superpreisen und gar nicht mal wenige Speisestätten, wo man es mit der Frische nicht so eng nimmt.

In ihnen gibt es Küche für Touristen. Es gibt dort das, was verlangt wird. Wirklich spezielles ist schwer zu finden. Die Wirte empfinden sich nicht als Missionare süditalienischer Kochkunst, sie wollen von ihren Ristoranti leben. Die deutschen Touristen, die bis zu 9o % aller Ischiabesucher darstellen, haben einfach andere Vorstellungen von typisch "italienischer" Küche als eßbewußte Italiener.

Aber - es gibt reichlich Lokale, wo es authentische Inselküche mit genuinen Zutaten gibt, sorgfältig zubereitet und zu diskutablen Preisen.Typisch für die Ischitaner Küche sind das im Backofen geschmorte Kaninchen ("coniglio"), eine würzige Soße aus seinen Resten, die zusammen mit "Bucatini-Nudeln" ein hocharomatisches, aber sehr störrisches Essen ergeben (und reichlich Fettspritzer auf der Kleidung!), und dann Meerestiere nach den üblichen Napoletanischen Rezepten.

Generell spielt aber Fisch in der traditionellen Küche Ischias eine relativ untergeordnete Rolle, Stockfisch mal ausgenommen. Da die Gewässer um Ischia wie auch sonst im Golfo di Napoli recht leergefischt sind, kommt der Fisch von recht weit her, die Langusten meist von Ponza und Sardinien.

Die kleinen schnellen Sattmacher wie Pizza al metro, Panzerotti und Calzoni sind ihren Artgenossen in Napoli qualitativ unterlegen. Für den schnell zu stillenden Hunger läßt man sich lieber Panini machen. Das Brot ist gut, besonders in den ländlichen Orten um Süden der Insel gibt es guten Schinken und leckeres Capocolle, dazu in den Panino einige Carciofini (Artischocken unter Öl) oder andere "sott´olii" packen lassen, einen Becher Roten dazu und man hat ein saftiges Essen für wenig Geld. Die Zubereitung des Panino wird im Alimentari nicht berechnet, die Zutaten nach Gewicht.

Car-Rent: Nur in Ischia Porto, Casamicciola und Forio:
ISCHIA PORTO:
Di Meglio, Corso Vittoria Colonna, Tel.: 99 12 75 und 99 17 43.
Mazzella, Via F. D'Avalos, Tel.: 99 11 43.
Rent-a-Car-Ischia, Via A. De Luca. Tel.: 99 24 44.

CASAMICCIOLA:
Barbieri, Piazza Marina , Tel.: 99 43 81.
Di Meglio, Via. T. Morgera, Tel.: 99 52 22.

FORIO:
Davidauto. Via G. Mazzella, Tel.: 99 80 43.

Tagesmiete (alle Kilometer inkl., großzügig - wer mehr als 40 km schaffen will, muß viele Abstecher machen) je nach Wagentyp 35 - 50 DM. Offene Pandas sind sehr beliebt, ansonsten meist Fiat 126 und 127, zwar schon betagt, aber sehr gut in Schuß. Die Fahrzeuge dürfen nicht für Touren auf dem Kontinent verwendet werden, die Versicherung gilt nur für Ischia !

Über die gleichen Vermieter auch Vespas und Mopeds, ca. 20 DM pro Tag.

Ausflüge:

Inselrundfahrten: (ab Ischia Porto, meist mit längerem Zwischenhalt in S.Angelo), Procida, Capri.

Wanderungen: Ischia ist ein ideales Wanderrevier. Das Innere der Insel und die Steilküsten im Süden liegen abseits der Touristenströme, trotzdem sind sie nie so einsam, daß man nicht auf Bauern oder Mitwanderer trifft, die einem den rechten Weg zeigen - viele Wege sind nicht so sehr eindeutig. Wer nicht gerade den Standardaufstieg auf den Epomeo von Fontana aus macht, braucht Schuhe mit Stollensohlen und lange Hosen, denen die stacheligen Ranken diverser Macchiagewächse nichts anhaben können, für die Bergwanderungen! Wasserflasche nicht vergessen!

Durchquerungen der Insel in allen Richtungen sind in kaum mehr als einem halben Tag zu schaffen.

WEGSAMKEIT: dort am Besten, wo unsere wanderlustigen Landsleute die meisten Spuren hinterlassen und damit das Zuwuchern der Wege verhindern. Das Wegenetz auf den Landkarten zeigt den Idealzustand, in natura ist bestimmt die Hälfte der Wege zugewuchert, durch Erdrutsche unterbrochen oder man steht vor unüberwindlichen Begrenzungen von Privateigentum.

WEGMARKIERUNGEN: außer auf einigen Hauptwegen zum Epomeo, existieren sie nicht, auch die Landkarten stimmen nicht immer.

Die Tourismusorganisationen Ischias haben bisher keine Änderung dieses Zustandes in Aussicht gestellt, denn "es sind fast nur Deutsche, die wandern, und die Deutschen finden immer den Weg". Mit gelegentlichen Sackgassen rechnen. Schluchten sind keine Wanderwege, es gibt da immer wieder Stufen, die mehrere Meter hoch oder tief sind.
Aufwärts - abwärts: Abwärts oft anstrengend und nicht ungefährlich, durch

lockeres Material auf den Wegen. Für die Abstiege in die Felsenbuchten der Südküste muß man schwindelfrei sein.

Durch die häufigen Busverbindungen kann man sich für jede Tour den idealen, relativ steigungsarmen Augangspunkt wählen. Wandern und Thermalbaden nicht kombinieren, denn beides strengt an.

SPORTmöglichkeiten:

Tennis

17 Plätze auf der Insel, die meisten in Ischia Porto und Forio, einige Hotels angeschlossen, aber ähnlich wie die Thermalanlagen zumindest zeitweilig auch Nicht-Gästen zugänglich.

Boccia

Wer es professionell spielen will, in Ischia Porto eine Bocciabahn: Lungomare C. Colombo.

Tauchen.

Die felsige Südküste ist am besten geeignet. Hier ist das Wasser am saubersten und man kann stellenweise noch die Artenvielfalt bewundern, für die früher der Golf von Napoli berühmt war, darunter auch Korallen. Wo im Meer Fumarolen und Thermalquellen entspringen, ist das Wasser trüb und arm an Leben (mal abgesehen von den Badenden).

Surfing

Vor allem an den Stränden von Forio und Maronti, dort auch Surf-Schulen.

Insgesamt sind die Sportmöglichkeiten relativ begrenzt, was sicher auch am hohen Altersdurchschnitt der Ischia-Reisenden liegt, bei denen der Kuraufenthalt im Zentrum steht.

Klima

Milder und feuchter als auf dem Festland. Tropische und Subtropische Pflanzen gedeihen ausgezeichnet. Ischia ist zu allen Jahreszeiten grün. Der Winter findet als Regenzeit statt, Frost ist praktisch unbekannt, die Hochlagen des Epomeo ausgenommen. Ischia hat kein einheitliches Klima; wenn es auf einer Inselseite regnet, kann es anderswo trocken oder sogar sonnig sein! Die geringsten Niederschläge an der Südseite. Dort auch die Vegetation weniger üppig.

Starke Winde und kräftige Brandung sind nicht selten! Der Epomeo steckt oft in Wolken.

KLIMAZONEN: So klein die Insel ist, sie gehört zu drei völlig unterschiedlichen Klimazonen. Keine von ihnen entspricht der gegenüberliegenden campanischen Küste:

① Die Nordküste zwischen Lacco Ameno und Ischia Ponte hat das Klima von Genova oder Pisa – relativ feucht, ausgeglichen – ideal zum Kuren und auch für Flanieren und Spazieren.

② Der Westen um Forio bekommt am meisten Wind ab. Klimatisch wie Sardinien – im Frühjahr noch lange kühl, dann ein langer sehr heißer Sommer. Vom Oktober an feucht und durch die Winde oft kälter als es das Thermometer anzeigt.

③ Der Süden: Trocken, Klima und Vegetation wie im südlichen Calabrien an der tirennischen Küste. Auch im Winter recht wenig Regen, dafür das ganze Jahr über durch starke Südwinde starke Brandung.

④ Die Hochlagen des Epomeo: Der Höhe entsprechend feuchtigkeitsliebende Bergwälder, vielfach Kastanien. Wo die Wälder abgeholzt sind, Macchia und Kiefernaufforstungen. Oft in Wolken. Starker Temperaturunterschied zwischen Tag und Nacht.

Pflanzenwuchs

In den tief in den Tuff eingeschnittenen Schluchten, in denen sich Hitze und Feuchtigkeit stauen, und um die Austrittsstellen der Dampffumarolen haben sich eine Reihe von Pflanzen aus erdgeschichtlich weit zurückliegenden Zeiten gehalten, als hier noch Tropenklima herrschte.
Auffällig sind einige Farne mit bis zu 2 m langen Wedeln, die in Europa nur hier und in wenigen ähnlich tiefen Schluchten bei Amalfi und bei Polistena im südlichen Calabrien wachsen, sowie eine dem Papyrus verwandte Pflanze, die von den Fumarolen die Wärme und Feuchtigkeit bekommt, die sie besonders im Winter zum Überleben braucht.

Spontanarchitektur,

Zwei Haustypen sind für das ländliche Ischia bezeichnend: die Felsenhäuser, die nichts anderes als aufgehöhlte Tuffelsen sind, und die kubischen, meist ineinander verwinkelten Häuser mit flachen Kuppeldächern, die sogenannte "Inselarchitektur", die man auch auf Capri, der amalfitanischen Halbinsel und den Inseln vor Sizilien antrifft.

Beide Häuserarten sind heute nur noch auf Ischia dort häufig anzutreffen, wo der Tourismus erst spät hingekommen ist, im Westen und Süden und natürlich in den höher gelegenen Gebieten.

Die flachen Kuppeldächer sind keine selbsttragenden Gewölbe und echten Kuppeln, sondern Mauerwerk, das über einer Form aus Brettern, Stangen und Erde errichtet wurde. War dieses Mauerwerk trocken wurde darüber eine dicke Schicht Mörtel aus Kalk und vulkanischem Lapilli aufgetragen, mit den Füssen gestampft (dieses Dachdecken war für die Erbauer und deren Nachbarn ein ernsthaftes und gleichzeitig fröhliches Tanzen auf dem künftigen Dach, mit Wein und Essen und Musikanten). Der fertig ausgehärtete Mörtel ist dann hart wie Beton und muß nur noch sorgfältig gegen Feuchtigkeit abgedichtet werden. Meist mit Teer, aber man nimmt auch gerne Silberfarbe, weil sie die Sonnenstrahlung reflektiert. Wird die Feuchtigkeitsdämmung nicht mehr erneuert, weil das Haus verlassen wurde, löst die Nässe den Mauerwerksverband rasch auf und das Dach bricht zusammen – meist reichen dafür wenige Jahre. Von der alten städtischen Architektur mit ihren großen Gewölben im Untergeschoß, den kleinen Innenhöfen und den Loggien in den Obergeschossen ist eigentlich nur noch Ischia Ponte erhalten und das mehr ländliche Forio.

Ischia Porto:

(15.000 Einw.)

Der heutige Hauptort der Insel, fast völlig ein Produkt des Thermaltourismus. Hier ist das Leben der Insel konzentriert, entlang der Hauptstraße, der Via Roma, die dann den Namen Corso Vittoria Colonna annimmt. Läden, Bars, Boutiquen (selbst eine Metzgerei nennt sich hier "Boutique della Carne" – dort gute Salsiccia und leckere eßfertig gekochte Trippa). In den Straßencafes für Heimatverbundene und Heimwehkranke deutscher Kaffee und Kuchen und jede Menge teutonischer Laute.

EUROCAMPING DEI PINI, Via delle Ginestre. Oberhalb des Orts in Hanglage in einer Pineta. Ordentlich ausgestattet. Vermietung von Bungalow (für 2-4 Personen). Preis pro Woche (abgestuft nach Saison, Ausstattung und Größe) 300 - 550 DM. Offen Juni - September.

INTERNAZIONALE ISOLA D'ISCHIA, Via Foschini - in der großen Pineta. Sanitär o.k.Vermietung von Bungalows (2-4 Personen) - Preis pro Woche 300 DM bzw. 480 DM. Offen April bis Mitte Oktober. Der Platz wird von der selben Gesellschaft wie Camping Solfatara in Pozzioli geführt. Wer dort sein Zelt aufgeschlagen hatte, kann das Auto dort stehen lassen, außerdem dort Möglichkeit für verbilligten Autotransport Pozzuoli-Ischia.

HOTELS

In Ischia Porto sind die meisten Großhotels der Insel, überwiegend modern, von städtischem Zuschnitt und vielfach recht unpersönlich. Daneben gibt es auch eine Reihe kleiner Pensionen und einige wenige Hotels, die in früheren Villen residierten (bei nicht ganz niedrigen Preisen).

Wie fast immer auf der Insel herrscht die Pflicht zur Voll- oder Halbpension, das gebotene Essen ist meist "internationaler", standardisierter als in den anderen Inselorten.

Vieles liegt entlang der städtischen Hauptstraßen und ist entsprechend laut. Thermalbecken und Kurbetrieb haben fast ausschließlich die großen Hotels unter einem Dach, dort klappt die Kombination von Urlaub und Kur wie geschmiert .

Vorteile vom Wohnen in Porto: viel Betrieb, abends ist was los, es gibt den Corso, reichlich Bars mit Stühlen draußen und zum Teil mit Piano und Entertainment. Zudem hat man tagsüber die besten Busverbindugnen in alle Inselteile.

Nachteile: die meisten Thermalgärten und die brauchbarsten Strände liegen auf der anderen Inselseite.

Wer Ruhe, familiäre süditalienische Gastlichkeit und Inselambiente sucht, liegt in Porto falsch.

Alexander (II.cat), Lungomare Telese 3, T. 993124 - Betonschachtel in weitläufigem Gartengelände zwischen Corso und Meer, funktionelle Standardeinrichtung, Zimmer ohne Balkon oder Meerblick (beides kostet saftig Zuschlag), trist. Insgesamt sehr nüchtern, weitläufig, effizienter Kurbetrieb, Thermalpools (aber nur in einer eigentlichen Saison) - und sehr höfliches Personal. Nur VP, NS pro Kopf je nach Lage des Zimmers 125 - 160 DM, HS 135 - 175 DM.

Ambasciatori (II cat), Via Gianturco, t. 99 29 33 - verschachtelter, weißer Beton direkt am Strand, Zimmer überwiegend mit Blick, Standardausstattung, Thermal-Pool. Offen April-Okt., Nur VP - pro Kopf in NS 103 DM, HS 115 DM.

Conte (II cat), Via Roma, t. 99 10 03 - mitten im Zentrum, auch hier stand die Schuhschachtel dem Architekten Modell, nur einige Jahre früher. Außen bröselig, Innen verwohnt bis runtergekommen - Styling der Periode von Nierentischen und Skay-Sofas. In der offiziellen Beurteilung (Kategorie) eindeutig zu weit oben, jedoch erschwinglich, ohne Zwang zu irgendwelchem Essen und meist findet man Platz . NS DZ 63 DM, HS 75 DM. Besser was anderes suchen.

Terme Floridiana (II cat), Corso Vittoria Colonna 165, t. 99 10 14 - schöner Gründerzeitpalast, perfekt in Schuß, Zimmer modern und ansprechend möbliert, großer Park mit alten Bäumen, Thermal-Pool, Kurabteilung. Nur VP. HP nach Absprache, ca. 8 DM weniger. Pro Kopf in NS 105 DM, HS 120 DM. Offen März - Okt.

Imperial (II cat.), Via Gianturco 5, t. 99 11 69 - ruhige Lage am Strand, moderner Schachtelbau mit Standardausstattung, reiner Pensionsbetrieb - bei HP ca. 8 DM Nachlaß. VP pro Kopf in NS 95 DM, HS 125 DM, offen April - Okt.

Gegenüber in ältlicher Villa unter derselben Direktion, einfacher:

Villa Paradiso (III cat), Via Gianturco 3, t. 99 15 01 - noch im steifen

Plastikbezugdekor der 50-er Jahre, Renovierung ist geplant. Schöner Park mit Thermalbad. Nur Pension (HP möglich). VP pro Kopf in NS 75 DM, HS 90 DM. Offen April - Okt.

Le Querce (II cat), (Mezzocammino), Tel. 99 34 96 - 1 km vom Hafen entfernt Richtung Casamicciola, über der Küste in üppiger Vegetation, dicht beim Thermalgarten "Castiglione". Moderner Flachbau im ländlichen Stil mit weiten Terras-sen und überdachten Veranden, Zimmer wohnlich, mit Blick. Nur HP. Pro Kopf in NS 100 - 105 DM, HS 120 - 130 DM. Offen April - Okt. Gute lokal inspirierte Küche, Kurbetrieb auf Anfrage im Haus - In seiner Preisklasse eines der schönsten Hotels der Insel.

Oriente (II. cat.), Via delle Terme 9/11, t. 99 13 06 - mitten im Centrum, aber ruhig, Neubau um Innenhof mit Säulen- und Arkaden-Loggia, einigen Palmen und Thermal-Pool. Zimmer recht klein, brauchbar eingerichtet. Offen April - Okt., nur HP oder VP. HP pro Kopf in NS 75 DM, HS 83 DM.

Royal Terme (II cat), Via Morgioni, t. 99 10 02 - im neuen Teil von Ischia Porto, ca. 300 m von Centrum und Meer/Hafen. Effizientes Kurhotel, deutsche Gäste (meist per Reisebüro) überwiegen. Brauchbare Standardeinrichtung, große Kurabteilung, mehrere Thermalbecken, ordentlicher Service. Viel Grün. Offen Mitte März - Okt. In der Regel nur VP, HP möglich bei 8 DM Nachlaß. VP (für alle Jahreszeiten) 95 DM. Wenn wenig Betrieb ist , bekommt man auch Zimmer mit Frühstück ohne weitere Verpflichtungen: DZ 95 DM.

Solemar (II cat), Via Battistessa 45, t. 99 18 22 - direkt am Strand, um den Thermalpool gebaut, dreistöckiger moderner Bau mit Veranden zum Innenhof / Meer. Standardeinrichtung. Kurbetrieb. Offen Ende März-Okt. Nur HP, pro Kopf NS 70 - 87 DM, je nach Lage des Zimmers, HS 95 - 100 DM.

La Villarose (P.1.), Via Gigante 13, t. 99 13 16 - alte Villa in einem verwachsenen Park mitten im Centrum. Originalmöbel, Gemälde und Stiche aus allen Perioden zwischen Barock und Jugendstil. Jedes Zimmer anders eingerichtet. Thermalpool und Kurabteilung. Offen Ende März bis Okt., Nur VP, pro Kopf in NS 110 DM, HS 118 DM.

Giusto (III cat.), Corso Vittoria Colonna 112, t. 99 13 25 - ruhig, am oberen Ende des Corso, frisch renoviertes Familienhotel in traditionellem Inselhaus, VP NS 90 DM, HS 100 DM. Offen April - Okt.

Macri (III.cat.), Via Jasolini (Hafen) - liebenswertes Einfachhotel ohne alle Zwänge. Der Padrone ist Maler und möchte eigentlich nicht in einem Reiseführer erwähnt werden. Zimmer o.k. DZ NS 38 - 45 DM, HS 45 - 50 DM, t. 99 26 03, ganzjährig offen, Vorbestellung dringend erforderlich.

Eugenio (P.2.), via Pontano 32, t. 99 10 72 - fast schon drüben in Ischia Ponte, dicht am Meer, einfach, innen ziemlich kahl, immer viel Betrieb, ganzjährig offen, nur VP, pro Kopf in NS 68 DM, HS 83 DM.

Ulisse (P.2.), Via Champault 9 (Nebenstr. auf halbem Weg nach Ponto) t. 99 17 37 - einfache Familienpension mit viel deutscher Reisebürokundschaft, Einrichtung ältlich und einfachst, sauber, zudem ordentliche Küche mit lokalen Akzenten. Nur HP - pro Kopf in NS 53 DM, HS 83 DM, offen Mitte März - Okt.

Villa Diana (P.2.), Corso Vittoria Colonna 212, t. 99 17 85 - zentral, ordentliche

Einfachpension, neben VP auch die Möglichkeit zu Zimmer mit Frühstück. DZ NS 72 DM, HS 80 DM, VP pro Kopf in NS 70 DM, HS 78 DM, offen April - Okt.

Villa Maria (P.2.), Via Osservatorio 2, t. 99 21 17 - ältere Inselvilla im Park, große Terrasse, Zimmer einfach. Nur VP, pro Kopf in NS 63 DM, HS 76 DM, offen Mitte März - Mitte Nov.

Il Crostolo (P.3.), oberhalb des Hafens, Einfachpension, VP pro Kopf in NS 58 DM, HS 65 DM. t. 99 10 94.

Albergo del Postiglione, Via Gigante 19, t. 99 15 79 - fehlt im Hotelverzeichnis der A.A., ruhige Lage im Centrum, Zimmer einfach und groß, freundlicher Wirt. Ganzjährig offen - außer im August auch Zimmer mit Frühstück möglich. DZ 75 DM, HP 53 DM, im Aug. 68 DM.

In Ischia Porto 20 Thermalkomplexe, 18 davon mit Schwimmbecken. 2 Komplexe von der Gemeinde geleitet, der Rest Hotels angeschlossen.

Tennis Club Villaggio del Pescatore, Corso Vittoria Colonna,
Tennis Club Ischia, Via Nuova Cartaromana - Tennis Residence,
Via dello Stadio - Tennis Pineta, Corso Vittoria Colonna -
Tennis Comunale, Lido Comunale C. Colombo -

BADEN

Lido, dem Ortskern von Ischia Porto vorgelagert. Ziemlich fest in der Hand von Liegestuhl- und Sonnenschirmvermietern. Sehr voll, Wasserqualität mäßig.
Spiaggia dei Pescatori, fast schon in Ischia Ponte, ähnlich wie der Lido.

Lohnend, sich am Porto und in der Via del Seminario (am Ortseingang von Ischia Ponte) umzusehen und zu schnüffeln. Am Hafen entlang zum Parco Riembraza hinter der Mole die Häuser der Einheimischen mit Werkstätten, wenigen Läden und Bars, wo überwiegend die Anwohner verkehren. Einige schöne Villen im exotischen Geschmack des letzten Jahrhunderts, darunter eine chinesisch inspirierte Pagode. Entlang der Mole bei gutem Wetter und sonst in einer Bar, die alten Männer, die zu nichts anderem zu leben scheinen, als sich von früh bis sehr spät mal streitend, mal schulterklopfend zu unterhalten - natürlich unter Einhalten der mittäglichen Essens und der Siesta.

An der Via Porto nach Lust und Laune und dem in den Schaukästen Gebotenen die Entscheidung treffen - außerdem sind mal dieses mal jenes Ristorante durch Abschieds- und Begrüßungsmähler von Reisegruppen blockiert.

Dank deutscher Kundschaft meist bestens ausgelastet, die Napoletaner sündigen anderswo gegen die Todsünde der Völlerei auf der Insel.

Erste und dann immer wieder bestätigte Eindrücke: das Geschäft läuft.

Locker südliches Ambiente, Kellner und Speisekarte mehrsprachig, anmacherische Glaskästen mit ausgestellten Meerestieren - doch deren Exponate in einem beklagenswerten Zustand. Die Fische vielfach leicht erblichen und mit trübem Blick auf eine ebenso trübe Zukunft in Topf und Pfanne, die Muscheln in einer grauen Soße - von einigen Ausnahmen abgesehen, wird einem beim optischen Kneipenbummel durch Ischia Porto kotzübel -wie sieht das erst aus, wenn man die Sachen im Magen hat ? Die Preise nebenbei recht happig.

Wer aus irgendwelchen Gründen nicht in die Nachbarorte ausweichen will (es lohnt!), hier die wenigen Sachen, die zufriedenstellen. Am Porto, mit Blick aufs Hafenbecken, zwei Lokale, die über der Norm liegen:

´O PORTICCIUOLO - Meeresküche frisch , optisch schon ein Hochgenuß, leicht zubereitet, so daß der natürliche Geschmack bleibt - trotz des hohen Preises (ab DM 40) zu Recht immer sehr voll. Immer offen.

EMIDDIO - ebenfalls an der Hafenfront. Ein kahler verglaster Saal. Emiddio steht in der Küche, ist alt und hat seine Prinzipien. Langes Warten, der Schwatz mit Freunden und Uraltgästen, aber auch eine grundsolide napoletanische Meeresküche mit frischen Grundmaterialien, sowie niedrige Preise. Gute Risotti mit Meeresfrüchten, leckere Frittura, Zuppa di Pesce - je nach Fischfang verschieden üppig. Der Wein leider mäßig. Komplettes Essen um 22 - 25 DM. Immer offen, im Winter Di. geschlossen.

Auch am Hafen, Richtung Werften:

DAL CALABRESE, zumindest in der Vergangenheit das Künstlerlokal, von einer vor Jahrzehnten zugewanderten Calabresenfamilie gegründet (der Padrone des Albergo Macri, daneben, gehört dazu). Als Restaurant verpachtet, auf den Hund gekommen, im 1. Stock ein Geruch, der einen das Würgen kommen läßt, unten die Pizzeria immer noch lecker, dabei sehr preiswert. Ambiente frostig. Immer offen - die Einheimischen kommen meist am frühen Abend.

In der Via Buonocore, im Zentrum von Porto. Frisches Grünzeug aus den Gärten der Insel. Mozzarella aus der Ebene von Capua, eingelegte Oliven und Gemüse, relativ große Fischauswahl und duftendes Brot. Die Preise lassen vergessen, daß man in einem internationalem Touristenzentrum ist.

Ischia Ponte:

Die alte Fischerstadt Ischias, verwinkelt, mit Häuserfassaden, Bögen, engen Gassen, die etwas von Napoli (ohne dessen chaotischen Verkehr) an sich haben, aber auch von sizilianischen und orientalischen Küstenstädten, mit denen in der Vergangenheit die Seefahrer Ischias in engem Kontakt standen.

Zu ebener Erde und in den Kellern Werkstätten, Weinlager, wo man genuinen Wein probieren und kaufen kann.

Entlang der Hauptstraße Galleristen, Kunstgewerbeläden, die weit über dem sonst auf Ischia üblichen Niveau liegen (und viel hochwertige Ware vom festländischen Hinterland Napolis haben), hie und da auch noch die traditionelle Keramik Ischias, die im täglichen Gebrauch von moderneren Materialien verdrängt ist.

Napoletanisch-kleinstädtisch, die Traditionen des alten Fischerorts sind allgegenwärtig, anders als im benachbarten Porto ist Frische Trumpf, zudem die Preise wesentlich erschwinglicher, abends mal rüberfahren lohnt.

PIZZERIA DA GENNARO - 'o Sole mio, ganz simpel, am Srand zwischen Porto und Ponte. Nicht von der Kahlheit schrecken lassen, die Pizza ist auf gutem Napoletanischem Niveau, man bekommt die klassischen Sorten. Pizza mit Getränk 10 - 12 DM, ansonsten auch richtiges Essen, Insalata di Mare, Tintenfische, Muscheln und Suppen aus Meeresgetier, volles Essen 15 - 23 DM. Dazu Vino mit Drehkorken, offen April - Okt., Mi. geschlossen.

CHALET PRIMAVERA, ebenfalls noch vor Ponte - Bretterbude auf Stelzen am Strand. Nudeln und Meeresküche , ordentlich gemacht, die Schuppentiere meist vom Grill. Ganz junge Brigade, der der Laden Spaß bringt. Zu später Stunde Gitarrengeklimper. Offen bis der letzte Gast geht. Volles Essen um 23 DM, Ostern - Okt. durchgehend offen.

ANNA DI MASSE , an der Hauptstraße im alten Ort. Traditionslokal alten Zuschnitts, wo heute nicht mehr nur die Honoratioren unter sich sind. Der Saal kahl, betagte Kellner mit aller napoletanischen Höflichkeit. Spaghetti mit Meeresfrüchten, Meeressalat, Polipi in der Casserole (aus Ton, wie es die Tradition und Leckerhaftigkeit gebieten), Kaninchen auf Ischitaner Art. Wein: leider nur Flaschenkram. 26 - 30 DM, offen Febr. - Nov., Di. geschlossen.

CICCIO E DOMINGO - an der Hauptstraße, gibt es gleich zweimal, die Besitzer sind identisch, nicht der Charakter der Lokale. Nr. 1 - die "volkstümliche" Filiale, wo die alten Mütter mit den knapp erwachsenen Enkeln tätig sind. Hat mir besser gefallen - von der menschlichen Ansprache bis hin zum Dialog mit Teller und Glas. Vor'm Lokal kann man auf der Piazza sitzen, drinnen findet der direkte Übergang von Speisesaalgewölbe in die Küche statt. Traditionelle Inselküche - Sardellen vom Rost, Frittura, Muscheln, Nudeln mit Meeresfrüchten (und falls es im Budget liegt, auch mit Languste), Gemüsesuppen. Neben dem üblichen Flaschenwein gibt`s "illegalen" offenen in guter Qualität - unterm Ladentisch! Der Kellner Ciro Buono malt Bilder (nette kleine Sachen), kann deutsch und ist herzlich und perfekt. Offen Febr. - Nov. , Do. geschlossen, komplettes Essen um 15 - 23 DM.

Nr. 2 - ca. 150 m weiter Richtung Meer, hier sind die Besitzer präsent. Die Sache ist etwas gehobener - ohne steif zu sein. Die Küche ähnlich, etwas mehr aufs Professionelle raus. Die Kellner ebenfalls nett, kommunikativ. Vom Mittagessen bis zum Morgengrauen offen (sofern Bedarf besteht) - anders als bei der innerfamiliären Konkurrenz sind hier die Gäste überwiegend Napoletaner. Preislich etwas höher, so um 20 - 30 DM. Ganzjährig offen - Mo. geschlossen.

SORELLE PIROZZI, Altstadt. Terrasse über dem Meer. Insellokal mit merklichem Touristentouch, leckere Inselküche, wobei Meeresküche dominiert - lecker die Fische und Polypen aus dem Backofen; wenn vorhanden, Kaninchen probieren! Um und über 30 DM, ganzjärig offen, Mo. geschl., im Sommer kein Ruhetag.

GIARDINI EDEN, Cartaromana-Strand. Freiluftkokal über den Klippen, Garten, Badestege, heißes Thermalwsser. Gilt als chicer Tip - lokale Küche mit Raffinesse. Lecker die rohen Meeresantipasti (z.B. marinierte Sardellen), Edelfisch und Langusten vom Grill, aber auch einfache Sachen wie Tintenfische in der eigenen Soße und (wie fast überall auf der Insel) Kaninchen. Offen Mai - September, kein Ruhetag. Mittlerer Preis um 45 - 50 DM. Thermalgarten - Tageskarte 16 DM.

HOTELS

Ischia Ponte ist eine vernünftige Übernachtungsalternative zu Porto. Ruhiger, das Ambiente der Inselkleinstadt, viele Hotels sind es nicht, aber sie haben mehr Persönlichkeit. Zum Feststrand von Caratomana sind es ca. 15 Min. zu Fuß.

Giardino delle Ninfe (II.cat), Via Nuova Cartaromana, t. 99 21 61 - über der Steilküste in den Hang gebaut, mit Terrassen und viel Vegetation. Großzügige helle Zimmer, Thermalpool, gute lokale Küche. Offen Mitte März - Okt., VP pro Kopf in NS 75 DM, in HS 90 DM, bei HP 8 DM Nachlaß. Sehr persönlich geführt und guter Service.

Delfini Tere (II. cat.), direkt daneben, ähnlich ausgestattet, die Lage nicht ganz idyllisch. Viel deutscher Reisegruppenbetrieb. Ebenfalls Thermalbecken, erheblich teurer. VP pro Person NS 140 DM, HS 155 DM. Offen März - Okt.

Aragonese (III.cat.), Via Giambattista Vico 82, t. 99 24 31 - modernes ordentlich ausgestattetes Familienhotel mit Garten und Thermalpool, VP pro Person in NS 65 DM, HS 80 DM. Offen März - Okt.

Villa Antonio (III.cat.), Via S. Giuseppe della Croce, t. 98 26 60 - einer der Tips für außergewöhnliches Wohnen auf der Insel. Ein umgebautes altes Inselwohnhaus mitten in den Klippen gegenüber vom Castello, viele Terrassen mit Bäumen, durch

Treppchen verbunden und moderne Steinskulpturen, die wie die vielen Gemälde aus der Besitzerfamilie stammen. Sehr schöne moderne funktionelle Möbel, abruzzische Bettdecken, alle Zimmer mit Blick zum Meer. Nur Zimmer mit Frühstück (reichlich Ei, Wurst, Käse etc.). DZ NS 83 DM, HS 98 DM. Offen Mitte März - Okt. Vorreservierung dringend erforderlich, ca. 2-3 Wochen.

Il Monastero , siehe Castello Aragonese

Das Castello:

Eine schroffe Vulkaninsel, mit dem Festland durch einen Damm verbunden. Auf der Insel fast nur noch die Mauerreste der im Mittelalter größten Stadt Ischias, sie hatte bis zu 12.ooo Einwohner und wurde dann wegen häufiger kriegerischer Zerstörungen verlassen (Ischia Ponte war zuvor nur eine Vorstadt gewesen).Das Schloß war seit dem 18. Jahrhundert Gefängnis, fast immer für Gefangene von hohem Wert. Zuerst für die höheren Söhne der napoletanischen Adelsfamilien, die mit den Ideen der französischen Revolution in Berührung gekommen waren, was sich aber oft auf Äußerlichkeiten beschränkte, wie etwa das Tragen langer Hosen anstelle der aristokratischen Kniebundhosen und seidenen Kniestrümpfe. Oder die sich so verheiraten wollten, wie es ihnen ihre Gefühle geboten.

Um Staatsräson und Familienpolitik wieder ins Lot zu bringen, wurden die jungen Herren aufs Castello d'Ischia gegracht. Manchmal reichten schon Tage und "'o signorino" war bekehrt.("signorino" ist in Napoli und noch mehr in Sizilien die durchaus respektvolle Anrede für einen feinen jungen Herrn).

Im bröseligen Mauerwerk außer dem Castello allenfalls für Liebhaber des Makabren sehenswert der Friedhof der Clarissen, die als Mumien und Skelette in unterirdischen Gruften auf steinernen Sitzen auf die Auferstehung warten und gegen Trinkgeld betrachtet werden können.

Fest: zu S. Anna (26.Juli) Lichterprozession mit Barken aufs Meer, Buden mit Eßbarem, Feuerwerk und Musikbands.

Wer bei aller Einfachheit außergewöhnlich wohnen möchte:

Pensione il Monastero auf der Insel des Castello, Tel.: 992435, nur Kaltwasser aus dem Hahn, in den Räumen eines früheren Klosters, HP ca. 45 - 49 DM.

Strand von CARTAROMANA, ca. 1 km südlich. Vom Parkplatz Treppenweg an den schmalen von Steinen durchsetzten Sandstrand mit heißen Quellen in Ufernähe. Und kleiner Thermalgarten, Giardini Eden, Tageskarte 16 DM.

In PONTE kann man auch Bootstouren unternehmen: An der Marina dei Pescatori mit den Fischern reden. Fahrten an der unzugänglichen Steilküste entlang bis zum Marontistrand. Grotta del Mago (Tisichiello) und die kleinen einsamen Standbuchten unterhalb der Punta S. Pancrazio. Gutes Revier zum Tauchen.

Der Süden der Insel:

Trotz des überlaufenen Maronti-Strandes (er ist aber auch Ischias schönster und interessantester Strand!) der einsamere Teil der Insel. Wer etwas unternehmen will, braucht etwas Kondition zum Steigen, die Höhenunterschiede sind gewaltig, manche Wege in sehr schlechtem Zustand. Zumindest Turnschuhe mit guten Sohlen anziehen. Für die Abstiege in die Scarrupata und die Cava Scura besser Schuhe mit Profilsohlen.

Der Süden mit seinen kleinen, auf der Höhe gelegenen Dörfern und den in der Landschaft verstreuten Häusergruppen ist weitgehend bäuerlich geblieben. Hier hat sich noch am besten die alte Inselarchitektur mit ihren Würfelhäusern erhalten. Vieles ist nur zu Fuß erreichbar, weil die Wege auf Eselsbreite gebaut sind. Überwiegend Kulturland (Obstbäume, Gärten und viele Weingärten). In den Weintavernen der kleinen Dörfer, die beste Chance richtigen Bauernwein kennen zu lernen.

GASTRONOMIE IM SÜDEN UND WESTEN (BARANO/ S. ANGELO/ FORIO):

Die Ischitaner gehen dorthin zum Essen, ebenso die Napoletaner und die erfahrenen Ischia-Reisenden. Einmal war die Ecke immer das agrarische Überschußgebiet der Insel - und dann kam der Tourismus dort so spät, daß die von Hotelfachschulen und Tourismusorganisationen geförderten Anpassungen an den "internationalen"Standard dort weitgehend nicht stattfanden (mal vom Vollpensionsbetrieb abgesehen).

Der Boom kam erst, als sich die Italiener selbst auf die Tugenden und Unverwechselbarkeiten ihrer vielen lokalen Küchen besonnen hatten. Hier zählen die Kleinigkeiten - Sachen aus eigenem Anbau und eigener Zucht, zudem gibt es hier noch mehr Fischer, verstöpselter Wein mit D.O.C.-Etikett gilt eher als Fehlgriff, Massenabspeisungen finden ihre Grenzen an der Kapazität von Raum und Küchenfee - und gemessen am Gebotenen sind die Preise scharf kalkuliert.

Dazu die Herzlichkeit des Familienbetriebs. Auch wer anderswo auf Ischia seine Dauerbleibe hat, hinfahren, ausprobieren - für neue Tips sind wir dankbar, wir haben wegen der Fülle des Angebots längst nicht alles ausprobieren können.

San Antuono

② Dorf in Streusiedlung. In Pilastri (an der Hauptstraße) ein Aquädukt, der in den vergangenen Jahrhunderten Ischia mit Wasser versorgt hat. Abstecher
③ nach Campagnano, Kirche mit bunter Majolica-Fassade. Man kann hier einen Weg beginnen, der hoch über der zerklüfteten Südostküste entlang
⑥ führt bis zur Wallfahrtskirche Madonna di Montevergine (2 Std.), von dort dann durch die Felder nach Vateliero. Der Küstenweg ist stellenweise durch Stacheldraht und andere Zäune versperrt.

Von Chiummano soll es einen sehr steilen und nicht ungefährlichen Abstieg in die Strandbucht Scarrupata geben. Ich kenne ihn nicht. Die Bucht soll schön und einsam sein, interessant für Taucher, aber auch hier soll es Absperrungen geben. Außerhalb der Erntezeit lassen viele Landbesitzer die Tore offen, wenn wichtige Wege durch ihre Grundstücke führen.

Der auf den Karten eingezeichnete Weg von Vateliero zur Küste (Monte Cotto) und von dort nach Testaccio ist an der Küste entlang zum Teil
⑤ abgerutscht und überwuchert. Der Weg zum Cap S. Pancrazio von Piano Liquori ist schwierig (steinig, halbverwilderte Weingärten), zum Teil überwuchert (und von der verfallenen Einsiedelei S. Pancrazio zum Hauptweg sehr steil).

Als Aussichtspunkt lohnt vom Montevergine der kurze Aufstieg auf den Monte di Vezzi (394 m).

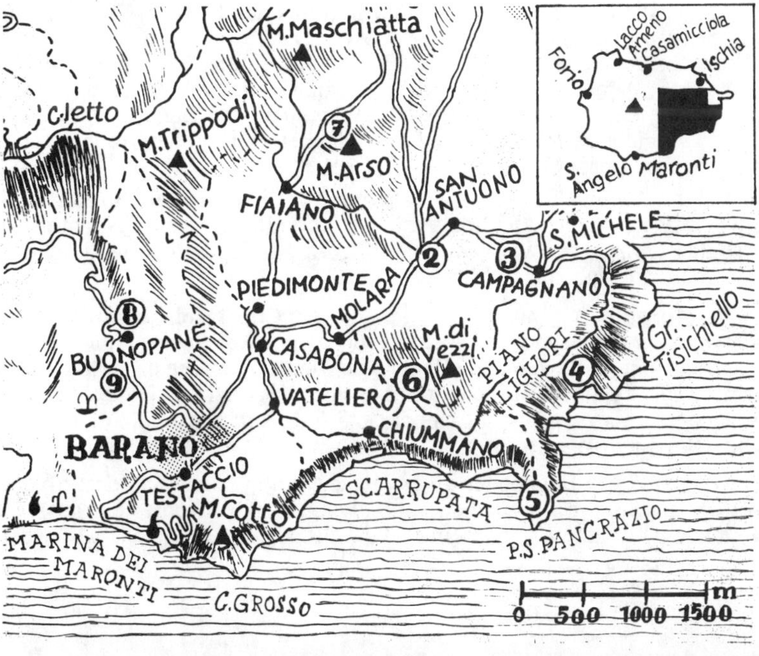

CAMPAGNANO:

Dorf im Grünen und ganz locker an der Straße entlang gebaut, ein Balkon für den Ostteil der Insel. Busverbindung nach Ponte. Garten und Kastanienhaine, von Tourismus kaum etwas zu spüren.

HOTEL / RESTAURANT La Capaninna - an den Steilabhang geklebt, Zimmer goß, recht simpel, meist mit Blick. DZ (inkl. Frühstück) NS 54 DM, HS 60 DM. Als Ristorante bei den Ischitanern beliebt: auf der Veranda sitzt man sehr panoramisch, zu den Nudeln eine ganze Reihe Soßen, die klasssiche Rezepturen variieren, riesiges Antipasto (Gemüse), Kaninchen, Fleisch vom Grill, Komplett um 23 DM, abends auch Pizza (mit Getränk (10 -15 DM) - hier viel Kreativität, zudem sehr sättigend.

(6.000 Einw.)

Die Dörfer der Gemeinde Barano:

Barano, Fiaiano, Piedimonte, Casabona, Vateliero, Testaccio, Buonopane. Ischias wenig bekannte Dörferwelt, viele Möglichkeiten zum Spazierengehen, in den Bars und Tavernen Einkehrmöglichkeiten mit Wein und einem kleinen Imbiß, was an örtlicher Wurst und Käse vorhanden ist und einen Teller Salat bekommt man auch. Überall interessante Spontanarchitektur.

Thermalquellen und Fumarolen am Maronti-Strand.

⑦ Fiaiano: Weinbauerndorf, unterhalb gegen Ischia Porto beginnt das mit Pinien zugewachsene Lavafeld des Arso (Zeugnis des letzten Vulkanausbruchs auf Ischia - 13o1), das 3 km lang bis ans Meer geht. An der Kapelle S. Anna, mit großem Picknick im Grünen und Vorführung der 'ndrezzata, einem Schwertertanz der Bewohner von Buonopane, dessen Ursprung nicht bekannt ist. Irgendwie hängt er aber mit der Tarantella des früher griechischen Süditaliens zusammen.

Die authentische 'ndrezzata zu Ostern und am Fest von S. Giovanni (24. Juni) in Buonopane. Außerdem zu S. Rocco (16.August) in Borano, zur Asunta (15. August) in Piedimote und am 18. September anläßlich der Wallfahrt zur Madonna di Montevergine.

⑧ In **Buonopane** Kirche S. Giovanni Battista im Inselstil mit Tonnengewölbe. Ausgangspunkt für Wanderungen am Epomeohang entlang, nach Casamicciola (in die Ortsteile Bagni oder Maio). Der Weg nach Maio führt durch tiefe Tuffsteinschluchten mit reicher Vegetation - Dauer mit dem Abstecher über den Monte Tripodi ca. 3 Std., anfangs durch Weingärten und dann durch Wälder.

⑨ Am Ortsrand von Buonopane die Sorgente Nitruoli (ausgeschildert): In der Antike als Sitz von Nymphen angesehen, tut gute Dienste bei schlecht heilenden Wunden - außerdem soll sie Sinneslust erwecken, z.B. wenn man die Bettwäsche mit dem Wasser spült.

Alternative zum Maronti-Strand, besonders wenn einem das Leben im Dorf liegt - Barano hat am Abend viel Leben, und das ist ganz und gar nicht touristisch - Fremdkörper ist man jedoch nicht im geringsten. Von Barano gute Busverbindungen zum Maronti-Strand, nach Ischia Porto und Panza (mit Anschluß nach S. Angelo und Forio). Zudem sind die Strände auch (abwärts) autofrei in Fußgängerdistanz.

Villa Orizzonte (P.3.), Tel.: 99 00 57 - an der Straße Ri. Serrara - einer meiner persönlichen Tips für Wohnen und Essen. Die Lage großartig wegen Blick über den ganzen Inselsüden. Modernes Dorfhotel mit einfachen vernünftigen Zimmern - alle mit Dusche. Wenn nicht Riesenandrang herrscht, kann man hier bei kürzerem Aufenthalt das Zimmer auch ohne Pensionsverpflichtung bekommen - auf Ischia gibt`s das ja extrem selten! DZ 40 - 45 DM.

Das dazugehörige Ristorante allerdings eine Lockung, dort noch zu essen: Treff von Insulanern, die hier Gnocchi fast als obligaten ersten Gang nehmen (sie lohnen auch weite Wege!), für`s "Secondo" ist Kaninchen besonders begehrt, mit frischer Tomate und rotem Pfeffer. Eigener Faßwein und hausgemachter Bitterlikör. Veranda zum draußen sitzen (bei Schlechtwetter hinter Glas), viele Diplome an den Wänden - und Sonntag ißt hier Hochwürden. Ca. 23 DM , HP pro Person NS 52 DM, Juli 60 DM, Aug. 68 DM. Ganzjährig offen und kein Ruhetag.

St. Raphael Terme (II. cat.), Tel.: 99 05 08 - am Ortsrand an der Straße nach Maronti. Großer Hotelkomplex - modern, mit vielen Bögen und Gewölben, große Terrasse mit Thermalpool, Kurabteilung. Alle Zimmer mit Balkon und Blick zum Meer. In der teuren Klasse Tip wegen Lage und gekonntem Styling. Offen Mitte März - Mitte Okt. HP pro Person NS 96 DM, HS 110 DM.

Maronti:

Ischias berühmtester Strand. Ca. 2 km lang bis nach S. Angelo. Sehr feiner Kies, der bei Maronti nur an wenigen Stellen durch Fumarolen aufgeheizt wird - die stärkeren Fumarolen sind unterhalb von S. Angelo. Die heißen Quellen werden von den Thermalkomplexen genützt.

COMPLESSO IDROTERMALE OLYMPUS (beim Hotel S. Giorgio) mit drei Thermalschwimmbecken und Heilanwendungen. Tageskarte ca. 17 DM.

Die Meereswassertemperaturen in der Marontibucht höher als sonst auf Ischia, wegen der Südlage und der untermeerischen Aufheizung des Wassers durch heiße Quellen und Fumarolen.

Die Bucht entlang bis S. Angelo kommt man nur bei sehr ruhigem Meer zu Fuß, der Felssporn, der die tiefen Täler der Casa Acquara und der Cava Scura trennt, reicht bis an Wasserlinie. Sonst Weg oben durch die Gärten und oberhalb der Cava Scura wieder ins Tal (Schuhe sollten rutschfest sein, denn der Weg führt stellenweise direkt an der Schlucht entlang und es geht 3o - 4o m runter). In der Cava Scura ein ganz ursprünglicher Thermalkomplex, der angeblich noch aus der Römerzeit stammt: In den Fels gehauene Badelöcher (die einige hundert Jahre alt sind), die römischen Löcher liegen höher. Eintritt in die Bäder der Cava Scura minimal. Alles noch ganz einfach, ohne den ganzen Luxus der Thermalgärten (der ja auch ziemlich ins Geld läuft). Von der Cava Scura auf Pfaden über den Hügelrücken vor dem Meer nach S. Angelo.

MIRAGE, direkt am Strand, kleiner Platz mit Sportangebot, z.B. Surfen. Der ohnehin schüttere Baumbewuchs ist durch harte Winter und Meeresgischt noch mehr gelockert - auch sonst nicht gerade ein Top-Platz. Dafür die Monopolstellung, einziger Platz der Insel direkt am Meer zu sein. Offen Mai - Sept.

HOTELS

Strandleben direkt vor der Hoteltür - nirgendwo auf Ischia so intensiv wie hier. Vorteil, wer hier wohnt: Man hat den Strand noch für sich, bevor die ersten gut beladenen Busse ankommen! Nachteil: Abends ist hier der Hund begraben - man ist auf Hotel oder die Strandlokale begrenzt. Kein Ort, keine Piazza - nach Sonnenuntergang mehr als mäßige Busverbindung.

Helios (II.cat) - meiden, Skay-Möbel - reichlich abgewetzt, ausgelatschte Teppiche und sehr selbstbewußte Direktion.

Tirreno (II. cat.) - nach unseren Informationen zwar noch im Hotelsverzeichnis, aber nicht mehr in Betrieb. Die alten Leute, denen das Hotel gehört, nehmen allenfalls noch alte Stammkunden auf. Sehr schöne Lage.

Parco Smeraldo Terme (II cat.), Tel.: 99 01 27 - supergepflegter Hotel-/Thermalkomplex der Oberklasse im "Inselstil", Park, Thermalpool, nur wenige Schritte zum Strand. Tennis. Ital. Küche. Nur VP- pro Kopf April - Mitte Mai 120 DM, Mitte Mai - Sept. 150 DM, Okt. 135 DM. Thermalkuren, organisierte Wandertouren, Sprachkurse Basis-Italienisch. Appartements, mit Kochmöglichkeit, guter Ausstattung auf Hotelzimmerniveau, 2-4 Betten, Preis stark nach Blick und Lage im Appart.-Haus (dicht am Strand) abgestuft. Miete pro Tag NS 105 - 150 DM (2 Betten) , 180 - 295 (4 Betten) in HS 20% mehr.

Villa S. Giorgio (II. cat.), Tel.: 99 00 98 - etwas oberhalb des Strands. Kühler Schachtelbeton, den reichlich Rankenpflanzen optisch verbessern. Innen gut in Schuß, Zimmer mit Balkon, Thermalpool, deutsche Leitung und überwiegend deutsche Pauschalgäste. Offen April - Okt., Preise stark nach Lage der Zimmer abgestuft (bei HP und VO): HP pro Person NS 86 - 98 DM, HS 98 - 110 DM. Wenn verfügbar, auch DZ mit Frühstück möglich: NS 120 DM, HS 150 DM.

La Gondola (III. cat). Tel.: 99 00 76. Einfach-Hotel direkt am Strand, sozusagen auf Sand gebaut. Witterungsbedingt etwas angegriffen. Offen April - Okt., VP pro Person NS 75 - 80 DM, HS 80 - 90 DM. Der Thermalteil (Pool, Duschen etc.) wirkte verrottet, kann aber daran liegen, daß die Besichtigung ganz zu Beginn der Saison stattfand.

Villa a Mare (P. 3.), Tel.: 99 00 54 - auf halber Höhe, noch einen guten Km bis unten. An den Hang gebaut, umgeben von Obst- und Gemüsegarten. Rosa Kubenhaus im Inselstil, Veranda, in den Zimmern alle mit Balkon - verschnörkelte Schmiedeeisenmöbel. Lokale Familienküche. Offen April - Okt. VP pro Person NS 57 DM, HS 75 DM.

LA CAMBUSA - Terrasse über'm Strand. In der Bar frisch gepreßte Säfte und Cocktails. Küche beruht auf Frische und Einfachheit. Fangfrischer Fisch, hausgemachte Nudeln, große Salatplatten - kein Menü-Zwang. Hauptkundschaft napoletanische Freßsäcke, während die Deutschen mit der harten Mark in der Tasche immer die billigsten Sachen essen. Essen komplett ab 20 DM. Offen Ostern - Okt. Oberhalb werden auch einfache Appartements vermietet, schöne Lage auf Plateau über Stand. Platz ist für 3-5 Leute, Kochgelegenheit, Campingmöbel.Tagesmiete NS 68 - 75 DM, HS 120 DM.

DA MARIO, Bretterbude auf Stelzen auf dem Strand - Nudeln, Muscheln, Frittura, Karnickel, geröstete Sardellen (ein Gedicht und so billig), als Anleihen an der deutschen Küche sehr knusprige Kartoffelpuffer und Zwiebelrostbraten. Komplett um 15 DM, Sardellen und Salat gibt`s schon für 9 DM, offen Ostern - Okt., kein Ruhetag, dichtgemacht wird, wenn die letzten Gäste abziehen.

DI IORIO, gleiche Aufmachung wie sein Konkurrent. Die Küche etwas klassischer, statt Bratfett schmeichelnde Soßen. Gibt aber auch gegrillten Fisch. Reichhaltige Zuppa di Pesce. Stallhase und Huhn dürfen in diesem Teil Ischias nicht fehlen. Offen März - Nov. In der Regel kein Ruhetag und Betrieb bis spät in die Nacht. Mittlerer Preis 20 DM. Vermietet preiswerte Privatzimmer.

Die Bergdörfer unterhalb des Epomeo:

Fontana, Noia, Serrara und Pantano. Ischias höchstgelegene Dörfer am Hang des Epomeo. Leben noch vorwiegend vom Weinbau und der Eselszucht. Die bequemsten Ausgangspunkte für Wanderungen auf den Epomeo, es sind nur 35o - 4oo m Höhenunterschied zu bewältigen. Die Südseite des Epomeo besteht aus sehr weichen vulkanischen Tuffen und ist entsprechend von tiefen Tälern und Schluchten durchfurcht, auf den Terrassen meist Weingärten, an den Hängen dürftige Macchia oder Grassteppe. Treppenwege von Serrara nach S. Angelo und der Cava Scura, den Berg aufwärts schmale Eselswege

Die Dörfer sind architektonisch reizvoll, bisher kaum durch moderne Bauten entstellt. In den Dörfern höchstens bei Privat oder in Locande Unterkunft (meist belegt, Quartierfrage in Ischia bei der A.A. klären oder in den Bars und Tavernen fragen!)

Von Serrara Abstieg auf Treppenwegen in die Cava Scura und nach S. Angelo vorbei an in den Tuff gegrabene Weinkellern, einzelnen Häuserkuben, wo dann weiter unten die Vegetation üppiger wird, Ferienvillen.

Serrara: Das Bergdorf der Insel, enggebaute Häuser um die Piazza, wuchtige Tordurchfahrten unter den Häusern für die alte Straße, die neue schneidet ab. Den Berg rauf Bauernhäuser mit Gärten, Schuppen, kleinen Hofplätzen, einige autofreie Wege sowohl nach oben wie runter nach S. Angelo und zum Maronti-Strand durch die Cava Scura. Um den Platz herum eine Handvoll Bars, die alle versprechen (die Schilder natürlich in deutscher Sprache), den besten Cappuccino Ischias zu machen - und deren Besitzer aufs Eigenlob angesprochen, davon überzeugt sind, auch beim Endkampf um die Trophäe unter allen Bars zwischen Rom und Palermo die Palme zu erringen.

Unter uns: mir ist der Cappuccino dort oben zu deutsch: zuviel Milch und Schaum, ich bevorzuge die süditalienische Mixtur, gemacht für Süditaliener mit viel Espresso - Aroma, nicht gegen den Durst, nicht zum entspannten Plaudern mit ein paar in die Länge gezogenen Schlückchen.

RESTAURANTS

Die Mehrzahl weit verstreut in der Campagna, man findet sie ganz gut (Hinweis-Schilder). An den Bars im Ortszentrum leckerer Wein aus Eigenproduktion, in den Alimentari werden gefüllte Panini gemacht, aber nicht mit der üblichen Mortadella, sondern Hartwurst a punta di coltello (handaufgeschnitten), Bergkäse, saftig durch eingelegtes Gemüse, Pilze und Oliven.

SORRISO, im Centrum. Bar, Paninoteca, Pizzeria und Trattoria. Renner Kaninchen und Bucatini mit Karnickelsoße. Bei der Pizza eine, die es anderswo nicht gibt: Pizza Pasquale - belegt mit den ganz kleinen zuckersüßen Tomaten, die zu Trauben geflochten bis ins Frühjahr halten, mit Mozzarella, Knoblauch, Speck, Kapern und Oregano, dann Pizza mit grober Frischwurst (salsiccia) und die "Messicana" mit Banane. Ganzjährig offen, kein Ruhetag. Preise: Panino 3 DM, Pizza (mit Getränk) 7-10 DM, Essen um 23 DM, Glas Wein (1/4) 1,50 DM.

OLIMPIO - oberhalb des Dorfs - ländlicher Familienbetrieb, wo mehr die Einheimischen Bankette feiern. Fleisch vom Rost und aus dem Ofen dominieren. Tip, wenn man zusammen mit Anderen hingeht: Hühner und Kaninchen, die großen Spezialitäten, werden stückweise berechnet. Offener Wein. Ganzjährig offen. Mittlerer Preis bei 15 -20 DM.

AL COMIGNIOLO, an der Straße nach Panza - ein umgebautes Bauernhaus mit Terrasse, von der man einen fantastischen Blick über den ganzen Westen der Insel hat - eines meiner Lieblingsristoranti auf Ischia. Familiär, genuin. Nudeln mit grünem Gemüse, mit Ricotta und Mozzarella - letzteres ein "armes" Bauern- und Hirtengericht, wo wie hier die Frische der Milchprodukte entscheidet. Huhn, Kaninchen und Schweine aus eigener Zucht. - die Schinken und Salami als Vorspeise nicht versäumen. Großartiger Wein. Man kann auch einfach auf ein Glas kommen (knapp 1 DM), Volles Essen um 20 DM, fürstliches Tafeln vom Antipasto (allein das würde satt machen) bis zum Dolce und Likör 35 DM. Offen Ostern-Okt., kein Ruhetag.

Rauf zum Epomeo gibt`s auch Einkehrmöglichkeiten, sogar oben auf dem Gipfel!

Der Monte Epomeo:

Ischias vulkanische Spitze, seit ca. 1000 Jahren erloschen, den antiken Seefahrern soll er als natürlicher Leuchtturm gedient haben - aber dazu steckt er eingentlich zu oft in Wolken oder Nebel. 787 m hoch. War zu allen Zeiten das Pflichtprogramm von Ischia-Besuchern.

Schnellster Aufstieg von Fontana (ca. 1 Std.), die Wege von der Nordseite Casamicciola und Lacco Ameno sind reizvoller, führen mehr durch recht urwüchsige Wälder - die hohe Luftfeuchtigkeit und die Fruchtbarkeit der vulkanischen Tuffe läßt wahre Urwälder wachsen, obwohl ständig abgeholzt wird. Wo das nicht geschieht, drei Jahre unter Brombeerranken.

Oben eine bizzarre Felsenlandschaft und ein weiter Blick , nach Norden bis zum Capo Ciceo und Ponza, nach Süden bis zum Cilento - Herbsttage bieten die weiteste Sicht.

Wer die Nacht oben verbringen möchte: Unter dem Gipfel Schlafsack ausrollen - und hoffen, daß nicht am Morgen alles in Nebelsuppe steckt oder scharfer Wind pfeift.

(a) **Aufstiege:**

Im Ort an der Piazza beginnt ein Abkürzungsweg, der nach gut 5 Min. auf die Asfaltstraße trifft. Dann ca. 30 Min. Asphalt (nur an Wochenenden starker Autoverkehr), danach noch steiler Aufstieg durch einen meist schluchtartigen Eselswege - ordentlich steil, bis aufs allerletzte Stück im Wald mit wenig Schatten, nicht zu verfehlen. Ganz oben in den Gipfel-felsen Platz für 5-10 Leute, in den Stein gearbeitete Bänke und ein Superrundblickpanorama.

Ab Fontana, an idealen Wandertagen eine regelrechte Karawane, immer dann, wenn der Bus angekommen ist. (siehe Seite 146).

(b) Ab Serrara entweder über Pietra dell'Acqua, einer großen in einen Felsen gegrabenen Zisterne (ca. 2 Std.)

(c) Oder entlang des Hanges mit Blick auf Forio zur Falanga, unterwegs vorbei an einigen meist nicht aktiven Fumarolen - im oberen Bereich des Epomeo die einzigen Anzeichen aktiven Vulkanismus. Die Grotten in der Falanga dienten früher zur Aufbewahrung von Schnee, der in die Löcher gestopft wurde und sich gut abgedeckt den ganzen Sommer über hielt. Er diente der Herstellung von Speiseeis.

(d) Ab Forio: der längste und anstrengendste Aufstieg. Bis zur Wallfahrtskirche S. Maria del Monte auf guten Wegen meist durch schattenlose
(11) Macchia. Dann durch Wälder durch die Falanga da. 3 1/2 Std. - aber ohne Pausen).

Wallfahrt von Forio nach S. Maria del Monte am 8. Mai.

(e) Von Lacco und Casamicciola: Fahrstraße bis zu einem Parkplatz oberhalb von Maio, dann recht kurzer und steiler Aufstieg durch den Wald (ab Maio ca. 2 Std., die alten Abkürzungswege - "scorciatoie" - statt der Serpentinenstraße bis zum Parkplatz nehmen) teilweise gekennzeichnet. Wenn man auf dem Kamm angekommen ist, auf die Radar-Station zuhalten, dann auf den Gipfel. Der Weg ist stellenweise schwer zu finden - eigentlich hilft nur der "Däumling". Als Abstieg lausig!

SCAPRICCIATIELLO : noch vor dem eigentlichen Aufstieg, Bar / Rist. Ländlich, junge Leute, die genuine Sachen wie Kaninchen, Huhn, Lamm und Fleischspieße vom Rost anbieten. Lokaler Wein. Ca. 30 DM. Offen Ostern-Okt.

Auf dem Gipfel, in schwindelerregender Lage Ristorante / Bar MONTE EPOMEO "Da Fiore". Obwohl alles, inkl. Wasser hochgeschleppt werden muß, davon das letzte Stück auf dem Eselsrücken, keine verrückten Preise. Gut der Vino kostet pro Glas (1/4) 2 DM, ist aber leckerer Eigenbau, sonst für komplettes Essen um 20 DM rechnen. Spezialität wie überall in diesem Teil Ischias das Kaninchen. Offen März-Nov., außer das Wetter macht nicht mit. Terrasse mit Liegstühlen. Oben keine Unterkunftsmöglichkeiten.

S. Angelo:

Unterhalb von Serrara, auf einer Halbinsel, von der Marontibucht im Osten begrenzt. Einziger Küstenort, der autofrei ist. - Lasten vom Reisegepäck bis zu den Klopapierrollen der Hotels werden auf dem Eselsrücken transportiert.

Wie ein Fischerdorf, die Häuser übereinander gestaffelt, nur durch kleine Gassen und Treppenwege gegliedert - und ist sicherlich inzwischen der Ort Ischias, wo der Tourismus in Monokultur gedeiht. Auf dem Höhepunkt der Saison muß es hier mehr als überfüllt sein, aber davor und danach ist es sehr erträglich. Dann hat S. Angelo entspannendes Ambiente, und man spürt auf Schritt und Tritt, wie das die Operatoren im Touristengeschäft selbst genießen. - Auf Ischia sprechen die Einheimischen von der "Caprizzazione" - Der Capri-Werdung.

Dank der Reiseveranstalter und der Busverbindungen bis 500 m vor die autofreie Idylle und den Fumarolen und den Thermalbadeparks ist hier mächtig was los, aber noch lockerer, entspannter, kontaktfreudiger als in den meisten anderen Inselorten. Und alles fest in "deutscher Hand".

Thermal-Gärten:

GIARDINI APHRODITE (und TERME LINDA): 7 Thermalschwimmbecken zwischen 40 und 25 ° C. In einem Park angelegt. Etwas abgelegen ein FKK-Becken, Tageskarte ca. 23 DM, Kurabteilung.

GIARDINI APOLLON: 10 Thermalschwimmbecken und Natursaunen in Grotten, die von trockenen, stark radioaktiven Fumarolen gespeist werden. Badegrotten aus der römischen Zeit (so eine Art unterirdischer Fluß, je nachdem wie nah man der Quelle entgegen geht, zwischen 41 und34 °C warm. Tageskarte 23 DM, Kurabteilung.

GIARDINI TROPICAL: über dem Ortseingang. Großzügige Anlage mit 8 Thermalbecken und Natursauna (im Eintritt inkl.). Tageskarte 23 DM.

Unterhalb der Giardini ein an Fumarolen reiches Strandstück. Man kann sich hier in den von unten aufgeheizten Sand eingraben - nicht zu tief gehen, es wird sehr heiß, sich im Meer die Füße verbrennen, sofern man sie in den Sand bohrt (das Meereswasser wird dabei nur mäßig aufgeheizt). Oder man bringt sich Eier, Kartoffeln und Staniol mit und hält das mit einem Netz in die Fumarolen - Kochzeit etwas kürzer als sonst im Haushalt, denn die Temperaturen liegen um 20 - 30 Grad höher als im Kochtopf. Wer die Erdäpfel nicht in Staniol packt, muß mit einem diabolisch-mineralischen Nebengeschmack rechnen.

Entlang der Fumarolenküste das Wasser recht trüb, dafür um die Insel von S. Angelo gute Taucherreviere - auch einige Felsen mit kleinen Korallen.

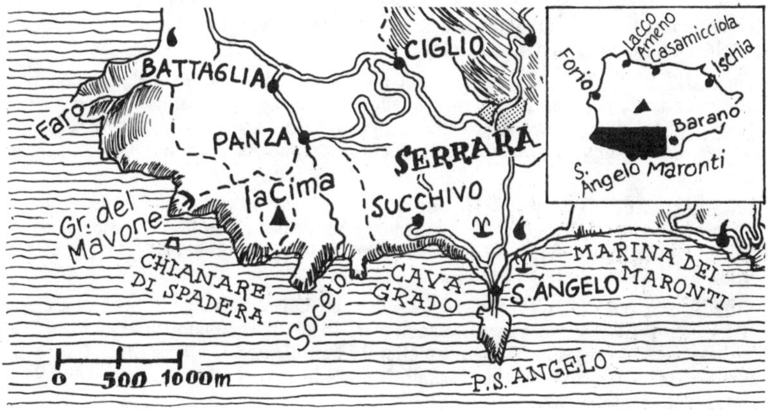

HOTELS:

Kleine familiär geführte Hotels und Pensionen, allesamt ruhig gelegen. Im Schnitt billiger als sonst auf Ischia. Vorbestellung überall unbedingt ratsam. S. Angelo ist beliebt (Ortsbild, autofreier Kern, viele Fußwege, Maronti-Strand mit Fumarolen.

La Palma (II cat.), im Ort, Tel.: 99 92 15. Sehr schönes Inselhaus, persönlich geführt, wohnlich eingerichtet. Viele Terrassen, alle Zimmer mit Veranda/Balkon, z.T.zum Innenhof, Kurbetrieb und Thermalanlagen. Zum Haus gehören die Thermalgärten "Tropical". Sehr gute ital. Küche, einfallsreich. Offen März-Nov. VP pro Person NS 100 DM, HS 110 DM.

Miramare (II. cat.). Ortsrand, Tel.: 99 92 19. Der teure Konkurrent, als Hotel und als Betreiber der Thermalgärten Aphrodite. Tolle Lage über der Steilküste, Terrassen, viel Grün und Blumen, Inneneinrichtung etwas steif, in den Zimmern recht simple Standardfurniermöbel. Offen März-Okt., VP pro Person 130-165 DM.

S. Michele (II cat.). Im oberen Ortsteil, Tel.: 99 92 76. Schöne Lage mit viel Aussicht, große Terrassen, Thermalpool, Zimmer mit viel Platz, Licht und Blick, solide Möbel. Offen Mitte März-Okt. Kurabteilung, VP pro Person 150 DM.

Loreley (III cat.) Oberhalb in den Gärten, Tel.: 99 93 13. Moderne Architektur mit Pfiff. Zimmer mit unregelmäßigem Grundriß, moderne Ita. Möbel, alles sehr licht. Garten it Thermalpool, Italienische Küche. Offen Mitte März-Okt. HP pro Person NS 66 DM, HS 75 DM. In den weniger belebten Zeiten (nicht nur extreme Vor- und Nachsaison, sondern auch Frühsommer) verbilligte Wochenarrangements. Man kommt dabei auf 60 DM /HP.

Conte (P2), am Strand, Tel.: 99 92 14. Einfachpension, familienfreundliche Zimmer, überwiegend mit Blick auf den Hafenplatz. Familienküche mit reichlich Fisch und Gemüse (das Restaurant ist ausschließlich für Pensionsgäste reserviert). Offen Ostern-Okt., HP pro Person NS 68 DM, HS 75 DM.

Ferdinando (P2), oberhalb des Ortes in den Gärten, Tel.: 99 92 69 oben über der Steilküste. Erst einmal Luft holen. Individueller Famielinebetrieb mit guter Küche. Veranda mit schönem Blick, kleiner Thermalbetrieb mit Natursauna, Thermalpool. Ausflüge mit Barken (Picknick) werden organisiert. Wein aus eigenem Anbau. Offen Mitte März-Okt. Deutsch wird verstanden. HP NS 60 DM, HS 66 DM (pro Person).

Reservierung in der BRD: Süditalien-Reisedienst Hans W. Hartmann, Franzosenheide 8, 2000 Hamburg 61, Tel.: 040/5508679.

Casa Garibaldi (P3), Tel.: 99 94 20, oberhalb in den Gärten. Sehr schöne Lage. Inselhaus mit einfachen Zimmern und hübschen Gemeinschaftsräumen und Pergola. Kochmöglichkeiten. Thermalbecken.Die jungen Bestitzer sprechen deutsch.Viele Stammkunden, unbedingt vorbestellen! DZ (Küchenbenutzung inkl.) 63 DM. Offen Mitte März-Okt.

Villa Franz (P3), Tel.: 99 92 37. Unterhalb Ferdinando. Gemütliche Zimmer, die alle auf eine Terrasse münden. Gute napoletanische Küche - familiär. Deutsch wird verstanden. Verbilligter Eintritt in Thermalgärten. HP pro Person NS 45 DM, HS 53 DM, Offen April-Okt.

Villa Tre Sorelle (P3) Tel.: 99 94 84. Oben im Ortsteil Succhivo, zwischen Gärten und Feldern. Kleiner Neubau, alles noch ganz frisch, sehr freundliche Familien. Viele Sachen aus dem eigenen Garten, excellenter Familienwein. Offen März-Okt. Nur 9 Zimmer, reichlich Stammgäste, deshalb langfristig vorbestellen. HP pro Kopf NS 42 DM, HS 45 DM.

La Conchiglia - Casa Annuziatina, im Centrum. Altes einfaches Haus, in dem früher Fischer wohnten. Die Zimmer, wie zu Beginn des Jahrhunderts gewohnt wurde, aber nichts ist angegammelt oder wackelig. Ebenfalls ein Tip das angeschlossene Restaurant, siehe Seite 151. DZ 45 DM, HP pro Person 45 DM. Nicht im Hotelverzeichnis.

Francesco - am Hafen, einfache aber ordentliche Zimmer in altem Inselhaus. Wache hält ein großer knurriger Hund. DZ 38 DM. Nicht im Hotelverzeichnis.

Villa Sirena (P3), Tel.: 99 92 12. Terrassenanlage über der Zugangsstraße zum alten Ort. Große Dachterrasse, Zimmer münden auf breite Verandenthermalbecken, kleine Kurabteilung, sehr freundliche Aufnahme. Offen Ostern-Okt. VP pro Person NS 70-73 DM, HS 77-82 DM, HP möglich- rund 8 DM billiger.

RESTAURANTS

LA CONCHIGLIA : gewachsenes Ambiente ohne jedes Zugeständnis an den Touristen. Ein Stück Vergangenheit. Die Wirtin, Annunziatina Iacono, schon hoch in den Jahren, ist "La Mamma degli Artisti". Die Mutter der Künstler. Wie hübsch sie als junge Frau gewesen ist, sieht man ihr noch heute an, und es gibt auch Bilder aus der Zeit. Überhaupt - überall Bilder an den Wänden.

Auchgezeichnete Familienküche (was man gerade von den Fischern und Bauern bekommt) und reichliche Portionen. Essen soll Spaß bringen, man soll wieder kommen, viel Kommunikation. Wer mag, darf gerne in die Küche schauen. Ca. 20 DM. Vor dem Haus kleine Terrasse zum Meer. Offen, immer wenn etwas los ist.

PEPPINO : Steinbaracke mit offener Veranda auf dem Hafendamm. Peppino und seine Frau sind Vollblutwirte und uns haben sie wieder überzeugt: eine der besten authentischen Fischküchen nicht nur auf Ischia. Verlockender Antipastotisch (Meerestiere und Gemüse), die "Zuppa di Pesce" zu Recht mehrfach prämiert und so reichlich, daß hinterher das Aufstehen anstrengt. Aller Fisch nur direkt von den Barken, daher wechselndes Angebot! Offener Weißwein aus den Dörfern oben am Epomeo. Essen ab 15 DM, mittlerer Preis 20-25 DM. Offen März-Okt., kein Ruhetag.

DA FRANCESCO : oben an der Zufahrtsstraße. Hoch über der Steilküste, rühmt sich das schönste Panorama auf Ischia (ist nicht stark übertrieben)! Freiluft-Trattoria mit Pizza-Ofen, Bar. Die Deutschen kommen hier gerne auf einen Cappuccino. Die temperamentvolle Wirtin würde sich mal Deutsche wünschen, die nicht nur die Sachen essen, die ihnen bekannt sind. Bei ihr gibt es nicht nur Spaghetti carbonara oder con vongole, sondern auch die typische Ischitaner Linsensuppe, Kaninchen - außerdem große Salatplatten. Kein Menü-Zwang! Abends Pizza (um 10 DM), Komplettes Essen 25 DM. Täglich offen zwischen Ostern und Mitte Okt.!

Panza

Das napoletanische Wort für " Wanst " , Hauptproduktionsgebiet hochwertiger Weine, die man mit etwas Glück direkt vom Produzenten bekommt. Meist in der Form, daß die Wirte von Tavernen und Restaurants ihren eigenen Wein auf den Tisch stellen, der Direktverkauf in die mitgebrachte Flasche ist selten.

Panza hat noch die Stimmung eines Bauerndorfes, auch wenn hier der Tourismus Erwerbszweig Nr. 1 ist. Aber man spürt und riecht noch Ackerbau und Viehzucht. Nur im eigentlichen Zentrum kompakte Häuserzeilen, flach und weiß getüncht. Sonst lockere Behausung, viele Gärtchen, in deren Mitte Häuserkuben.

Im Dorf und im höher gelegenen Ciglio (Richtung Serram Fontana) eine Reihe von Höhlenhäusern, die nicht wie sonst in den kompletten Felsen gegraben sind, sondern in riesige Felsbrocken, die der Vulkan zu seinen besten Zeiten kilometerweit geschleudert hat. Im Inneren dieser Felsen recht geräumige Wohnungen, die inzwischen Magazin oder touristisches Vorzeigeobjekt sind.

Panza ist für den Süden eine ideale Startbasis : Die Strände und Thermen von Citara und S. Angelo/Maronti sind nicht weit, die Busverbindungen dorhthin gut, man kann die Sache sogar abseits der Fahrstraßen zu Fuß machen. Dazu kommen preiswerte Übernachtungsmöglichkeiten und eine Reihe von kleineren Ristoranti mit bester Inselküche.

Verbindungen

Umsteigepunkt für die beiden Hauptlinien im Busverkehr :
Ischia Porto-Casamicciola-Forio-Panza S. Angelo
Ischia Porto-Barano-Serrara Fontana-Panza S. Angelo.

Unterkunft:

Relativ viele Privatzimmer verfügbar. Infos im Ort in den Bars, Läden, Restaurants.

HOTELS / PENSIONEN:

Der kleine Familienbetrieb vorherrschend. Dort gute bis ausgezeichnete Verpflegung - Verpflichtung zu HP oder VP besteht überall.

San Nicola (II. cat.), Via P.D Abundo, Tel.: 97 07 47
außerhalb und oberhalb des Orts, Panoramalage. Moderner Großkomplex mit Kurbetrieb, Thermalbecken. Bislang noch recht kahl. Zimmer angenehm groß, funktionell eingerichtet. z.T. aber Feuchtigkeit in den Mauern. Thermalanlagen mit Hallenbad großzügig angelegt. Offen 2 Wochen vor Ostern-Oktober, VP DM 120,--.

Al Bosco (P.2.) Via S. Gennaro, Tel.: 90 70 56,
außerhalb in Hügelregion, schöne Spitzenlage mit Blick über den ganzen Südteil der Insel. Modernes Kleinhotel mit freundlicher Ausstattung, Thermalpool, Garten. Verbunden mit dem nahegelegenen Restaurant " La Forastera (siehe S. 154). Offen von April - Oktober. Auch Zimmer mit Frühstück möglich. DZ (inkl. Frühstück) NS DM 80,--, HS DM 95,--, HP pro Kopf NS DM 55,--,

Mareluna (P.3), Via Nuova S. Gennaro, Tel.: 90 71 83
am oberen Ortsrand, kleine Familienpension mit vielen Stammgästen. Ruhig gelegen,

im Innenhof mit Blütensträuchern und Bäumen gebaut, leckere Familienküche, die Mamma steht am Herd, der Wein kommt aus der eigenen Cantina. Autotransport zum Strand - was bei kleinen Hotels extrem selten ist. Insgesamt geht es sehr persönlich zu. Offen von April-September, HP pro Kopf NS DM 38,--, HS DM 42,-- im August DM 45,-

Miriam (P.3),Bivio S. Angelo 72, Tel.: 90 75 01.
Einfachhotel im Centrum, sehr persönlich geführt, die Pensionsgäste essen am Familientisch. Was es zu essen gibt, siehe Restaurants ! Das Hotel ist Hobby eines napoletanischen Kochs, ein Zimmer ist ein Stilmöbelmuseum zum drin übernachten, die übrigen sind moderner Einfachstandard. Ganzjährig offen, VP pro Kopf NS DM 45,- HS DM 65,--, in NS auch HP DM 36,--.

Mini-Hotel Rendez-Vous, Via P. Abundo 56, Tel.: 90 71 53
Einfach, dicht am Centrum an der Hauptstraße. Durch Verwandtschaft der Trattoria -" Il Rusticano " verbunden. Zimmer einigermaßen geräumig, mit den nötigen Möbeln, DZ/DM 55,--.

Im Ort : MIRIAM: siehe auch Hotel. Innenhof mit Veranda und gemütlicher Saal, napoletanische Familienküche, kleine gezielte Auswahl. Pizza in den gängigen traditionellen Zubereitungen (ca. 8 Sorten) vom Holzofen - abends und mittags, ca. DM 5,-- bis DM 10,-- (ohne Getränke). Ganzjährig offen.

RUSTICANO: an der Hauptstraße, Vorgarten mit Orangenbäumen, innen hell und weiß gekalkt, angenehm kühl. Tip für genuines ländliches Essen, der Padrone Vollblutkoch und kommunikativer Wirt, der 15 Jahre in der Küche von Trans-Atlantik-Dampfern gearbeitet hat. Essen zeitlich und in der Zusammenstellung nicht an feste Regeln gebunden, man kann einfach auch auf einen Becher Wein vorbekommen. Oder nur Nudeln mit Salat, usw. Gut die Bucatini mit Kaninchensoße, Salatplatten, aufgeschnittene Salami zu unvergleichlichem Brot, Huhn und Kaninchen sind " sportivo " - also trainierter im Fleisch als die Viecher aus dem Schnellmastkäfig. Gute Fischauswahl, er kauft täglich direkt beim Fischer. Hervorragender fruchtiger Weißwein. Gänzjährig und täglich offen. Preise : komplettes Essen zwischen DM 21,-- und DM 27,--. Spaghetti mit Salatplatte und Wein ca. DM 6,-- bis DM 7,--.

Außerhalb:
Alle ca. 1 - 2 km oberhalb, dicht beieinander - der Weg dorthin auf schmaler Asphaltstraße ist deutlichst ausgeschildert :

DA LEOPOLDO : soll sehr gute Landküche machen, ich stand dort vor verschlossenen Türen, aber man lobt Wirt und Lokal. Fleischsachen stehen im Zentrum wie Kaninchen, Huhn und Wachteln. Leckere Gemüsesuppen, man kann auch draußen sitzen. Nur abends offen , geöffnet von April bis Oktober, mittlerer Preis um DM 30,--.

L' OASI: gegenüber, höher gelegen mit bebäumter Terrasse, innen hell rustikal. Genuine Landküche, großer Grill für Fisch und Fleisch, abends Pizza (Holzofen), leckerer eigener Wein, DM 26,-bis DM 30,-, ganzjährig und täglich offen.

LA FORASTERA: noch etwas weiter oben und draußen in einem kleinen Steineichenhain. Gehört zum Hotel "Al Bosco". Substantielle Küche, liebevoll gemacht, sehr persönlicher Service. Wirt / Koch spricht gut deutsch. Spaghetti neben den üblichen Zubereitungen ländlich-kräftig. Z.B. mit Kaninchen oder Pilzen, Huhn und Karnickel mit gut gewürzter Soße. Fisch vom Grill, Meeressalat, Muscheln, Langusten und Edelfisch nur auf Vorbestellung. Abends Pizzeria, guter Weißwein. Offen von April bis Oktober. Preise : Pizza (inkl. Getränk) im DM 10,- bis DM 12,-, komplettes Essen zwischen DM 23,- und DM 30,-.

Weitere Restaurants in den Nachbarorten, meist 2 - 3 km entfernt - so beachtliche Landtrattorien in Cuotto, Ciglio, Succhivo, Details siehe dort !

Ausflüge:

① SOCETO-Bucht: (20 Min.). Am Parkplatz über der Bucht die Treppen abwärtsgehen. An den Klippen am Ufer heiße Quellen. Gutes Tauchrevier.

② GROTTA DEL MAVONE: (ca. 20 - 30 Min.). Der Abstieg zur Grotte ist gefährlich. Im Inneren des Höhlensystems, teilweise künstlich erweitert, heiße Fumarolenluft. Sollen früher als Versteck von Seeräubern gedient haben. Wer tiefer hinein will, braucht eine Taschenlampe.

Die vom Land her nicht zugänglichen Buchten zwischen S. Angelo und dem Citara-Strand sind artenreiche Tauchreviere, in S. Angelo oder Forio gibt es fast immer an Touristentransporten interessierte Fischer (manche fischen nur noch im Winter).

Cuotto und Citara

Südlich von Forio, die Fortsetzung des am Ort felsigen Strands, der dort kaum badegeeignet ist. Hinter dem kleinen Felskap Pietre Rosse beginnt dann der lange Flachstrand von Citara, reich an Fumarolen (Südende). Einer der besuchtesten Strände der Insel, leicht erreichbar - z. T. direkter Linienbus, sonst oben an der Hauptstraße aussteigen, von dort 10 Min. Fußweg. Einen großen Teil des unmittelbaren Strandhinterlandes nehmen die Thermalgärten " Giardini Poseidon ", die größten der Insel ein , Tageskarte DM 30,--.

Cuotto:

Oben an der Straße, ehemals Weinbauerndorf, jetzt zwischen den Gärten und Würfelhäuschen reichlich Hotels.

HOTELS:

Parco Maria (II.cat) Cuotto, Tel.: 90 73 22
Neugebauter Hotelkomplex in weitläufigem Parkgelände in das natürliche Vegetation, Felsen und die Thermalpools eingefügt sind. Ausstattung perfekt, guter Service. Ital. Küche, Wahlmöglichkeit beim Menu. Offen von Mitte März bis Oktober, VP NS pro Kopf DM 100,--, HS DM 112,-, angeschlossene Kurabteilung.

Parco Regine (II.cat). Citara, Tel.: 90 73 66

Im Mittelmeerstil mit Garten, Thermalpool, Hallenbad, Einrichtung neu, gewiß nicht billig, etwas schwül. Ital. Küche, Menüauswahl. Großes Sportangebot (Tauchen, Windsurfen - mit Kursen und Ausrüstung). Animation all` italiana. Offen von März bis Oktober, VP pro Kopf ab DM 95,--, HS ab DM 112,--, Zimmer mit Balkon oder gar Meerblick kosten deutlich mehr.

Punta Imperatore (II.cat.), Citara, Tel.: 90 71 40
Oberhalb der Poseidon-Gärten, frisch renovierter Jugendstil-Palazzo, Zimmer recht klein, war zum Zeitpunkt der Besichtigung Baustelle, also kann nichts über Einrichtung gesagt werden. Haus und Umgebung haben gut gefallen, offen von April bis Oktober, VP ca. pro Person DM 110,--.

Capizzo (III. cap.), Citara, Tel.: 90 71 68
Oberhalb des Strands, im Inselstil, modern, Zimmer klein, angenehm, Thermalpool, nette Atmosphäre. Essen z. T. vom Buffet, reichliches Frühstück. Offen von Mitte März bis Oktober, für Kurzaufenthalte bis 3 Tage gibt es Zimmer auch ohne Pension, sofern Platz vorhanden ist.
DZ/DM 90,--, VP pro Kopf NS DM 83,---, HS DM 98,--.

Il Gattopardo (III cat.) Citara, Tel.: 99 77 14
Oberhalb, schöne Aussicht, Beton - alles bis hin zu den Balkons und Pool ist geschwungen und kurvig, Einrichtung solide, Zimmer ausreichend groß. 3 Thermal-Pools mit verschiedenen Termperaturen, Kurabteilung,
Tennisplatz. Gute regionale Küche, auch mit ischitaner Spezialitäten, offen von Mitte März bis Oktober, VP pro Kopf NS DM 72,--, HS DM 83,--.

Providence (III. cat.), Citara, Tel.: 99 82 40
Dicht neben dem vorigen, ganz nett gemacht, schöne Pools, ebenfalls gutes Essen, VP pro Kopf NS DM 72,--, HS DM 87,--.

Gattopardo und Providence haben als Dependance einige brauchbare Bungalows - hier lohnt längere Vorbestellung, denn sie sind beliebt.

Villa Sorriso (P.2), Cuotto, Tel.: 90 72 27,
Kräftig gewachsene Familienpension, der alte Teil als Wohnstatt nicht zu empfehlen, verbraucht und dürftig möbliert, der neue Bau rosa verputzt und angenehm, dafür dicht an der Hauptstraße. Ordentliche Familienküche, recht preiswert.Offen von April bis Oktober, VP pro Kopf, NS DM 53,-- HS DM 72,--.

Recht wenig, wohl auch, weil hier die Hotels mit ihrer Vollpension die Kundschaft abziehen. Zudem - Forio und Panza sind nicht weit. Dennoch zwei Tips, die innerhalb einer Sippe (Vater/Sohn) stattfinden :

Die Eltern in Cuotto, auf dem Gelände des ererbten Baunerhofes, ländlich mit Weinduft aus dem Keller, Hühnergegacker, Sitzen unter Bäumen oder auf der Veranda - LA COSTA .

Fast alles aus eigenem Anbau oder Zucht, der Wein großartig (auch Direktverkauf). Kaninchen, Huhn, selbstgebackenes Brot, Salate, Gemüse und Obst pflückfrisch. Essen mit allem Drum und Dran DM 25,--, ganzjährig offen, Freitag Ruhetag.

Der Sohn unten am Strand zwischen Citara und Forio - SCOLGLIO DEGLI INNAMORATI - über den Felsen, Pavillon mit Tischen draußen.

Bar, Snacks, aber auch volles Essen - nichts außergewöhnliches, dennoch ordentlich gemacht und man sitzt sehr schön. Pizza oder Snacks ab DM 6,-- bis DM 8,--, volles Menü um DM 25,--. Offen von April bis Oktober.

Die Westküste (Forio) (8.000 Einw.)

Vom Tourismus relativ spät entdeckt. Vor den Kurgästen und anderen Touristen waren es die Künstler, die sich von der dörflichen Atmosphäre des orientalisch wirkenden Forio mit seinen kräfigen Farbakzenten angelockt fühlten. Heute hat Forio nach Ischia Porto die meisten Hotels, deren Architektur Anregungen von der traditionellen Inselbauweise übernommen hat.

Der alte Ortskern ist vom Durchgangsverkehr und vom Kurbetrieb ausgespart. Hier wohnen noch viele Menschen, die mit der Fremdenindustrie nicht unmittelbar zu tun haben.

Über den Häuserkuben mit ihren Bögen, Loggien und Außentreppen ragen 7 Sarazenentürme, die heute Bestandteile der Häuser geworden sind und die Kuppeln der Kirchen. Zwischen den Häuserzeilen ist Raum für Plälze und Gärten geblieben - man merkt Forio seine noch nicht lange zurückliegende Vergangenheit als Dorf von Bauern und Fischern an.

Entlang der Hauptstraßen Bars, die viel zu oft deutschen Kaffee versprechen, und Läden und Boutiquen für Touristen.

Tourist INFO Agenzia Turistica Mattera, Piazza Medaglie d'Oro, Tel.: 9970323

Vermietung von Motorini: Roberto Magliuolo, Via M. Verde, Tel.: 997031.

Tennis

Tennis: Tennis Zaro, Via T. Cigliano; Tennis dello Stadio, Via Spinavola; Tennis Club, Via Matteo Verde; Tennis Club Il Gattopardo, Via G. Mazzella; Tennis Club Spinavola.

Thermalkomplexe:

7 Hotels und Pensionen mit Thermalabteilung, alle mit Thermalschwimmbecken, im oberen Ortsteil Monterone und südlich bei Cuotto; an der Spiaggia Citara die GIARDINI POSEIDON, mit 21 verschiedenen Thermalbecken der größte Komplex dieser Art, mit Privatstrand, wo Fumarolen den Sand aufheizen. Verglichen mit den Giardini in S. Angelo wirkt diese Anlage etwas kahl und zu gigantisch.

Strände:

Citara im Süden (ca. 2 km), grobsandig, viele vorgelagerte Klippen, an der südlichen anschließenden Felsenküste für Taucher interes-sant.

Spiaggia di S. Francesco, sandig, unter den vorgelagerte Sandbänken warme Quellen, die Felsküste im Norden wieder für Taucher interessant. Vor der Punta Caruso sollen Korallen vorkommen.

(10) Auf dem Kap über dem Hafen von Forio die kleine Barockkirche S. Maria del Soccorso, die Kirche der Seefahrer und Fischer von Forio, hoch über dem Meer - Ischias schönster Sakralbau, lebt aus seinen geschwungenen Formen, strahlend weiß gekalkt.

(11) Fest: Am 8. Mai Wallfahrt zur Madonna del Monte. Der Aufstieg von Forio dauert eine Stunde.

HOTELS:

Forio ist ausgesprochen weitläufig. So liegt die Mehrzahl der im offiziellen Hotelverzeichnis ausfgelisteten Hotels und Pensionen nicht im eigentlichen Ort, sondern in den bis zu 8 km entfernten Gemeindeteilen.

Insgesamt das größte und vielseitigste Angebot, vieles davon preislich erschwinglich, denn die unteren Preisklassen sind hier recht stark vertreten. Forio, aber ebenso die Gemeindeteile S. Francesco, Citara und Panza bieten sehr gute Startmöglichkeiten mit dem Bus in die übrigen Inselteile.

Forio (Stadt):

Green Flash (II.cat.) Via Marina, Tel.: 99 71 29. Am Hafen, modernes Großhotel, gut ausgestattet, Pool. Offen von April bis Oktober, VP pro Kopf DM 100,-- NS, DM 115,-- HS.

Casa Antica (IV. cat.), Via Matteo Verde 30, Tel.: 99 73 28. Am Rand der Altstadt dicht am Hang. Ein alter Stadtpalast, geschickt, mit Gefühl für die alten Strukturen renoviert. Im Innenhof Schwimmbecken und Gärtchen, die Zimmer hell, geräumig, mit soliden modernen Möbeln. Zur Straße Schallschutz-

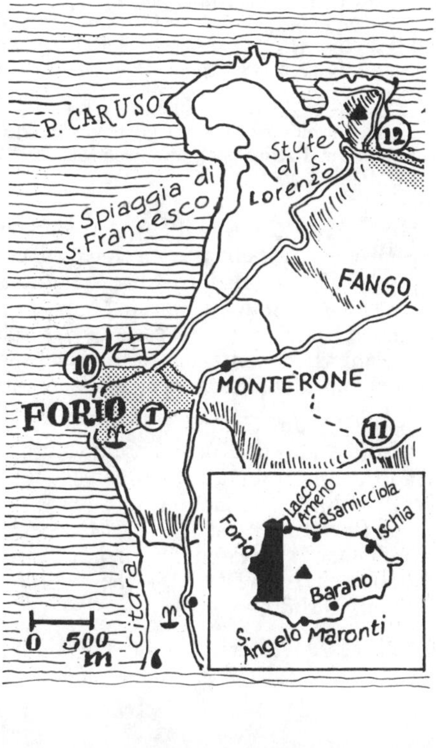

fenster, offen von Mitte März bis Oktober, außer im Juli/August auch Zimmer mit Frühstück möglich.
DZ (inkl.Frühstück) DM 60,--, HP pro Kopf NS DM 60,--, HS DM 68,-- bis DM 75,-

Hibiscus (IV. cat.), Monticchio, Tel.: 99 80 30. In ländlicher Villengegend am Rand der Stadt, preiswertes Einfachsthotel, Zimmer und Einrichtung vertretbar, viel Grün, sehr ruhig, familiäre Küche, Thermal-Pool. Weitestgehend in der Hand der großen Reiseveranstalter, wenn Platz ist, werden auch Individualreisende beherbergt.
Offen April - Okt.,HP pro Kopf 38 -45 DM.

Zi Carmela (P.2), Tel.: 99 72 43. Am Rand der Altstadt dicht beim Hotel " Casa Antica ". Alter Palast mit neuen Erweiterungsbauten, um einen Innenhof gebaut mit Thermalpool und Garten. Modern und ansprechend möbliert, sehr leckere Küche. Details siehe Restaurants ! Offen von Mitte März bis November, ganzjährige Öffnung geplant. HPO pro Person NS DM 47,-- bis DM 51,--. HS Dm 70,--.

Di Lustro (P.3), Via Filippo Di Lustro 9, Tel.: 99 71 63. Mitten in der Altstadt in einem noch alt gebliebenen Bürgerhaus, riesige familiengeeignete Zimmer (nur 10 DZ/-Mehrbett-Zimmer), Stuck und Fresken an den Decken, altmodisches Mobiliar, barocker Innenhof; offen von Ostern bis Oktober. HP pro Person NS DM 53,--. HS DM 60,--. Viele Stammkunden, längere Vorbestellung zu fast allen Jahreszeiten nötig. Gute traditionelle Küche.

Umberto a Mare (P.3), Tel.: 99 71 71. Direkt bei der Kirche Chiesa del Soccorso - in "strategischer " Lage direkt bei der Kirche über dem Meer, weißer Flachbau, alle Zimmer zum Meer, einfach, weiß gekalkt, offen von April bis Oktober, HP pro Person NS DM 60,--, HS DM 68,--, in NS auch Zimmer mit Frühstück (DZ/DM 105,- inkl. Frühstück.), aber kaum billiger als die HP. Details zum Essen siehe Restaurants.

El Rosario. (P.3), Via Castellaccio, Tel.: 99 75 56. An der Hauptstraße (Umgehung), nicht weit vom Centrum, gut modernisierte Familienpension. Leider Straßenlärm, gute Zimmer, Thermalpool, offen von März bis Oktober, VP pro Person NS DM 50,--, HS DM 58,--.

ZI CARMELA, Altstadtrand, ein flacher Holzbau vor dem gleichnamigen Hotel, außerdem Tische in der Gasse. Essen mit Bankett-Charakter (abendfüllend) : große Auswahl am Antipasto-Tisch: Meeresfrüchte, eingelegte Gemüse, mehrere kleine Nudelgerichte (" assaggi "), Fisch vom Grill (magenerweiternd) - Auswahl ist frisch ausgestellt. Nachspeisen, Wein - dazu napoletan. Barockmusik und Canzonen. Alles inkl. um DM 60,-- bis DM 70,--.

EPOMEO, am Hauptplatz in der Altstadt. Mehrere klassisch-strenge Speisesäle um die Küche herum (mit dieser Blick- und Nasenkontakt). Traditionelle Inselküche - Meeresgetier im Vordergrund. Spaghetti mit Frutti di Mare, Cannelloni und Lasagne in napoletan. Tradition, Fischsuppe (meist auf Bestellung!), Muschelsoufflees, gefüllte Gemüse, Wein aus eigener Produktion. Offen von Februar bis Dezember, kein Ruhetag. Komplettes Essen DM 22,--, (bei Fleisch als Hauptgericht), bei Fisch DM 25,-- bis DM 30,--.

UMBERTO A MARE, auf der Halbinsel der Chiesa del Soccorso.

Terrasse direkt über dem Wasser, siehe auch Hotels. Mehr von Ambiente und Lage her anziehend als wegen der Küche : solides napoletanisches Küchengeschehen, die Frittura di mare ordentlich. Preise mit ca. DM 18,-- mäßig. Man kann auch Nudelgerichte mit Salatplatte kombinieren und landet dann bei DM 11,--, offen von April bis Oktober, kein Ruhetag.

IL PESCATORE, Via S. Antonio Abate 13 - in der Altstadt. Bunt und sehr touristisch aufgemacht. Nippes und nackerte Gipsdamen - man merkt optisch, daß der Padrone viele Jahre in den USA in der Restaurantbranche gearbeitet hat. Die Küche, die er selbst am Herd macht, ist beste Inseltradition mit sehr viel Gefühl für die kleinen genuinen Sachen : Fisch von eigenen Barken, ausgezeichneter Produzentenwein in beiden Farben, Kräuter und Salate aus eigenem Garten, dazu eine professionelle Vorliebe für Handgemachtes auch wenn es sehr arbeitsintensiv ist. Abends außerdem Pizza. Offen von Ostern bis November, kein Ruhetag.

Komplettes Essen um DM 23,--, bei ausgefallenen Fischarten jedoch mehr. Pizza mit Getränk um DM 11,-- bis DM 13,--. Auch Nudeln mit Salat möglich, um DM 10,--. Möglichkeit, Zimmer mit HP zu mieten, DM 50,-- pro Kopf.

Längs des Hafens eine Reihe Ristoranti mit lockerem Fischerambiente. Qualitativ sehr unterschiedlich, allesamt auch noch offen und aktiv als Treff zur späten Nachtstunde. Überall etwas Fischerstimmung mit ein paar ausgedienten Netzen und Bruckstücken von Barken, die übliche Ausstellung des Fanggutes auf Eise im Glaskasten (in Forio im Gegensatz zu Ischia Porte sind das keine Veteranen im Schaugeschäft).

CICCIO, mittlere Ausgabe um DM 30,--, Spaghetti mit Meeresfrüchten, auf Bestellung und zu Sonderpreisen (nach oben) auch Languste, Fischsuppe (DM 25,-). Guter Weißwein, offen (ohne Ruhetag) von März bis Mitte November.

LA GIARA, innen ein langer Schlauch, außen Tische auf dem Platz, blauweiß als herrschender Farbkontrast. Als ich dort war, hatte eine neue Besatzung den Laden mit viel Enthusiasmus übernommen, wenns dabei bleibt, ißt man dort gut bei vertretbaren Preisen : Spaghetti und Risotto mit Meeresfrüchten, die für den Inselwesten typischen Bucatini mit Kaninchensoße, Reis mit Pilzen, Fisch vom Grill oder in Folie, Zuppa di Pesce oder auch eine Boullabaisse (mit reichlich Edelfisch). Ordentlicher offener Wein, ca DM 30,--, offen von März bis Oktober, Dienstag geschlossen (Juni-September kein Ruhetag).

DA RINO, gleich daneben - das älteste Lokal an der Hafenfront. Rino hält sehr viel auf seine Zutaten - anders als bei seinen Nachbarn verwendet er nur fangfrischen Fisch und nichts aus der Tiefkühltruhe, sein Olivenöl stellt er selbst her - er kauft die Oliven (nur gepflückte Ware) direkt bei den Bauern in den Abruzzen und preßt sie selbst. Neben den üblichen Nudeln " gnocchi " (Kartoffelklößchen), sehr schmackhafte Gemüsesuppen als 1.Gang. Fisch vom Grill, aus dem Ofen, " all' Acqua pazza " - in pikanter Soße.

Die Gäste, meist Italiener - Rino legt auf Gäste wert, die Küche und Zutaten kritisch und mit Genuß verstehen. Ab DM 26,-- bis DM 30,--, kann aber auch wesentlich mehr kosten, offen von März bis Oktober, kein Ruhetag, ganzjährig Pizza, lecker die Gefüllte (" ripiena ") - um DM 12,-- bis DM 15,--, (inkl. Getränk).

S. Francesco

Nördlich von Forio - Ischias längster Badestrand, zum Teil flache Steilküste, sonst Sand oder Feinschotter. Die dahinter liegende Ebene ist dicht bebaut - Bauernhäuser, Ferienvillen und Hotels, bunt durcheinander.

Verbindungen : Bus längs der S.S. 270, vom Strand bis 1 km entfernt.

HOTELS:

Mehr marittimer Ferienbetrieb als Kuranstalten - Mineralwasser ist zwar vorhanden, regelrechte Thermalquellen aber weniger reichlich als um Lacco und südlich von Forio.

La Scogliera (II.cat.), Via Aiemita, Tel.: 99 83 87. Schöne Lage am Meer in einem üppigen Garten, zweistöckiger Bau im Inselstil, Thermalbecken, offen von April bis Oktober, VP pro Person NS DM 90,-- bis DM 100,--, HS DM 110,-- bis DM 115,-

Santa Maria (II. cat.), Spiaggia di S. Francesco, Tel.: 98 74 84. Modernes Strandhotel mit Natursaunas, einem offenen und einem Hallenthermalbecken, Zimmer vernünftig, freundlich-funktionelle Möbel, Disco, Tennis, Windsurf-Schule, Wasserski, Tauchen. Offen von Mitte März bis Oktober, HP pro Person NS DM 60,--, HS DM 95,-

Zaro (II.cat.), Baia S. Francesco, Tel.: 98 71 10. Gut und persönlich geführter Familienbetrieb am nördlichen Ende der Bucht, unterhalb der Wallfahrtskirche. Zimmer groß, familiengeeignet (zustellbare Doppelstockbetten), solide möbliert, alle mit Balkon. Doppelstöckiger Pool, einer davon mit Thermalwasser, Richtung Meer im Garten kleine Villa (Dependance). Gute Familienküche. Nachteil : Bis voraussichtlich 1987 wird in irgendeiner Ecke gebaut. Offen von April bis Oktober, HP pro Person NS DM 83,--, HS DM 100,--.

Cesotta (P.3), Via Cesotta 46, Tel.: 98 75 56. Neue Einfachpension in etwas vollgebauter Lage, aber dicht am Strand. Zimmer ordentlich, frisch möbliert, meist mit kleinen Balkon. Thermalpool - im Hof in einer Bretterscheune Taverne, abends gut besucht. HP in NS pro Person DM 60,--, HS DM 70,--.

Über die Felsküste Richtung Punta Caruso zwei ausgesprochen schön gelegene Pensionen.

La Bagatella (P.1), Via Cigliano, Tel.: 99 74 45. Kleine Villa im Mittelmeerstil mit sehr schönem Park, Thermalpool, sehr gut ausgestattet, offen von März bis Oktober, VP pro Person DM 120,-- bis DM 140,--. je nach Zimmer.

Villa Cortese (P.2), Via Sciavica 15, Tel. 99 83 15. Strenger weißer Schachtelbau, nur 15 Zimmer, großer Thermalpool, Umgebung recht kahl, offen von April bis Oktober, VP pro Person NS DM 60,--, HS DM 68,--.

TAVERNA CESOTTA , in weitläufiger Bretterscheune im Hof der gleichnamigen Pension. Familiäre Küche, keine Menüzwänge. Spaghetti mit Salat und Getränke um DM 12,-- bis DM 15,--.. komplettes Essen bei DM 18,--. Zwischen April und Oktober immer offen, Betrieb bis spät in die Nacht.

LA MERIDIANA , Spiaggia di San Francesco. Treff für den Abend, sofern das Geld locker sitzt, Garderobe (aber bitte nicht steif) ausgeführt werden soll, der Genuß von Kerzenlicht, gedämpfter Gitarre und perfekter Service angesagt sind. Die Küche hat ebenfalls Niveau - stark international gefärbt, leicht und mit teuren Zutaten : Krebs-Cocktails, Risotto mit Meerestierchen oder Steinpilzen, Edelfisch in Brühe oder vom Grill, sehr leckeres Eis eigener Kreation. Komplett um DM 70,--, auch mehr (hängt vom Fisch und vom Wein ab). Nur abends offen, Vorbestellung ratsam, oft Bedingung. Offen von Mai bis Mitte Oktober, Montag geschlossen.

S. Montano

Die Nordwestecke der Insel ist ein dicht bewaldetes Felsenkap mit Steilküste und der tiefeingeschnittenen kleinen Sandbucht Lido di S. Montano, den man am leichtesten auf Fahrweg ab Stufe di S. Lorenzo, bzw. Lacco Ameno erreicht. Den bergigen Teil der Halbinsel - außergewöhnlich artenreiche Steineichen und Pinienwäldchen - erschließt eine schmale Straße ab Spiaggia di S. Francesco; wo sie beginnt, steht die Wallfahrtskirche S. Francesco die Paola, geweiht dem Schutzparton der süditalienischen Fischer. Hübsche gefällige Barockausstattung, viele Kacheln mit Malerei, ländlich naive Malerei.

Die gesamte Steilküste mit ihren Klippen ist einer der Tips für Taucher in der gesamten Region um Napoli - immer noch reiche Unterwassertierwelt und Korallen.

Terme S. Lorenzo (II. cat.) , Kurhotel im " Mittelmeerstil ", frisch renoviert, in Pinienhain gelegen. Nützt die ältesten Thermalquellen der Insel (Dampf und Heißwasser), die schon von Griechen und Römern in der Antike genutzt wurden - u.a. natürliche Dampfschwitzgrotten und Dampffumarolen. Zimmer neu eingerichtet, recht groß, hell, komfortabel, aber aufs nötigste beschränkt. Sehr effizienter Kurbetrieb. Offen von Mai bis Oktober, VP pro Person DM 110,--.

Die Nordküste:

Ischias eigentlicher Kurpark. Hier sind besonders viele Thermalquellen, die Zusammensetzung der Wasser ist äußerst verschieden, die Vegetation durch die größere Feuchtigkeit üppiger als im Westen un Süden der Insel, Palmen, Bougainvillea, Camelien, Schirmpinien und Oleander kommen prächtig. Der Hintergrund für Kuren im alten Stil gegeben. Und vor allem ist der Norden weniger steil, was körperlich angeschlagene und ältere Kurgäste in diesen Inselteil besonders zieht. Daß hier das Meer weniger sauber und attraktiv ist als sonstwo auf der Insel, ist für sie in der Regel weniger wichtig.

Der moderne Kurbetrieb hat in diesem Bereich begonnen - vor ca. 250 Jahren in großem Umfang. Zwar hatten sich auch schon Römer und Griechen in der Antike auf Ischia kuriert, aber sie zogen die damals noch viel stärkeren Quellen an der Küste von Pozzuoli vor, wo die großen Villenviertel der Superreichen waren.

Im Mittelalter kurierten sich fast nur die Einheimischen auf Ischia, bauten recht primitive Badehütten über die Quellen und das war auch der Zustand der Bäder, als die meist aus Deutschland und England kommenden Reisenden der Goethe-Zeit und der Romantik Ischia wiederentdeckten. Sie genossen das warme Wasser, die Natur und meist auch reichlich den örtlichen Weißen, über die Begleitumstände ihrer Kuren brachen sie fast alle in Klagen aus: Habgierige und betrügerische Wirte, viele hartnäckige und raffinierte Bettler, die Badeeinrichtungen meist verkommen und verschmutzt.Fast alle fühlten sich dennoch wohl, unter ihnen Bayerns Ludwig I., Mitglieder der Herrscherfamilie des Königreichs Württemberg, Richard Wagner, Böcklin, nur Ibsen kam mit der Insel nicht klar und setzte sich nach Sorrento ab.

Lange Zeit konzentrierte sich das Badeleben vorwiegend um die Terme di S. Rita an der Gran Sentinella an der Grenze zwischen Lacco Ameno und Casamicciola. In dessen Nähe ist der kleine Ort Fango, wo ein Tümpel mit vulkanischem Schlamm war und ist, der dem Heilschlamm seinen heute internationalen Namen gegeben hat.

Lacco Ameno (3.000 Einw.)

Ischias teuerster und feinster Ort. Mit wenig Massenbetrieb, wenig Pauschaltouristen und den luxuriösesten Hotels. Insgesamt etwas abgestorben und in sich erstarrt. Und die Natur meist hinter Zäunen oder, noch solider, hinter Mauern - zusätzlich geschützt durch freundlich in die Mauerkrone zementierte Fragmente geleerter Bouteillen und durch die, in Italiens Villenvierteln so häufigen, scharf und aggressiv gemachten Viecher der Rasse "Pastore tedesco" (Dt. Schäferhund).

Wo die ufernahe Natur das Auge erfreut, und auch den Körper erfreuen könnte, ist sie gegen gesalzene Eintrittsgelder betretbar - so etwa in der Bucht von S. Montano, wo am Strand Thermalquellen entspringen (im Oktober ist das Vergnügen dann gratis).

Lacco Ameno war noch bis zum Mittelalter der Hauptort der Insel, bis es dann mit dem Bau des Castells Ischia Castello wurde.

Auf der Halbinsel des Monte Vico war die Akropolis des griechischen Pithekoussai (der ältesten Griechenkolonie überhaupt in Italien).

Ufficio Touristico Isola Verde, Corso A. Rizzoli, Tel.. 99470 9/10.

HOTELS

Lacco Ameno ist das teuerste Pflaster der Insel, die Hotels sind nur wenige und, verglichen mit den Nachbartorten, teuer. Häuser der unteren Preisklassen gibt es nicht.

<u>Parco Terme Michelangelo (I cat.)</u>,Via Provinciale Fango, Tel.995134. Oben im ruhigen Ortsteil Fango gelegen. Ein ultramoderner Bau, von außen und innen gekonntes Beispiel, was sich aus Beton machen läßt. Großzügig eingerichtet, mehrere Heißwasser-Pools, Kurabteilung, Offen von März bis Oktober, VP pro Person DM 195,- bis DM 215,--.

<u>Grazia Terme (II cat.)</u>, Via Fango 2. Tel. 99 41 81. Ebenfalls oben am Fuß des Epomeo, modern gestylt, von viel Grün umgeben, Kurabteilung, Thermalpool, offen von April bis Oktober, VP pro Person NS DM 100,--, HS DM 110,-- bis DM 120,--.

<u>Don Pepe (II cat.)</u> Via Campo, Tel. 99 43 97 . Im unteren Ortsteil dicht am Meer, Haus im Mittelmeerstil mit großem Garten und Thermalbecken, Kurabteilung, offen von April bis Oktober, VP pro Person NS DM 100,--, HS DM 110,--.

<u>Mediolanum (II cat.)</u>, Tel. 99 50 50 . Im Centrum, dicht am Meer, modernes Mittelklassehotel, Thermalpool, einfach aber gediegen, billigstes Hotel im Ort. VP pro Person DM 64,--, ganzjährig geöffnet.

<u>Villa Svizzera (P.1)</u>, Via Litoranea, Tel. 99 42 63 . Palmenumstandene Herrschaftsvilla der Jahrhundertwende an der Uferstraße. Park mit Thermalpool, Kurabteilung, offen von April bis Oktober, VP pro Person DM 120,-- bis DM 130,--.

Thermalkomplexe:

<u>Terme Regina Isabella e Santa Restituta - Terme Reginella.</u> Auf dem Gebiet der Thermen, die schon gemäß archäologischen Befunden von den ersten

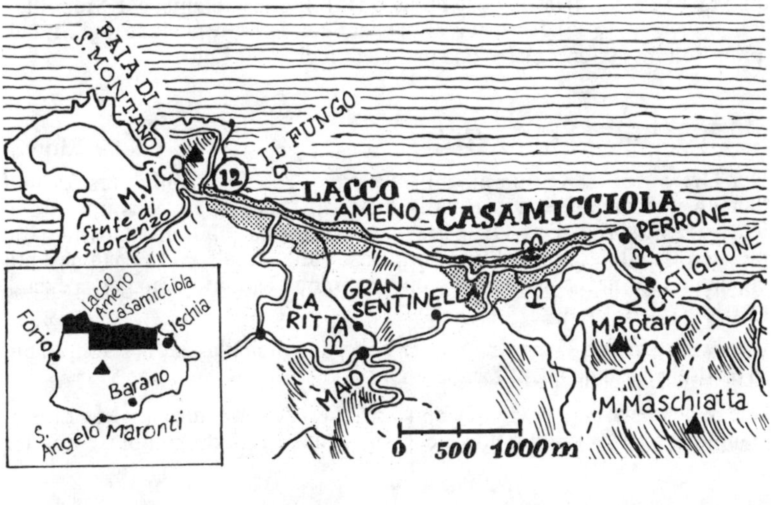

griechischen Siedlern genutzt wurden. Die alten Thermengebäude des 18. Jahrhunderts wurden 1951 durch moderne Gebäude ersetzt. Die Quellen haben die höchste Radioaktivität aller Quellen der Insel, der Werbeprospekt behauptet, der ganzen Erde. Kuren aller Art, außerdem ein Thermalschwimmbecken.

Giardini Termali Negombo am Monte Vico, 4 Thermalschwimmbecken, großer Park, Tageskarte ca. 18 DM.

(12) Im Stadtzentrum die Kirche S. Restituta, außen nette Spätbarockformen im Inselstil, innen frostige englisch-viktorianische Pseudo-Gotik. Unter der Kirche Ausgrabungen, gleichzeitig als unterirdisches Museum - die Fund-stücke sind freigelegt, aber am Platz geblieben, wo sie gefunden wurden.

Die Heilige Restituta ist die Heilige der Insel (ihre Reliquien sind in Napoli). Restituta war eine nordafrikanische Jungfrau von christlichem und heiligmäßigem Lebenswandel des 6. Jahrhunderts, die ihrem Glauben nicht abschwören wollte und deshalb gleich vierfach zum Tode verurteilt wurde: Zum Verdursten, Verhungern, Verbrennen und Ertrinken. Man packte sie auf ein brennendes Boot, aber die Mächte des Himmels griffen ein und Restituta landete an einem 17. Mai in der Bucht von S. Montano.

Der Landetermin wird jedes Jahr mit einem dreitägigen Fest begangen, Tausende kommen extra aus Napoli, in Lacco der übliche Aufwand für solche Feste (Feuerwerk, Illumination, Musikkapellen, Plastikspielzeug der Ufo-Robot-Generation und gebrannte Mandeln).

Im Meer vor dem Hafen der "Fungo" (Pilz), ein vulkanischer Monolith, den das Meer zur Pilzform zurecht genagt hat. Uferpromenade und Strand (praktisch im Hafenbecken) öde und auch nicht sehr sauber.

Casamicciola: (5.400 Einw.)

Der Ort wurde 1883 von einem schweren Erdbeben völlig zerstört und danach wieder aufgebaut. Relativ modern. Das Hauptwachstum in den letzten 25 Jahren. Das Hauptziel kurender Pauschaltouristen (hier die meisten Quellen der Insel und vor allem viele Hotels und Pensionen mit eigenem Thermalkomplex, meist auf bestimmte Kuranwendungen spezialisiert).

Überwiegend von Herrschaften der höheren Altersklassen besucht, Laute in deutscher Zunge überall zu hören.

Der Badebezirk liegt etwas landeinwärts, die Therme Manzi am Meer.
Hauptquellen: Gurgitello und die Terme Rita, die Bäderkomplexe mit der

größten Tradition, von mehreren Thermalkomplexen genützt, meist sind sie reine Kureinrichtungen ohne Thermalschwimmbecken.

An der Straße nach Ischia Porto auf einer pinienbestandenen Halbinsel die Giardindi Castiglione mit 8 Schwimmbecken verschiedener Temperatur direkt am Meer (wohin das warme Wasser fließt), Tageskarte ca. 14 DM.

Tourist INFO AVET, Piazza Marina, Tel.: 994441

HOTELS:

Casamicciola ist ebenfalls städtisch, der untere Ortsteil an der Küstenstraße stark vom Durchgangsverkehr geplagt, oben auf der Terrasse zwischen Küste und Epomeosteilhang geht es ländlicher und grüner zu. Dank der sehr starken und zahlreichen Thermalquellen ist in Casamicciola der Bade- und Kurtourismus ausgesprochen konzentriert, ein Gutteil der Hotels und Pensionen sind fest in der Hand von Reiseveranstaltern.

Ibsen (II cat.) Corso Vittorio Emanuele 35, Tel.: 99 45 88. Modernes Kurhotel im oberen Ortsteil, Garten mit Thermal-Pool, VP pro Person NS DM 80,--, HS DM 100,-.

Pepe Moreno (P.2), Tel. 99 41 61. Dicht am Centrum, modernes Appartment-Hotel, nur Zimmer mit Frühstück, offen von März bis Oktober, DZ/DM 55,-- ,(Frühstück extra).

Terme Scioli (P.2), Via Garibaldi, Tel.: 99 44 21. Frisch renoviertes Stück Jahrhundertwende, ausgesprochener Kurbetrieb, offen von April bis Oktober, VP pro Kopf in NS DM 82,--, HS DM 90,--.

Magnolia (P.3), Tel.: 99 42 07. Im oberen Ortsteil (Maio), kleine familiäre Häuser im Garten, offen von April bis Oktober, VP pro Person NS DM 50,--, HS DM 55,--. Nur wenige Zimmer - Vorbestellung ratsam.

Monte Tabor (P.3), I Traversa Mortito 13, Tel.: 99 42 61. Geräumige Anlage um Innengarten mit Thermalschwimmbecken, zweistöckiger Flachbau mit Terrasse nach Innen, offen von April bis Oktober, VP DM 58,-- bis DM 70,--.

Monti (P.3), Via Calata S. Antonio 7, Tel.: 99 40 74. Im oberen Ortsteil, von Pinienhain umgeben, Thermalbecken und große Terrassen. Familienpension, einfach, gute Küche, ganzjährig offen, VP pro Person NS DM 50,--, HS DM 56,--.

Tusculum (P.3), Via Daluisio 42, Tel.: 994265. Im oberen Ortsteil zwischen Gärten, verschachtelter Neubau, Zimmer zweckmäßig, Thermal-Pool, ganzjährig offen, VP pro Person DM 65,-- bis DM 75,--.

Villa Angelina (P.3), Via S. Girardi 20, Tel.: 99 41 03. In der Nähe des Meeres, außerhalb des Centrums, kleiner Garten, einfach ausgestattet, nur 9 Zimmer, offen von April bis Oktober, VP DM 50,-- bis DM 68,--. je nach Lage und Größe der Zimmer.

Villa Teresa (P.3), Via Castanito 40, Tel.: 99 43 88. Im oberen Ortsteil, ruhig schön bewachsen, offen von April bis Oktober, VP pro Person NS DM 58,--, HS DM 64,--.

RESTAURANTS

TRATTORIA MARCELLINO: Im Zentrum, Gartenristorante, die ganze Familie arbeitet mit. Pasta al Forno, Spaghetti mit Sepia und Tinte, Kaninchen, ausgebackener Mozzarella. Wein aus eigenem Anbau. Ca. 15 - 18 DM, offen März - Nov.

Der reizvollste Teil von Casamicciola um die Terme di S. Rita an der Grande Sentinella und im Ortsteil Maio, wo man noch etwas die Atmosphäre haben kann, die die Reisenden im letzten und vorletzten Jahrhundert hatten. Maio ist ein günstiger Ausgangsort für Wanderungen auf den Epomeo, man läuft dann in den Fußstapfen aller möglichen Klassiker.

In Maio: Pizzeria DA CATARI'.

Procida

Zwischen Ischia und dem Festland gelegene Insel vulkanischen Ursprungs, aber ohne alle heißen Quellen und Fumarolen. Die Vulkanschlacken sind längst zu fruchtbarer Erde zerfallen und die Insel ist eine Zitronenplantage, daneben wird auch Wein abgebaut.

Touristisch relativ wenig entwickelt, nur drei kleinere Hotels, um den Hafen eine Reihe Trattorie, wo an Sonntagen von Napoletanern wimmelt, denn die Bewohner Procidas gelten als besonders gute Fischer.

Der Ort ums Castello (drin ist ein Gefängnis wie in vielen Castelli Italiens) reizvolles Beispiel für spontanes Bauen, viel urprünglicher als die Orte Ischias. Eine Insel, wo sehr Ruhebedürftige Frieden finden können, reichlich an Möglichkeit zu Spaziergängen und zu spontanen Kontakten, besonders wenn man nicht wie die meisten am Abend die Insel verläßt.
Zum Baden trotz einiger Strände kaum geeignet, denn die Wasserverschmutzung von Pozzuoli und Napoli ist spürbar.

Fährverbindungen:
Von Ischia Porto, Pozzuoli und gelegentlich ab Napoli Molo Beverello.

HOTELS:

Arcate (III.cat.), Localita Chiaia, Tel.: 8967120, DZ ca 55 DM.
Riviera (III.cat.), Localita Chiaiolella, Tel.: 8967197, DZ ca. 32 - 36 DM.
L'Oasi (III.cat.), Localita Ciraccio, Tel.: 8967499, DZ ca. 40 DM.
Alles moderne Ferienhotels zur Sommerfrische stadtmüder Napoletaner.

PUNTA SERRA, auf dem gleichnamigen Cap. Unter dichten Bäumen, ins Ortszentrum 1,5 km.

Kaum mehr als ein leuchtender Felsblock im Meer. Kontrast zwischen intensivem Blau des Meers, den strahlend weißen Felswänden und dem tiefen Grün der Vegetation.

Schon von weitem türmt sich die Insel wie unzugäglich auf. Zwei durch einen geschwungenen Sattel verbundene Hochebene , auf denen die Orte Capri und Anacapri liegen, ineinandergeschachtelte Häuseerkuben, überragt von gekalkten und buntgekachelten Kuppeln.

Trotz infernalischem Tourismus ist die Insel nicht total vom super-hochorganisierten Touristengeschäft aufgefressen. Es gibt mehr Oasen, als der Capri-Mythos erwarten ließe. Mir persönlich hat die Insel gut gefallen, obwohl ich eher ein Mensch bin, der Touristenströmen aus dem Wege geht, der die lieben Mitreisenden eigentlich immer erst schätzt, wenn er ein paar Tage lang keine gesehen hat.

Einmal gibt es auf Capri eine ganze Menge Ecken, die so unbequem sind, daß sich nur wenige hinverirren, und dann nimmt einen die Landschaft, das fast über dem Meer schweben, der harte weiße Stein, die üppige Vegetation, die Architektur nach dem Maß ihrer Bewohner so gefangen, daß darüber Berührungsaversionen schwinden.

Aber man meide die Insel in der Hochsaison. Im sonnigen Spätherbst oder im Winter, der ein Frühling ist, wird die Insel ein leichter, luftiger Traum.

Fähren

NAPOLI / Molo Beverello: mindestens 8 mal täglich (CAREMAR und Libera Navigazione del Golfo): 1 Std. 20 Min.

SORRENTO / Marina Piccola: mindestens 7 mal täglich (CAREMAR und G&L): 50 Min.

Aliscafi (nur Personenbeförderung):

NAPOLI / Mergellina: (Lauro und Libera Navigazione): mindestens 9 mal täglich, ca. 35 min.

NAPOLI / Molo Beverello: (CAREMAR): 4 mal täglich, Dauer 40 Min.

SORRENTO / Marina Piccola: (CAREMAR, Libera Navigazione, G&L): 7 mal täglich, Dauer 50 Min.

Im Sommer zusätzliche Verbindungen. Capri wird dann zum UMSTEIGE-HAFEN für alle Golfregionen. Dann auch Aliscafi zur CILENTOKÜSTE: Agropoli - Palinuro - Sapri - Maratea.

FAHRTKOSTEN für einfache Fahrt ab Neapel: Schiff ca. 6 DM, Aliscafi ca. 12 DM, von Capri nach Ischia mit dem Schiff ca. 10 DM, Alsicafi ca. 12 DM.

INSELTRANSPORT:

Eigener PKW: Die Insel ist für den Autoverkehr gesperrt, außer man besitzt eine Sondergenehmigung - und die bekommt nur, wer fest auf Capri mit Wohnsitz gemeldet ist. Ohne diese Genehmigung bekommt man schon gar keine Fahrkarte fürs Auto. Insgesamt ein Riesenglück für die Insel: sie ist klein, es gibt nur wenige Straßen, die mit Autos befahren werden können, und dort schaffen schon die Autos der Insulaner ausreichend Probleme!

Wer dennoch per Auto angereist kommt: Wagen in Sorrento abstellen, dort gibt es Garagen, kostet ca. 10 DM pro Tag.

Busse: (Minimalfahrplan - in HS häufiger und länger in die Nacht)

SIPPIC: Capri-Anacapri: 6.45 - 22.00 Uhr alle 15 Min, 22.00 - 24.00 Uhr alle 30 Min.

Capri-Marina Piccola: 6.20 - 23.30 Uhr alle 30 Min.

STAIANO: Ancapri-Faro: 7.00 - 18.00 Uhr alle 40 Min.

Funicolare Marina Grande-Capri: 6.35 - 20.20 Uhr alle 15 Min.

Falls nicht in Betrieb, Busersatzverkehr. In Kleinbussen geht es immer sehr eng zu, auf kürzeren Distanzen, besonders in Abwärtsrichtung, ist man zu Fuß eindeutig im Vorteil. Fahrpreis: je Strecke 1 DM.

Taxi: meist Uraltmodelle aus den 50er Jahren, tiptop gepflegt, aber auch neueres. Die Fahrt in den langen Uralt-Fiats bringt Spaß und kostet. Ausnahme: Es kommen genug Leute für ein Fuhre zusammen!

Die eigenen Füße: das wichtigste Mittel zum Vorankommen und Erleben, die Insel ist klein, man bleibt immer in Distanzen und längere

Spaziergänge, allerdings gibt es happige Höhenunterschiede. Für's Fahrrad ist die Insel denkbar ungeeignet.

Tourist INFO A.A. (Postanschrift für Anfragen): Palazzo Cerio, 80073 Capri (NA), Tel.: 081 / 837 04 24

Informationsbüros: Marina Grande: am Hafen, Tel.: 83 70 634
Capri: Piazza Umberto I, Tel.: 83 70 686
Anacapri: Via G. Orlandi, Tel.: 83 71 524

Dort Vermittlung von Hotelzimmern und Privatwohnungen. Wer langfristig bleiben will, oder bei der A.A. erfolglos ist:

Agenzia Annamaria Pipoli, Via Matermania, Capri, Tel.: 83 77 412
Agenzia S.I.M., Via Longano 24, Capri, Tel.: 83 77 877
Agenzia C.I.R., Via Roma 78, Capri, Tel.: 83 77 366

NOTFÄLLE:

Carabinieri CAPRI, Tel.: 837 00 00, ANCAPRI, Tel.: 837 10 11
Ärztl. Nacht- und Feiertagsdienst: Tel.: 837 00 54, 837 06 88

Ärzte und Apotheken gibt es in beiden Orten reichlich. Krankenhaus: Capri an der Straße Richtung Anacapri, Tel.: 837 00 14 und 837 87 62.

REISEKONZEPTION:

Nicht wegen der Kleinheit der Insel zu dem Schluß kommen, in ein paar Stunden Alles gesehen zu haben. Die Versuchskaninchen auf diesem Trip trifft man jeden Abend auf der letzten Fähre nach Napoli im Schlaf der Erschöpften und wenn sie dann wieder bei Bewußtsein sind, wird laut gemeckert.

Wer nur die Blaue Grotte und die Piazza machen will, einverstanden, er hat zwei sehr sehenswerte Punkte in Süditalien gesehen, mehr nicht.

Badereise und sonst nichts: Finger weg! Es gibt schönere Einstiege in die Wogen des Mittelmeeres, wo zudem weniger Gedrängel herrscht.

Unterkunft:

Runde 60 Hotels in Capri, davon 10 in Anacapri und 5 unten an der Marina Grande. Außerdem viele Ferienwohnungen und Villen, daneben auch Wohnmöglichkeiten bei Privat. Für Kurzaufenthalte kommen nur die Hotels in Frage.

HOTELS

Capri muß nicht überteuert sein. Neben sehr luxuriösen Hotels gibt es viele Sachen, die auch für weniger gespickte Geldbeutel zugänglich sind. Die Hotels in Venedig, am Gardasee, Rom, Florenz und den Hauptzielen der

Toscana sind teurer. Und auf dem campanischen Festland liegen die Preise änlich, außer man logiert ganz abseits.

Und die lange Übung in Tourismusgeschäft hat die Capresen zu guten Rechnern gemacht: die Leute sollen immer wieder kommen, und so verläßt man sich nicht nur auf die Schönheit der 10 qkm, sondern bindet die Sympathie auch mit leistungsgerechten Preisen.

Anders als bei Ischia und Sorrento bieten Pauschalarrangements keine Vorteile, allenfalls in der ganz toten Zeit, die auf Capri aber höchste Reize bietet. Prospekte und Preislisten sehr sorgfältig vergleichen!!!!

Extremen Nepp und miese Bruchbuden gibt es nicht. Die große Auswahl an Hotelbeschreibungen hat ihren Grund: Einmal was für jeden Geschmack und Geldbeutel, dann gibt es oft, auch außerhalb der Hochsaison Engpässe. Höhepunkte der Reisesaison: Osterwoche, Mai, Juli/August bis ca. 10. September.

In diesen Perioden möglichst nicht auf gut Glück angereist kommen. Die Sache kann gleichbedeutend sein mit total "completo". Telefonische Reservierung wird überall akzeptiert.

Es gibt noch einige Traditionshotels mit viel gewaschenem Ambiente, sichtbaren Erinnerungen an berühmte Gäste. Insgesamt ist die Mischung aus alt und neu, die Einrichtung solide. Was auch für die Mehrzahl der Einfachhotels gilt.

Anders als auf der Nachbarinsel Ischia und auch in Sorrento sind die Capresen weitgehend den veränderten Bedürfnissen ihrer Gäste entgegengekommen: sie verzichten weitgehend auf Voll- oder Halbpension, denn in Capri ist man unterwegs, möchte neues kennenlernen. Und weil der Gast immer wie ein Freund aufgenommen wird, läßt man ihm die Freiheit. Zudem wissen die Hoteliers, daß man auf der Insel an vielen Stellen sehr gut essen kann, sie tun es schließlich auch selbst!

Bezüglich CAPRI-ERWARTUNGEN:

Was in Büchern über Capri geschrieben steht, die vor 1850, vor 1900, vor 1945, vor 1960 erschienen sind, ist liebenswürdige Vergangenheit. Tourismus ist hier Business, die nötigen Anpassungen an neue Tendenzen im Tourismus werden flexibel und schnell vorgenommen. Selbst Alt-Capri ist nur noch Fassade, allerdings sehr gefällig und gut gepflegt.

Die Natur hat dank der Intelligenz der Capresen (sie wissen, was das Kapital der Insel ist) ihren Charakter bewahrt. Also: die schönsten Teile der Insel sind nur zu Fuß erreichbar (die entsprechenden Wege sind ordentlich, Gefahren lauern nirgendwo, außer in den Restaurants und Eisdielen, dafür einige beträchtliche Höhenunterschiede).

Orte zum Verschnaufen und Einkehren gibt es reichlich - dic Preise sind gelegentlich reiner Straßenraub - der Wein angeblich immer uralter

Familienwein - geschmacklich meist irgendwo aus dem Vesuvgebiet (dessen Weine ja nicht übel sind, nur viel wohlfeiler).

Das kristallklare Meer: selbst wenn man oben an der Villa di Tiberio oder bei den Faraglioni steht, wo das Meer perfekt blau und leuchtend ist, durchscheinend klar - unmittelbar hinter der Brandungszone ist fast immer ein deutlich sichtbarer Spülsaum und wer sorglos badet, kommt schwarz gesprenkelt aus den Wogen, denn Capri hat das Pech, an der Einfahrtsroute der Erdöltanker zu liegen, die Napoli ansteuern. Leichte, gefällige, gar kindergeeignete Badestrände gibt es nicht. Absprung von den Klippen ins Wasser. Die Südküste landschaftlich reizvoller und das Wasser sauberer.

Vom Land her ist das Meer nur an wenigen Stellen erreichbar. An den "strategischen" Punkten ist nur wenig Platz, der wird vielfach durch Bade-Stabilimenti (Umkleidekabinen, Sonnenterrasssen, Bar, Restaurant) eingenommen, freie Stellen gibt es, aber sie sind klein. Wer etwas über die Klippen klettert, kann sogar ein gewisses Maß an Abgeschiedenheit finden.

CAPRI ERFORSCHEN:

Landkarte Litografia Artistica Cartografica: Penisola Sorrentina e Costiera Amalfitana (Nebenkarte Capri 1:20.000). DM 3,50.

Die Superkarte in jeder Hinsicht. IGM 1: 10.000 Isola di Capri. Beim IGM in Florenz längst vergriffen, aber GeoCenter Stuttgart hat noch Vorräte. Kostet 5 DM. Weil sich auf Capri in den letzten Jahrzehnten am Wegnetz praktisch nichts geändert hat, top-aktuell.

Buch: Humbert Kesel, Capri, Verlag Prestel, München, DM 30. Capri zwischen 1900 und 1950 persönlich erfahren, Geschichte der Insel und ihrer Besucher seit der Antike.

Spaziergänge:

Von der Landkarte inspirieren lassen. Überall Nebeneinander von Macchia und Kulturland (die Parks und Gärten der Villen nur in der Nähe der beiden Ortschaften). Turnschuhe an die Füße, weil einen in Sandalen die kleinen spitzen Steinchen pieken, die auf den Wegen reichlich liegen.

2000 JAHRE TOURISMUS:

Bis auf einige Jahrhunderte, als die Präsenz von Piraten Vergnügungsreisen auf die Insel verbot war Capri seit den Tagen des Augustus Ziel meist betuchter Reisender. Vielen gefiel die Kalkklippe im Meer so gut, daß sie zu Einheimischen wurden.

Der erste PROMINENTE, der auf die Insel ausstieg, war der Nachfolger des vergöttlichten Augustus, Kaiser Tiberius, der die Insel zu einer riesigen Privatvilla umbaute, Mauerreste zum Teil noch deutlich zu sehen. Der vergöttlichte Tiberius soll hier allerlei Grausamkeiten und Perversitäten nachgegangen sein (Details s. VILLA JOVIS), die Fremdenführer erzählen heute noch mit gedämpfter, zitternder Stimme davon - so richtig zu beweisen sind die Greuel des Tiberius aber nicht.

Das MITTELALTER brachte dann den absoluten Tiefpunkt des Tourismus (damalige Reiseziele waren Reliquien wundertätiger Heiliger und Capri hatte dergleichen nicht). Wer gelegentlich kam, waren die Schiffe auf denen die grüne Fahne des Propheten wehte.

Chaireddhin Barbarossa, Draghut und Occhiali (einem Calabresen, der zum türkischen Admiral aufgestiegen, seiner südital. Heimat häufige Besuche abstattete) kamen öfter, ließen aber keinen müden Soldo in Capri, sondern nahmen vorzugsweise die Töchter Capris mit, deren wohlgestaltete Gesichter und ihre Tüchtigkeit im Tarantella-Tanzen bis Tunis und Kairo bekannt waren.

Der Deutschen berühmtester Italienreisender, GOETHE, war nur fast auf Capri. Von Sizilien nach Napoli zurückkehrend erlitt er hier fast Schiffbruch - die Capresen standen damals im schlechten Ruf, nur die Habe der Schiffbrüchigen zu retten, nicht aber deren Leiber. Eine plötzlich aufkommende Brise bewahrte den Olympier vor derart grausamen Geschick und er konnte dann 30 Jahre später einen Super-Seller, "Die Italienische Reise" im ruhigen Weimar am Stehpult zu Papier bringen.

Dieses Buch ließ nach seinem Erscheinen (1816) in deutschen Landen alles nach Napoli aufbrechen, was eine poetische Ader in sich verspürte und den Verseschreibern folgten die Maler. Man sah inzwischen die Welt nicht mehr ausschließlich edel und erhaben, also klassisch und in Marmorstein, sondern begab sich auf die Suche nach den "edlen Wilden".

Und die Capresen freuten sich nach Jahrhunderten der Isolierung über die Fremden, die so schlecht Italienisch konnten, noch weniger mit dem Dialekt klar kamen, aber dafür legendäre Mengen Wein verdrücken konnten (erstmals kam den Capresen der Gedanke den "Heimischen " zu strecken). Störend war allein, daß es kaum ein auswärtiger Dichter oder Maler unterließ, die Wirtstöchter anzuhimmeln, wo sie doch

1. keinen soliden Beruf hatten
2. soviel soffen, daß sie zwar noch für die Poesie taugen mochten, nicht aber für Feldarbeit.
3. die Schwarzäugigen und Schwarzhaarigen zu Sirenen, Nymphen etc. verklärten, aber nicht besonders heiratslustig waren, vielmehr mit irgendeiner hochgestellten Dame nördlich der Alpen in einem druckreifen Briefwechsel standen, und
4. wenn es ganz ernst wurde, ihre Tätigkeit als Idylliker oder Reiseschriftsteller etwa in Sizilien fortsetzten.

Doch die TEDESCHI und INGLESI machten sich um Capri verdient: sie entdeckten so ganz beiläufig die blaue Grotte und schrieben soviel über die Insel, daß aus Zimmervermietern Hoteliers wurden, man die Ziegenzucht aufgeben konnte (sie hatte Capris Export über Jahrtausende bestimmt). Inzwischen ist der Tourismus Monokultur und läuft wie geschmiert.

★ Reisende der Jahrhunderwende und der Jahre danach:

Lenin, Wladimir Iljitsch, 1908 und 1910 auf Capri in der Villa seines Schriftstellerfreundes Maxim Gorkij, der zwischen 1906 und 1913 in Capri war. Lenin ließ sich von den Fischern an der Marina Grande relativ erfolglos das Angeln beibringen.

Davor waren die Maler und Dichter der Münchner Salons Dauergäste der Insel. Ihre Namen sind in Münchner Straßen verewigt, - Paul Heyse, Hermann Lingg, - inzwischen auch im Freistaat Bayern nicht mehr Schullektüre, - so haben sie jedoch damals per Gedicht oder Reisejournal Gratiswerbung für die Insel betrieben.

Damit waren sie so erfolgreich, daß kurz danach die Preise auf der Insel um ein mehrfaches anstiegen.

Danach die erste Invasion gediegenen zahlungskräftigen Publikums: sattes wilheminisches Bürgertum, das die Sensation der internationalen Literaten- und Künstler-Boheme mit wollüstigem Schaudern genoß und damit die Verzeihung für eventuelle kleine Exzesse zur Hand hatte.

Prominente stießen da weniger auf großzügiges Verzeihen: Fr. Krupp, der Kanonen-Krupp, Viellenbesitzer auf Capri und Symbolfigur des Wir-sind-wer, stolperte über Capri. Er umgab sich mit gutgewachsenen (und wahrscheinlich käuflichen) Jünglingen (ganz sicher ist das nicht) und das benützte ein italienischer Journalist, wahrscheinlich um an der Nichtveröffentlichung des Artikels zu profitieren.

Der Artikel erschien kurz danach auch in deutschen Zeitungen und der Reichstag hatte seinen Untersuchungsausschuß, wo es aber bald um konkretere und haarsträubendere Dinge ging, als um die nach § 175 StGB zu ahndenden Neigungen des Rüstungs-multimillionärs: Krupp hatte die perfektesten Waffensysteme nicht nur an des Reiches schimmernde Wehr geliefert, sondern auch an potentielle Gegner in einem Krieg, der wenige Jahre später das Touristenparadiers Capri leerfegte.

Was aber das gutbürgerliche Publikum der wilheminischen Zeit mehr anzog, waren die "Originale", von denen man zu Hause im Deutschen Reich nur mit Erschaudern sprechen konnte:

August Weber aus München. Enterbt, als er seiner Familie seine Berufung zur Malerei erklärte, begab er sich zu Fuß nach Italien, verspürte in Napoli die Neigung, nach Capri zu fahren und erwarb hierzu ein Ruderboot. Die Reise dauerte einige Tage und dort angekommen, sperrte man ihn erst einmal als Spion ins Gefängnis. Er verheiratete sich dann und wurde Gastwirt auf der Insel.

Oder der Münchner Maler Karl Wilhelm Diefenbach (sein ziemlich finsteres Werk auf riesigen Leinwänden in der Certosa zu besehen), der im Bayrischen Ärger wegen seiner Neigung zur Freikörperkultur hatte, streng vegetarisch lebte und den Weltuntergang erwartete. Hochachtung vor seinem konsequenten Pazifismus, aber seine Bilder haben die Poesie von Runkelrüben und sind platt.

Riesige Schinken, leider hatte ich keinen Zollstock dabei, mit bleichen mythischen Frauengestalten vor dunklen Abgründen und tiefen Löchern und Schlünden.

Sein Werk hat er der Gemeinde Capri vermacht, die damit die Certosa blockiert. An weniger idyllischem Ort hätte der Kohlrabi-Apostel weniger Besucher.

★ DIE NATUR:

Capri ist für das Mittelmeergebiet ein BOTANISCHER GARTEN, auf so engem Raum läßt sich sonst nicht die Vielfalt der mittelmeerischen Pflanzenwelt beobachten. Runde 1000 Arten sind es, davon 150, die nur auf Capri vorkommen. Nicht gerechnet die Arten aus dem tropischen und subtropischen Amerika, auf die eifrige Bibel-Illustratoren hereingefallen sind, wenn sie Jesus inmitten von Agaven predigen lassen und die Jünger zwischen Opuntien ("fico d'India") wandeln.

Für den GEOLOGEN ist Capri nur die Fortsetzung der amalfitanischen Halbinsel, aber die Besonderheit liegt darin, daß hier alles auf engstem Raum zusammengedrängt ist, weshalb man auch bei aller Reserve gegenüber dem Touristenrummel mal rüber fahren sollte. Das gleiche Naturerlebnis auf dem Festland ist mit mehr Schweiß verbunden und erfordert besseres Schuhwerk.

Rund um die Insel sind 65 nur vom Meer aus zugängliche HÖHLEN und GROTTEN, bis auf die Grotta Azzurra und die Grotta Verde nur mit dem eigenen Boot zugänglich.

Ebenso die KLIPPEN vor den Ufern, unwirtliche Felsennadeln seit Jahrtausenden von Capri abgetrennt, wo sich auf den Faraglioni-Klippen in etwa 15.000 Jahren die berühmten blauen Eidechsen entwickelt haben und dort in einigen hundert Exemplaren überleben. Diese blaue Art gibt es nur auf den Klippen.

★ INSEL DER SIRENEN:

Die gelehrsame Homerinterpretation verlegte den Wohnsitz der männermordenden Frauenvögel gern nach Capri - die allzu kleinen Li Galli - Inseln südlich von Positano und das schroffe Kap gegenüber von Capri erschienen zu unpoetisch.

Als man dann in der Grotta delle Felci auch noch Menschenknochen fand, war für die Gelehrten der Beweis perfekt, daß die kannibalischen Sirenen auch Capri hausten.

Im Volksglauben der Antike wurden sie allerdings nicht auf Capri verehrt, sondern an der Punta Campanella auf der sorrentiner Halbinsel, Capri genau gegenüber, ab der Punta Licosa im Cilento und an anderen Kaps der campanischen Küste, die für die Schiffahrt gefährlich waren. Aber sie paßten halt gut in einen Capri-Mythos und schließlich war die Insel zur Segelschiffzeit gefährlich.

Der Scoglio delle Sirene an der Marina Piccola beweist nichts, denn er hieß noch vor 100 Jahre Scoglio del Mulo (Maultierklippe).

★ DIE BEWOHNER:

der beiden Inselorte Capri und Anacapri leben so lange man weiß in Fehde. Beide Orte hatten sich voneinander isoliert, die abgesonderte Lage Anacapris auf seinem Felsenplateau und die fehlende, erst in diesem Jahrhundert geschaffene Straßenverbindung, ermöglichten es, sich aus dem Weg zu gehen.

Noch Reisende des letzten Jahrhunderts, die es ja nicht unbedingt gewohnt waren, ihren Weg selbst zu finden, klagten darüber, daß einen der Führer nicht von Capri nach Anacapri begleitete und umgekehrt.

Die Gründe? Mit einer Bevölkerungsdichte von annähernd 1000 Einwohnern auf den Quadratkilometer schon in der Zeit vor dem Tourismus war die Insel hoffnungslos überbevölkert, die Bodenfruchtbarkeit ist nur im Umkreis der beiden Orte hoch, sonst diente der größte Teil der Insel als Waldweise für Rinder, Ziegen und Schweine.

Es gab ständige Auseinandersetzungen um die Weiderechte und dann sollen sich noch die Capresen seit dem Mittelalter an die Frauen der Anacapresen herangemacht haben, die als Schiffszimmerleute in Napoli arbeiteten.

Mit dem Aufkommen des Tourismus jagte man sich die Gäste gegenseitig ab und hielt sich die Urteilde der Fremden unter die Nase, die je nach Gusto mal Capri für den schönsten Ort der Welt hielten und mal Anacapri. Inzwischen ist das etwas verflacht.

★ TOURISMUS HEUTE:

Die Capresen haben, wohl durch ihre Tradition, Fremde freundlich aufzunehmen und dabei noch selbst Freunde zu haben, die Sache nicht zum seelenlosen Geschäft degradiert. Ihre Freundlichkeit hat nichts Förmliches, die Herzlichkeit ist nicht aufgesetzt, sie sind einfach nett, unaufdringlich und hilfsbereit.

Ein andere Sache ist der tagtägliche Einfall organisierter Reisegruppen, angeführt vom Reiseleiter mit wimpelgeschmücktem Stock oder Regenschirm als Standarte und Orientierungspunkt, der mehrsprachig seine Herde zusammenhalten muß. Die Herde ist neugierig, andererseits ängstlich, weil man in der bekanntesten Insel der Welt alle Abgründe des Neppens befürchtet. Die Preise für den im Sitzen genossenen Cappuccino auf der Piazza bestätigen das auch gleich beim ersten Kontakt mit dem insularen Tourismusbetrieb.

Wenn schon nur für einen Tag nach Capri (wogegen Einiges trotz der Kleinheit der Insel spricht), dann unbedingt auf eigene Faust. Die Reiseleiter scheuen lange Wege, viel Zeit ist auch nicht und die zahlenden Gäste erwarten, daß sie ihre Capri-Erwartungen vor Ort vorgeführt bekommen.

★ CAPRESISCHE KÜCHE:

Man findet sie, nicht gerade Schritt auf Schritt, aber ganz schön reichlich. Nebenbei: Essengehen auf Capri ist nicht teurer als anderswo in Italien, sofern man sich nicht dem Touristennepp anvertraut (einige schwarze Schafe gibt es auf der Insel, die sehr auskömmlich davon leben), oder sich in der hochgestochenen Langeweile "internationaler" Cuisine auf recht kostspielige Abenteuer einläßt. An Kochtradition findet man die Sachen im Topf und Teller, welche die Halbinsel von Sorrento und Amalfi (dabei mehr den amalfischen Teil) auszeichnet: Fische, Meer, Kleingarten und Berge, alles ganz leicht mit dem natürlichen Geschmack der Dinge.

Ähnlich wie dort (und dann noch mehr im "tiefen" Süden) spielt der Kleintierstall (Huhn und Stallhase) eine sehr große Rolle, vielfach viel mehr als der Fisch, denn er war schon in der Vergangenheit mehr das Zubrot. Trotz dem Lied von den Capri-Fischern waren die Capresen und Anacapresen überwiegend Hirten und Bauern.

Anacapri - kulinarisch mit eigenen Akzenten: Ländlicher, durchweg selbstbewußter und weniger geneigt, sich Geschmacksverwirrungen von Gästen anzupassen, die Ungewohntes nicht probieren wollen.

Wer es nicht seinlassen kann: Fast Food gibts auch auf der Insel der Sirenen. Wie überall in Italien ist die Sache eine Goldgrube (für den Esser jedoch ein Schlag in die Magengrube und ins Portemonnaie).

★ CAPRI-WEIN:

Der Augenschein überzeugt: Reben wachsen noch reichlich. Auch wenn die nicht für den täglichen Durst ausreichen. Den echten "Capri Bianco" bekommt man eingentlich nur in den Restaurants, die noch über den eigenen Weingarten verfügen oder Beziehungen haben. Im freien Handel gibt es ihn nicht. Er ist leicht, trinkt sich gut, belebt, wo er wirklich original ist, ist man sehr stolz auf ihn.

Capri

Mit fast 8.000 Einwohnern der Hauport der Insel. In den Straßen, Bars, elegante (und sehr teure) Geschäfte, Eiscafes, Antiquariate, Kunstgewerbeläden mit nur wenig Ramsch, daneben Gewölbe voll mit allem, was Italiens Andenkenproduktion auf den Markt wirft (wer es versäumt hat, in Pisa seinen Schiefen Turm aus Plastik zu erstehen oder in Florenz einen David aus Alabaster, der findet sie hier - allerdings mit der Aufschrift "Ricordo di Capri").

Wo die Bebauung weniger kompakt wird: in den Gärten, Cafe - Terrassen, Pergola-Ristoranti, Discos.

DIE ALTSTADT: strahlend weiße Inselarchitektur mit Treppchen, Durchgängen, Kuppeln, enge Straßen, die für den Fahrzeugverkehr gesperrt sind (lediglich Elektrokarren sind erlaubt).

Piazza Umberto I., wo Busse und die Funicolare ankommen mit seinen Bars, Straßencafes und Mauern, auf denen man sich gratis hinsetzten kann, der Haupttreff. Voll von Leuten, die den ganzen Tag nichts anderes tun, als präsent zu sein und solchen, die todmüde sind von ihrem Gewaltprogramm, Capri zwischen dem ersten und letzten Schiff zu schaffen.
Kirche S. Stefano mit seinen Kuppeln und runden Dachlaternen, der geschwungenen Barockfassade das traumhafteste Bauwerk im Inselstil.

Certosa di S. Giacomo, heute zum Teil Internat, die Kirche, die beiden Kreuzgänge und der Belvedere können besichtigt werden. Im Inselstil gebaut. In der Kirche häufig Hochzeiten. In einem Seitenraum die düsteren Riesenschinken Diefenbachs.

Am Rand der Stadt Villen und Hotels, Gärten - leider ist sehr viel Bausubstanz des letzten Jahrhunderts verloren gegangen.

Adressen Capri:

Touristeninformation: Piazza Umberto (an der Funicolare)

Post: Via Roma

Telefon: Piazza Umberto

Reisebüros: Grotta Azzurra, Via Vittorio Emanuele Tiberia Viaggi, Via Camerelle 6

Banken: Via Vittorio Emanuele, ein Geldwechsler mit längerer Öffnungszeit an der Piazza Umberto.

Buchhandlungen: La Conchiglia, Via P. Canale 14 (Gasse hinter der Piazzetta). Auch fremdsprachige Bücher. Hervorragend sortiert mit Literatur zu Capri. Stöbern bringt Spaß.
Faiella, Piazzetta Cerio. Mehr Unterhaltungskram und Zeitschriften.

Busterminal: Via Roma.

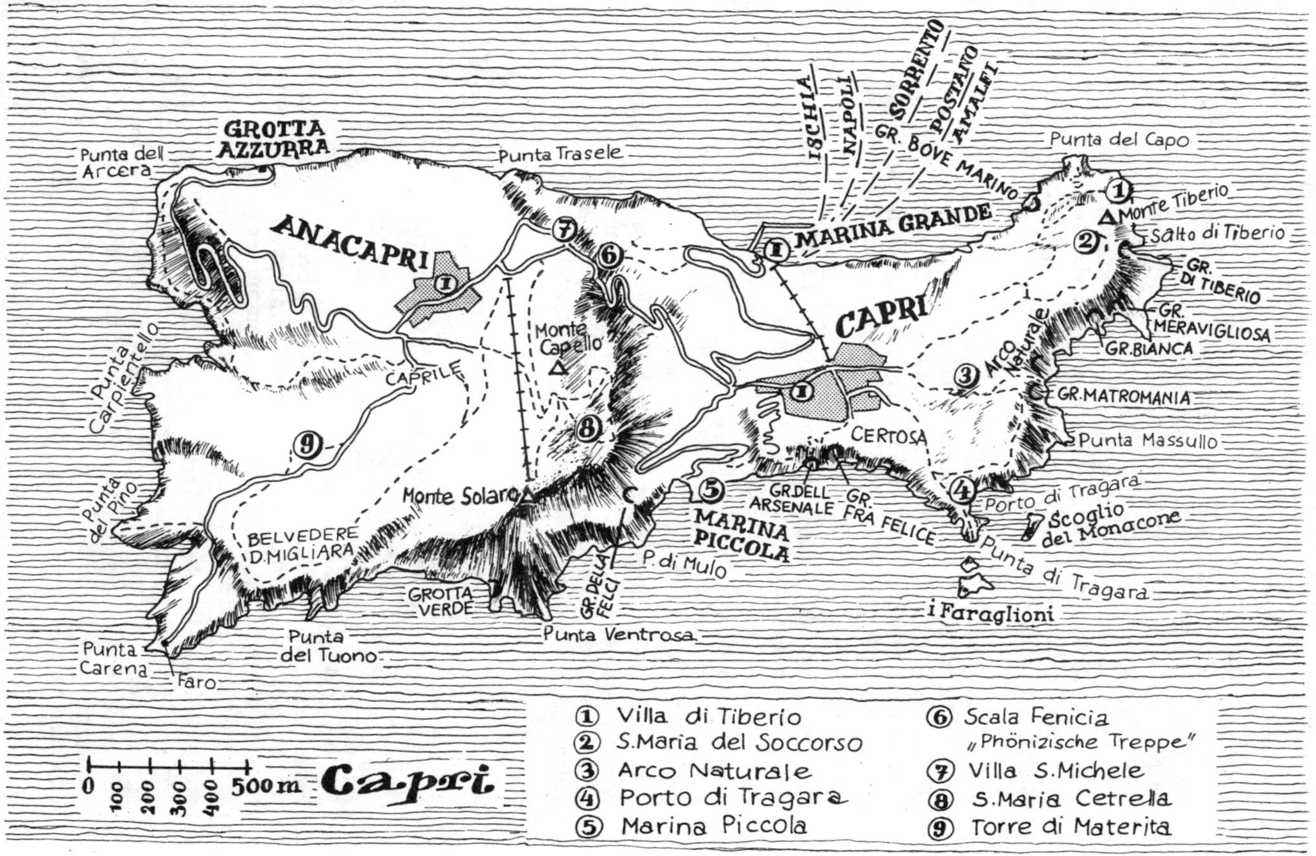
GROTTA AZZURRA
Punta dell Arcera
Punta Trasele
ANACAPRI
ISCHIA
NAPOLI
SORRENTO
POSTANO
AMALFI
GR. BOVE MARINO
MARINA GRANDE
Punta del Capo
Monte Tiberio
Salto di Tiberio
GR. DI TIBERIO
GR. MERAVIGLIOSA
GR. BIANCA
CAPRI
Arco Naturale
GR. MATROMANIA
Punta Massullo
CERTOSA
Porto di Tragara
Scoglio del Monacone
Punta di Tragara
i Faraglioni
GR. DELL ARSENALE
GR. FRA FELICE
MARINA PICCOLA
P. di Mulo
GR. DELLA FELCI
Punta Ventrosa
GROTTA VERDE
Monte Solaro
Monte Capello
CAPRILE
Punta Carpientello
Punta del Pino
BELVEDERE D. MIGLIARA
Punta del Tuono
Punta Carena
Faro
0 100 200 300 400 500 m
Capri
① Villa di Tiberio
② S. Maria del Soccorso
③ Arco Naturale
④ Porto di Tragara
⑤ Marina Piccola
⑥ Scala Fenicia „Phönizische Treppe"
⑦ Villa S. Michele
⑧ S. Maria Cetrella
⑨ Torre di Materita

Bars/Flanieren

Rund um die Piazetta, in der Via Vittorio Emanuele und der Via Camerelle - den Flanier- und Treffpunkten- eine neben der anderen, offen bis weit in die Nacht. Eis, Drinks und Cappuccino, wenn im Stehen am Tresen zu normalen Preisen. An den Tischen (Bedienung) für einen Cafe ohne weiteres mit 5 DM rechnen. Die Einheimischen nehmen ihren Espresso oder "Cappuccio" bei "BIELE", am Beginn der Via Longano ein, einer finsteren Bar (bezieht sich auf die Lichtverhältnisse), wo aber das Gebräu die Stärke hat, die arbeitende Capresen vor ihrem Tagwerk brauchen.

Bademöglichkeiten

An der Marina Grande der einzige Sandtstrand Capri`s vom Damm der Hafenmole weitgehend von der ölig-schwarzen Brühe geschützt. Nach Westen kann man die Küste entlang gehen bis zu den Bagni di Tiberio, vorbei an den Resten römischer Bauwerke, Klippen , Steinstrand und Badestabiliment.

Beliebter, vom Wasser her weitaus schöner, die Marina Piccola mit Feklsenküste, Badestabilimenti und nur wenig freiem Strand, neben der Piazzetta der Ort dichtesten Gedrängels auf der Insel. Fraglioni, genauer ihnen gegenüber. Treppchen runter aus Wasser, reine Felsenküste, Badestabilimento und auch ein paar freizugängliche Klippen bei etwas Rumgekletter.

Eine weitere Möglichkeit nicht weit entfert, bei der Villa Malapartes (roter Kasten, soll einen Flugzeugrumpf darstellen und war vom Schriftsteller als Provokation gedacht- damals vor dem 2. Weltkrieg gab es noch keine Betonschuhschachtelarchitektur auf der Insel). Auch hier Treppchen runter.

Spazierwege und Ausflüge:

(1) VILLA JOVIS (VILLA DI TIBERIO), ausgeschildert, ca. 45 Min., zuerst an Villen vorbei, dann wird es ländlicher. Öffnungszeiten: tägl. außer montags, 9 Uhr bis Sonnenuntergang.

(2) Auf der höchsten Stelle des Monte Tiberio (an der Kirche S. Maria del Soccorso 334 m, fast senkrechter Steilabfall ins Meer) genau gegenüber der Punta Camöanella auf dem Festland. Die Ruinen bedecken ca. 7.000 qm, war die größte Kaiservilla auf Capri. Mehr als die Mauerstrukturen ist nicht mehr zu sehen. Im Innern riesige Zisternen, um immer genug Wasser für die kaiserlichen Bäder zu haben.

Unterhalb, beim Eintritt ins Ausgrabungsgelände der "Salto di Tiberio" - 297 m, senkrecht darunter das an die Felsen brandende Meer. Tiberius, der sich jahrelang auf Capri zurückgezogen hatte, weil ihn Rom und seine Gesellschaft anekelten, soll hier zum politischen Gegner und Majestätsverbrecher, unbequeme Höflinge zu seinem Vergnügen in die Tiefe springen lassen haben.

③ ARCO NATURALE - GROTTA DI MATROMANIA - PUNTA DI TRAGARA, Rundweg - ohne Abstecher 1,30Std. Schmaler gut ausgebauter Treppenweg an Capris wildester Küste entlang. An der Küste stellenweise alte Steineichenwälder, sonst farbenprächtige Macchia. Arco Naturale - ein großes Felsentor, Produkt der Winderosion. Sichtweg führt hin. Bei den Osterien oberhalb zweigt der Treppenweg zur Punta Tragara ab. Grotta di Matromania, in der Antike ein Höhlenheiligtum der Fruchtbarkeitsgöttin Kybele (in der Höhle eine der wenigen Quellen der Insel).

④ Entlang des Weges zweimal die Möglichkeit, auf Treppen zum Meer abzusteigen: zur Punta Massullo, dort die ehemalige Villa des Schriftstellers Curzio Malaparte, ein rotgetünchter Klotz, als Provokation gegen den um 1930 herrschenden Baugeschmack auf der Insel konzipiert. Politisch eine Enklave, denn Malaparte hat sie der Volksrepublik China testamentarisch vermacht. Unterhalb kommt man auf Treppen an die Felsküste. Für Taucher interessante Küste.

Abstieg in den PORTO DI TRAGARA Bademöglichkeit zwischen den Klippen (im Sommer kostet es Eintritt), zwei Strandtavernen. Der Punta Tragara vorgelagert die Faraglioni, einer der Felsen mit einem natürlichen Tor.

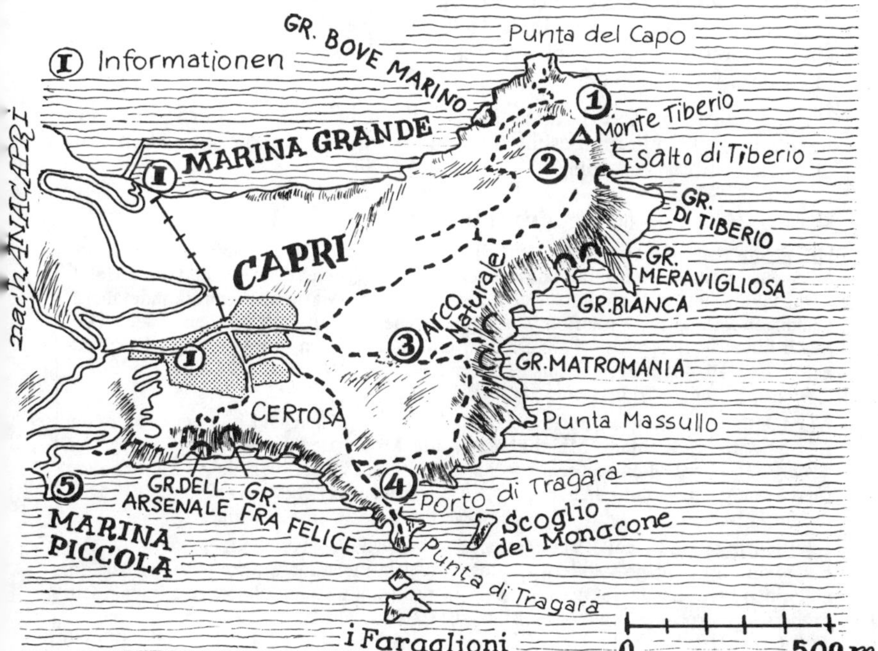

⑤ MARINA PICCOLA, Busverbindung oder Abstieg auf der Via Mulo (ca. 15 Min.), Capris wichtigster Badestrand, sogar mit etwas Sand.

GROTTA AZZURRA (BLAUE GROTTE), eines der schönsten Capri-Erlebnisse, Meeresgrotte, in die man mit Booten einfährt. Das Wasser wird bei kräftiger Sonnenstrahlung an die weißen Höhlendecken und -wände zurückreflektiert.

Motorbootverbindung von der Marina Grande. Täglich offen zwischen 9 Uhr und eine Stunde vor Sonnenuntergang. Gesamtkosten der Besichtigung einschließlich der Schiffspassage: ca. 18 DM. Man kann die Grotte auch auf dem Landweg von Anacapri aus erreichen, 4 km Straße (Busse ab Anacapri) oder ca. 30 Min. auf alten Wegen durch die Felder, in die Höhle per Boot, Eintritt ca. 7 DM.

Um innen wirklich blau zu leuchten, muß außen starkes Licht herrschen. Außer der Piazza Umberto I. in Capri der meist besuchte Ort der Insel. An belebten Tagen die Grotte meiden! Besichtigt wird die Höhle mit Ruderbooten, da die Einfahrt nur knapp 1 m hoch ist, nur bei ruhigem Meer Besichtigung möglich. Maße: 54 m lang, 30 m hoch, davon bis zu 22 m unter Wasser und 15 m breit. Um das Auge ans Licht zu gewöhnen, braucht man 15-20 Min., sonst sieht man nur blauen Dunst. Im trockenen Teil der Höhle die Reste eines Nymphenheiligtums aus römischer Zeit. Für den Tourismus wurde die Höhle 1830 von zwei deutschen Reisenden und einem capreser Fischer entdeckt. Das blaue Licht kommt durch einen Kanal unter dem Wasserspiegel.

Viele literarische Capri-Reisende berichten in ihren Büchern, sie seien nachts in die Grotte reingeschwommen - wenn der Mond richtig steht, soll alles ganz silbrig aussehen.

Hotels (Capri), obere Preisklasse

Quisisana (Luxus-cat.), Via Camerelle, - im Centrum. Das Prominentenhotel, vor allem für geldschwere Kundschaft aus dem Währungsgebiet des Dollars. Grand-Hotel-Atmosphäre mit dicken Perserteppichen, Lüstern, Marmor, Bronzekandelabern, distanziertem und perfektem Service. Die Zimmer in Stil. Park um den runden Pool (nach hinten - also neugierigen Blicken entzogen). Offen Ostern - Sept. Die Zimmerpreise stark abgestuft. DZ (inkl. HP für 2 Personen) NS min. 490 DM, max. (Suite) 720 DM, HS min. 570 DM, max. 890 DM.

A Paziella (I cat.), Via Fuorlovado, - im Centrum. Klein und erlesen, modern im Inselhausstil. Hell, bunte Majolikböden, alte Möbel und Kunsthandwerk sparsam drapiert, schöner Garten und sehr schöner Blick. Die Zimmer im gleichen Stil mit alten Intarsienmöbeln. Offen ganzjährig. DZ (inkl. Frühstück) Okt - vor Ostern: 135 DM, Ostern - Mai 180 DM, Juni - Sept. 225 DM, für Suite 50 DM Zuschlag.

La Scalinatella (I cat.),Via Tragara, - außerhalb in Villengegend Richtung Faraglioni, Spitzenlage. Modern - an den Hang in mehreren Stockwerken gebaut, im edlen neo-barocken Inselstil - also weiß in weiß ohne viele Schnörkel. Zimmer sehr groß, hell, locker in Stil möbliert, Blick zur Certosa. Für Leute, die das zahlen wollen Tip! Offen Ostern - Mitte Okt., DZ (inkl. Frühstück) NS 360-450 DM, HS 440-530 DM.

Luna (I cat.), Via Matteotti, - bei der Certosa. In weitläufigem Gartengelände, direkt über dem Steilabfall zum Meer. Hat von den Teuerhotels die Superlage. Moderner Bau mit gewachsenem Ambiente, die Zimmer von gediegenem Komfort, z.T. mit zwei Bädern. Pool. Zimmerpreise stark abgestuft, Terrasse und Meerblick (super!) kostet kräftig. DZ (ohne Balkon und Blick) NS 112 DM, HS 145 DM, DZ in Spitzenlage NS 200 DM, HS 280 DM - Frühstück wird extra berechnet. Offfen Ostern - Okt.

Capri (II cat.), Via Roma - sehr central, aber auch laut. Gründerzeitvilla - sieht von außen besser aus als innen: Einfach-Möbel, steif und solide. Gemeinschaftsräume angestaubt. Dachterrasse mit Blick über den Golf und Pergola. Ganzjährig offen. DZ NS 105-115 DM, HS 120-135 DM.

Flora (II cat.), Via F. Serena - central. Umgebaute Villa, von außen durch Rankenpflanzen kräftig überwuchert. Park, Blick auf die Certosa. Zimmer groß, z.T. mit gewölbten Decken, die Intarsienmöbel in Kontrast zu grellfarbigen neuen Möbeln. Offen Osten - Okt. DZ NS 75-110 DM, HS 93-124 DM.

La Minerva (II cat.), Via O. Marino - etwas peripher Richtung Faraglioni. In den Hang gebaut - mehrere Stockwerke hoch - schöne Sicht. Sehr persönlich geführt von altem Ehepaar. Viele deutsche Stammgäste und meist recht voll, irgendein Zimmer sei aber immer verfügbar. Zimmer freundlich ausgestattet. Ganzjährig offen, DZ (inkl. Frühstück) NS 75 DM, HS 135 DM.

La Pineta (II cat.), Via Tragara- peripher Richtung Faraglioni. Hoteldorf in Terrassen-lage in Pinienhain. Gekonnter Beton, alle Zimmer mit Veranda und viel Pflanzen. Großer geheizter Pool. Zimmer mit viel Platz, funktionellen Möbeln mit klaren Linien und Farben. Die Bar als Treff auf außergewöhnliche Spitzenweine meist aus Norditalien, der Besitzer kennt sich in kleinen Weingütern im Veneto und Friaul aus! DZ (inkl. Frühstücksbuffet) NS 210 DM, HS 235 DM. Mini-Appartement (mit Küche) für 3 Personen NS 365 DM, HS 435 DM. Ganzjährig offen.

Tirrenia & Robert's (II cat.), Via Mulo - am Fußweg zur Marina Piccola (noch ganz oben). Neubau in Garten, außen nüchterner Bau, innen etwas schwülstig, aber Zimmer hell und groß. Pool, Aussicht auf Faraglioni. Die Frau des Besitzers ist Deutsche. DZ (nur in NS, inkl. Frühstück) 105 DM, in HS nur HP - pro Kopf 255 DM. Offen April - Okt.

Villa Brunella (II cat.), Via Tragara - tolle Lage bei den Faraglioni. In den Hang gebaut. Alle Zimmer mit Blick, Zimmer hell und groß, sehr persönlicher Service, Pool mit Superblick, Terrasse, kleine Snacks an der Bar. Offen Mitte März - Okt. DZ (inkl. Frühstück) 165 DM.

Villa delle Sirene (II cat.), Via Camerelle - central. In klaren Linien - Haus und Zimmer, viel Platz - Innengarten mit Orangenbäumen und Pool, Zimmer nur z.T. mit Blick zur Certosa / zum Meer. DZ NS 165 DM, HS 170 DM. Offen Ostern - Okt.

Villa Igea (II cat.), Via Fuorlovado - central. Ehemalige Villa, strenger einfacher Jugendstil, hohe Palmen vor dem Eingang. Innen verwinkelt, die meisten Zimmer recht klein und mit Teppichboden und Stofftapeten auf Reisebürogeschmack getrimmt. Insgesamt stark durch Veranstalter gebucht. Offen Ostern - Okt. Lohnt nur, wenn man in schwachen Reisezeiten billig per Pauschalreise rankommt, sonst überteuert: DZ (inkl. Frühstück) NS 195 - 225 DM, HS 225 - 70 DM.

Untere Preisklasse

Florida (III cat.), Via Fuorloa - central - ordentlich geführtes Mittelklassehotel - Zimmer groß, solide Möbel in zweckmäßiger Gestaltung. Garten und Terrasse. Pool und

Tennisplatz gegen Gebühr. Bei längerem Aufenthalt Preisnachlaß. Man spricht deutsch. Service aufmerksam und persönlich. Ganzjährig offen. DZ NS 73 -84 DM, HS 91 -96 DM.

Villa Certosa (III cat.), Via Certosa - central gegenüber der Certosa - schöner Blick, nicht ganz so, wie das teure benachbarte "Luna". Billigstes Haus einer Kette, deren übrige Hotels besser gemieden werden und deshalb hier fehlen! Zimmer so ähnlich wie der Verputz, blättern etwas. Die Möbel rechter Plunder. Nur Zimmer nach vorn nehmen, sonst gleich weiter! DZ (inkl. Frühstück) NS 108 DM, HS 123 DM. Offen Ostern - Sept.

Villa Krupp (III cat.), Via Matteotti - dicht am Centrum, oberhalb Marina Piccola und Certosa. Für mich schönstgelegenes Hotel der Insel. Eine kleine Villa der Jahrhundertwende in gestaffeltem Garten mit viel Bäumen und Blüten. War zeitweilig Wohnsitz von Maxim Gorkij und W.I. Lenin. Sehr kommunikativer Besitzer, der sich gut in der älteren Tourismusgeschichte Capris auskennt. Zimmer mit Meerblick unbedingter Tip! Bunte Schmiedeeisenbetten. DZ (inkl. Frühstück) 105 DM, wer anderswo la prima colazione nimmt, zahlt 27 DM (für beide zusammen) weniger. Ganzjährig offen, unbedingt vorbestellen! t. 837 03 62.

Villa Pina (III cat.), Via Tuoro - peripher in den Garten Ri. Arco Natuale. Familienpension in Panoramalage, Pergola, kleiner Pool. Offen April - Sept., DZ 82 DM.

Villa Sara (III cat.), Via Tiberio - fast schon auf dem Land, wo die Häuser immer lockerer stehen - Richtung Villa Jovis. In weitläufigem Gartengelände, wo neben Blumen Nützliches wie Reben und Tomaten wachsen. Modern, funktionell, große Zimmer mit soliden Möbeln, Terrassen zum Hof und Garten. Ganzjährig offen (DZ (inlk. Frühstück) 115 DM.

Aida (IV cat.), Via D. Birago - mitten im alten Capri. Familienpension mit ganz einfachen Zimmern, sauber. Kleiner Garten. DZ NS 52 - 59 DM, HS 58 - 70 DM, April - Okt.

La Tosca (IV cat.), Via D. Birago, central - nette Lage, die meisten einfachen Zimmer mit Balkon, ganzjährig offen. DZ 31 - 33 DM, billigstes Hotel der Insel.

Stella Maris (IV. cat.), Via Roma - supercentral zwischen Piazzetta und Busterminal. Familiär - welterfahrener Wirt, der in beiden Amerika herumgekommen ist. Rauchverbot! Helle Zimmer, zum Teil mit Blick auf die marina Grande und den Golf. DZ (inkl. Frühstück) NS 56 DM, HS 60 DM. Ganzjährig offen. Unbedingt vorbestellen, lieber 2 Wochen vorher und per Brief. Per Telefon (837 04 52) nur in der "toten" Zeit.

Villa Bianca (IV. cat.), Via B. Cesina - Altstadtrand. - Weg Ri. Villa Jovis. Einer meriner persönlichen Tips. Altes Haus mit etwas Grün außen, immer wieder ausgebaut und erweitert. Dachterrasse mit Zitronenpergola und schönem Blick. Küche für die Gäste (gut ausgestattet). Frau Ferraro kommt aus Deutschland, kennt die Insel bis in kleine Winkel und macht Frühstück nach heimatlicher Art. DZ (inkl. Frühstück) 80 DM. Offen März - Nov. Viele Stammgäste, deshalb möglichst langfristig per Brief vorbestellen!

Villa Palomba (IV cat.), Via Mulo - am Beginn der Straße zur Marina Piccola - sehr einfach, Garten. Ein Teil der Zimer mit Balkon. Offen Ostern- Sept., DZ NS 45 DM, HS 70 DM.

Esperia (P. 2), Via Sopramonte - am Rand des Centrums Ri. Villa Jovis. Altes Inselhaus mit Bogenloggia, die Zimmer mehr oder weniger groß, einfach möbliert, netter Majolikaboden - alle mit Blick und Terrasse. In Ehren alt gewordenes Haus. Offen Ostern - Sept., DZ (inkl. Frühstück) 43 DM.

La Reginella (P. 2), Via Matermania - peripher Ri. Villa Jovis. Ein weiterer Tip, besondes, wenn man die Insel intensiv kennenlernen will - allerdings auch in diesem Fall Platzangebot begrenzt und Vorbestellung über längeren Zeitraum fast immer unerläßlich. Mehrstöckige, in den Hang gebaute Anlage, wo der Garten unmittelbar in die Zimmer reicht - jedes davon mit seiner eigenen Individualität. Die Bilder an den Wänden Originale von Gästen (zu denen später!), Möbel und Ausstattung haben auch ihre Geschichte. Hotel und Restaurant sind Treffpunkt deutscher Capri-Freunde seit mehr als 50 Jahren. Einer der ersten war der Wiener Hans Paule (Künstler und Philosoph), der zu Fuß in Napoli ankam, für einen Tag nach Capri ging und dort 50 Jahre blieb. Trotz seiner Vorliebe für härenes Gewand im Stil von S. Giovanni Battista (Johannes der Täufer) hatte er viel Kontakt zur capresischen Künstlerszene, die eher edleres Tuch anlegt.

Der nächste war Walter Depas, der Wände und Möbel bemalte, noch sichtbar. Zwischenzeitlich kamen die Filmgrößen der Nazizeit wie Christine Söderbaum und Veit Harlan, gleichzeitig mit Flüchtlingen des Regimes - im Mussolini-Italien kochte die ideologische Suppe nicht so heiß wie im Reich. Emigration am Klavier und der Staffelei. Spätere Gäste die Prinzessin Soraya und Hubert Kesel, der kenntnisreichste Schriftsteller in deutscher Sprache über Capri (s.S. QWÜ).

Details übers zum Hotel gehörende Restaurant "Le Palette"(s.S. QWÜ) Unterbringung auf Basis von HP: pro Person NS 68 DM, HS 72 DM. Ganzjährig offen.

Terminus (P. 2), Via Madonna delle Grazie - mitten in der Altstadt, nur wenige einfache Zimmer in altem Stadthaus. Offen Mai - Okt., DZ 54 DM.

Belsito (P. 3), Via Matermania - peripher am Weg zum Arco Naturale, langgestrecktes Inselhaus älteren Datums, Gewölbezimmer mit alten Tonkacheln, Möbel in Pastellfarben, nach hinten Garten, Säulenloggia mit Pergola und Blick nach vorn. Angeschlossen aktive Trattoria -Pizzeria (s.S. QWÜ), DZ (inkl. Frühstück) NS 75 DM, HS 10 DM. Offen März - Nov.

Guarracino (P. 3), Via Mulo - oberen Teil des Wegs zur Marina Piccola. Gruppe flacher Inselhäuser im Garten, Zimmer sehr einfach, sauber, freundliche Familie, die gleichzeitig die Trattoria Verginiello führt. Ganzjährig offen, DZ 70 DM.

Quattro Stagioni (P. 3), Via Piccola Marina, ganz oben an der Kreuzung. Kleine in den Garten eingebettete Häuser, die übereinander gebaut sind. Gibt`s seit 1900 - sehr netter Padrone (spricht englisch, seine Frau deutsch). Bei Rucksacklern beliebt, die Zimmer nach vorn ein Tip (gehen in Garten raus). DZ o.B. NS 55 DM, HS 60 DM, mit Bad NS 70 DM, HS 75 DM (immer inkl. Frühstück - reichlich). Auf Wunsch Abendessen (ordentliche Familienküche) - 27 DM. Offen Mitte März - Okt.

HOTELS (Marina Grande):

Längst nicht Leben und Stimmung wie oben in den beiden Dörfern. Eine lange Häuserreihe am Hafen entlang, recht kompakt gebaut, dann ins Hinterland und am Strand entlang wirds lockerer - es dominiert die übliche Capri-Bauweise (Inselhäuser oder Jahrhundertwende-Villen).

Hier unten übernachtet eigentlich nur, wer hauptsächlich am Strand interessiert ist (und da gibt es weit bessere als in Capri) oder wer beim Kurzaufenthalt nicht rauf will, weil z.B. der Rucksack so drückt.

Palatium (I. cat.), - Herrschaftliche Villa auf einem Felsplateau über dem Strand - braunroter Klassizismus - durchaus für die Landschaft ein Schmuckstück. Innen perfekt renoviert, Ziegelboden in Fischgrätenmuster, Möbel in gekonntem modernen Italo-

Styling. In den Zimmern verspielte Möbel in Nostalgie-Geschmack. DZ als zum Teil zweistöckige Mini-Appartements angelegt, mit kleiner Einbauküche. Terrasse, Meerblick (und als Alternativprogramm Farb-TV). Pool und Privatstrand. Offen März - Sept. DZ (inkl. Frühstück) NS 270 - 330 DM, HS 330 - 390 DM.

Italia (P. 3) - altes gepflegtes Haus in Minigarten - Sicht verbaut. Zimmer groß, hell, angenehm altmodisch, offen Ostern - Okt., DZ (inkl. Frühstück) 30 DM - Etagenbad (gratis).

RESTAURANTS

Centrum: Die besten Lokale sind nicht an der Piazetta, sondern im Gassengewirr ringsherum.

SETTANNI, Via Longano - die Veranda hoch über`m Abgrund - man sieht in der Ferne unterhalb der Scala Fenica den Weinberg der Familie, die das Lokal seit 1923 führt. An den Wänden alte Prominentenfotos, die hier zu Tisch saßen - und viele Diplome. Dennoch nicht hochgestochen - die Küche ländlich. Kräuterspaghetti ("spagh. Chiumm"), Carne Boscaiola (Rindfleisch mit leichter Tomatensoße, Pilzen und Sahne), Meerestiere, z.B. Scampi vom Grill. Gesprächsbereite Wirtsfamlie. Komplettes Essen 27 -37 DM. Der Hauswein ein Gedicht! Ganzjährig offen.

BUCA DI BACCO - DA SERAFINA, Via Longano 25, Serafina ist hübsch, sehr kreativ und arbeitet hart in der Küche. Ausgehend von der Inselküche entwickelt sie Neues, jedes Jahr ein , zwei Sachen. Die Küche ist leicht, die optische Präsentation liebevoll. Heller Speisesaal, an den Wänden sparsam Kupfergeschirr, Ganzjährig offen. Mo. und Nov. geschl. Preis 27 - max. 30 DM.

GROTTINO, Via Longano - kleines gemütliches Gewölbe, familiär capresisch. Zuppa di Pesce (reichlich - nur auf Vorbestellung!) Meeressalat, Ravioli, Fisch vom Grill, nur Flaschenwein - neben Vino di Capri überwiegend nordital. Flaschen. Ca. 30 - 37 DM. Offen März - Nov., Di. geschl.

LA CAPANNINA, Via Le Botteghe 14 - heller Verandasaal mit Wintergarten, für den Winter innere Räume mit Gewölbedecke. Neben verfeinerter Capri-Küche eigene neue Ideen. Gnocchetti (Kartoffelklößchen) mit Blattspinat und Räucherlachs, Puree aus Saubohnen mit Endivien (ursprünglich mit Wildgemüse - ein derbes, sehr schmackhaftes Bauerngericht), gemischte Meeresfrüchte in Folie - insgesamt sehr große Auswahl - aber absolute Frische!

Sehr gute Süßspeisen. Neben Flaschenwein offener Wein aus Anacapri. Der Padrone selbst beratend im Saal, deutschsprachige Kellner. Preis stark von den genossenen Meerestieren abhängig (es gibt auch Languste), komplett 42 - 65 DM, auch mehr. Offen Mitte März - Mitte Nov., Mi. geschl. Gilt zur Zeit unter den gehobenen Lokalen als der Tip, entsprechend voll, besonders für abends Tische reservieren lassen.

`O SARACENO, Via Gradoni Sopramonte - Nebengasse, das Lokal einigermaßen versteckt. Gemütlich in altem Gewölbe, tradit. Küche - beliebt die Spaghetti "Bella Capri" (mit Meeresfrüchten), "Polipi affogati" (ertränkte Polypen), leckere Torten. Komplett (Fleisch) 30 DM, mit Fisch 37 -45 DM, ganzjährig offen, Di. und Febr. geschl.

AURORA, Via Fuorlovado 18 - Familientrattoria mit langer Tradtition und lokaler Küche - ein Tip die großen kalten Buffets (abends), die das Hauptgericht ohne weiteres ersetzen. Auch Pizzeria (die klassischen napoletanischen Sorten, Holzofen). Komplettes Essen 25 - 35 DM, offen April - Okt., Di. geschl.

SATYRICON, Via Fuorlovado 38 - schöner Garten unter Pergola. Auf Fisch und Meeresfrüchte spezialisiert. Großes Antipasto-Buffet, Nudeln mit Meeresgetier, Gnocchi mit Räucherlachs, Fisch nicht nur vom Grill - lecker "all`Acquapazza" (im verrückten Wasser - eine leichte Tomatenbrühe mit dem Eigengeschmack der Fische und pikant), lokaler Wein - bemerkenswert die hausgemachten Basilikum- und Zitronenliköre. Einfaches Essen ab 23 DM, komplett nach der Karte 30 - 45 DM. Deutschsprechende Kellner. Offen März - Okt., Do. geschl.

DA GEMMA, Via Madre Sarafina 6 - oberhalb der Piazzetta. Toller Blick von der verglasten Veranda (Capri-Ischia-Vesuv), Meeresküche im Zentrum, die Familie hat lange Fischertradition. Großes Buffet mit Meeresantipasto - uns haben aber auch die ganz leichten, natürlich schmeckenden Gemüse überzeugt. "Spaghetti con amore" (Meeresfrüchte, Knoblauch, Petersilie - und keine Tomate), Fischkasserolen aus dem ältesten Backofen Capris - so um 600 Jahre alt, Brot und Dolci werden täglich darin gebacken. Pizza (auch mittags, der Ofen geht nur im November für 30 Tage aus). Karaffenwein eigener Produktion. Bis sehr spät offen. Bis auf den Nov. und den Mo. im Winter immer offen. Preise: Pizza (mit Getränk) um 15 DM, Essen (mittel) 23 DM, bei viel und teurem Fisch bis 37 DM.

IL TINIELLO, Via L'Abate - trotz anderem Straßennamen in der gleichen Gasse, die fast wie ein Tunnel wirkt.

Altcapri - ganz winzig, der Ofen für Pizza und Gebackenes steht fast im Speisesaal. Gute Lasagne, Zucchini überbacken und mariniert, gehaltvolle Gemüsesuppe, Fisch und Fleisch vom Grill und aus dem Ofen. Unbedingt als Appetitmacher die marinierten Sardellen mit frischer Minze versuchen! Guter Wein. Preiswert: Pizza (komplett) 12 DM (gibts auch mittags!). Esen ab 15 DM, bei Fisch jedoch nicht unter 25 DM. Ganzjährig offen, geschl. Mittw. und Jan.

VERGINIELLO, Via Roma - liegt unterhalb der Staße. Gartenlokal im Freien unter Pinien, bei Schlechtwetter verglaste Pergola. Pizza-Ofen im Freien. Getriebige Familientrattoria - in der Küche scheppern nicht nur die Töpfe, sondern auch die Stimmen. Nichts Raffiniertes, aber reichlich und bodenständig, aufwendige Zubereitungsarten - u.a. handgemachte Nudeln.

Reiches Antipasto-Buffet, Fisch aus Ofen oder vom Grill. Pizza eher der Focaccia-Typ, also hoher Teig, sehr gut! Komplettes Essen um 23 DM (inkl. des offenen Bauernweins), Anitpasto 8 -10 DM, Pizza meist unter 10 DM (mit Getränk). Ganzjährig offen, Fr. geschl.

Peripherie (Richtung Arco Naturale und Villa Jovis):

LE PALETTE - die Geschichte zum Lokal siehe Hotel La Reginella. Treff von deutschen Capri-Dauergästen mit künstlerischen Ambitionen. Trotz familiärer, sehr persönlicher Atmosphäre ein Lokal, wo die Stimmen gedämpft sind - mir hats nach den Recherchen in Napoli und Pozzuoli, sowie einer turbulenten Osterwoche bei Freunden in Calabrien sehr wohlgetan. - Aber nichts Verkrampftes! Napoletanische Küche, leichte Gemüsesachen aus dem eigenen Garten und einer der wenigen Orte, wo man es versteht, ein Filet mit grünem Pfeffer zuzubereiten. Löblich auch die Karnickel aus eigener Zucht - für die ital. Gäste ein wichtiger Leckerbissen. Essen komplett 23 -30 DM.

BELSITO - siehe auch Hotelbeschreibung - Fischküche - z.B. all`acquapazza, Kaninchen, statt Nudeln mal Gnocchi mit Kürbis und Gorgonzola versuchen! Sehr viel Kreativität bei gefüllter Pizza. Wein aus eigener Produktion. Essen ab 25 DM, Pizza ab 8 DM. Offen März - Nov., Di. geschl.

AI FARAGLIONI, Via Camerelle 75 - schicker Schuppen mit Leuten, die prominent sind - oder eben diese betrachten wollen. Blick auf die Faraglioni, die Certosa und Mitmenschen, die weniger als 50 -70 DM ausgeben wollen. Das Essen edel, erlesen in den Grundmaterialien, perfekt gekocht und serviert. Abends Tischreservierung! Offen April - Okt., Mo. geschl.

Außerhalb in der Campagna

Bei der Kleinheit Capris nicht mehr als einen appetitfördernden Spaziergang entfernt. Wer sich zu den folgenden Restaurants zum Nachtmahl begibt, vergesse die Taschenlampe nicht - auch der beste Vollmond geht mal unter. Die Wege sind reich an Stufen.

LE GROTTELLE - oberhalb des Arco Naturale im Freien, Küche und Bar (an ihr leckerer Vino di Capri und frischgepreßter Orangensaft) im Riesenportal einer Höhle. Spezialitäten: Spaghetti con vongole e basilico, bunter Salat mit Ruccola (ein ganz spezielles Kräutchen!) und Hühner, die nach einem erfüllten Leben als Mistkratzer im Forno landen. Offen Ostern - Mitte Nov., im Juni - Sept. auch abends offen, sonst nur mittags. Mittlerer Preis um 30 DM, mit Fisch mehr. Do. Ruhetag.

DA LUIGI - bei den Faraglioni unten am Meer, gehört zu einem Badestabilimento - also Terrasse über den Wogen, nur tagsüber offen (April - Okt.) chic, teuer, gehobene Meeresküche - die Sachen, die man anderswo auch findet, Pfiff in der Zubereitung. So um 50 DM und mehr.

LA SAVARDINA, oben bei der Villa Jovis - die perfekte ländliche Idylle -

man sitzt im Garten (Aussichtspunkt ein paar Schritte entfernt. Die Zitronen, die über einem hängen, sind Basis für den Zitronenlikör. Ansonsten Kaninchen in Wein, Sardellen mariniert mit vielen frischen Gartenkräutern, Pizza. Mittlerer Preis um 25 - 30 DM.

Marina Piccola

LA CANZONE DEL MARE, in Super-Bade-Stabilimento, wo es Umkleidekabinen der Luxusklasse, Boutiquen, Edel-Pool und rasanten Umsatz großer Geldscheine gibt. Wer mal die Prominenz, sofern die nicht von der Yacht aus badet, sehen will - bitte! Hochgestochene internationale Küche mit einigen lokalen Akzenten, im Bereich von 60 DM geht es los! Offen April - Mitte Oktober.

Marina Grande

Auch in Sachen Essen die einfache Schwester der Marina Piccola.

GROTTA VERDE, Via Colombo 69 - einfache, klassische Hafentrattoria, seit Generationen in der Familie. Meeresküche mit Risotto Pescatora, Fisch in tomatigen Soßen, Zuppa di Pesce - durch die strategische Lage relativ teuer - oben im Ort zahlt man eher weniger, komplettes Esesn um 30 - 45 DM. Offen ganzjährig, Mo. und Febr. geschl.

DA PAOLINO, Via Palazzo a Mare, Freiluft-Trattoria in Garten bei den römischen Mauerresten Richtung der Bagni di Tiberio. Robuste Hausfrauenküche, sehr liebevoll gemacht. Fisch vom Grill, Kaninchen, eigener Wein. Komplettes Esen um 30 DM. Offen April - Okt., Mi. geschl.

BAGNI TIBERIO, neben dem gleichnamigen Badestabilimento und den römischen Mauern. Hölzerner Pfahlbau - überwiegend Meereskost, aber auch leckere Spaghetti mit Zucchini. Um 30 DM. Nur mittags offen, dann bis zum Abend Barbetrieb. Offen Mai - Sept., kein Ruhetag.

Anacapri:

⑥ Der klassische, aber anstrengende Weg von der Marina Grande über die Scala Fenicia (881 Stufen), die von den griechischen Kolonisten angelegt wurde, und bis 1877 die einzige Verbindung Anacapris mit dem Hafen war. Unterhalb des Felsens von S. Michele trifft sie auf die moderne Straße, wer dann noch Puste hat, steigt weiter durch die Felsen, bei der Villa S. Michele erreicht man die Hochebene. Abwärts ist dieser Weg vergnüglicher.

Zwischen Hafen und der Straße Capri-Anacapri ist dieser Weg hart, entlang und in der Felswand mit einigen schwindelerregenden Blicken (besonders senkrecht nach unten). Kaum noch begangen, an wirklich unangenehmen Stellen durch Erdrutsche, lockeres Material und Macchia zur Zitterpartie geworden. Das obere Stück zwischen Villa S. Michele und Straße

(Treppenweg) ist in Ordnung, völlig gefahrlos und bietet den großartigsten Blick. Wer dann noch Lust hat, die Treppen gehen einigermaßen begehbar ein Stück abwärts (viel Müll, Uringestank). Dann wirds riskant, es sei denn, man hat Stollensohlen an den Füßen, einen festen Stock in der Hand und bekommt nicht allzuleicht weiche Knie!

Anacapri ist weit weniger kompakt gebaut als Capri. Die Hauptstraßen (besonders die Via S. Michele) haben die gleiche Tourismus - Total - Stimmung wie in Capri.

Die weißen Häuserkuben stecken in mehr Grün als in Capri. Kirche S. Michele, graziöser Barockbau mit achteckigem Grundriß. Innen heller, freundlicher Stuck, Majolika-Fußboden mit der Darstellung des Paradieses, der Vertreibung Adams und Evas aus eben diesem - auf die Orgelempore steigen, damit man den Fußboden als Ganzes betrachten kann.

7 Villa S. Michele, von dem schwedischen Schriftsteller und Arzt Axel Munthe (1857-1949) gebaut und eine Art Inselmuseum mit alten Möbeln und archäologischen Fundstücken.

ADRESSEN (Anacapri).

Tourist-Info: Piazza Diaz, Tel.: 837 15 24

Post: Via G. Orlandi

Telefon: Via G. Orlandi 63

Reisebüro: Pansa Travel. Via G. Orlandi 21 /b.

Banken: Via G. Orlandi und Viale De Tommasco, Geldwechsel an der Piazza Vittoria (auch nachmittags).

Busterminals: Gegenüber der Seilbahn und an der Piazza Caprile.

Badestellen:

Der schroffere Inselteil, deshalb nur wenige Badestellen - die sind aber weit weniger überfüllt als die von Capri.

Grotta Azzurra (Busverbindung) Felsstrand mit Badestabilimento "Nettuno".

Punta Carena (am Faro) - Busverbindung. Hier großes Felsenareal, die Klippenzungen schieben sich ins Meer raus. Wer etwas herumstreift findet einsame Ecken - Vorn an der Punta Carena Badestabilimento. Zur ca. 800 m nördlich gelegenen Punta del Pino führt ein Weg, am Cap gibts kleine Pfade nach unten (Rutschgefahr - also keine Sandalen oder Badelatschen an die Füße).

Cala del Rio - Fußweg vom Dorf, buchtenreiche Felsküste.

Spaziergänge:

Auf den Monte Solaro (589 m), höchster Berg Capris. Man kann auch die Seilbahn nehmen (ca. 4 DM), auf Mulattiera ca.

1 Stunde, durch Wälder und Macchia, zum Schluß durch eine nur niedrig bewachsene Felslandschaft. Oben weiter Blick über die ganze Insel, den Golf und im Süden bei klarem Wetter bis zu den Bergketten Calabriens.

(8) Auf halbem Weg Abstecher zur Kirche S. Maria Cetrella, 20 Min., mittelalterliche einsiedelei in wilder Lage. Wallfahrt am 15.August und 7.-8.Sept., das ursprünglichste Fest Capris, wo die Insulaner weitgehend unter sich sind.

Belvedere di Migliara (im Süden), 40 Min., auf Mulattiera am Fuß des Monte Solaro zwischen Weingärten und Baumkulturen, zum Kap hin
(9) Macchia.

Dann westwärts über der Felsenküste. Auf dem Rückweg Torre Materita (Festungsturm, kleine Einsiedelei, restauriert, war die Literatenklause von Munthe, kleines Museum).

Busverbindungen zum Faro, dem südwestlichen Punkt der Insel und zum Torre Damecuta (Grotta Azzurra).

HOTELS (Anacapri):

S. Michele (II. cat.), Via G. Orlandi, an den Berghang gebaut, ein weißer strenger Bau mit großer Terrasse und Pinienpark. Gepflegte große Zimmer mit Blick über den Golf, alle mit Balkon oder Terrasse. DZ (inkl. Frühstück) NS 105 DM, HS 135 DM. Offen Ostern - Okt.

Bellavista (III cat.), Via G. Orlandi, altes Inselhaus über dem Steilhang. Der sehr schönen Lage entsprechen die Zimmer nicht unbedingt, Standard sehr verschieden, überwiegend kleinbürgerlicher Geschmack von Wohnzimmern um 1960, z.T. leichter WC-Geruch. Die Mini-Appartements neuer und tip-top. DZ (inkl. Frühsück) NS 130 DM, HS 135 DM - zu teuer. Offen Ostern - Okt.

Biancamaria (III cat.), Via G. Orlandi, im Centrum, hell und freundlich, die Zimmer groß, mit Möglichkeit, weitere Betten zuzustellen, z.T. mit Terrasse, DZ (inkl. Frühstück) NS 83 DM, HS 105 DM, Zi. o.B. ca. 10 DM weiger.

Casa Caprile (III cat.), Via Folliara, für Anacapri der Tip, falls Platz ist! In einem alten Garten, wo zwar alles seinen Platz hat, aber die gärtnerische Hand nicht aufdringlich sichtbar ist. Das Inselhaus war früher Villa der schwedischen Königin. Sehr schöne Majolikaböden und in einigen Zimmern noch die alten Tonkacheln. Altmodisch einfach möbliert. Die alte Wirtsfamilie sehr herzlich - leider überlegen sie, ob sie sich vom Restaurantbetrieb trennen sollen: Bisher noch hausgemachte Küche mit kleinen Leckereien. Ganzjährig offen. HP pro Kopf 83 DM.

Villa Patrizia (III cat.), Via Pagliaro, geräumiges Haus im Inselstil um einen Innengarten gebaut - erinnert etwas an einen Klosterkreuzgang, Veranden und Balkons nach innen. Zimmer hell und groß. Dachterrasse. Viele deutsche Stammgäste. Offen Ostern - Okt., DZ (inkl. Frühstück) NS 93 DM, HS 102 DM.

Villa Filomena (IV cat.), Via Caprile - altmodische Inselherberge wie vor 50 oder mehr Jahren, sauber. Sympathische, betagte Wirtsleute. Schöner Garten, nicht nur ein Tip wegen der niedrigen Preise. DZ o.B. (Gemeinschaftsbäder vorhanden!) NS 30 DM, HS 35 DM. Besitzer kann deutsch, vorbestellen, viele Dauergäste - manche halten es Wochen und Monate aus!

IL GROTTINO, Via G. Orlandi 21 - einladender Küchengeruch; hausgemacht und capresisch. Lecker die Ravioli alla caprese und die Pennine alle Tiberio (mit Pilzen, Mozzarella und Paprikastreifen), Fisch nur fangfrisch. Ganz speziell die kleinen Polypen mit einer Soße, in der Kapern und Oliven schwimmen. Gute "Dolci della Casa", eigener offener Wein. In Küche und Lokal ein junges freundliches Paar. Komplettes Essen um 30 DM, ganzjährig, Mi. geschlossen.

TRATTORIA IL SOLITARIO, Via Timpone 1. Im Garten eines Inselshauses zu dem ein schmaler Weg um einige Ecken führt. Majolika-Boden aus Bruchkacheln und krakelbunte Micky-Mouse-Figuren, Vogelkäfig und Geranke - nett - spontaner Talmi. Da die Tische unter der Pergola sehr beliebt sind, möglichst vorbestellen. (Tel.: 837 13 82). Ravioli, Spaghetti mit Meerestier, Risotto Pascatora, Zuppa di Pesce, Fisch aus dem Backofen. Eigener Weißwein. Einfaches Essen ab 23 DM, voll in die Karte gegriffen 20-50 DM. Ganzjährig offen. Mo. geschlossen.

TRATTORIA Pizzeria Mamma Giovanna, Piazza Diaz. Halb unten in hellem Kellergewölbe, erfüllt von leckerem Speise-/Pizzaduft. Antipasto Insalata di Mare und marinierte Sardellen, capres. Nudelgerichte, Muschelsuppe, Calamari in Ton-Kasserolle. Offener Capri-Wein. Abends Pizza aus dem Holzofen (9-11 DM inkl. Getränk), komplettes Essen um 30 DM. Ganzjährig offen, Montags geschlossen.

RISTO. LA RONDINELLA, Via G. Orlandi 145. Kühl eingerichtet, aber hinten Tische im Garten. Für Meeresküche unbedingter Tip! Die marinierten Fisch-Antipasti nur leicht angesäuert, insgesamt toller Antipasto-Tisch! Risotto alla Pescatora, Crespelle (crepes) mit Käse, Nudeln mit Scampi. Offener Hauswein, eines meiner Spitzenerlebnisse auf Capri. Komplettes Essen um 38 DM, Antipasto 10 DM. Ganzjährig offen, Do. geschlossen.

TRATTORIA SARACENO - eine Entdeckung von Christina Helm in Köln. Sie schreibt: "Familienbetrieb mit Kind und Kegel". Der Padrone schenkt gerne Wein aus eigenem Anbau aus (Wein ist noch etwas trübe, da nicht gefiltert wird). Essen einfach, aber mit Liebe und Gemüsezutaten aus eigenem Anbau zubereitet. Preis ab 10 DM aufwärts.

DA GELSOMINA ALLA MIGLIARA - außerhalb der Steilküste im Süden. Ein Spaziergang von knapp 30 Min. am Fuß des Monte Solaro durch Weingärten. Der Weg lohnt auch ohne Essensvorsatz. Ein früheres Bauernhaus mitten in Gärten, man sitzt unter der Pergola und hat engsten Kontakt zur Wirtsfamilie. Capresische Nudelküche, Kaninchen in pikanter Soße, Huhn auf heißen Ziegeln gebacken, auch Fisch (Grill), Wein aus eigener Produktion. Komplettes Essen um 30 DM, ganzjährig, Di. geschlossen.

Dann noch zwei Tips für den Verkauf genuiner Produkte und für ein Glas "Capri bianco":

VINI E BIBITE - Laden am Platz der Hauptkirche. S. Sofia, ein paar Tische davor, gut auf ein Glas Wein.

Der "KATER HIDIGEIGEI", um die Jahrhundertwende der Treff deutscher durstiger Seelen/Kehlen ist heute ein normaler Alimentari.

An der Straße zum Faro (Haus-Nr. 8) bei RAFFAELE MARESCA Käse, Oliven, Wein und andere Leckereien aus eigener Produktion.

Inselrundfahrten:

Mit dem Schiff einmal ab Marina Grande. Abfahrtszeiten je nach Saison, bei der A.A. entsprechende Auskunft.

Dauert mit dem Schiff 1,30 Std., reizvoller aber in einem Fischerboot (Preis vorher absprechen. Wenn unterwegs Höhlen angefahren werden sollen, das auch vorher absprechen!).
Blaue Grotte jedoch nur mit Spezialbooten.

Entlang der Küste über 60 Höhlen, nicht alle zugänglich. Die meisten Höhlen an der Südküste, die Grotta del Bove Marino jedoch Nordküste.

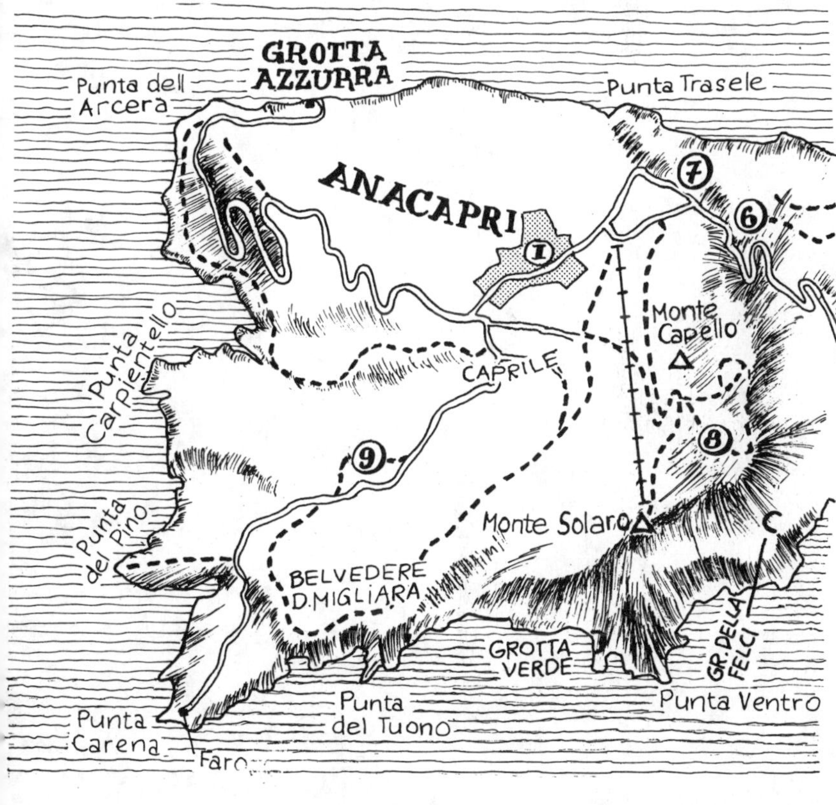

Grotte Bianca und Grotte Meravigliosa, Südküste östlich des Arco Naturale. In der Grotte Bianca Süßwasserseen, Grotta Meravigliosa mit Tropfsteinen; im Bereich der Faraglioni, des Scoglio Monacone und des Porto Tragara keine Höhlen von besonderer Schönheit. Grotta del Arsenale, unterhalb der Certosa, wird gern als unterirdischer Hafen verkauft, war aber nur ein Nymphäum der Römerzeit, Reste von Mosaiken.

Grotta Verde, hinter dem Kap Punta Vertroso unterhalb des M. Solaro, nach der Grotta Azzurra von den Lichtreflexen her die schönste Höhle Capris - das leuchtende Grün am besten nachmittags, in der Nähe weitere kleine Höhlen. An der Westküste keine Grotten, über den Buchten Sarazenentürme; an der Nordküste die Grotta Azzurra.

Seit 1944 hat er keine Rauchfahne mehr, was aber nicht bedeutet, daß der Vulkan erloschen ist. Auf lange Perioden der Tätigkeit folgten lange Ruhepausen. Vor dem Ausbruch im Jahre 79 unserer Zeitrechnung, der Pompei und Ercolano verschüttetem, war der Berg über Jahrhunderte (vielleicht Jahrtausende) ruhig gewesen. Daß er ein Vulkan war, wußte man nicht. Er war bis zur Spitze von dichten Wäldern bedeckt, man lebte sorglos an seinen Hängen und lobte ihn wegen der Wildschweine, Pilze und des Weines, der auch heute noch das Hauptprodukt des Berges ist.

Der heutige Vesuv hat zwei Gipfel. Den Monte Somma (1132 m), den Rest des alten Vesuv, dessen Spitze beim Ausbruch von 79 regelrecht explodiert ist und dann den eigentlichen Vesuv (1217 m) mit dem bis 1944 aktiven Krater.

Tourist Info: EPT Napoli und Staz. SFSM Ercolano (Via Partenope 10, Tel.: 40 62 89, nur bis 13 Uhr; und A.A. Piazza del Gesu (Innenstadt) von 9-18 Uhr).

Alle größeren Orte, am besten BANCO DI NAPOLI und MONTE DEI PASCHI DI SIENA.

AUSFLÜGE AUF DEN VESUV:

Bis auf 1000 m Höhe gehen Straßen rauf, den Rest zu Fuß oder mit der Seilbahn, die aber nur bei windstillem Wetter in Betrieb ist, z.Z. stillgelegt.

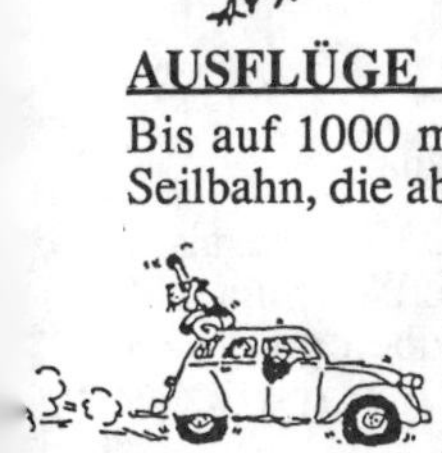

Mit dem Auto: Straße von Ercolano oder Torre del Greco bis zur Seilbahnstation oder zum Parkplatz Quota 1000. Von der Seilbahn Aufstieg zu Fuß unmöglich, den auf der Wanderkarte des TCI eingezeichneten Weg gibt es nicht. Aufstieg von Quote 1000 bis an den Kraterrand 15 Minuten.

Oben angekommen muß man erst einmal Eintritt zahlen (DM 3.-) und hat dann theoretisch Anspruch auf einen Führer, diese rühren sich aber meist nur bei großen Busreisegesellschaften.

Mit öffentlichen Verkehrsmitteln: Busse ab Bahnhofsvorplatz in Ercolano (Circumvesuviana): 8.00, 11.10, 14.00 Uhr. Bei ruhigem Wetter fährt der Bus bis zur Seilbahnstation, sonst zur Quota 1000. Wartet dort eine Stunde. Letzte Abfahrt von oben um 16 Uhr. Fahrpreis 3 DM.

Taxi: bis 6 Personen 75 DM. In den Monaten Juli-September noch zusätzlich Busse.

Landkarte: TCI 1:50.000 Golfo di Napoli I (8,50 DM). Nur erforderlich bei größeren Wanderungen.

Ausrüstung: für den kurzen Aufstieg reichen Turnschuhe. Sonst ist aber wegen der scharfen Lavabrocken und den rutschigen Vulkanaschen zum Wanderschuh zu raten. In jedem Fall windfeste Kleidung und Warmes, der Höhenunterschied macht sich deutlich bemerkbar. Gute Fernsicht meist verbunden mit recht kühlem Wetter und scharfem Wind. Wer längere Wege macht, sollte Wasser dabei haben, denn Quellen gibt es keine.

Aufstieg von Boscotrecase (Nachbarort von Pompei). 7 km auf Straße bis zum Parkplatz. Zum Teil an junger Lava vorbei, die noch nicht bewachsen ist. Fußweg gut sichtbar. Bis zum Kraterrand, 40 Minuten.

Eine Rundwanderung um den Krater ist nicht möglich, wenn das auch in den meisten Reiseführern steht. Nahe bei der oberen Baracke der Führer kann man auf einem steilen Weg in den Krater einsteigen. Dort eine Reihe von Dampfquellen (fumarole). Sonst scheint der Berg völlig zu ruhen.

Die zwar harte, aber sehr bröselige und poröse Lava zerfällt rasch zu leichter sandiger Erde, die reich an Mineralien und sehr fruchtbar ist. Mit Ausnahme der ganz jungen Laven und des Gipfelkegels überall reiche Vegetation, unten Felder, Gärten und Weinpflanzungen, am intensivsten auf der klimatisch günstigeren Rückseite, wo auch die berühmtesten Vesuv-Weine herkommen (Ottaviano, Terzigno, Boscotrecase).

4 x Gipfelstürmen zu Fuß:

Anreise von Napoli mit Zügen der Circumvesuviana.

(1) **S. Anastasia zum Monte Somma** (2 1/2 Std.). Bahn bis S. Anastasia (Linie nach Ottaviano-Sarno). Aufstieg durchs Tal Cupa dell'Olivella, auf halber Höhe die Sorgente Frettelle, die einzige Quelle im oberen Bereich des Vesuvs, weiter durch Vallone del Sacramento bis zur Bergspitze des Somma (Punta del Nasone - 1132 m).

Wer sich für napoletanische religiöse Folklore interessiert, kann vor dem Aufstieg eine Bahstation vorher in Madonna dell'Arco aussteigen - wichtigster Marienwallfahrtsort Napolis. Riesige Sammlung von Votivgaben und naiv-drastisch gemalten Bildern über das Eingreifen der Madonna - immer im letzten Moment. Ostermontag riesige Prozession, halb Napoli ist auf den Beinen, zahlreiche Ohnmachten, überwiegend von Frauen.

(2) Somma Vesuviana - Monte Somma (2 1/2 Std.). Der Ort ist genauso interessant anzusehen, wie alle diese riesigen Stadtdörfer um den Vesuv: vollgestopft mit Menschen in unwürdigen Behausungen. Die Felder ungeheuer produktiv. Das Reich der Camorra - der hiesigen Variante der Mafia, die hier an allem Geld verdient, wo es welches rauszupressen gibt. Tomaten, Arbeitsplätze, Baugenehmigungen. Unversehrtheit von Leib, Leben und Besitz, Schmuggel, Drogenhandel. Kaum ein Tag ohne einen Mord oder eine Verwarnung, die das Opfer gerade noch überlebt.

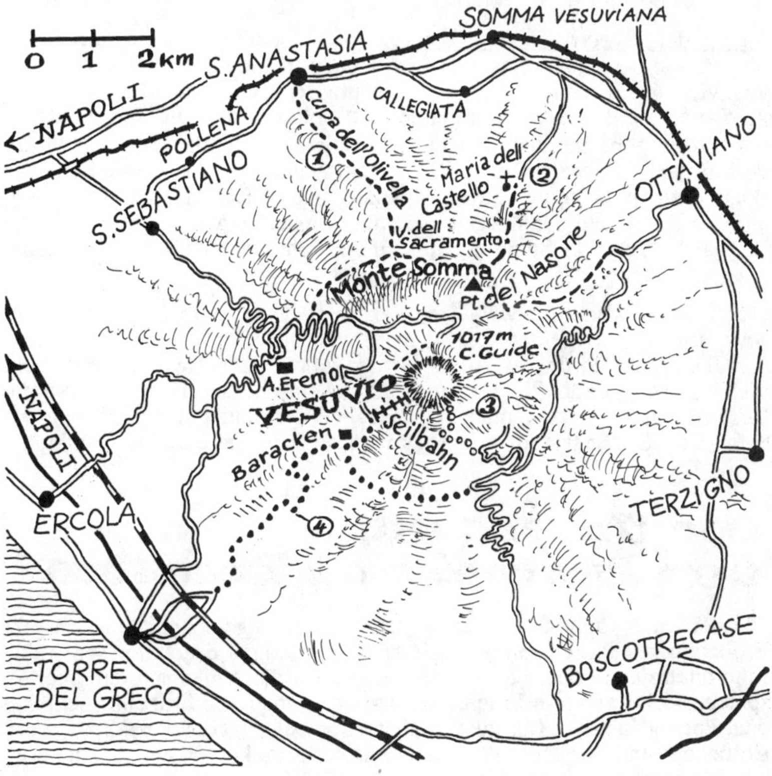

Bahn bis Somma Ves. (Linie nach Ottaviano). Anfang durch den Ort bis zur Kirche S. Maria delle Grazie und weiter durch die Gärten bis zum Kloster S. Maria del Castello (2 km, hier endet die Straße). Danach Wald, geradewegs und steil auf die Spitze des Monte Somma zu. Weil meist im Schatten und wegen der reichen und ursprünglichen Vegetation, der bevorzugte Aufstieg.

Vom Monte Somma über die Lava von 1944 zur Straße (von dort über das Valle del Gigante zum Vesuv-Krater): langer Weg, aber zum Vesuv fällt der Somma als frühere Kraterwand senkrecht ab. Bis zur Lava Kammweg, der langsam an Höhe verliert (45 Min.). Der Rest (2 km) ist Straße, dann der vorher beschriebene Aufstieg.

(3) Terzigno - Vesuv-Krater (einziger Aufstieg für Fußgänger an der Ostflanke, der die Mühe lohnt - **gut 3 Stunden**). Anfangs Feldweg, später schmaler, oft undeutlicher Fußpfad, bis zur Straße Ottaviano - Boscoreale immer der Lava von 1929 entlang, dann ca. 1 km Straße von Boscotrecase, dort Fußweg zum Krater (40 Min.).

(4) Torre del Greco - Vesuv-Krater (5 Std.), überwiegend auf guten Wegen, kleinere Stücke auch auf Straßen. Am Bahnhof Straße Richtung Vesuvio, hinter der Autobahnunterführung rechts, etwa 400 m die Autostrada entlang, kreuzende Straße bergauf nehmen, die bald zum Feldweg wird, Weg geht geradezu auf die Bergspitze zu, an alten Vulkankratern vorbei, nach insgesamt 2 Stunden erreicht man eine Backsteinsiedlung der Forstverwaltung. Von hier nordwärts auf gleicher Höhe bleibend den Berg entlang durch Wälder, Lavafelder und Ginsterheiden bis an die Straße Ercolano - Vesuv (1 Stunde), dann auf der Fahrstraße weiter - leider keine Alternative möglich.

Oder: etwas weiter zu wandern, aber duch unberührte Landschaft und riesige junge Lavafelder kommt man, wenn man kurz hinter den Forstbaracken nicht nordwärts an der Weggabelung geht, sondern südöstlich, erst Fahrweg, dann Piste. Man kommt schließlich auf die Fahrstraße Boscotrecase - Vesuv, muß aber viel weniger auf einer weit weniger befahrenen Straße laufen. Vom Parkplatz der schon beschriebene Aufstieg.

Der Untergang von Pompei und Ercolano:

Mit der Katastrophe des Jahres 79 hatte niemand gerechnet. Das schwere Erdbeben des Jahres 63 signalisierte nach heutigen Erkenntnissen wahrscheinlich das Ende einer langen Ruhephase des Vulkans, denn auch in späterer Zeit waren Ausbruchsperioden fast immer von Erdbeben begleitet oder vorangekündigt. Das ausgegrabene Pompei zeigt deutliche Spuren des Erdbebens und überall in der Stadt weisen Mörtelhaufen und Baumaterial auf den noch andauernden Wiederaufbau hin.

79 explodierte der obere Teil des Berges unter dem Druck der aufsteigenden Gase. Über dem Berg stand eine riesige, wie ein Pinie geformte Aschenwolke, die dann auf die Umgebung, besonders auf das vom Vulkan selbst relativ weit entfernte Pompei niederregnete! Der Untergang Pompeis erfolgte keineswegs innerhalb von Minuten, sondern dauerte, wie wir aus der zeitgenössischen Beschreibung des jüngeren Pinius wissen, Stunden und Tage, so daß mit Sicherheit der größte Teil der Einwohner zumindest das nackte Leben retten konnte. Schließlich erstickten hochgiftige Gase und die sich meterhoch auftürmenden heißen Vulkanaschen alles Leben.

Was jetzt noch an lebenden Wesen zurückgeblieben war, wurde von der Asche wie von einer Gußform eingehüllt, Fleisch und Knochen verbrannten und wurden von ätzenden, scharfen Mineralsalzen zerfressen. Ein Hohlraum entstand. Während der Ausgrabungen wurden viele dieser Hohlräume mit Gips ausgegossen und wir haben ein makaberplastisches Bild des Todeskampfes der Zurückgebliebenen: Hunde, Gefangene, Zögernde, die noch möglichst viel von ihrem Besitz retten wollten, wahrscheinlich auch Plünderer. Bei mehreren dieser Toten wurden Geld und Wertgegenstände gefunden.

Erst nach dem Aschenregen setzte der Lava-Ausbruch ein. Die zweite, völlig verschüttete Stadt, Ercolano, verschwand nicht unter der glühenden Asche. Über sie wälzte sich ein Strom von Schlamm, Erde, abgekühlter Asche, denn der Ausbruch hatte in diesem Gebiet starke Regenfälle verursacht.

In Ercolano wurden keine Leichen gefunden, und die Menschen schienen auch mehr Zeit gehabt zu haben, ihre bewegliche Habe in Sicherheit zu bringen. Dadurch, daß diese Stadt "kalt" begraben wurde, blieben hier organische Materialien wie Holz und Nahrungsmittel, wenn auch angekohlt, in viel größerem Umfang, als in Pompei erhalten.

Als die Katastrophe zu Ende war, lagen beide Städte unter 9 bis 15 m lockerem, vulkanischen Material. Anfangs haben wohl immer wieder Plünderer versucht, in die Tiefen vorzudringen, dann gerieten beide Orte in Vergessenheit, das ursprünglich lockere Material versteinerte. Ercolano wurde von einer neuen Stadt überbaut und über Pompei entstanden Gärten und Felder - höchstens der Name "civita" (Ort) erinnert noch an die Stadt.

Ercolano

Verbindungen mit Napoli:

Eisenbahn: (Circumvesuviana) bis Ercolano, vom Bahnhof zu den Ausgrabungen ca. 10 Min. abwärts, Richtung Meer. Fahrpreis 1 DM. Züge alle 20 bis 30 Minuten. Alle Züge nach Torre Annunzkata mit Ausnahme der Direttissimi (DD), Fahrzeit 15 Min.

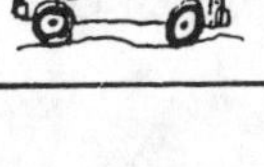

Oberleitungsbus (ab Napoli Piazza Minicipio): Linien 253 / 255, Fahrpreis 1 DM, Fahrzeit je nach Verkehrsaufkommen 30 bis 40 Minuten, etwa alle 10 Minuten. Fahren bis zum

Eingang der Ausgrabungen. Die Fahrt geht durch die dichtbesiedelten südlichen Vororte, vom Bus aus gibts erheblich mehr zu sehen - Lebensverhältnisse, die früheren königlichen Villenorte, deren Paläste vielleicht noch mit UNO-Mitteln gerettet werden. Ihre vermoderte Pracht ist ein Zeugnis für den Abstieg Napolis innerhalb von zwei Jahrhunderten vom Königshof zum Hinterhof.

Ercolano - Scavi

Offen 9 Uhr bis eine Stunde vor Sonnenuntergang. Die meisten Häuserkomplexe sind verschlossen., werden aber von den Kustoden auf Wunsch geöffnet. Keine Verpflichtung zu Trinkgeldern. Im Gegensatz zu Pompei wird hier aber bereitwillig, ohne ständiges Schielen auf Geld geöffnet. Am besten hält man sich den ersten Kustoden, der einen anspricht, warm und gibt ihm etwa die Summe, die dem Eintrittspreis von ein oder zwei Personen entspricht. Man bekommt dann alles zu sehen und wird nicht im Galopp durch die Stadt geführt (1,50 bis 3 DM / 1000-2000 Lire).

Der ausgegrabene Teil der Stadt ist klein (250 x 150 m) - nirgendwo - auch nicht in Pompei - ist eine antike Stadt so gut erhalten, die meisten Häuser stehen bis zum ersten Stockwerk und die innere Struktur der Häuser ist besser erhalten, als in Pompei. Und was mir am meisten gefällt: die Touristenströme gehen an Ercolano vorbei.

Die Stadt soll angeblich von Herakles gegründet sein. Griechenstadt, unter dem Einfluß von Neapolis und Cumae, wurde dann, wie fast alle Städte der Vesuv-Region samnitisch, schließlich römisch.

In der Römerzeit ausgesprochener Villenvorort mit den Werkstätten und Wohnungen lokaler Handwerker. Die wichtigsten Häuser: Casa dell'Atrio a mosaico, mit Holzresten, Wand- und Deckenmalereien. Casa del tramezzo di legno: Rest eines Holzgitters, perfekt erhalten. Casa Sannitica: präziöse Wandmalerei, "sannitica", weil das Haus noch die alten Strukturen der viel einfacheren Samnitenhäuser hatte. Die Samniten waren ursprünglich ein nomadisiertes Viehzüchtervolk aus den Zentralappeninnen, das hier griechische Lebensart annahm. An der Hauswand der Casa Sannitiva eine Marmortafel, die die Grenze zum Nachbarhaus markiert, an dessen Wand ein öffentliches Urinatorium war.

Casa di Nettuno e Anfitre: mit hübschem Mosaikspringbrunnen und gekonnt eleganter Raumausmalung auf schwarzem Grund - sehr sparsam. Casa del Bicentenario: (der Zweihundertjahrfeier des Beginns der Ausgrabungen von Ercolano). Eines der größten Kreuzsymbole im ersten Stock. Palestra: der örtliche Sportpalast mit Badeanstalt. Die ausgegrabenen Teile liegen nicht mehr unter freiem Himmel, gehen in den Tuff hinein, als Gänge, wie sie die ersten Ausgräber haben machen lassen, um an die Schätze, die sie vermuteten und fanden, heranzukommen. Casa dei Cervi (Haus der Hirsche), so genannt, nach einer Marmorgruppe von Hunden und Hirschen, die den besten Vertiko-Geschmack der römischen Oberschicht verrät.

Und dann noch ein total besoffener Herakles, der nach hinten überkippt und versucht, einen hübschen Bogen zu pissen. Neben den Kitschpreziosen ganz locker - impressionistische Wandmalerei, kleine Veduten.

Dort, wo sich der meterhoch angeschnittene Tuff dem Auge als Hindernis präsentiert, war der Hafen.

Ercolano: (neue Stadt)

LA PIADINA, Via Cozzolino. Dicht bei den Ausgrabungen. Auf den ersten Blick sehr touristisch, Küche jedoch den lokalen Traditionen verschrieben. Meeresküche überwiegt. So leckere Spaghetti con vongole, Frittura, Fisch vom Grill. Um 30 DM. Di. geschlossen.

Der Klamottenmarkt von Ercolano. Jeden Vormittag, es lohnt, schon früh dort zu sein. Ab 7 Uhr ist vollstes Gewoge. Europas größter Altkleidermarkt, die Sachen kommen aus ganz Italien. Vom Lumpen bis zum Pelzmantel ist alles vertreten. Obwohl inzwischen touristisch wohlbekannt, kaufen hier fast ausschließlich Leute aus Napoli und der Vesuvregion, die wenig ausgeben können/wollen und hart handeln können. Neben Sackware auch viel Stände, wo die guten Stücke auf Bügeln hängen.

In der Nähe für die körperliche Stärkung ein gutsortierter Lebensmittelmarkt mit niedrigen Preisen, zudem eine Menge Garküchen.

EISENBAHN-MUSEUM PIETRARSA.
Italiens einziges Eisenbahnmuseum, im Betrieb der Staatsbahn und in den alten Eisenbahnwerkstätten aus dem letzten Jahrhundert, die wie eine Halbinsel ins Meer ragen. Hier wurden die ersten Lokomotiven Italiens gewartet (sie kamen noch aus England). Später baute man dort auch die Dampfrösser für den eigenen Bedarf.

Pietrarsa liegt an der ältesten Bahnlinie Italiens (Napoli Portici, 1839) ausgestellt Bahnmaterial aller Epochen.

Hinkommen: FS-Bahn bis Pietrarsa/S. Giorgio a Cremano, nur Bummler halten (Züge nach Salerno, Torre Annuziata oder Gragnano, ca. alle 1-2 Stunden, direkt am Eingang zum Museum). Oder Bus Napoli Piazza Castello-Ercolano, alle 20 Min. Wegen Öffnungszeiten unbedingt vorher bei der A.A. in Napoli fragen.

Torre del Greco:

Eine Vorortsiedelung am Vesuv, bekannt für seine Korallenverarbeitung, die heute noch hochaktiv ist. Die Korallen kommen längst schon nicht mehr aus dem Golf - dort sind sie abgefischt, durch Umweltverschmutzung zudem ausgestorben. Bis auf geringe Reste, die unter Naturschutz stehen, zudem die Erwerbsfischerei nicht mehr lohnt, selbst wenn illegal betrieben.

Die Korallenfischer von Torre sind dann für 20 Jahre nach Sardinien (Bosa und Alghero) und Sizilien (Trapani) ausgewichen, waren dort bei den einheimischen Fischern und Korallenverarbeitern wenig geschätzt und haben dort ebenfalls die große Leere im Meer hinterlassen. Heute kommen die Rohkorallen meist aus Ostasien.

Korallenmuseum - Weg dorthin beschildert. Schmuck und Dokumentation der Korallenbearbeitung.

Am Meer, im Ortsteil S. Maria la Bruna, SETTEBELLO, mit Veranda über der Küste. Meeresküche, leckere Meeresfrüchte - Antipasti, Frittello (Eierkuchen) mit Meeresalgen, Fisch vom Grill mit Minzsoße.Ca. 25-30 DM, Di. geschlossen.

Abstecher ab Torre del Greco zum Kloster Camaldoli della Torre, zuerst 3 km der S.S. 18 Richtung Torre Annunziata, dann steile Stichstraße, ca 2 km. Liegt beherrschend auf einem Lavahügel, sehr schöner Blick über den gesamten Golf und die Inseln, das Kloster in graziösem Barock, ein Ort zum Ausspannen.

Daneben ein Campingplatz "LA PINETA VESUVIUS". Schön gelegen im Pinienhain, abends toll der Blick über den Golf, der Platz klein und einfach ausgestattet. Als Durchgangsplatz in der Region Pompei/Vesuv ein Tip. Allerdings Auto Bedingung. Ganzjährig offen.

Am Ortsrand von Torre Annunziata Camping "GIOVRA", Ortsteil Torrette di Siena, ziemlich eingezwängt in Eisenbahnlinien, Straßen. Die Autostrada ist auch nicht fern. Recht simpel, als Übernachtungsplatz nicht so rummelig wie die in Pompei.

Boscotrecase:

Übernachtungsalternative zu Pompei, ca. 3 km entfernt am Fuß des Vulkans.

Hotel/Restaurant: **La Giara ****, am Ortsrand, Via Panoramica 6, Tel.: 081/85 81 117. Modern, im Garten, mit Swimmingpool. DZ 45-50 DM. Küche über dem Durchschnitt, traditionelle neapolitanische, viele Grillsachen, ca 30-35 DM.

VESUVIO. Weit erfreulicher als die Plätze in Pompei, reichlich Schatten, Swimmingpool, ganzjährig. Hotel und Camping nur für Leute mit Auto. Es gibt zwar die Bahn (SFSM), aber mit Lauferei verbunden und zudem schwierige Verbindung nach Pompei (Umsteigen in Torre Annunziata).

DIE VESUV-VILLEN:

[Die Straße Napoli - T. Ann. (Pompei) war auf dem spätbarocken Höhepunkt höfischer]

Prunkentfaltung vor der französichen Revolution eine der elegantesten Ecken Europas. Napoli war damals eine der führenden Metropolen, der Hofadel hatte verwandschaftliche Beziehungen nach überallhin, zudem Riesenländereien im Königreich, die gedankenlos ausgesogen wurden. Was sich links und rechts der Straße am Fuß des Vesuvs in Gärten und Parks dezent hinter Mauern versteckt war der "miglio d'oro", die Goldene Meile.

Mit dem Niedergang Napolis von der Residenzzeit zum größten Massenquartier süditalienischer Armut ist aus der Vesuvküste eine Stadtwucherung geworden, wo Vorort in Vorort übergeht, anonym, verkommen: Altstadtquartiere, Neubauviertel, zerbröselte Villen, Industriezonen - mal aktiv, öfters aufgegeben. Das Maximum an Hoffnungslosigkeit und Unwohnlichkeit.

Über 120 Villen gab es, darunter die königliche Sommerresidenz in Portici. Der größte Teil davon heute nicht mehr einen Abstecher wert: Ruine, heruntergekommenes Mietshaus, Werkstatt, -zigmal umgebaut, die Parks mit Betonplattenhochhäusern vollgestellt.

Einiges weniges ist erhalten, lohnt nicht nur als kulturgeschichtlicher Abstecher - zudem: man kann es ohne viel Aufwand mit dem Besuch von Ercolano, dem Vesuv und Pompei verbinden, ein Lehrbeispiel den Wandel einer Region.

Information: Ente per le Ville Vesuviane, Palazzo Reale Napoli (vormittags- im hinteren Hof rechts). Hier gleichzeitig die Autorisation, die Villa Campolieto in Ercolano zu besichtigen. Eventuell auch Absprachen über andere, nicht allgemein zugängliche Villen.

Villa Campolieto: ca. 1. km von den Ercolano entfernt, an der S.S. 18 Ri. Torre del Greco. 1977 (200 Jahre nach ihrer Fertigstellung) von Ente im Zustand fast völligen Verfalls erworben und als Musterbeispiel perfekt restauriert. Derzeit die einzige Villa, die auch von innen besichtigt werden kann.

Ebenfalls einen Eindruck vermittelt das Königsschloß in Portici, heute Sitz der Agrarfakultät der Universität Napoli, wo das Innere und teilweise der Park in einem gewissen Rahmen original erhalten sind und auch angesehen werden können.

Andere Villen geben von außen einen optischen Genuß. Zwar bleibt vieles hinter Mauern und Fassaden versteckt. Gerade dort, wo die Villen noch, - oder wieder in gutem Zustand sind, gehören sie vielfach privaten oder staatlichen Instituten. Mit einer gewissen Zugänglichkeit kann für die nächsten Jahre gerechnet werden. Änlich wie bei den florentinischen und venezianischen Villen. Da sich in Napoli auf dem Gebiet der Tourismuspromotion immer wieder Wunder ereignen: fragen , fragen, fragen! Von außen reizvoll (aufgelistet in ihrer Entfernung ab Napoli):

Villa Pignatelli di Montecalvo: in S. Giorgio a Cremano, Largo Arso - SFSM-Bahn bis S. Giorgio. Praktisch Ruine. Fassade dennoch eindrucksvoll. Falls nicht abgesperrt, kann man in Hof und Treppenhaus.

Villa Elboeuf: in Portici,direkt am Meer. Von der FS-Bahn nach Salerno sieht man sie im Vorbeifahren. ATAN-Bus bis Granatello. Die Fassade mustergültig restauriert. Eine der größten Villen, war zuerst Sitz des

Herzogs von Lothringen (Elboeuf), der die ersten Grabungen in Ervolano leitete, später der königlichen Residenz von Portici.
Ebenfalls in Portici die Villa Maltese (Blick durchs Tor). Im letzten Jahrhundert zur jugendstiligen Herrschaftsvilla umgebaut.

Villa Meola: eine kleine grazile Rokkoko-Villa mit traumhaftem Innenhof und Treppenaufgängen privat.

Villa Favorita, Ercolano: ehemals Residenz der aus Wien stammenden Königin. Repräsentativer Riesenbau, durch den sich die Tochter Maria Theresias an Schönbrunn erinnert fühlen wollte. Heute sitzt das Militär drin. Direkt an der Straße.

Villa Bruno Prota: in Torre des Greco. An der S.S. 18. Wuchtiges Portal, dahinter eine lange Allee, an der entlang das Auge zur Villa spazieren gehen darf. Stark verfallen.

Villa del Cardinale: In Torre del Greco, Via del Purgatorio (S.S. 18). Ehemals Villa des Erzbischhofs von Napoli. Gut erhaltene, verspielte Rokkoko-Fassade.

Villa Prota (nicht mit der Bruno Prota verwechseln): in Torre del Greco an der S.S. 18, auf halbem Weg nach Torre Annuziata.
Verbindung: am besten SFSM-Bahn bis Leopardi. Das Eingangstor, verspielter Rokkoko, lohnt. Dahinter die Villa im Park mit einer schön gegliederten, reichen Fassade. Normalerweise kommt man rein. Eine der am meisten lohnenden Villen.

Pompei Scavi

Freilichtmuseum römischer Lebensweise. Eine Stadt, die innerhalb von Stunden von ihren Bewohnern verlassen wurde und dann bis zu ihrer Ausgrabung keine Veränderungen mehr erfuhr. Die Ausgräber, besonders die Allerersten, haben dann teilweise recht eingreifend die Stadt leergeräumt und leider viele Wandbilder, Inschriften und plastischen Schmuck in ihre Schatzkammern, die heutigen Museen, abgeschleppt, wo ihnen die Beziehung zu ihrer ursprünglichen Umwelt fehlt.

Für die Besichtigung sollte man sich einen klimatisch günstigen Tag aussuchen, denn sie strengt an - allein schon wegen der langen und schattenlosen Wege. Schwüle Tage sind um den Vesuv häufig und schon nach ein, zwei Stunden irrt man ohne jede weitere Motivierung total geschafft von einem archäologischen Höhepunkt zum anderen und fühlt die Last einer touristischen Pflichtaufgabe.

Was einen gegen dererlei wappnet: der Übersichtsplan (gratis) der Touristinformation, in den man sich als Anhalt seine Besichtigungsroute einzeichnet (man wird oft genug abweichen, hat aber eine ungefähre Route

- das spart Kilometer!), einen der bebilderten Stadtführer, die einem auf Schritt und Tritt angeboten werden (einmal informativ, man kann schon seine ganz persönlichen Rosinen rauspicken, dann wird man nicht auf Schritt und Tritt von den fliegenden Händlern angesprochen, die die Dinger verkaufen wollen - man trage ihn also sichtbar!), genügend Zeit an einem Tag mit perfektem, trockenem, nicht zu heißen Sonnenwetter (nicht unter 5 Stunden, sonst kommt man aus dem Galopptempo nicht raus oder kann nicht der augenblicklichen Überfüllung an den besonders berühmten Häusern ausweichen), einen Fotoapparat (der Anspruch, mehr als ein läppisches Knipsbild zu machen) läßt einen oft die Dinge gründlicher und mit mehr Muße ansehen. 27 DIN-Film, Innenaufnahmen sonst nicht möglich. Stativ kann Ärgernis geben.

Und was Leckeres, nicht allzu Trockenes, als Brotzeit, was nicht allein den Hunger besänftigt, sondern wieder Leben in die angestrengten Knochen bringt. Mehrere Brunnen mit Trinkwasser sind vorhanden.

Anreise:

Auto: Ausfahrt direkt an Pompei Scavi (und nur diese, Pompei hat noch andere Ausfahrten) der A 3. Vor dem Ausgrabungsgelände und an der Straße zur Villa dei Misteri eigentlich immere freie Parkplätze. Gebühr.

Eisenbahn: FS. Da der FS-Bahnhof recht weit vom Ausgrabungsgelände entfernt ist (fast 2 km) und dort auch nicht allzu viele Züge halten (während der Öffnungszeiten nur 6 Zugpaare), nur für Fernreisende, die hier unterbrechen wollen, zu empfehlen.

SFSM (Circumvesuviana): Pompei hat 3 Stationen an zwei Linien:
1. Villa dei Misteri (Linie NA-Sorrento), von allen am günstigsten gelegen und die meisten Züge, ca. alle 30 bis 50 Min.
2. Pompei Scavi (Linie NA-Poggiomarino), unbrauchbar, denn der nahegelegene Eingang zu den Ausgrabungen ist derzeit geschlossen.
3. Pompei (Linie NA-Poggiomarino) alle 30 bis 50 Minuten. Dicht am modernen Pompei und dem Santuario, zu den Ausgrabungen 2 km.

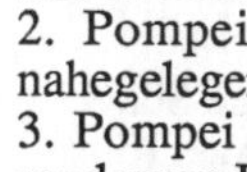

Busse: Von Napoli, gibt es - aber dauert lang.
Von Salerno; alle 30 Minuten über Cava dei Tirenni, der Bahn unbedingt vorzuziehen.

Tourist INFO

Touristinfo: Azienda Autonoma, zwischen den Eingängen der Scavi Porta Marina und Porta di Stabia. Azienda Autonoma (Hauptsitz), zwischen Stazione FS und Santuario (wer Hotel- und Zimmerinformationen will, unbedingt dorthin). Gute Infos.

Literatur: an Ort und Stelle werden unzählige illustrierte Reiseführer verkauft, je dicker, desto brauchbarer, die Qualität der Fotos - knallige Farbe, aber das Wichtigste ist abgebildet.

Michael Grant, Pompei und Herculaneum. Untergang und Auferstehung der Städte am Vesuv. Bergisch Gladbach (G.-Lübbe-Verlag), 1978, Bildband mit viel Text (sehr fundiert und anschaulich); Theodor Krauss und Leonhard von Matt, Lebendiges Pompei, Verlag DuMont, Köln 1977. Hervorragend fotografierter Bildband im Großformat. Als kunstgeschichtliche Einführung fundiert, aber etwas ermüdend; geistig und vom Informationsgehalt her erschöpfend: Reclam Neapel und TCI Napoli e Dintorni (näheres siehe Napoli).

HOTELS und RISTORANTI:

Generell nahe am Kloster im modernen Pompei besser als an den Ausgrabungen. Die frommen Besucher der Madonna von Pompei scheinen der Todsünde der Schlemmerei und Völlerei mehr Bedeutung zuzumessen als die Kunstbegeisterten. Zumindest gehen die Köche von dieser Voraussetzung aus.

Hotel del Santuario (gute III cat.), kürzlich Renovierung und gekonnte Modernisierung, DZ mit Bad 78 DM, seit 5 Generationen von gleicher Familie geführt. Das moderne, sehr große Ristorante bietet trotz einer gewissen Nüchternheit napoletanische Küche mit Phantasie und Handgemachtem. Großes Gemüse - Antipasto mit eigenen Sott'olii. Excellente Pasticceria (Torten und Eis, semifreddi). Man kann auch einkaufen. Menü 25-30 DM. Tel.: 081 - 86 31 020

Hotel delle Rose (III cat.), DZ 42 DM. Moderne, angenehm bewohnbare Zimmer, zeitweilig viel Gruppen, Seitenstraße.
Tel.: 081 - 86 30 085

Hotel Amleto (IV), Seitenstraße, einfach, DZ 42 DM.
Tel.: 081 - 86 31 004

Hotel Europa (III), modern und geräumig. In der Hauptsaison Frühstück obligat , DZ + colaz. 72 DM, Tel.: 081 - 86 32 190

Hotel Fauno (III), mit seinem Besitzer alt geworden, sympathisch, sauber, recht einfach, DZ 44 DM. Großer Parkplatz hinterm Haus. Tel.: 081 - 86 31 267

RESTAURANTS Pompei

Trattoria MODERNA (mit Garten), Via Roma, nahe Scavi, Cannelloni und gnocchi di Patate als Elemente lokaler Küche - sonst mehr konventionell. 20 DM. GIARDINO DEGLI ARANCI, schöner schattiger Garten, davor ebenfalls unter Wein und Orangenlaub Platz für die Blechkiste. Vertrauenserweckend kleine Speisekarte. Hausfrauenküche, auf die Wahl der Rohstoffe wird Sorgfalt verwandt. 20 DM.

Weiter auf die Stadt zu:

ZI CATERINA. Für den raschen Esser Straßenverkauf von hervorragenden Calzoni (ca. 2 DM), die mit Grünzeugfüllung - erhalten durch speziell eingelegte Kapern eine einmalige Würzung - erschüttern Herz und Zunge mit unsagbarer Freude. Ristorante: teils Garten, teils unter Dach mit Freiluftatmosphäre. Großartiges Antipasto und Gemüseplatten. Reiches

Fischsortiment. Auch Gemberi und Aragosta (Languste - Portion 30-40 DM). Polypen mit Tomaten aus dem Ofen, Wildgemüse im Frühjahr auch Wildspargel. Durchschnittliches Essen 25 DM. Guter Wein aus der Gegend.

VINICOLA DA SALVATORE, mehr Trattoria als Weinladen. Wer Hunger hat, nicht zu viel ausgeben möchte und nicht allzu mäßig abgespeist werden will. Wenn bloß nicht die Kellner allzu übereifrig potentiellen Kunden nachstellen würden. 15 DM.

Außerhalb von Pompei Stadt - an der Straße zur Villa dei Misteri:

Motel Villa dei Misteri (IV). Durchgangshotel, im Sommer immerhin Swimmingpool. Im Grünen gelegen, aber baulich keine Schönheit. Zimmer einfach, zweckmäßig, alles sehr ruhig. Das Essen im Rest. sehr konventionell, aber keine Verpflichtung dazu. DZ 45 DM, im Sommer etwas Glückssache, sonst unproblematisch, mit Abstand am brauchbarsten in Pompei.

Direkt an der Autobahneinfahrt und gegenüber dem Haupteingang der Scavi zwei kleine, laute und primitive Plätze. Als Notbehelf lieber "POMPEI" als "SPARTACUS", weil die sanitären Anlagen etwas besser in Schuß sind. Direkt an der Scavi in Orangengärten der neue Camping "ZEUS" - sauber und angenehmer!

Pompei Scavi: Ausgrabungen

Offen von 9 Uhr bis vor Sonnenuntergang. Eingänge am Anfitheatro, an der Porta Marina (hier Hauptandrang, gelegentlich langes Anstehen) und bei der Villa dei Misteri, mir am liebsten. Außer den Hauptsehenswürdigkeiten sind die meisten Gebäudekomplexe abgeschlossen. Kustoden fast immer in der Nähe. Man beginnt mit einer der schönsten, sicher aber der außergewöhnlichsten Villa Pompeis, genießt sie noch ausgeruht und steht nicht gerade ein Bus davor, ist selten viel los. An Villa Misteri keine Eintrittskarten, vorher besorgen!

Ringsum schönes wohlbebautes Gartenland und man betritt dann Pompei durch die Gräberstraße, der früheren Haupteinfahrt von Neapolis her. Man hat dann schon eine ganze Menge von der Stadt gesehen, bevor man auf die großen Touristenströme stößt, deren Besichtigung mir immer ein vergnügliches Element pompeianischer Geschichte war: die Insassen deutscher Reisebusse, die vom pensionierten Gymnasiallehrern unerbittlich durch die Trümmer gehetzt werden, die nur durch ein kleines, gelegentliches Witzchen (von der Art, wie sie Schule und Reiseleiter produzieren) aufgemuntert werden. Die US-Bürger, bunt wie die Paradiesvögel mit meist unkonventioneller Strand- und Shorts-Mode, dann die unermüdlichen Japaner, die nichts auslassen, nichts unfotografiert lassen und nie müde werden. Und nicht zu vergessen die italienischen Familien, deren Taschen und Körbe oft nur verraten, daß sie nicht des Kulturerlebnisses hergekommen sind, sondern ein Picknick im Schatten des Amphitheaters im Sinne haben, wo es Gras, Bänke und Pinien gibt.

Eigentlich sind die Kustoden verpflichtet, die meist abgeschlossenen Gebäudekomplexe für ein herzliches "Grazie" aufzuschließen, aber der Massentourismus hat die Sitten gründlich verdorben. Wo es geht, sich an Reisegruppen zu hängen, jede offenstehende Tür nützen. Ansonsten reichlich kleine Geldscheine (1000 Lire) als Muntermacher mitführen. Die Herren akzeptieren auch größere Scheine, kennen bloß nicht den Brauch des Herausgebens...

Völlig zwangloses Schlendern durch die Straßen ist nicht mehr möglich, gerade die kleinen Straßen sind oft gesperrt. Das letzte Erdbeben hat relativ schwere Schäden angerichtet. Direkt zusammengebrochen ist wenig, aber vieles ist ausgesprochen brüchig.

Etwas Ausgrabungs- und Entdeckungsgeschichte.

Um 1600 kamen bei einem Kanalbau Häuserreste zutage, die man aber nicht mit dem antiken Pompei in Verbindung brachte. Nach der ersten, reichen Grabungsarbeit in Ercolano begannen 1748 auf königlichen Befehl umfangreiche Schatzgräbereien auch auf dem Geländer der "Civita", die rasch als das versunkene Pompei identifiziert wurde.

Den ersten Ausgräbern ging die eigene Phantasie durch, sie entdeckten ein Haus des Cicero und des Sallust, die mit Bestimmtheit nie in Pompei waren. Nach dem ersten Überschwang hörte man auf, alle verfügbaren Geistesgrößen des Altertums nachträglich in Pompei anzusiedeln und benannte die Häuser entweder nach inschriftlich verbürgten früheren Besitzern oder herausragenden Fundstücken. Rasch erkannte man auch, daß Pompei keine Kunstmetropole war, trotz der vielen aufgefundenen Kunstwerke, sondern eine reiche Handels- und Gewerbestadt in der Provinz, wo die plötzlich hereingebrochene Katastrophe die Augenblickaufnahme täglichen Lebens im Altertum fixiert hatte. Und im Gegensatz zu allen anderen antiken Städten, die verlassen wurden, unter offenem Himmel verfielen und meist durch Entnahme von fertigem Baumaterial auf die Grundmauern reduziert wurden, blieb in Pompei unter der meterdicken Aschenschicht alles an Ort und Stelle.

Ähnlich wie in Ercolano wurden die meisten Wandfresken und Mosaiken bei den Grabungen 1750 und etwa 1830 von ihren Fundorten entfernt. Das Meiste kam nach Napoli ins Nationalmuseum, wurde aber auch recht großzügig an die europäischen Herrscherhäuser verschenkt, in den Kunst- und Antiquitätenhandel gebracht. Derzeit sind etwa 2/3 der antiken Stadt ausgegraben. Vieles, was unbeschädigt aus der Erde kam, steht inzwischen vor dem Verfall. Ungenügende Restaurierung, Sorglosigkeit und schließlich das letzte Erdbeben machen eine Totalüberholung nötig, für die 1981 der italienische Staat und die Unesco Geldmittel freigemacht haben. Ein Rahmenplan für die Konsolidierungsarbeiten und die Fortführung der Ausgrabungen im Stadtgebiet ist in Arbeit. Vor dem Jahr 2000 werden die Projekte kaum abgeschlossen sein.

Museum: seit Jahren geschlossen. Keine baldige Wiedereröffnung.

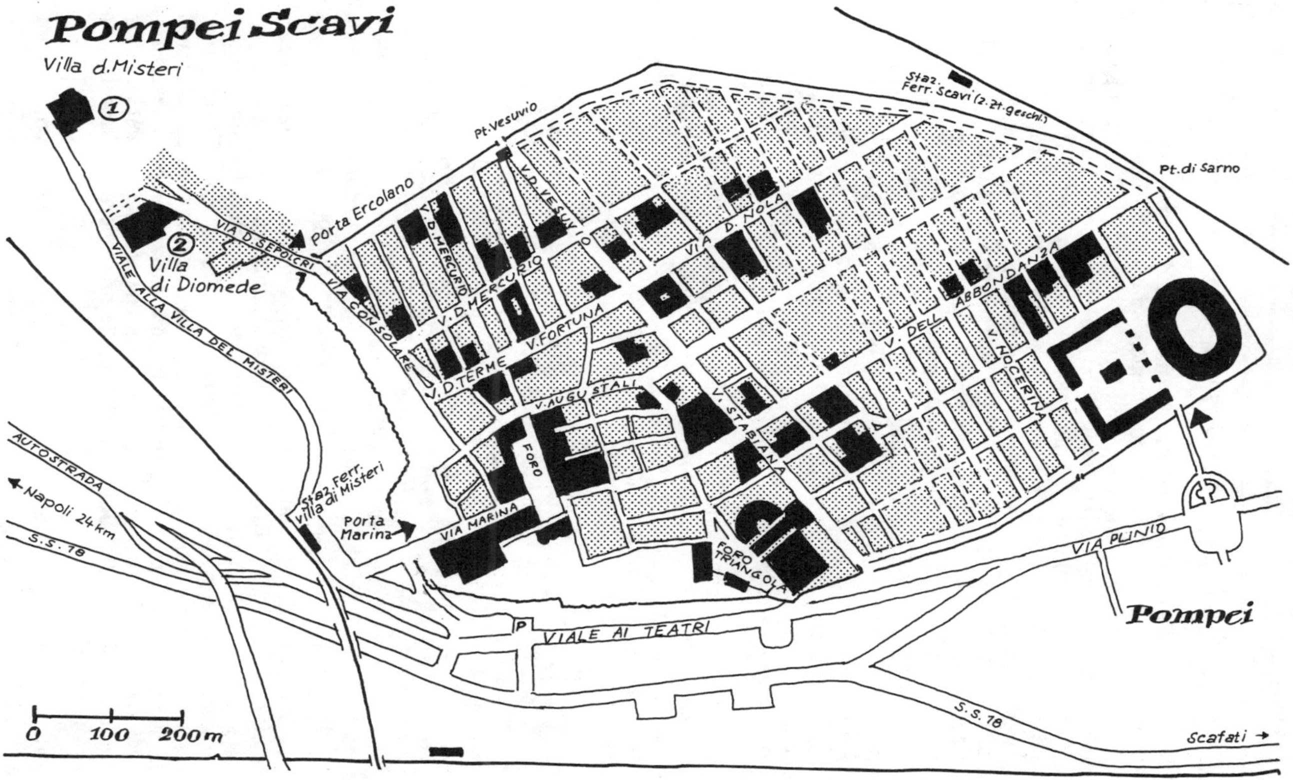
Pompei Scavi
Villa d.Misteri
1
2
Villa di Diomede
Viale alla Villa del Misteri
Via D. Sepolcri
Porta Ercolano
Via Consolare
Pt. Vesuvio
Staz. Ferr. Scavi (z. zt. geschl.)
Pt. di Sarno
V. D. Mercurio
V. D. Vesuvio
Via D. Nola
V. D. Terme
V. Fortuna
V. Augustali
V. Stabiana
V. Dell Abbondanza
V. Nocerina
Foro
Via Marina
Porta Marina
Staz. Ferr. Villa di Misteri
Foro Triangola
Viale ai Teatri
P
Via Plinio
Pompei
Autostrada
← Napoli 24 km
S.S. 18
S.S. 18
Scafati →
0
100
200 m

Die Stadt Pompei

Wo heute die Parkplätze vor der Porta Marina sind, waren vor dem Vesuv-Ausbruch von 79 die Hafenanlagen, heute sind wir 7 m über dem Meeresspiegel und 2 km vom Meer entfernt. Der Hafen und die Lage am Kreuzpunkt der Hauptstraßen im Vesuvgebiet, das dicht besiedelte Hinterland und dessen außerordentliche Fruchtbarkeit machten die Stadt fast für die ganze Zeit ihrer Existenz zum überragenden Hafen, Handels- und Gewerbezentrum der Vesuvregion. An der Berührungsstelle zwischen griechischem, römischen, etruskischem und samnitisch-lucanischen Italien gelegen, hatte die Stadt mit allen Kulturen Berührung, wechselte in wenigen Jahrhunderten mehrfach die Herrschaft und Sprache.

Die Stadt hatte sozial deutlich unterschiedliche Hausformen und Straßenzüge. Wenn man genau hinsieht und vergleicht, entspricht Pompei einer ganz normalen, modernen, italienischen Stadt unserer Zeit. In zentraler Lage, am Hauptschnittpunkt der Durchgangsstraßen, die Piazza, die damals Forum hieß. Statt der Kirchen ebenso reichlich wie heute Tempel. An den Hauptstraßen und dort nur Kneipen, Garküchen, die Läden des täglichen Bedarfs - und werbende oder schmähende Mauerinschriften gab es auch dazumal reichlich. Die Hausfassaden spärlich nach außen, einen gewissen Aufwand höchstens an den Eingängen. Pompei hatte eine innerstädtische Wasserversorgung mit Rohrleitungen, öffentlichen Brunnen - und eine Kanalisation. Kanaldeckel (aus Stein) und Brunnen kann man in großer Zahl bewundern (meist werden sie übersehen).

Was einem als moderner Mensch immer wieder Minderwertigkeitsgefühle gegenüber der hochstehenden Kultur der Alten bereitet, sind die vielen Theater - Pompei hatte drei. Doch rücken wir die Sache ins rechte Licht. Das Große Theater in Pompei war direkt mit der Gladiatorenkaserne verbunden, ob das Kleine Theater daneben ausschließlich eine Studio-bühne war, ist aus eben diesem Grund fraglich. Und das Amphitheater war überall im Römischen Reich nicht allein in seiner Bauweise Vorläufer von Sportstadien.

Daß in diesen Stätten heutzutage, besonders in der Sommersaison, Erhabenes aus Antike und Klassik geboten wird, muß nichts mit dem Repertoire von vor 2000 Jahren zu tun haben. Pompeianische Mauerinschriften, sie sind reichlich erhalten, zeichnen das Bild der örtlichen Theaterszene ausgesprochen einseitig als blutdrünstiges Spektakel, ansonsten liebte man die Komödie. Daß aus Ton geformte Theatermasken ein beliebter Raumschmuck waren, beweist mir so wenig die Theaterbesessenheit der alten Pompeianer wie die Barockmadonna beim Generaldirektor dessen Frömmigkeit.

Viel bewundert als öffentliche Gebäude sind die verschiedenen Thermen.

Sicher, das Baden war damals beliebt, fehlten doch in den meisten Häusern private Körperwaschanlagen, zudem wars dort gesellig und am öffentlichen Brunnen an der Straßenkreuzung konnte man sich schlecht in aller Gründlichkeit reinigen.

Da die Stadt zu ihrer Blütezeit reich war, stattete man sie, wie alle öffentlichen Gebäude, reich aus. Sklaven hatten keinen Zutritt. Besonders gern besichtigt werden von den Bildungshungrigen unserer Tage die Lupanarien --? Kunstbücher, Reiseführer und Hinweistafeln gebrauchen dieses Wort. Heute sagt man "Freudenhaus" oder ähnlich. Viel zu sehen gibt es nicht. Trotzdem sind sie immer gut verschlossen und die Kustoden nehmen den 1000 Lire-Schein nicht mit der üblichen Würde, sondern mit fröhlichem Augenzwinkern. Kaum mehr zu sehen, als daß der Grundriß ausgesprochen zweckentsprechend war. Zur Zeit der Ausgrabungen, diese Häuser zählten zu den Ersten, die freigelegt wurden, entfernte man alles an Bilderschmuck und Inschriften (seine Majestät in Napoli wollte es so) und packte sie in die Magazine des Nationalmuseums.

Wer was davon sehen will, muß entweder Kunstwissenschaftler sein oder Archäologe (Empfehlungsschreiben heimischer Universitäten), oder er ersteht den derzeitigen Bestseller der schlecht gedruckten Pompei-Literatur der Bauchladenhändler und Souvenirläden "Verbotenes Pompei" zum Preis eines zweitklassigen Porno-Magazins. Da Antike, immer Bildungserlebnis, keine vieldeutigen Blicke, der Handel darf auch auf dem Ladentisch stattfinden. Das Dargestellte hält sich überwiegend im Rahmen zwischenmenschlicher Anatomie - wer weiß, was die gut bewachten Magazine im Museumskeller noch bergen?

Die Wohnverhältnisse: die normalen pompeianischen Kleinbürgerhäuser besichtige man nur einmal, sie wiederholen sich. Kahle Wände, wenig Platz. Inzwischen meist total überwuchert.

Die pompejanische Wandmalerei:

Manches ist steif, man sieht, wie das Subjekt vom Auftraggeber bestimmt worden ist, wie die auf einer Muschel Boot fahrende Venus in der Casa di Venere am Ostende der Via dell'abbondanza. Impressionistisch anmutende kleine Szenen, meist Mythologisches und Phantasiearchitekturen, aus dem Pinselstrich heraus, am aufregendsten in der Casa dei Vettii. Die meiste Malerei dieser Art ist von den Wänden abgeklopft ins Museum in Napoli geschafft worden und ihr fehlt dort jede Beziehung zu ihrer räumlichen Umgebung.

Das umfangreichste Zeugnis antiker Malerei. Denn Bilder, die auf vergängliche Materialien gemalt waren wie Holz, sind vollständg verloren gegangen. Die Räume waren völlig bemalt, wie man an einigen Häusern in Ercolano sieht, auch die Decken. Der Großteil der Malerei ist Raumdekoration und nicht "große Kunst". Die dargestellten Motive sind neben reiner Dekoration wie Rankenwerk, Girlanden oder auch einfachen Linien, die großen Flächen gliedern, meist aus dem Alltagsleben genommen, aber irgendwie in die Mythologie transferiert, besonders, wenn es um die in Pompei so häufigen Darstellungen des Liebeslebens geht.

In Räumlichkeiten des öffentlichen Lebens wie Läden, Kneipen und Bordellen, wird das Leben so dargestellt, wie es ist. Da sitzen dann reale Pompeianer über dem Becher und beim Würfelspiel.

Beliebt waren Darstellungen der weniger hoch gestellten Unsterblichen, wie Satyrn, Pan, Nymphen, denen man menschliches Treiben leichter unterstellte, als den allerhöchsten Olympiern. Daneben häufig Darstellungen aus dem Theaterleben, wilde Tiere, Amoretten - die antiken Vorläufer christlichen Geflügels (Putten und Engel). Szenen aus Ägypten waren beliebt, wohl auch bedingt durch die engen Handelsbeziehungen zwischen Pompei und dem Nilland.

Die Kunstwissenschaft unterscheiden 4 nacheinander folgende **Stilrichtungen:**

1. Stil (200 v.Chr. bis ca. 50 v.Chr.): ohne figürliche Darstellungen. Ursprünglich die Imitation edler Wandmaterialien wie Marmor und Quadermauerwerk, was in bemaltem Verputz natürlich billiger kam. Die geometrische Aufteilung der Wände gliedert sie nicht nur, sondern schafft auch eine starke Plastizität.

2. Stil (seit ca. 100 v.Chr. bis 20 v.Chr.): große malerische Zyklen, Hauptbeispiel die Villa dei Misteri und illusionistische Architekturmalerei, die die Wände ins Unendliche auflöst, Phantasiearchitektruen.

3. Stil (aus dem 2.Stil hervorgehend, etwa bis zur 1.Zerstörung Pompeis): große, in gelb, rot oder schwarz gehaltene Wände, in die kleine Bilder gemalt werden. Malerei in ägyptischer Manier. Landschaftsszenen und Menschlich-Mythologisches werden in die Phantasiearchitektur gestellt, sehr filigrane Ornamentik. Alles wirkt leicht und schwebend.

4. Stil (in den Jahren vor dem Vesuv-Ausbruch): eine ins Barocke gehende Fortführung des 3. Stils, wandfüllende Scheinarchitekturen mit Fabelwesen und Girlanden, stark perspektivisch. Casa dei Vetti.

Produktionsstätten:

In der ganzen Stadt kleine Werkstätten. Die Besitzer der großen Villen vermieteten an deren Straßenfronten kleine Laden- und Werkstattlokale. Ausblick auf die Straße wollten sie ohnehin. Für den Kontakt mit der Natur waren die begrünten Innenhöfe zuständig und schließlich holten die Wandmalereien Wälder, Berge, Blumen, Vögel und sogar Löwen in die

Häuser. Und wer ganz reich war, hatte ein Landhaus mit etwas eigener Landwirtschaft außerhalb der Stadtmauern.

Die großen Werkstätten lagen ebenfalls innerhalb der Stadtmauern. Gewerbegebiete wie heutigentags gab es nicht. Die oft mit über 50-100 Sklaven arbeitenden Manufakturen lagen oft neben Villen, obwohl eine Reihe der pompeianischen "Fabriken" stark Riechendes produzierte oder mit anrüchigen Stoffen laborierte. Die Artikel, auf denen der Reichtum der Stadt beruhte: Garum, eine Würzsoße, die durch Gären rohen Fisches in Salzlake entstand. Die Qualität (und der Preis) richteten sich nach den verwendeten Fischsorten und dem Jahrgang. Gutes Garum konnte auf Amphoren gezogen jahrelang lagern und reifen. Wer Geld hatte, leistete sich Garum aus Thunfisch oder Langusten. Es gab aber auch welches aus Fischschwänzen und Sardellen. Verspeist wurde es in der Antike in einer Regelmäßigkeit wie heute Tomatensoße. Die Vorliebe heutiger Italiener für Sardellenpaste dürfte hier ihre archäologische Erklärung finden.

Wollverarbeitung zu Stoffen und Filz und besonders die Färberei, waren eindeutig die Hauptbranchen. Als Fixiermittel wurde dabei in riesigen Mengen Urin verwendet. Stoffe und Filz waren gleichzeitig der Haupthandelsartikel der Stadt, die Wolle kam aus den nahegelegenen Bergen Samniums und Lucaniens, wo schon damals die Schafzucht das Rückgrat der bäuerlichen Wirtschaft war.

Ansonsten war die Stadt mit ihren wahrscheinlich 30-35.000 Bewohnern reichlich damit beschäftigt, sich selbst zu versorgen. Man hat zahlreiche kleine Werkstätten, die für den täglichen Bedarf produzierten und reparierten, gefunden. Bäckereien - hier herrschte allerdings der Trend zur Brotfabrik mit Verkaufsfilialen. Fundstücke wie Werkzeuge, verkohltes Brot, medizinisches Gerät, ausschließlich in Napoli im Nationalmuseum.

Anregung für den Gang durch die Stadt - bitte, hier soll niemandes Lust und Laune, Phantasie und Kreativität vergewaltigt werden. Und vollständig ist das hier Aufgelistete beileibe nicht.

Der Gang beginnt außerhalb, an der Villa dei Misteri - mit Grund: einmal ist da in der Frühe noch kein Menschengewimmel, und dann liegt sie außerhalb und anfangs tun noch nicht die Füsse weh - und endet beim Anfitatro, wo der zum modernen Pompei und seinen Ristoranti nächste Ausgang ist, oder wo es sich am besten picknicken läßt.

Das Eintrittsbillet, was es an der Villa dei Misteri nicht gibt, gilt auch für die Stadt. Ich verwende durchgehend die italienisierten Namen der Straßen, Plätze und Häuser etc., mögen sie Lateingebildeten auch grausam klingen, denn auf den Stadtplänen die im Umlauf sind, auf den Hinweisschildern, tauchen meist nur sie auf. Wo eine Übersetzung das zündende Ah! bringt ("tempio di Giove = Jupitertempel") wird sie nicht fehlen.

Hie und da kann es passieren, daß Gebäude oder Straßen abgesperrt sind. Die Restaurationsarbeiten bringen laufend Änderungen. Die Absperrungen in jedem Fall respektieren, bisher ist zwar noch kein Besucher von stürzenden Trümmern erschlagen worden, aber bei der großen Zahl der Wagemutigen kann das noch werden. Zudem zieht man sich meist einen Custoden mit einer ekelhaften schrillen Trillerpfeife in der Hand, der dann selbst gestandene Männer zu zerknirschten und ertappten Sündern macht. Im ausgegrabenen Teil von Pompei liegen keine Altertümer mehr auf der Erde. Mit gesenktem Haupt durch die Straßen gehen, lohnt nicht.

Wer in das noch nicht ausgegrabene Drittel (die Absperrungen sind nicht sehr perfekt) geht und dort anfängt, nach Andenken zu scharren, muß mit der Härte des Gesetzes rechnen. Entschuldigungen oder Bagatellisierungen, oder der Verweis auf mangelndes Finderglück, bringen nichts.

Geschäftliches: nicht zwischen irgendwelchen einsamen Mäuerchen. Toiletten beim Ristorante am Nordrand des Foro und am Eingang am Anfiteatro.

Ristorante: eigentliche Bestimmung Postkarten- und Getränkeverkauf (nicht über die Preise wundern, ihr steht auf welthistorischem und weltberühmten Boden!).

(1) VILLA DEI MISTERI

1 km nördlich des Eingangs, an der Porta Marina, ausreichende Parkmöglichkeit für Autos ohne wertvollen Inhalt.

Zum Glück erst nach 1900 entdeckt und ausgegraben. Mit ihren Malereien, das unbestrittene Prachtstück Pompeis. Ursprünglich ländliche Villa einer Patriziatsfamilie mit Geld, Geschmack und dem Sinn für religiöse Extravaganzen und Exklusivität. Beim Erdbeben von 62 beschädigt, wurde sie zum Gutshof umgebaut, Teile des Gebäudekomplexes dienten fortan als Magazine, Keller, Arbeitsräume und Sklavenwohnungen (alle im hinteren Gebäudeteil). Die vorderen Räume mit ihren Malereien blieben herrschaftlich. Der "Mysterienfries" mit lebensgroßen Figuren macht es der Wissenschaft schwer. Hier wird, im Gegensatz zur sonst rein dekorativen Malerei Pompeis, eine Geschichte erzählt, man weiß bloß nicht welche.

Die Anwesenheit Dionysos (für Wein, Geheimnisvolles und die Sphäre der allein von Gefühl bestimmten Welt zuständig) läßt auf Bildern aus der Welt der orientalischen Geheimkulte schließen, zu denen nur Eingeweihte Zugang hatten, die Einführungsriten standen in nichts mit der öffentlich immer wieder beschriebenen Moralität in Einklang, und rituelle Blutrünstigkeiten und Selbstverstümmelungen ließen es den Regierenden angeraten sein, die Sache allgemein zu verbieten, gleichzeitig aber als Ventil im Seelenhaushalt der Oberschicht zu dulden.

Was mir wichtig erscheint: hier haben wir es mit dem Salon einer wohlhabenden Familie zu tun und nicht mit dem Untergrundheiligtum einer Sekte, die am Rande der Legalität operiert.

Deutung der Bilder (wie es einige Kunstbeflissene tun, denen die eigene Wunschwelt durchgeht): beginnt links vom Eingang. Rituelle Lesung durch ein Kind; 4 Frauen, die auf das Opfer warten; singender und musizierender Silen, Hirtenszene, Panpriesterin, die ein Reh melkt; Frau, die eingeweiht werden soll, wartet auf die Feier; Silen und Satyren - Menschen, die koboldige Götter mit Spitzohren, Zottelbeinen und Bocksfüßen sind, Dionysos und Aríadne; ein Mädchen enthüllt den Phallus, während die Einzuweihende gegeißelt wird; die Geschlagene verkriecht sich in den Schoß einer Gefährtin, eine nackte Bacchantin tanzt; Einkleidung einer Braut; sitzende bekleidete Frau. Ob Einzelszenen oder ablaufender Film, ist strittig. Den professionellen Erklärern ist der Film lieber. Malerisch von ungemeiner Lebendigkeit, besonders die Gesichter und die Augen, sprechen die Gebärden ohne Hölzernes. Dabei großflächig gemalt. Über den Künstler, seine Tradition, ist nichts bekannt.

VIA DEI SEPOLCRI: gleichzeitig Gräberstraße und wichtigste Verbindung mit Ercolano und Napoli.

Reiche Römer verherrlichten sich nach ihrem Tode am Rande der Hauptstraßen. Wer es im Leben zu weniger gebracht hatte, kam auf friedhof-
② ähnliche Totenfelder. VILLA DI DIOMEDE: (rechts) ehemals eine der größten Villen, nur noch Gemäuer enthalten, zwei Schwimmbecken. Im Keller fanden die Ausgräber Weinamphoren und 18 Skelette. PORTA ERCOLANO: Stadttor und Stadtmauer, die beiden äußeren Torbogen für Fußgänger.

③ Via Consolare: dann links in Via delle Terme: CASA DI PANSA: große städtische Villa, zur Straße hin Ladenlokale. Nur Architektur erhalten.
④ CASA DEL POETA TRAGICO: Fresken im Nationalmuseum in Napoli. Fundort des Bodenmosaik "Cave Canem" - Achtung vor dem Hund, man muß einen bissigen Kettenhund überschreiten (Kopie, Original in Napoli).

⑤ Via di Mercurio, durch den ARCO DI CALIGULA (Torbogen), CASA DELLA FONTANA GRANDE, bunter Mosaikbrunnen aus Glasmosaiksteinen, ähnlich, aber kleiner in benachbarten CASA DELLA FONTANA PICCOLA.

Rechts an der Kreuzung mit Vicolo di Mercurio: eine CAUPONA, eine Stehweinhalle. Zurück zum Arco di Caligula. Rechts Via della Fortuna.

⑥ CASA DEL FAUNO (links): die größte pompeianische Villa überhaupt. War sehr reich an Fresken und Wandmosaiken, die aber alle im 18.Jahrhundert abgelöst und nach Napoli geschafft wurden, darunter die "Alexanderschlacht". Große Innenhöfe mit Säulen, Mosaik- und Marmorböden.

⑦ Links in den Vicolo dei Vettii: CASA DEI VETTII: hier am meisten Gedränge, Villa einer reichen Kaufmannsfamilie, die erstaunlich gut erhalten ist. Man kann gut nachvollziehen, wie in diesen Häusern gelebt wurde.

Gleich am Eingang der Wärter, ein Priap (unter Glas), ein mythologischer Herr mit einer großen Mißbildung im diskret-anatomischen Bereich - schützt vor bösem Blick. Neben der Küche ein winziger Raum. Hier wohnte der Koch. Berühmt die Villa, die wegen ihrer fast vollständig erhaltenen Raumausmalung in den Räumen rings um den Peristyl (Säulengang um den Hofgarten), die zu den spätest entstandenen pompeianischen Malereien zählt (fast ausschließlich in den Jahren zwischen dem Erdbeben von 62 und dem Ausbruch des Vesuvs entstanden). Motive überwiegend aus der Mythologie.

Für den Besuch des TRIKLINIUMS (dort lagen die Römer zu Tische) ruhigen Moment abpassen. Die Wände in leuchtendem, glänzendem pompeianischrot, auf schwarzen Streifen Amorette (eine Art Putten) bei Betätigungen des Alltags: Öl- und Weinverkauf, Wagenrennen, Weinlese, Goldschmiedearbeit...

(8) CASTELLO ACQUARIO (an der Porta Vesuviana). Verteiler für die Wasserversorgung, außerhalb der Stadtmauer, drei große repräsentative Grabmäler, teilweise mit Figurenschmuck.

(9) Via del Vesuvio: CASA DEGLI AMORINI DORATI (rechts): reicher Bilderschmuck, dem allgemeinen Geschmack entsprechend, meist Mythologisches, wie Leda mit dem Schwan. Peristyl mit Theatermasken geschmückt. (10) QUADRIVIO DI ORFEO (Kreuzung mit der Via di Nola) - eines der Hauptstraßenkreuze in der Stadt. Die hohen Trittsteine gaben den Fußgängern nicht nach Art von Zebrastreifen Vorrecht, ermöglichten aber das Überqueren der oft mit Unrat bedeckten Straßen, ohne mit der Sandale im Mist der Zugtiere zu versinken.

(11) Nach links, in die Via di Nola: (rechts) CASA DEL CENTENAIO: große Villa mit Fresken (Landschafts- und Jagddarstellungen).

(12) Nach links in den Vicolo die Lucrezio: (rechts) CASA DI MARCO LUCREZIO FRONTONE: kleine, aber reich ausgestattete Villa. Wandmalereien und Reste der Innenausstattung.

Zurück in die Via di Nola über das Quadrivio di Orfeo hinaus (links): Vico Storto: PANIFICIO DI MODESTO: eher Brotfabrik als Bäckerei. Getreidemühlen (von Eseln getrieben).

Nach rechts in die Via degli Augustali, endet am Foro (Forum).

(13) Das FORUM: Mittelpunkt des städtischen Lebens. War für Fahrzeuge nicht zugänglich, durch solide Steinbarrieren abgesperrt. Um das Forum befanden sich alle Tempel, die Gebäude der Verwaltung, Rechtssprechung, der Vereinigung der Fabrikanten und Geschäftsleute (besonders des Textilsektors), schließlich Räumlichkeiten der Geldleiher und -wechsler, die Markthalle für den täglichen Lebensmittelhandel und die öffentliche Latrine.

Zusätzlich hatte das Forum die Bedeutung der Piazza: Treffpunkt für alle, die im Augenblick nicht angestrengt zu arbeiten hatten zum Austauschen von Neuigkeiten, zum Anbinden und Beenden von privaten und geschäftlichen Affären und natürlich gelegentlich auch für Offizielles.

Bis auf die Nordseite, wo sich das Hauptheiligtum der Stadt befand, war der Platz von einem doppelreihigen Säulengang eingerahmt (ambulacrum), dessen Reste mal Säulenstümpfe, mal Säulen in zwei Stockwerken übereinander.

(14) TEMPO DI GIOVE (Jupitertempel), als Hauptheiligtum gleichzeitig Ort des Juno und Minerva-Kultes, damit der höchsten drei Götter römischer Städte.

(15) Ostseite: MACELLUM - Markthalle, vor dem Eingang das Lokal der Geldwechsler. Daneben SANTUARIO DEI LARI, Heiligtum der Schutzgeister der Stadt, nach dem Erdbeben von 62 errichtet.

(16) TEMPIO DI VESPASIANO: für den Kaiserkult.

(17) EUMACHIA: teils dem Kult der Kaiserfamilie gewidmet, teils Versammlungsort der Textilfabrikanten.

(18) Südseite: neben drei kleinen Bauten für öffentliche Ämter die BASILICA: größtes öffentliches Gebäude, war Sitz der zivilen und Handelsgerichtbarkeit und gleichzeitig eine Art Börse.

(19) Westseite: TEMPIO DI APOLLO: vor ihm - im Forumsplatz liegend - Redner-Tribüne, und an den Tempelmauern die MENSA PONDERARIA - Eichamt für die gängigen Maße und Gewichte. In der obersten Ecke des Forum die öffentliche Latrine.

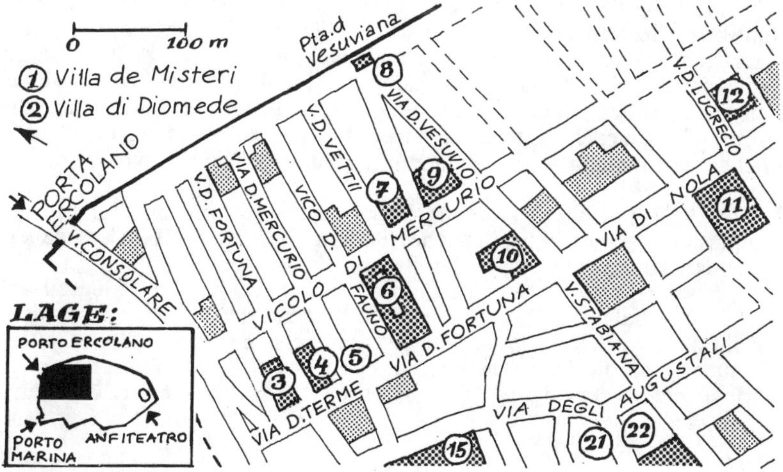

VIA DELL'ABBONDANZA: die eigentliche Hauptstraße mit vielen Geschäften, Kneipen, kleinen Werkstätten, aber auch großen Manufakturen. Beginnt am Forum und endet an der Porta di Sarno, dem wichtigsten Stadttor für den Fernverkehr nach Süden und ins Vesuvumland - besonders aber in die Wollregionen im Appenin.

20 (links) TERME STABIANE: unter den drei öffentlichen Bädern die aufwendigst ausgestatteten und auch am besten erhaltenen. In Männer- und Frauenabteilung getrennt, nach der Platzaufteilung muß die männliche Kundschaft zahlenmäßig weit größer gewesen sein. Die Männerabteilung war reich mit Stuck ausgeschmückt. Die Thermen waren ein Aufenthaltsort, wo man auch über das bloße Baden hinaus bleiben mochte. Die Frauenabteilung, geht man von ihrer "Schlichtheit" aus, diente wohl nur der Säuberung.

Etwas zurück, rechts, in den Vicolo del Lupanare: Pompeis verrufene
21 Gasse. (Rechts) ALBERGO DI SITTIO: ein Hotel, mehr eine Absteige.
22 (Links) LUPANARA: weiblichen Besuchern versperrten die Custoden bis vor wenigen Jahren den Zugang. Viel ist an dem Freudenhaus nicht mehr zu sehen, die Inschriften fast alle entfernt.

23 (Zurück) - gerade über die Via dell'Abbondanze - Via dei Teatri: FORO TRIANGOLARE. Das zweite Zentrum Pompeis. Die Tempelbauten und Theater stammen noch aus der griechischen und samnitischen Periode der Stadt, im Gegensatz zu den Bauten um das große Forum, das aus römischer Zeit stammt. Säulen und Kapitelle sind hier schlanker, mehr auf Optik gebaut, als meist bei den robusten und riesengroßen späteren Römerbauten. Das Foro Triangolare ist ein guter Platz,um im Schatten auszuruhen.

24 TEATRO GRANDE. Faßte bis 5000 Zuschauern. Die Kulisse wie bei antiken Theatern üblich, eine stark gegliederte Architektur. Illusionsschaffende Szenenbilder waren damals nicht bekannt. Im Zentrum stand der Mensch, ob Schauspieler, Sänger oder Gladiator. Deren Kaserne unmittelbar hinter dem Theater - ein großer säulenumstandener Platz zum Üben - dessen edel und friedlich wirkendes Äußeres nichts von der eigentlichen Bestimmung verrät - Ruinen können eine perfekte Tarnung sein.

25 TEATRO PICCOLO (Odeon). Diente wohl überwiegend für Musikveranstaltungen und künstlerisches Theater. Platz ist für 1000 Zuschauer.
26 Vor den Theatern in der Via del Tempio d'Iside der ISIS-TEMPEL. Der ägyptische Isis-Kult war in Pompei verbreitet (wie fast überall im römischen Italien). Wie die meisten der orientalischen Kulte war er nicht mehr als eine Ergänzung im ohnehin ständig sich vergrößernden Götterhimmel, und die Idee von Wiedergeburt und Auferstehung war sicher erfeulicher als der original griechisch-römische Hades, der nur dunkel und triste war.

Geradeaus Via dell'Anfiteatro, die sich als Vicolo Meridionale fortsetzt:

(27) (links) CASA DI LUCIO CEIO SECONDO: Wandbild mit Landschaft und jagenden Löwen.

(28) (rechts) CASA DEL MENANDRO: eines der besonders reichen Häuser. Fresken mit Episoden des Trojanischen Krieges. Im Peristyl Theaterszenen und ein Bild des Dichters Menandros. Kleines Privatthermalbad mit Fresken und Mosaiken.

(29) (links) CASA DEL CRIPTOPORTICO: unter dem Garten im Hausinneren reich stuckiertes Gewölbe (Szenen aus der Ilias). In diesen Keller flüchteten sich während der Katastrophe viele Menschen, die dann unter der Asche begraben wurden. Ihre Gipsabdrücke im Nationalmuseum, darunter auch die Mutter, die ihre Tochter in enger Umarmung zu schützen versucht.

(30) (Seitenstraße zur Via dell'Abbondanza): nach links bis zur OFFICINA DI VERECUNDUS (rechts): nur Fassade, der Rest nicht ausgegraben. Wollweberei und Filzmanufaktur. Am Eingang als Malerei die Schutzpatrone des Gewerbes (Merkur und Venus auf einem Wagen der von Elefanten gezogen wird), Darstellungen der Tuchherstellung und des Verkaufs. Daneben Färberei mit Heizofen und Färberwanne (Phallussymbole als Schmuck).

(gegenüber): FULLONICA STEPHANI: besterhaltene Wäscherei und Färberei Pompeis, unten Werkstatt, oben Wohnung. Wasch- und Farbbecken.

Fortsetzung der Via dell'Abbondanza Richtung Porta di Sarno:

(links) TERMOPOLIO DI ASELLINA: Ausschank von kalten und heißen Getränken, aber nur bis zum Jahr 79.

(rechts) Zur Straße hinmündende Verkaufsbänke von Läden und Garküchen. Inschriften und Malereien hinter Vorhängen.

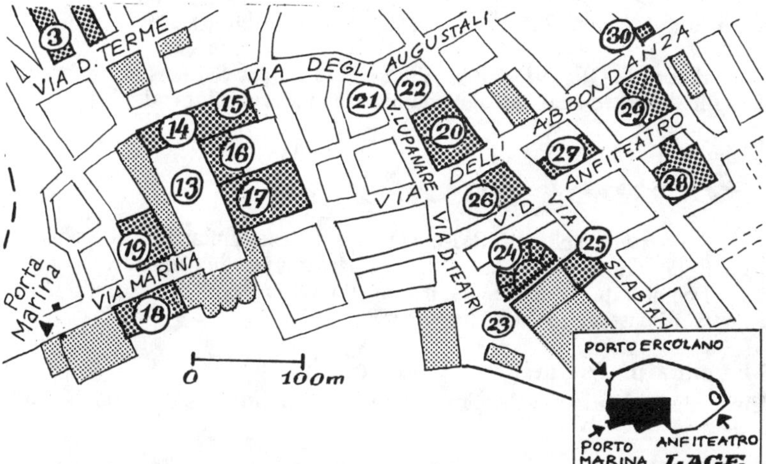

31 (rechts) CASA DEL FRUTTETO: schöne Malereien von Obstbäumen, darunter auch Zitronen, die zur Römerzeit in Italien kaum heimisch waren. Ihre Kultur wurde erst mit den Arabern um das Jahr 1000 in Sizilien, im südlichen Calabrien und um Amalfi verbreitet.

32 (rechts) CASA DI VENERE: im Innenhof phantastisch erhaltenes Wandbild mit der Venus in der Muschel, etwas hölzerne Dekorationsmalerei.

33 (rechts) VILLA DI GIULIA FELICE: eine riesige Villa mit großen Grünflächen. Schöner überdachter Gang mit rechteckigen Marmorpfeilern. Besaß ein großes Thermalbad, das dem Anschein nach gegen Eintritt öffentlich genutzt wurde.

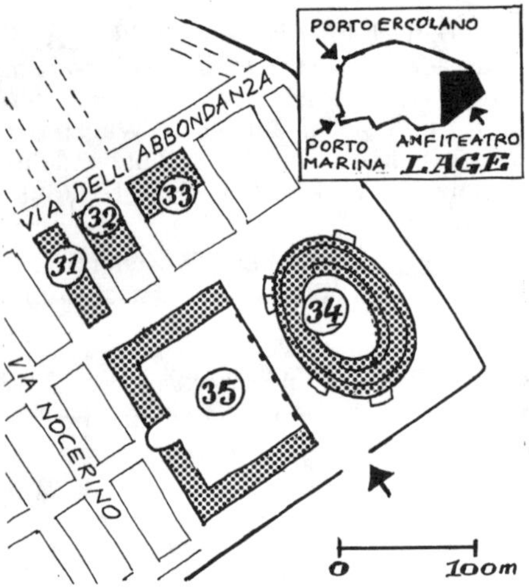

Hinter der Villa nach rechts von der Via dell'Abbondanza zum
ANFITEATRO (Amphitheater): 34
unter den erhaltenen römischen Amphitheatern das Älteste. Faßte etwa 20.000 Zuschauer, also mehr als die Hälfte der Einwohner Pompeis.

Überwiegend Austragungsort dessen, was die Römer unter Sport verstanden. Daß es dabei nicht nur in der Arena blutig zuging, zeigt ein kaiserliches Dekret aus dem Jahre 59, das nach einem blutigen Streit zwischen Schlachtenbummlern aus Pompei und Nuceria (Nocera Inferiore) die Abhaltung von Spielen für 10 Jahre verbot.

35 Gegenüber die GRANDE PALESTRE, ein großes Säulengewirr, besonders für Wagenrennen und als Übungsgelände für die Jugend.

Pompei (modern)

Eine der verwechselbaren Riesenstädte des Vesuvumlandes, übervölkert, so häßlich, daß es kaum auffällt. Im Spätsommer die Luft geschwängert von Tomatendunst, denn nach den Touristen sind die Tomaten die Hauptverdienstquelle - und die Pilger.

Madonna di Pompei (oder Del Rosario):
Eines der wichtigsten Madonnenheiligtümer im Umland von Napoli.

Hochbeliebt als Hochzeitskirche. Auf den Stufen zum Heiligtum lauern die Fotografen (immer mit der altmodischen, aber so eindrucksvollen zweiäugigen Rollei und potentem Blitz).

Die Kirche riesig - ganz dem Geschmack altpompeianischer Badehäuser nachempfunden. Bunter Stuck, reichlich Mosaik mit Maria und Heiligen in eleganten Kleidern - alles um die Jahrhundertwende als napoletanische Konkurrenz zu Lourdes in Szene gesetzt. In die Seitengemächer ("museo") gehen. Dort eine fantastische Sammlung von Votivbildern. Mehrhundertfach ganz naiv empfunden gemalt, wie die Madonna immer im letzten Moment eingegriffen hat. Und viel Einblick in die dramatischen Lebensverhältnisse, wo es oft wirklich nicht ohne die Madonna geht.

Museo vesuviano: im Santuario (wenigsten noch vorläufig) - Steine, Fotos, Zeichnungen, Karten und Dokumente.

Die römischen Villen von OPLONTI (bei Torre Annunziata) und STABIA (bei Castellammare di Stabia) zählen neben Pompei und Ercolano zu den besterhaltenen Zeugnissen aus römischer Zeit. Ebenso durch den Vesuv-Ausbruch verschüttet, später z.T. überbaut, sind die Mauern, z.T. mit außergewöhnlich schönen Fresken bemalt, bis zum Dach erhalten. Anders als in Pompei handelt es sich um Luxusvillen. Die Reichen zogen das Wohnen am Meer bzw. in der Nähe von Thermalquellen der getriebigen Stadt Pompei vor.

Besichtigung: Ob möglich oder nicht, vorher bei der A.A. in Pompei abklären. Die Ausgrabungen laufen seit fast 40 Jahren, immer wieder mit jahrelangen Unterbrechungen. Wind und Wetter, Luftverschmutzung, das Erdbeben von 1980 - und vor allem unbekümmertes Vor-sich-hin-gammeln-lassen haben beträchtliche Schäden angerichtet.

Scafati, einer der stättischen Agrarorte in der Ebene von Pompei, wo die 3 bis 5 Gemüse-Ernten pro Jahr in Dosen gepackt werden. Liegt an der S.S.18, Richtung Salerno, 2 km von Pompei.

SANDULILLO E VAGNE, klassisches Kleinstadt-Ristorante, gelegentlich durch Hochzeiten und Bankette blockiert. Treffpunkt von Liebhabern traditioneller Küche des Vesuvumlandes. Bekannt für seine Aale (anguille). Beachtliche Auswahl an Spitzenweinen, aber auch guter offener Wein der Gegend. DM 30. Direkt an der S.S:18.

Noccera Superiore (16 km Richtung Salerno)
Oberhalb der Vesuv-Ebene und der neuen Stadt Nocera Inferiore, wo mehr Tomaten eingedost werden als in jedem anderen Ort Italiens.Meist in kleinen Fabriken, wo Camorra, Arbeitslosigkeit und Saisonjobs von Frauen für den anschließenden Kampf um Marktanteile für günstigste Startpositionen im Preisgerangel sorgen. Im oberen Ort eine der ältesten

Kirchen Italiens: ein noch in antiker Tradition stehender Rundbau mit innerem Säulengang, ganz schmucklos und klare Formen. Änlich, wenn auch größer und prächtiger in Rom S. Stefano Rotondo und S. Costanza fuori le Mura, sowie in Ravenna S. Vitale.

Trattoria FRANCESE, kleine familiäre Trattoria mit einer hervorragenden Landküche, vieles auf Gemüsebasis. Mal "Tagliatelle con le ortiche" (Nudeln mit Brennesseln) versuchen - gekocht ein ganz sanfter Genuß! Leckere Fleischsachen und geröstete Provola (geräucherter Weichkäse), Wein aus eigener Produktion, 28 DM. Tisch vorbestellen. Tel.: 081 / 92 62 36.

Cimitile - bei Nola: eines der chaotisch gewucherten Dörfer hinter dem Vesuv.

Bahn: Circumvesuviana bis Cimitile (Linie nach Baiano).
Im Ort ein frühchristlicher Kirchenkomplex, übereinander und ineinander gebaut mit mittelalterlichen Fresken (änlich denen S. Angelo in Formis (Schöpfungsgeschichte, Passion, Engel). Da abgeschlossen, am Platz nach dem Custoden fragen.

Ortsnamen mit Klang: AMALFI, - POSITANO, - SORRENTO. Die großen Ziele englischer Reisender und lungenleidender russischer Adliger. Vor 100 Jahren.

SORRENTO = die Palasthotels der Belle Epoque zwischen einer tropischen Vegetation. Plüsch und Marmor, vergoldete Bronze und geschliffener Kristall.

POSITANO, - AMALFI, - RAVELLO = wie orientalische Märchendörfer die steilen Berge hochkletternd, weiße, rosa, türkisene Kuben, die ineinander geschachtelt sind. Die berge leuchtend grün, das Meer wie eine Postkartenaufnahme. Die Gassen so eng, daß nicht einmal überall ein Esel durchpaßt.

Eine der schönsten Küstenlandschaften des Mittelmeers, und trotz des Tourismus keine ermordete Landschaft - es gibt aber auch negative Ausnahmen, aber eben nur Ausnahmen. Der "Landschaftsfresser" Tourismus hat hier sein Kapital nicht aufgefressen. Ein Glück, daß sich hier alles langsam und organisch entwickelt hat - und daß Landwirtschaft, Fischerei, Handwerk und Ferienbetrieb ineinander verwoben sind.

Eine Landschaft für ausschließliche Badeferien ist das hier ohnehin nicht. Einmal weil die Orte und die Berglandschaften unendlich viel bieten, dann weil die Badebuchten winzig sind - und bei weitem nicht alles das, was man unter schönem Strand in Süditalien verstehen könnte - fast immer direkt vor den Ortschaften, ein sehr schmaler Sand- oder Kiesstreifen, wenn überhaupt, sonst klettert man von den Klippen direkt ins Meer oder künstlichen Badestegen, Hafenmolen usw.

Das LAND: fast senkrecht aus dem Meer aufsteigend, zwischen 500 und 1400 m hoch. Abwechselnd Wälder, Macchia, wohlbebaute Terrassen mit

Ölbäumen, Orangen, Zitronen, kleine Gemüsefeldchen, überall Blumen - hier blühen sie sogar im Hochsommer und im Winter. Häuser, Felder und die Orte sind durch ein Geflecht von Treppenwegen verbunden. Oben in den Bergen ausgedehnte Wälder mit Nußbäumen (Mäuerchen stehen selbstorganisierten Ernten entgegen) und ausgedehnte Weiden, wo die Produzenten des berühmten Mozzarella di Sorrento grasen.

Tourist INFO

Tourist Info: allgemeine, übergreifende Information bei den EPT Napoli und Salerno, detaillierter bei den örtlichen A.A. in allen Orten, aber meist auch dürftig - die Fremden kommen ja auch so. Keine Hotelvermittlung! Leute mit Fremdsprachenkenntnissen meist nur in der Hochsaison.

Cambio: völlig unproblematisch.

Verkehrsverbindungen:

Auto: Straßen meist eng und voll. Viele Busse, die nur nach komplizierten Manövern aneinander vorbeikommen. Training in millimetergenauem Fahren an Abgründen entlang und Rückwärtsfahren in Kurven und Steigungen nützlich. Den Busfahrern sitzt der Fahrplan im Rücken, den Camionisten anscheinend der Teufel. Unübersichtliche Kurven werden nach Landessitte geschnitten, es erhöht die Lebensdauer der Reifen. Mit plötzlichen und harten Bremsmanövern rechnen und vor unübersichtlichen Kurven hupen. Die anderen tun es auch.

Zwischen Ostern und Oktober werden die Straßen zum Horror, außer zu den Zeiten, wenn gute Christen ruhen oder essen. Grundsätzlich mit langen Fahrzeiten rechnen, mehr als 25 km/h Durchschnitt sind rallyeverdächtig! Anfahrt: (mit einigen zeit- und nervensparenden Tips):

★ **VON NORDEN: Ri. Sorrento**

Am Autobahnende in Castellammare nicht den Schildern nach Sorrento folgen, ihr kommt ans Ziel, aber durch die ganze Innenstadt von C., dabei immer wieder in vorfahrtsberechtigte Straßen einfädeln. Der Verkehr ist infernalisch. Stattdessen 300 m auf der Straße nach Gragnano, an der Kreuzung beginnt eine breite Straße nach Sorrento. - Wer nach Amalfi will, fährt über Gragnano und Agerola, von dort abwärts auf der großartigsten Gebirgsstraße über Furore nach Amalfi, schmal, viele Serpentinen, zum Glück wenig Verkehr. Der Blick überwältigend. An der Paßhöhe hat man 650 m und ist nur noch 900 m vom Meer entfernt (als Vogel).

★ **VON NORDEN: Ri. Amalfi:**

A 3 (Salerno) bis Scafati - Pompei, 6 km S.S.18. Vor Pagani Abzweigung nach Corbara - Ravello - Amalfi. Paßhöhe bei 700 m, entsprechend kurvig und steil, aber fast überall relativ breit.

VON SÜDEN: alle Richtungen:

A 3 bis Vietri, dort auf die Ufer-Panorama-Straße S.S.163, Italiens schönste Küstenstraße, aber infernalischer Verkehr, viele Busse, bis hinter Positano sehr schmal.

Bahn und Bus:

Entsprechend der großen touristischen Bedeutung und auch der hohen Bevölkerungszahl fahren Bahnen und Busse häufig, die Hauptlinien zum Teil alle 30 Minuten. Fahrpläne hängen in der Ortsmitte aus. Wo es über die Berge geht, aber weniger Busse.

Von Napoli

Bahn Napoli - Sorrento (SFSM), etwa stündlich. In Castellammare (Via Nocera) 4 oder 5 mal Bus nach Amalfi über Agerola (wo man in den Anschlußbus wechseln muß).

In Sorrento Busse nach Massalubrense, Positano und Amalfi. Zwischen Castellammare (Cm-Stabia) und Sorrento Busse für den Lokalverkehr. Eisenbahn schneller, die Stationen liegen meist 2 km auseinander.

Von Salerno:

Busse der SITA nach Amalfi (alle 30-60 Minuten) nach Amalfi, dort Anschlüsse nach Positano, Ravello, Sorrento. Busstation in Salerno in der Via Velia (in einem Innenhof), 5 Min. von der Stazione FS.

Per Schiff: (Nur saisonal!). Sicher die reizvollste Art auf die Bergkette der Halbinsel zu kommen, oder gar an ihr entlang zu fahren. Genüßlich aber nur auf dem Dampfer. In den Aliscafi ist man schnell am Ziel, sieht aber so gut wie nichts. Linien Napoli (Molo Beverello am Castel Nuovo) - Sorrento. Castellammare - Sorrento - Capri.

Salerno (verkehrt nur begrenzt) - Amalfi - Positano - Capri.

Alsicafi: Sorrento - Capri, Napoli (Mergellina) - Sorrento, Ischia - Capri - Amalfi, Salerno - Amalfi - Positano - Capri, Torre del Greco - Castellammare - Sorrento - Capri.

Flugzeug:

Flughafen Napoli Capodichino. Wer auf eigene Faust reist, erst einmal zur Stazione Centrale in Napoli. Wer als Pauschaltourist fährt, sollte sich unbedingt vorher erkundigen, ob Transfer besteht - das soll nicht immer der Fall sein.

Car Rent: nach meinen Informationen nur in Sorrento (AVIS und örtliche Firmen, die sich preislich an den internationalen Firmen orientieren, und keine verbilligten Wochenend- oder Langzeittarife haben). Am besten deshalb gleich in Napoli oder Salerno mieten, wer das Auto für mehr als einen Tag braucht!

"Motorinis" können in den meisten Orten gemietet werden. Preise ungefähr 30-45 DM / Tag. Organisiert jedes örtliche Reisbüro, nicht die A.A.

Landkarten und Bücher:

Die örtlichen Buchhandlungen und Andenkenshops durchstöbern. Bilderbücher, Reiseführer und spezielle Veröffentlichungen gibt es reichlich und erscheinen laufend neu.

Karten:

KOMPASS-Karte 1:50.000 (ca. 7 DM) und TCI Golfo di Napoli Blatt 2, 9 DM, - beide meist nicht ausreichend. Als detailreiche Autokarte sehr brauchbar, aber in schwierigem Gelände, dazu noch einsam, möchte ich danach nicht wandern.

Litografia Artistica Cartografica, Penisola Sorrentina e Costiera Amalfitana, 1:35.000, etwas genauer, aber auch nicht 100%-ig, nur westlich der Linie Nocera - Maiori und Capri. 6DM, wichtigste Stadtpläne. Für anspruchsvolle Gebirgswanderungen (die sind möglich - man kann sehr allein sein in der Landschaft!):

IGM 1:25.000	185 - III - SO Castellammare die Stabia
	185 - III - SE Nocera Inferiore
	196 - I - NE Sorrento
	197 - IV - NO Postiano
	197 - IV - NE Amalfi

Enthalten im Gegensatz zu den anderen Karten Brunnen und Quellen, Dreifarbendruck! In örtlichen Läden nicht zu bekommen!

HOTELS

Juli - August: alles vorbestellt. September nicht immer leicht, etwas zu finden. Davor und danach unproblematisch, aber etwa 30% schließen zwischen November und Ostern. Recht viel, meist englische und deutsche Pauschaltouristen.

Nicht überwältigend, dafür entschädigt die Landschaft, wenn man wieder aufs Ufer zuschwimmt. Castellammare: strenges Badeverbot. Vico Equense und Sorrento: keine Strände, Badestege (kosten Eintritt), Wasser trübe und bedenklich verschmutzt. Die Kläranlage von Sorrento reinigt halt nur die eigenen Abwässer.

Südküste aufregender und, weil Napoli hinter dem Kap liegt, deutlich bessere Wassergüte. Meist klar, aber bei bestimmten Strömungen Schmutzsäume. Kleine Buchten mit Kies und Sand bei Marina di Cantone, Positano, Amalfi, sonst bis Amalfi nur auf dem Landweg meist unzugängliche Felsküste. Für Schnorchler eines der interessantesten Gebiete Italiens. Nicht nur der Fische wegen und der Seeanemonen. Bizarre Felsengebirge unter Wasser.

Maiori und Minori, recht lange Strände, den Ort direkt im Rücken, verdauen viele Urlauber, aber etwas triste. Weiter auf Salerno zu wird das Wasser trübe, ab Vietri Kloake.

Wandern: außer für die Wildnis in den Schluchten und den einsamsten Bergzonen reicht normale Kleidung. Für die Bergregionen oberhalb von Amalfi und Cava dei Tirreni alpines Schuhwerk und dornenresistente Beinkleider, Wasserflasche und beste Karten. Routen-Tips siehe Text!

Shops: auserlesen in Positano, - Sorrento mit sehr viel Ramsch, - Amalfi auch ziemlich viel Ramsch. Für Keramiken besser an ihren Herstellungsort, nach Vietri, fahren. Region ist für leuchtend-azurblaue Keramik berühmt.

Disco: reichlicher gesegnet als sonst im Süden. Aber keineswegs überreichlich mit Discos gesegnet. Mehr Treffpunkt der höheren Töchter und Söhne aus Napoli. Disco ist weniger gefragt; populär sind die großen, italienischen Cantautoris wie Lucio Dalla und Fabrizio d'Andrea, die wohl kaum in Discosound umzusetzen sind.

Camping: frei campieren völlig unmöglich. Campingplätze nur an der Sorrentiner Küste und in den Bergen um Agerola, Preise mittel.

Essen und Trinken:

Auf dem Teller eine Traumlandschaft zwischen Meer und Gebirge. Schlachter, Hirte, Fischer, Fleisch, Käse, Meeresfrüchte leben in friedlichster Koexistenz. Garniert von Tomaten, Basilikum und Zwiebeln.

Allerdings ist überall der Fischfang stark zurückgegangen - wer ausgesprochene Fischertrattorien sucht, wird viel laufen müssen und dort stammt der Fisch auch meist vom Großmarkt in Napoli (und damit oft aus Sardinien oder Sizilien).

Zubereiten kann man die Meerestiere aber noch. Und fast alle Köchinnen setzen noch ihren Stolz auf frische, nicht tiefgefrorene Ware (die aber in einer ganz bestimmten Art von Ristoranti ohne Erröten verwendet wird - und leider ohne Geschäftseinbußen). Allgemein wird nach napoletanischen Regeln gekocht, nicht ganz so stark zu Kapern und Oliven gegriffen, an die Stelle der eingesalzenen Sardellen (aciughe) treten mehr die meeresfrischen (alici) und statt der napoletanischen Vermicelli (spaghetti) kommen schon mehr lucanische Nudelformen wie die soliden Fusilli auf den Teller, die nicht um die Gabel gerollt werden müssen, man kann sie aufspießen.

Wein: die örtliche Produktion füllt wenige Fässer - man kriegt ihn nicht zu kaufen. Privat oder in den wirklich genuinen Trattorien gibt es ihn.

Die Eßgewohnheiten englischer Touristen (Sorrento) und ihrer deutschen Artgenossen (Amalfi) haben Verheerungen angerichtet: in Sorrento regieren English breakfast und Hot dog, in Amalfi deutsche Spezialitäten wie Spaghetti alla Bolognese und Pizza auf Kühltruhen-Niveau, aber es gibt noch verstockte Küchenfeen, die von der Art ihrer Großmütter nicht lassen wollen - und einige wenige junge Köche, die nach Michelinsternen streben oder auch nur Küchenarchäologie betreiben. Um Mißverständnissen vor-zubeugen: Viele sind das nicht! Zuckerbäckerei und Eisherstellung auf höchstem napoletanischem Niveau. Manches sogar für Napoletaner eine kleine Reise wert.

Reisezeiten

Durch Meeresnähe klimatisch ausgeglichen. Im SOMMER kein Backofen und im WINTER werden die Orangen und Zitronen reif. Frosttage sind eine Sensation, - auch oben in den Bergen bleibt es trotz der Höhenlage relativ mild.

Die steilen Berge der Halbinsel sind allerdings ausgesprochene Wolkensammler. Wie überall an west-exponierten Gebirgen kann es zu allen Jahreszeiten heftige Güsse geben und es regnet relativ häufig: auch deshalb die reiche und großartige Vegetation.

Die Halbinsel hat das ganze Jahr über Saison, wenn auch vieles zwischen Ende Oktober bis Januar wegen mangelnder Rentabilität geschlossen ist.

Mir persönlich liegen am meisten die Monate Oktober bis Januar. Man entgeht dem nebeligen Norden, es sind nur wenige Fremde da, genießt die wirklich ungeteilte Zuwendung der Einwohner, und am meisten Spaß bringt es, unter Orangen zu wandeln. Im nahen Pompei, - außer den wirklich unermüdlichen Japanern, - die Sonntagsspaziergänger italienischer Sippen und etwas weniger gestreßten Custoden.

Und wer gar die Festtage zwischen Weihnachten und Heiligdreikönig in ländlicher Trattorie oberhalb des Meeres, fern von Karpfen und Gänsebraten, aber so nah an der Cantina (die hintersten Flaschen werden herausgezogen und die Geheimfässer angestochen), erlebt hat, - der pfeift gern auf "Oh Tannenbaum". Die Geburt von Betlemme (wie der Ort hier heißt) fand wahrscheinlich auch unter Palmen statt. Und die wachsen gut hier.

Mir persönlich liegt die Südseite erheblich mehr; sie war immer mehr die Landschaft von Bauern und Fischern. Wer hingegen den Glanz der Jahrhundertwende "erwohnen" will, halte sich an die Sorrentiner Seite, wenngleich in Landschaft und städtischem Ambiente erheblich beschädigter.

DIE RUNDTOUR um die Halbinsel beginnt in CASTELLAMMARE DI STABI, - geht westwärts bis zur PUNTA CAMPANELLA - dann nach SALERNO immer der Küste entlang, mit Abstechern ins Inselinnere. Schöne Wanderungen (im Text beschrieben), wie auch Querverbindung von Castellammare rüber nach Amalfi.

Castellammare di Stabia:

Industriestadt. Die seit der Antike berühmten Thermen sind nichts mehr als therapeutische Badewannen.

Abstecher: MONTE FAITO (1.131 m):

Seilbahn ab Staz. Cm di Stabia, alle 30 Minuten, oder auf der Panorama-

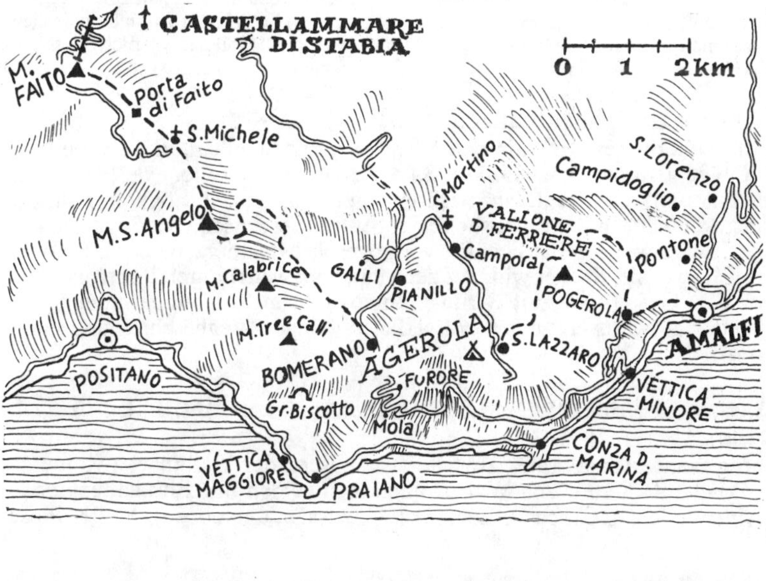

Straße (Benutzungsgebühr). Oben Blick über den Golfo di Napoli, die Vesuvregion und die Halbinsel, - nach Süden stehen höhere Berge im Weg. Beliebte Sommerfrische mit Sportanlagen und Restaurants, deren Ruf aber ihre tatsächliche Qualität übersteigt. Ausgangspunkt für WANDERUNGEN und SPAZIERGÄNGE durch Karst, Wälder und Weidelandschaften ohne große Höhenunterschiede. Bei feuchtwarmem Wetter tausende von Neapolitaner auf Pilzsuche, - sonst ist es aber abseits der fahrbaren Wege und Parkplätze sehr einsam.

Abstecher AGEROLA:

Ansammlung von Dörfern auf einer Hochebene (650 m), wo Kastanien und Nüsse gut gedeihen und der berühmte Sorrentiner Käse herkommt. Viele kastaniengemästete Schweine liefern luftgetrockneten Schinken, Capocollo und Salami. Das Hochtal wirkt sehr mitteleuropäisch, - auch im Hochsommer. Busverbindung mit Amalfi und Castellammare.

Jugendherberge: ganz klein. Im Ortsteil S.Lazzaro, hoch über der Küste von Amalfi. Man kann dort auch zelten. Gute BASIS für Wanderungen im Bergland und für Spaziergänge. Angenehm ländlich. Auf den Weiden jahrhundertalte Eichen, darunter knabbern Kühe der altitalienischen Rasse am Gras.

In der JH Kochmöglichkeit - und bei den Herbergseltern gibt's einen großartigen Rotwein. Der Garten läßt die sehr einfache Unterbringung verschmerzen! Vor der JH Molkerei mit Direktverkauf.

Hotel:

Le Rocce sul Tirreno (II. cat.) - im Ortsteil Bomerano an der Straße nach Amalfi - Superlage auf Felsen, direkt am Steilabbruch zur Küste (600 m senkrecht abwärts). Als Bau nicht gerade phantasievoll (3 Stockwerke grauer Beton), die Zimmer zwischen funktionell und karg - aber mit Balkon! DZ 50 DM - in HS soll nur VP möglich sein - pro Kopf ca. 80 DM, über die Qualität der Küche kann ich nichts sagen.

S.Lazzzaro - Amalfi (ca. 7 Std.)

Ein Leckerbissen für trainierte Wanderer, mit Schuhen, auf die sie sich 100%-ig vertrauen können. Von S.Lazzaro über das Vallone delle Ferriere nach Amalfi, ca. 7 Std. Nur nach längerer Trockenzeit möglich. Führt in eine Schlucht, in der mannshohe Tropenfarne wachsen. Ab Pogerola der Weg stellenweise gefährlich. Bis vor Pogerola Mulattiera, dann steiler Weg ins Tal (wer's einfacher will: auf der Mulattiera weiter durch Pogerola nach Amalfi. Gesamtwegzeit 3 Std.). Im weglosen Tal angekommen, im Flußbett aufwärts bis zu den Wasserfällen (genaue Wegbeschreibung siehe Amalfi).

Agerola (Bomerano) - Monte S.Angelo - Monte Faito (7,5 Std.)

Interessante Wanderung zum höchsten Berg der Halbinsel (Monte S. Angelo 1.443 m) durch Wälder und Hochweiden mit Blumenteppichen (Alpenveilchen, Crocus, Anemonen, Narzissen, Orchideen). Stellenweise durch den nackten Felsen (bizarre Nadeln, Türme, teils Mulattiera, teils schmaler Fußweg, im Gipfelbereich einige schwierige Stücke).

Auf dem Berg soll der Erzengel Michael den heiligen Einsiedlern Catello und Antonio zugeflogen sein (das tat er der Überlieferung nach gern auf hohen Bergen, wo früher die Heiden die Sonnengötter verehrten - Gargano (Monte S.Angelo), Mont. St.Michel in der Normandie, diverse Michelsberge im Schwäbischen). Michael hat hier - wieder wie üblich - mit dem Teufel gekämpft. Eine besonders spitze Felsnadel (Granfa del Diavolo - Teufelskralle) unterhalb erinnert an den finsteren Gesellen. Abstieg zuerst am Kamm entlang.

Grotta dell'Acqua Santa - Höhle mit kleiner Quelle. Vorbei an der Kapelle S.Michele, wo eine Straße beginnt. Wanderer besser und kürzer den Fußweg etwas östlich über Porta del Faito zum M. Faito nehmen! Abstieg von Bomerano nach Praiano durch die immer hitzeliebende Vegetation hindurch, Mulattiera, teils als Treppenweg. 3 Stunden. Blick auf das näherrückende Meer. Als Aufstieg mit viel Schweiß verbunden.

Rückfahrt ab Praiano erst nach Vettica Minore oder Amalfi, dann Bus nach Agerola.

Rückfahrt Monte Faito: Seilbahn nach Castellammare, dann Bus nach Agerola.

Vico Equense:

Kleinstadt mit unverkennbar napoletanischem Charakter, im Hinterland zwischen Gärten und Ölbaumhainen Villen aus Barock, Klassizismus und Gründerzeit. In den "Casali", den Dörfern des gebirgigen Hinterlandes vielfach die Spontanarchitektur der Halbinsel: Steinhäuser mit Tonnengewölben oder flachen Kuppeln, die sehr morgenländisch wirken. Die Straße endet bei S.Maria del Castello (700 m), direkt oberhalb von Positano (steiler Fußweg führt abwärts). In den Bergweideregionen Käseherstellung und Nüsse.

Tourist Info: A.A.Via Umberto I, Tel.: 081 / 87 98 343

Oriente (II. cat.), Via L. Sellio 7 - in Pinienpark über der Steilküste und dicht am Bahnhof, DZ NS 53 DM, HS 62 DM.

Eden bleu (III cat.), Marina di Seiano, modernes Stadthotel dicht am Wasser, Zimmer mit Balkon - kleiner Park, DZ 46 DM, offen Mai - Sept.

OCCHIO DEL GATTO, Via Natale 11 - kleiner gepflegter Familienbetrieb, wo es neben lokaler Fischküche (Grillsachen, Fritturen) auch Klassiker italienischer Küche gibt wie ausgezeichnete Spaghetti alla carbonara und Fleischspieße. Leckerer eigener Wein. Komplettes Essen um 26 DM. Di. geschl.

Vor Sorrent S. Agnello, lockere Villensiedlung mit einer Reihe Hotels, dazwischen noch viele Bauernhäuser - auf der breiten Ebene gelegen, die in Sorrent endet. Steilküste.

Nach Sorrent neben den Zügen der Circumvesuviana sehr häufige Busverbindungen. Bademöglichkeiten wie in Sorrento wenig erhebend: Stege am Fuß der Steilwand, Wasser trübe.

HOTELS:

Cocumella (I. cat.), im 16. Jahrhundert als Kloster erbaut (die Kirche gehört auch zum Hotel), dann Adelspalast, danach - bevor Sorrent in Mode kam - Herberge und jetzt zum Spitzenhotel ausgebaut - z.T. mit alten Möbeln und soweit möglich unter Wahrung der alten Baustrukturen auch innen, Park mit Palmen, Aufzug zum Meer, Pool, Tennis, DZ 135 - 175 DM.

Parco del Sole (II. cat.) - modernes Residence-Hotel der oberen Mittelklasse, in Park gebaut, zwei große Pools (geheizt), im Programm vieler Reiseveranstalter - dort z.T. mit günstigen Preisen, vergleichen lohnt! DZ 70 DM, VP pro Person 95 DM.

Club Hotel (P. 3), - sehr einfach, aber Garten und die Herzlichkeit und brauchbare Küche der Besitzerfamlilie. In HS normalerweise HP Bedingung! DZ NS 31 - 37 DM, HP pro Person in NS 50 - 55 DM, In HS 54 - 60 DM.

IL CAPANNO, rione Cappuccini (über der Steilküste) - mit großer Terrasse, leckere lokale Küche (Meerestiere, genuines Fleisch und Käse aus den Bergen, ordentlicher Wein, abends auch Pizza, komplettes Essen um 25 - 30 DM. Offen Mai- Sept., Mo. geschl.

LA TOMBOLA, Via delle Rose, etwas peripher (ca. 150 m vom Meer), mitten in einem Orangenhain gelegen. Hausgemachte Nudeln, Fisch und Frutti di mare, abends auch Pizza. Essen um 25 - 30 DM, offen Mitte März - Okt., Di. geschl.

Camping zwischen Vico Equense und Sorrento

S. ANTONIO (am Strand von Seiano), gut zugewachsen, kleiner Platz, Mietbungalows aus Holz, Bootsverleih, offen Ostern - Sept.

SEIANO SPIAGGIA, Terrassen über der Küste in Olivenhain, Mietbungalows aus Holz, relativ teuer, aber gut ausgestattet. Offen Mitte März - Mitte Okt.

BAIA SERENA, Terrassenanlage über der Steilküste, mittelmäßig Schatten, Swimming Pool, Mietbungalows, nichts für Wohnwagen wegen der sehr steilen Anfahrtsrampe! Offen April - Sept.

Meta

BLEU VILLAGE, an der Marina. Terrassenanlage mit viel Vegetation, mittelgroßer Platz, Bootsverleih, Surfschule, Mietbungalows aus Holz und Mauerwerk. Anfahrt für Caravan sehr schwierig. Offen Mitte März - Sept. Piano di Sorr.

COSTA ALTA, oberhalb der Küste, ca. 300 m vom Meer. Großer gut ausgestatteter Platz, Pool, Tennis, Mietbungalows, Insgesamt recht teuer. Offen April - Okt.

RIPOSO, ebenfalls oben, noch etwas weiter landeinwärts, ein ganz kleiner Platz mit mäßigen Preisen, offen Juni - Sept.

I PINI, fast 2 km vom Meer, einigermaßen Schatten durch Bäume, Pool, Tennis, Mietbungalows (teuer) - insgesamt gut ausgestattet. Offen April - Okt.

S. Agnello

GIARDINO DELLE ESPERIDI, etwas landeinwärts oberhalb der Steilküste, in Agrumengarten, mittelgroßer Platz, Mietbungalows (Mauerwerk) mit 2 - 4 Plätzen, Wochenmiete je nach Größe und Saison 300 - 500 DM. Ganzjährig offen.

Sorrento:

(15.000 E.)

Am Ende einer etwa 5 km langen Hochebene über dem Meer, die ca. 50 m tief zum Meer hin abbricht; kaum Platz für einen Strand. Die Ebene zwischen Meta und Sorrento ist dicht besiedelt; wo keine Häuser stehen, sind Zitrusgärten, deren Bäume unter Pergolen aus Schilf vor kalten Winterwinden geschützt sind - besonders schön im Winter, wenn die Orangen reif sind. Kühle Luft, im grünen Halbdämmer leuchten dann die Orangen.

Sorrento ist nicht nur Touristenstadt. Es ist eine Kleinstadt, in deren Stadtbild die Fremden (Engländer ab 40 dominieren) nicht wegzudenken sind, aber sonst ist es eine Handwerkerstadt, überwiegend gehobenes Kunstgewerbe für die Fremden, man kann zusehen, wie die Sachen entstehen.

An der Uferfront über der Steilküste die großen Hotelpaläste der Belle Epoque, das Straßengewirr dahinter gehört den Einheimischen, an der Hauptdurchgangsstraße Läden, Bars und einfachere Hotels, dahinter dann moderne Viertel. Außerhalb des alten Stadtgebietes die neueren Hotelkästen.

Tourist INFO A.A. Via Luigi di Maio (Straße zur Marina Piccola),Tel.: 081/ 878 11 15 (ziemlicher Schnarchladen, Prospektmaterial veraltet und hinterwäldlerisch).

Verbindungen

Im Stadtgebiet schwer Parkplätze zu finden, am ehesten entlang der Umgehungsstraße. Die Polizei nimmermüde, Parksünder mit Zetteln an der Windschutzscheibe zu versorgen.

Stadtbusse entlang der Küstenstraße von Meta bis zum Capo di Sorrento, an die Marina Piccola (Hafen) und die Marina Grande.

Regionalbusse: SFSM über Vico Equense nach Castelllammare. SITA nach Massalubrense, S.Agata, Positano, Amalfi. Abfahrt an der Stazione Circumvesuviana, SITA auch im Zentrum.

Schiffe und Aliscafi: nach Napoli, Ischia und Capri.

Bahn: Endstation der Circumvesuviana nach Pompei-Napoli, etwa alle 40 Minuten. Vom Bahnhof 10 Minuten ins Zentrum.

HOTELS *Sorrento:*

Von den großen Parkanlagen des letzten Jahrhunderts sind nur wenige intakt geblieben. Die meisten wurden in einer Zeit durchmodernisiert, als der Sinn für Stuck, Fresko und Kristall-Lüster weniger entwickelt war.

Fast alle Hotels sind in fester Hand von Reiseveranstaltern. Die klassisch-altmodischen meist in englischer, - die modernen auch in deutscher. Wer vorhat, länger in Sorrento zu bleiben, sollte eventuell eine Pauschalreise ins Auge fassen, wegen des günstigen Flug & Hotel- Angebots. Wer nur kurz bleiben will: entweder den Luxus und die Pracht des vergangenen Jhd.'s genießen: entsprechende Summe dann auf den Scheck oder Diners-Abrechnung schreiben, - oder billig in Jugendherberge oder auf den Campingplatz.

Die einfacheren Hotels meist immer voll (Reisebüros): machen vielfach Ende Sept. dicht, wenn das Geschäft nachläßt. ODER: nach Massalubrense, S.Agata oder Positano ausweichen, wo es in den mittleren und unteren Preislagen oft Erfreulicheres gibt.

Hochsaison in Sorrento: April bis Ende September. Bis auf wenige Ausnahmen: Winterpause zwischen Mitte / Ende Oktober und eine Woche vor Ostern. Allenfalls etwas Weihnachtsbetrieb.

Grand Hotel Ambasciatori (I cat.), Via Califano 18, Tel.: 87 82 025, über der Steilküste am Belvedere. Stilecht ausgestattet, mit schönem alten Park, Orangen- und Zitronengarten, Tennisplätze, Lift zu den Badestegen. Ganzjährig offen, DZ NS 100 DM, HS 135 DM. In seiner Klasse relativ billig.

Grand Hotel Excelsior Vittoria (I cat.), Piazza Tasso 34, Tel.: 081 / 878 19 00 / 01, man kann auch Suiten mieten.DZ NS 115-230 DM, HS 125-250 DM. Edelste Ausstattung mit Originalmöbeln, Speisesäle und Aufenthaltsräume zwischen Gründerzeit und steifem, vornehmen Jugendstil, überall Palmenkübel. Messinglampen aus der Zeit von Queen Victoria, die Zimmer teilweise in exotischem Kolonialstil. Terrasse über dem

Meer und Wintergarten. Großer Park mit tropischer Pflanzenfülle. Bewohnt meist von älteren Engländern, die Herren in Shorts und die Damen in einer Art Kittelschürze.

Belleuve Hotel Syrene (II cat.), Via Marina Grane 1, Tel.: 081 / 878 10 24 und 878 16 04, HP Bedingung: pro person 75-80 DM. Das am striktesten im alten Stil gehaltene Palasthotel - zwischen nachempfundenem Barock und Klassizismus, Zimmer mit Stilmöbeln (nur die Bäder modern!), Treppenaufgänge und Aufenthaltshallen wie bei Königen. Nur der Speisesaal in der Glasveranda über dem Meer kühl und modern. Phantastischer Park. Aufzug zum Meer, dort Badesteg.

Imperial Hotel Tramontano (I cat.), Via Vittoria Veneto 1, Tel.: 081 / 878 19 40 / 41. DZ mit Frühstück ca. 159 DM, HP ca. 160 DM. Über dem Meer, kühler klassizistischer Bau, Zimmer original möbliert (Intarsienmöbel), schöner Park, Aufzug zum Meer, Badesteg und schmaler Strand.

Loreley et Londres (III cat.), Via Califano, einfaches Hotel, noch im alten Stile der ersten Jahre des Jahrhunderts, karg möbliert, DZ ca. 40-48 DM.
Garten direkt über dem Meer im Villenstadtteil zwischen Sorrento und S.Agnello, Tel.: 801 / 878 15 08

Villa di Sorrento (III cat.), Via Fuorimura 4, Tel.: 878 10 68, supercentrale Lage dicht an der Piazza Tasso, gepflegtes altes Haus mit traditionellen Möbeln verschiedener Epochen, ohne Restaurant, auch für Durchgangsreisende (nur in NS!), ganzjährig offen, DZ NS 46-58 DM, HS 56-65 DM. Vorbestellung unbedingt ratsam!

Moderne Hotels:

(Kleine Auswahl, Sorrent mit seinen Gemeindeteilen hat 120 Hotels und Pensionen):

Parco dei Principi (I cat.), Via Rota 1, Tel.: 081 / 878 21 01, DZ ca. 120-200 DM, Park, Tennis, Aufzug zum Meer.

Eden (II cat.), Via Marina Grande 10/A, Tel.: 081 / 878 27 21, am Rand der Altstadt, kleiner Park, an der Rezeption gute Deutschkenntnisse, DZ ca. 55-83 DM.

Admiral (II cat.) Via Marina Grande 218, Tel.: 878 10 76, direkt unten am Meer, auf einen schmalen Streifen Felsufer vor der Steilküste geklemmt. Moderner Schachtelbau, - alle Zimmer mit kleinem Balkon und Meerblick, Swimming Pool, ganzjährig offen, DZ 65 DM.

Astoria (III cat.), Via S. Maria delle Grazie 24, Tel.: 878 14 05, mitten im Centrum, aber ruhig, großer Innengarten, familiär, DZ NS 32 DM, HS 43 DM,offen März - Nov.

Capri (III cat.), Via Capo 31, Tel.: 878 15 63, - Stadtrand an der Hauptstraße, Zimmer nach vorn mit schönem Blick zur Küste, moderne Einrichtung, ohne Restaurant und auch in HS dadurch kein Essenszwang, DZ je nach Lage 40 - 48 DM, ganzjährig offen.

Faro (III cat.), Via L. De Maio 43, Tel.: 878 13 90 - unten am Hafen (Marina Piccola), ins alte Häusergewinkel geklemmter Neubau, Familienbetrieb, DZ 57 DM, offen März - Nov.

La Badia (P.2), Via Capodimonte 2, Tel.: 878 11 - kleine alte Villa über dem Ort in großem Garten, sehr schöner Blick über den Golf, ruhige Lage und trotzdem nicht weit ab. Renoviert und modernisiert, DZ NS 36 DM, HS 39 DM, offen April - Okt.

La Minervetta (P.2), Via Capo 25, Tel.: 878 10 98 - unterhalb der Hauptstraße an den Hang gebaut über der Marina Grande. Moderne Zimmer mit Blick, ganzjährig offen, DZ 44 - 52 DM. Gutes Restaurant. Details siehe Restaurants, Seite 243.

La Tonarella (P.2), Via Capo 31, Tel.: 878 11 53 - dicht beim vorigen, ebenfalls in den Hang gebaut (Aufzug zum Strand), moderne Zimmer mit Blick, offen März - Okt., DZ NS 46 DM, HS 53 DM. Terrassen-Restaurant, siehe S. 243.

Mara (P.3), Via Rota 5, Tel.: 878 36 65 - kleine Einfachpension dicht am Museo Correale, derzeit außer der Jugendherberge billigste Unterkunft in Sorrento, Zimmer basic, aber sauber. Offen März - Okt., DZ o.B. 25 DM, m.B. 28 DM.

Am Capo di Sorrento (3 km Richtung Massalubrense, ländliche Umgebung, Busverbindung ins Centro):

La Solara (II cat.), Tel.: 081 / 878 30 30, groß, modern, im Grünen, DZ ca. 65 DM.

Villa Igea (III cat.), Tel.: 081 / 878 10 07, ansprechend eingegrünt, DZ ca. 36-42 DM.

Quadifoglio (P.3), Via Capo 82, Tel.: 878 10 36 - schon ein Vorgeschmack auf die ländlicheren Gebiete Richtung Massalubrense und Positano, offen April - Sept., DZ o.B. 28 DM, m.B. 38 DM.

Jugendherberge (April-September), Via Capasso 5, Tel.: 081 / 878 17 83. Zwischen Stazione und Museo.

NUBE D'ARGENTO, kleiner Platz im Oliveto, in Stufen angelegt vergrößertes Planschbecken als Pool, ca. 500 m vom Zentrum Ri. Massalubrense, preiswert. Könnte sanitär besser sein. - Das folgende gilt für alle Campings unter Ölbäumen: ab September fallen die Früchte zu Boden und da es ihre Bestimmung ist, Speiseöl zu liefern, geben sie diese fettige Flüssigkeit auch bei Druck an Zeltböden ab. Die Flecken sind kaum noch rauszukriegen!

CAMPOGAIO, Capo di Sorrento, ebenfalls unter Ölbäumen, gut eingerichteter Platz mit Ausrüstung für Taucher und Surfer, geht bis an die Steilküste. S.Fortunata, Capo di Sorrento, Pool, auch auf Taucher und Surfer eingestellt.

Car Rent: AVIS: Corso Italia 155, Tel.: 081 / 878 24 59. Europcar: Executive Traveller Service, Corso Italia 118, Tel.: 081 / 877 17 30 und 878 58 80.

Fahrräder und Motorini kann man in der Via S.Antonio 19 (Tel.: 081 / 878 17 28) mieten: Fahrrad pro Tag ca. 20 DM, Motorini ca. 45 DM.

Zimmer und Appartements in Sorrento kann man über die "Agenzia Immobiliare", Via degli Aranci 5, mieten.

Organisierte Ausflugstouren im Air-Pullmanbus:

Ziemlich teuer - auf eigene Faust schneidet man zu den leicht erreichbaren Zielen (Pompei, Ercolano, Napoli) günstiger ab. Pompei kostet mit einer Tour ca. 45 DM, eine andere 60 DM (mit einem gastronomisch selten befriedigendem Mittagessen), - auf eigene Faust: Bahn (hin und zurück) ca. 4 DM, Eintritt ca. 5 DM, zusammen also 9-10 DM.

Sorrento besichtigen:

In der für den Verkehr gesperrten Hauptstraße bummeln, um die Piazza Tassa und der Via Fuorimura (bebäumt) die meisten Straßencafes.

Die Innenstadt für beide, für Touristen und Einheimische zum Einkaufen gemacht (Preise für Lebensmittel und Wein ziemlich gesalzen!). Überall in den Gassen kleine Kunsttischlereien, Läden mit Mischung aus Antiquitäten, deren Nachahmung und Verkitschung. In der Via De Maio ein altmodisches Geschäft, wo die englische Stammkundschaft seit Generationen gestickte Taschentücher, Handtücher, Tischdecken und Spitzen kauft - Ausstattung, Schaufenster, Firmenschild und die Leute im Laden bestimmt seit 60 Jaren nicht mehr erneuert.

Keramik und Maiolica allenthalben (aber besser in Vietri kaufen!)

Bauwerke:

Die Hotels des letzten Jahrhunderts gehören unbedingt dazu, wie man reinkommt, ist jedem selbst überlassen.

Der Duomo bietet wenig. Mehr die Kirche S.Antonio, die Kirche der Sorrentiner Seefahrer, mit vielen Votivbildern, die sich auf die christliche Seefahrt und deren Betriebsunfälle beziehen. In einer Nebenkapelle (Sakristan fragen) eine ausnehemd schöne napoletansiche Weihnachtskrippe.

Museo Correale, Sammlung alter Möbel, reich an Intarsien und Geheimfächern, chinesischen Vasen, Porzellan und Maiolika aus Napoli und den Abruzzen. Hinter dem Museum, einem alten Palast, ein Park, der in einen hohen Orangenhain übergeht. Durch ihn kommt man zum Belvedere, dem weitest vorgeschobenen Punkt der Sorrentiner Küste, Panorama, das man nicht auslassen sollte.

Marina Piccola, nicht mehr als der Hafen.

Marina Grande, Abstieg zu Fuß vorbei an den Hotels Syrenuse und Tramontano per Treppen, ein übrig gebliebenes Stück des alten Sorrento mit angegammelten Mauern und schlechten Gerüchen. Die Marina Grande der Fischerhafen. Hier noch wenige Werften, wo Fischerboote in der alten Technik gabaut werden.

Belvedere der Villa Comunale, hinter der Kirche S.Francesco, mit Bänken unter dichten Steineichen, zum Verschnaufen und zur Übersicht auf den Golf, Napoli, Ischia und den Vesuv.

Kirche S.Francesco: heller, freundlicher Barockbau ohne besondere künstlerische Höhepunkte.
Kleiner Kreuzgang mit arabisierenden Spitzbögen.

Bar Villa Pompeiana, an der Via Marina Grande. Barterrasse mit einem üppigen Park, der zu den schönsten Sorrentos zählt.

Essen und Schlecken:

Auf dem Corso Italia einige Eisdielen, die hervorragendes Fruchteis aus frischen Fruchtpasten herstellen.

WEIN: in den Läden und den meisten Ristoranti kommt in Flaschen gefülltes zum Verkauf - überwiegend trotz hochtrabender Etiketten - Gesöff. Sauberen, herben Wein ohne großen Namen glaubt man den deutschen Touristen nicht verkaufen zu können, alle Schattierungen von Bonbonwasser, das dann als Chianti, Barbera usw. antreten muß. Die lokalen Flaschenweine einer Sorrentiner Kellerei taugen wenig, wahrscheinlich weil die Bauern das Beste der ohnehin geringen Produktion für sich zurückhalten. Haltet euch an den in Champagnerflaschen abgefüllten Gragnano (rosso) und Asprino (bianco), er ist teuer, prickelt, macht einen lustigen und verdrehten Kopf (aber keinerlei Nachwirkung am nächsten Tag) und muß gut gekühlt sein!

Um fast alle einen weiten Bogen machen - völlig an die Sättigungsgewohnheiten ihrer britischen Kundschaft angepaßt oder an das, was urdeutsche Gourmets für italienische Küche halten - also fettig und schwer. Und weil Fisch an südlichen Gestaden dazu gehört (und selten und teuer geworden ist) - man aber nördlich der Alpen immer noch glaubt, in Italien billig essen zu können, so stammt er meist aus der Kühltruhe.

Es gibt überall in der international bekannten Qualität:
English Breakfast - Hot Dogs - Hamburgers - Pizza - Spaghetti.

Ausnahmen:

Tratt. S.ANNA: Signora Emidia, schon recht betagt, macht die Küche, mit dem, was 10 Meter entfernt angelandet wird. Was die Boote mitbringen, wird verabreitet. An Speziellem gibts in dem gekalkten Kellergewölbe: Frittura, Zuppa di Pesce, Muscheln (cozze und vongole). Mittlerer Preis ca. 22 DM.

PARRUCCHIANO: Specialita: Antipasti di verdura e di pesce (ca. 8 DM). Gnocchi alla mozzarella, Vongole alla marinara, Panzerotti, ausgebackene Zucchiniblüten, Fisch aller Art und Preisklassen (die teuren werden nach Lebendgewicht berechnet), sehr gute Süßspeisen. Mittlerer Preis ca. 35 DM. Riesiger verglaster Wintergarten, schön zu sitzen.

IL GLICINE, Via S. Antonio 2 - gehobeneres Ambiente, Küche zwischen traditionell und origineller Inventionsküche, alles sehr leicht, frisch, so daß der Eigengeschmack der Grundmaterialien erhalten bleibt. Nudeln mit Meeresfrüchten in der Alufolie, Nudeln mit grünen Gemüsen, z.B. Zucchini, Fisch und Meeresfrüchte in Folie, aber auch leckeres Lamm vom Grill. Mittlerer Preis um 30 - 35 DM. In HS kein Ruhetag, sonst Mi. geschl.

<u>ALBERGO -RISTORANTE LA MINERVETTA</u>, Via Capo 25 - große Terrasse mit Blick auf den Golf. Regionale Meeresküche, Fisch meist vom Grill, Di. geschl., ca. 25 - 30 DM fürs komplette Essen.

<u>ALBERGO-RISTORANTE LA TONNARELLA</u>, Via Capo 31 - Terrasse mit fantast. Aussicht, traditionelle sorrentiner Küche, wo das Meer die Hauptrolle spielt, aber auch Sachen aus den Bergen und Gärten auf den Tisch kommen: Nudeln und Risotto mit Meeresgetier, Gnocchi (Kartoffelklößchen) mit Tomate und frischem Käse, Fisch meist vom Grill, gute Desserts, Fr. geschl., ca. 28 - 35 DM.

Wer authentische Küche kennenlernen will, muß Sorrento meist verlassen (Massalubrense, S.Agata, Positano, Amalfi, Ravello, Scala).

<u>Kunstgewerbe:</u>

Cuomo, nahe der Kirche S.Francesco, Antiquitäten und Nachgemachtes auf sehr hohem Niveau.

Von den Intarsienarbeiten, die in Sorrent hergestellt werden, gibt es zwei Arten: wirkliche Einlegearbeiten aus dünnsten, eingefärbten Holzfurnieren, sauber ausgesägt und ineinandergepaßt, - und dann das Ganze aus bunt bedrucktem Papier, industriell ausgestanzt. Beides verschwindet unter einer dicken Klarlackschicht. Den Unterschied sieht man beim genauen Hinsehen und meist am Preis.

Ausflüge ins Hinterland:

Eine Vielzahl von reizvollen schmalen Wegen (fast immer mit uraltem Pflaster, mit Sandalen tun da bald die Füsse weh), die in Ortsnähe noch von Autos befahren werden. Durch die Gärten von Sorrent. Die Zitruspflanzungen hören rasch mit steigender Höhe auf, dann kleinbäuerliche Mischkulturen, viele Ölbäume, in den höheren Lagen vereinzelt auch Bergweiden und Kastanienwälder (meist Stangenholz).

<u>Ausgangspunkt</u>: immer die Piazza Tasso, dann auf der Via Fuori S.Lucia kann man sich entscheiden: über <u>S.Antonio</u> und <u>Priora</u> nach <u>Massalubrense</u>, nach <u>S.Agata dei Due Golfi</u> (recht steil, aber dafür die größte

Fernsicht, zuerst nur über den Golf von Napoli bis Capo Miseno und Ischiam dann kommt Capri dazu, und von S.Agata aus auch noch der Golf von Salerno bis zum Cilento; über Cesarano nach Fontanelle.

Von allen Wegen durchs Hinterland der unmittelbare Kontakt zur Welt der Bauern, die am kleinen Schwatz, und sei er auch weitgehend mit Gesten geführt, interessiert sind, denn viele Exkursionisten kommen nicht vorbei.

Capo di Sorrento:

Früh hinfahren, sonst Parkplatz schwierig (oder Stadtbus). Fußweg zwischen Orangen- und Olivengärten zum Cap. Wer den westlichen Weg geht, kommt zu Bademöglichkeiten (gegen Eintritt) an der Felsküste mit lohnenden Tauchmöglichkeiten (aber Wasserverschmutzung noch immer recht spürbar). Der östlich verlaufende Weg führt zu den sehr bescheidenen Resten einer bestimmt zu ihrer Zeit nicht unbescheidenen Villa. In sie war das Meer einbezogen, das unter einem natürlichen Felsbogen in einen Innenhof hineinschäumte.

Marina di Puolo:

Bucht mit Felsenküste und etwas Sand - deshalb entsprechend beliebt und voll. In der Bucht einige Häuser von Fischern, ringsherum Olivengärten. Wasser recht sauber. Entlang der Felsküste für Taucher interessant.

Pensione Villa Anna (P.1), Tel.: 081 / 878 25 04. Vollpension ca. 81- 105 DM. Dicht am Strand in einem Tal gelegen, Zimmer mit Terrasse, Innenausstattung funktionell und karg.

Baia Hotel (II cat.), Tel.: 081 / 878 21 71. DZ ca. 73 DM, Vollpension ca. 100 DM. Modernes Strandhotel, die Innenausstattung am kahlen Alptraum entlang, man kann sich aber raussetzen.

Massalubrense: (9.500 E.)

Gegenüber von Capri, im Sommer direkte Schiffsverbindung. Zum Gemeindegebiet gehören die Strände zwischen Marina di Puolo, der Punta Campanella, dem äußersten Punkt der Halbinsel, und die fast unzugängliche Küste im Süden bis kurz vor Positano. Die Küsten sind wegen ihrer Unzugänglichkeit kaum besiedelt, das Leben spielt sich im Inneren ab, und so ist das Meer im täglichen Leben kaum mehr als Szenerie. Nach Süden extrem schroff, überwiegend trockene Macchia zwischen den Steinen, nach Norden meist terrassiertes Kulturland (Ölbäume, in höheren Lagen Obstbäume).

Tourist INFO Pro Loco, gleichzeitig die örtliche Polizeistation, Viale Filangieri 2, Tel.: 081 / 878 91 23. Sind auf Zack.

Verkehrsverbindungen:
Außer nach Sorrento stark von der Saison abhängig. Die kleinen Dörfer werden nur selten angefahren.

Verglichen mit der Küste bis Sorrento ist es hier ländlich. Tourismus und Landwirtschaft greifen ineinander, und wer außerhalb der Sommermonate kommt, kann sich kaum vorstellen, daß sich hier dann die Napoletaner oft regelrecht auf den Füßen stehen, verzweifelt Parkplätze, Restaurantplätze und Quadratmeterbruchteile an den Strandbuchten suchen.

Ideal an Wochenenden in der "toten" Jahreszeit. Es ist dann etwas los und die Speisekarten sind länger als in der Woche.

Marina di Lobra: Fischerhafen von Massalubrense. Dient auch als Badestrand, aber wenig einladend.

FESTE: am Hafen: 8.September das Patronalfest mit viel Pyrotechnik, am 20. September Prozession mit Booten zum im Meer gelegenen Scoglio Vervece, unterhalb dessen eine Unterwassermadonna, die Fischer und die Taucher beschützt. Unterwassersportler mit Druckluftflaschen und Taucheranzug vor der sehr festländisch gekleideten Maria.

Der Golf von Napoli war für seine Unterwassertier- und Pflanzenwelt berühmt, - nirgendwo an den Küsten Italiens gab es so viele exotische Arten, Korallen, Seesterne und Seeanemonen, bunt gefärbte Fische, deren Leben an Klippen und Hohlräume gebunden ist - nur die extreme Wasserverschmutzung hat das alles weitgehend ausgerottet. Nur hier an den Felsküsten am äußersten Ende des Golfs, besonders in den von Land nicht zugänglichen Buchten, ist noch viel von der alten Pracht zu sehen. Als besonders interessant gelten die Buchten Cala di Mitigliano, Marina di Leranto, die Unterwassergrotten um die Punta Campanella, Scoglio Penna und Scoglio Isca, außerdem eine Tropfsteinhöhle (Grotta dello Zaffiro), die nur auf dem Unterwasserweg zugänglich ist.

Kontaktadresse für Unterwassersport: Pro Loco in Massalubrense und Camping Nettuno in Marina di Cantone.

HOTELS und RESTAURANTS

in Massalubrense Centro und Marina di Lobra

Piccolo Paradiso (II cat.), Marina di Lobra, Tel.: 081 / 878 92 40, modern, im Garten, DZ 50-58 DM.

Maria (III cat.), 1 km vom Centro an der Straße nach S.Agata, Tel.: 081 / 878 91 63, modern, mit Geschick eingerichtet, zwischen Ölbäumen und Orangengärten gelegen, tolle Aussicht über den Golf. DZ 48 DM. Swimming Pool, wer keine Lust hat, ans Meer zu fahren.

Primavera (P.3), am Ortsrand, zwischen Gärten, Tel.: 081 / 878 91 25. Einfache, aber sehr herzliche Aufnahme, modern und ansprechend. Blick. Terrasse. Vorbestellen - viel Stammkundschaft (auch an Wochenenden außerhalb der Saison). DZ 30 DM, VP 60 DM, HP 53 DM. Auch als Ristorante zu empfehlen! Genuine Küche die Meer und Berge verbindet: Linguine (breite Nudeln) mit Soße aus Fischen und Krebsen, selbsthergestellte Antipasti, Minestra maritata, genuine Würste und Schinken. Essen (je nach den Fischarten) 35 - 40 DM.

Villa Pina (III cat.), im Ortsteil Villazzano an der Straße nach Sorrento, Tel.: 081 / 877 11 71. Schlichtes, aber klassisches Hotel mit Tradition und sehr persönlichem Service. Die Zimmer nach vorne haben Aussicht aufs Meer, aber auch Straßengeräusch. Dafür nach hinten das Blätterrascheln der Ölbäume. Unbedingt vorbestellen, denn das Hotel hat nur 15 Zimmer und gegenüber liegt eines der rennomiertesten Ristoranti in der Umgebung Napolis (im Besitz der gleichen Familie), ca.800 m zum Strand (Schotter und Klippen) durch den Oliveto. DZ 58 DM.

Rist. PEPPINO-ANTICO FRANCISCHIELLO. Moderner Bau, große Terrasse mit Meerblick. Große Antipasti- und Früchtetische schaffen Atmosphäre, Blick in die Küche. Antipasti auf der Basis von Gemüsen, eingelegtem Fisch, Krebsen, Gnocchi alla Sorrentina (mit Ricotta oder Mozzarella). Sehr große Auswahl an Fisch, der jeden Tag auf den Fischmärkten der Umgebung besorgt wird, Langusten, hervorragende Pasticceria und außergewöhnlich guter Cafe. Wein eigener Produktion. Mittlerer Preis 40 DM. Hotel und Ristorante werden seit 1850 von der gleichen Familie geführt.

"CONCAZZURA": gut ausgestattet, Feriendorf mit hohem St Standard, eher ein Hoteldorf, Tel.: 081 / 878 96 66, Preis ro Bett 30 DM; Campingplatz nur für Zelte und Wohnmobile, weil eine über 30% steile Rampe. Mitten im Oliveto, erstreckt sich bis ans Meer. Tennis, Pool, Boccia, Wasserski. 1 km von Massalubrense Ri. Sorrento.

"DELLE ROSE", mittelgroßer in Terrassen angelegter Platz mit ausreichendem Baumbestand, 500 m vom Meer. Einfach, recht preiswert. Offen April-Oktober.

"HOLIDAY VILLAGE": Feriendorf mit Holzbuden (Zelten nicht möglich), Marina della Lobra, direkt über dem Meer in Oliveto, WindSurf, Nur VP, 57 DM pro Person.

Küstenstraße bis S.Agata:

Mit Abstecher nach Marina del Cantone 20 km. Führt in der Höhe um die Spitze der Halbinsel, das Meer tief unten und fast nie von Land aus erreichbar, Sicht auf das nur duch 6 km Meer entfernte Capri. Die Vegetation wird dünner, zwischen den Kulturen große Macchiaflächen.

An einer der weniger steilen Felsküsten Hotel Delfino (II cat.): gegenüber von Capri, Tel.: 081 / 87 89 61, modern, Zimmer gut ausgestattet, mit Veranda zum Meer, ans Wasser in einen kleinen schmalen Fjord führt eine Treppe, das Hotel verfügt über ein Boot für Küstenfahrten und nach Capri (10 Min.), DZ 96 DM, in der Regel aber VP Bedingung für 152 DM (HS), 132 DM NS. Swimming Pool.

Von der Häusergruppe Marciano Fußweg zur Punta di Vaccola, hoch über der Cala di Mitigliano. Campeggio delle Rose, über der Bucht von Mitigliano.

Spaziergang zum Kap: unmittelbar vor der Häusergruppe von Cercito zweigt ein Eselsweg zum Leuchtturm auf der Punta Campanella ab. Die antike Mythologie siedelte auf dem Kap und in den tiefen Buchten die Sirenen an. Geschöpfe irgendwie zwischen Vogel und Mensch, die sehr gut singen konnten und mit ihren betörenden Liedern die Seeleute vom Navigieren ablenkten. Die Ärmsten endeten dann auf den Klippen, und die Sirenen konnten ihren kanibalischen Neigungen nachgehen. Der kluge Odysseus, der neugierig auf den Gesang war, aber nicht zerschellen oder angezogen vom Gesang ins wilde Meer springen wollte, ließ sich an den Mastbaum binden, während er seinen Gefährten Wachs in die Ohren stopfte.

Die Sirene Parthenope, die den Weitgereisten eigentlich nicht fressen wollte, sondern sich von Weitem und vom Hörensagen in ihn verliebt hatte, stürzte sich aus Liebeskummer ins Meer und wurde in Napoli angetrieben. Viele Homer-Interpreten verlegen den Wohnsitz der Sirenen auf die Inseln LI GALLI vor Positano, die liegen aber abseits aller Schiffahrtswege und die Sirene wäre von dort niemals nach Napoli gekommen (Blick auf die Landkarte überzeugt).

Abzweig nach Marina del Cantone, enge Serpentinenstraße, in der steilen Talmuschel üppige Vegetation, das Dorf Nerano auf halber Höhe (es soll die Möglichkeit, Zimmer zu mieten geben). Bescheidene Einkaufsmöglichkeiten. An Tagen mit viel Badebetrieb an der Marina (noch 2 km) stehen die Autos bis hier rauf. Ab Nerano Fußpfad zum Torre Monalto und bis zur Spitze der Halbinsel.

Marina del Cantone

Kleine Badebucht mit kiesigem Strand, frühere Fischersiedlung und Einsiedelei. Über Steine springend kann man in beide Richtungen unterhalb der Steilküste am Ufer entlang einsame Stellen finden. Ideales Revier für Taucher. Wasser sauber und klar, erheblich besser als in Positano oder Capri.

Die beste Zeit für Marina del Cantone: Juni, September und erste Oktoberhälfte. Das Wasser ist warm und es ist erträglich viel los. Außerdem sind dann die Fischer nicht ausschließlich mit Personentransporten entlang der Küste beschäftigt, sondern hauptsächlich mit dem Fischfang (alle Wirte sprechen von sommerlichen Versorgungsproblemen).

"NETTUNO", Basis für Taucher, der Platzverwalter organisiert auch Boote. Neben der Zeltmöglichkeit kann man sich auch in einfache Holzhütten einmieten.

HOTELS, PENSIONEN, TRATTORIE

Zwischen März und Okt. geöffnet. Auch in den ruhigen Monaten telefonisch vorbestellen, in den 3 Pensionen gerade 80 Betten, dazu kommt das moderne, langweilige, etwas angegammelte und teure Residence-Hotel (70 Betten). Die Ferienhäuser werden fast immer von ihren Besitzern genützt.

Taverna del Capitano (P.2), Tel.: 081 / 80 81 028, Neubau, der in seiner Art zu den alten Fischerhäusern paßt. Direkt über dem Strand. DZ 50 DM, VP (meist Bedingung) 66-95 DM.

Rist. TAVERNA DEL CAPITANO: Fische, Krebse und Langusten. Vom Rost und im eigenen Saft, mit Cognac verfeinert, Zuppa di Pesce, gutes Gelato. Zu den Fischen passend ausgesuchte Flaschenweine aus der Provinz Avellino, ca. 40 DM.

La Certosa (P.3), Tel.: 081 / 80 81 209, DZ 59 DM, VP 82 DM, HP 75 DM, einfach, dem Fischerambiente angemessen und sehr geräumige Zimmer, für größere Familien können Betten hinzugestellt werden. Das Haus ist eine Kartause aus dem 14.Jhd.

Pensione delle Sirene (P.3), Tel.: 081 / 80 81 027. Wahrscheinlich ein Neubau, aber so gemacht, daß das Alter des Hauses nicht zu bestimmen ist. Einfache moderne Zimmer mit Balkon zum Meer. Der Wirt fischt selbst (wenn er Zeit hat). Reichhaltiges Fischangebot. Essen auf einer großen Terrasse oder innen in den Gewölben. Die Barke, die als Bartresen dient, ist nie geschwommen, Antonio Caputo ist aber sehr stolz auf sie. Essen um 25 DM, begehrte und damit teure Meerestiere werden nach Gewicht berechnet. DZ 36 DM, VP 58-75 DM.

Rist. TAVERNA DA O MASSESE: im Gewölbe eines alten Fischerhauses, Terrasse davor, Specialita: Penne alla macista (eine scharfe Angelegenheit, an der Nudeln, roter Pfeffer, Melanzane, Tomaten und Parmesan beteiligt sind), frittura di Pesce. Wein eigener Produktion, mittlerer Preis 30 DM.

Ausflüge:

Mit dem Boot die Küste entlang, ums Cap der Punta Campanella herum, oder Richtung Positano, wo die Küste praktisch nur per Boot zu erreichen ist. Bis Positano sind es aber etliche Seemeilen.

Zu Fuß kommt man nicht weit, die Küste ist zu schroff. Gerade bis in die nächste Bucht zum Torre Recommone. In die Marina di Crapolla, eine winzige Fischersiedlung an einer tiefen und schmalen Bucht auf dem Landweg nur von Torca bei S.Agata. Der Weg ist schmal und steil, aufwärts noch steiler (350 m Höhenunterschied).

S.Agata dei Due Golfi: (3100 E.)

Einziger Ort der Halbinsel mit Blick auf alle Meere ringsum. Und weil hier auch im Sommer die Ahnung eines frischen Lüftchens zu spüren ist, beliebter Ausflugsort für Napoli.

Man macht Villeggiatura, das heißt, macht nichts außer an der Bar schwatzen, mit Bekannten auch aus Napoli, die man hier aber viel leichter trifft, leckt Eis, ißt zu Mittag, nein - das ist zu oberflächlich und zu abgekürzt ausgedrückt. Man scherzt erst einmal mit dem Koch, klagt über den schwachen Magen, über bestandene und bevorstehende Diäten, plaudert angeregt über den Verfall der Kochkunst im Allgemeinen und ihre Triumphe im speziell hier vorliegenden Fall, daß Koch und Wirt ganz verlegen werden, zu einer regelrechten Bestellung kommt es nicht, denn man hat schon längst erraten, mit was heute die lieben Cliente beglückt werden wollen - und sie werden es.

Nach dem Essen ist es ohnehin zu heiß, etwas anderes zu tun: man verfällt in völlige Lethargie, bis endlich der Sonnenuntergang signalisiert, daß es Zeit für den Corso ist und für die noch nicht Verehelichten, sich mit dem Auto zu einsamen Stellen aufzumachen, die dann Wagenburgen gleichen.

HOTELS, BARS, RISTORANTE

Hotel Jaccarino (II cat.), mit Aussichtsterrasse (Richtung Sorrento), Innenhof mit alten Bäumen, Pool. Altes Hotel, moderne Totalrenovierung, geräumige Zimmer, DZ 125 DM, sich von vorneherein darauf einigen, ob man im Hotel essen muß oder will. Tel.: 081 / 878 02 94

La Pergoletta (P.3), Tel.: 081 / 878 01 45, einfache Pension, in der Hauptsaison mit Sicherheit Verpflichtung, dort zu essen, mit Garten, DZ 30 DM.

Rist. DON ALFONSO, 1890, Piazza S.Agata: laut dem eigenen Werbezettelchen wird in deutsch versprochen "Bekannt für seine typische HAUSMACHER KÜCHE". Weit gefehlt, auch die rustikalen Gewölbe sind nicht Szenerie für ländlich-deftiges. Michele Guerracino und Alfonso Faccarino lernen aus der Kritik der Nouvelle Cuisine, irgendwie müssen sie mal mit ihr kokettiert haben, und haben dann aus der traditionellen sorrentiner und napoletanischen Küche und ihren Bestandteilen Vetrautes und dennoch völlig Ungewohntes entwickelt. Die Zutaten: nichts import-iertes, die Felder der Umgebung sind produktiv und der Großmarkt von Paris zu weit.

Antipasto etwa aus rotem Kürbis, der sonst nur zur Minestrone zugelassen ist, oder gekochte Endivien, sonst roh als Salat, oder in nahrhaften Suppen, Nudeln mit Artischocken, wenn zu bekommen, ist auch Wildgeflügel, Fische. Insgesamt viel Antipasto auf großen Platten und Durchblick zur Küche.

Wein: eine große Auswahl von Spitzenweinen aus ganz Italien, darunter großartige Flaschen aus Taurasi, die anderso weder für Geld noch für gute Worte zu bekommen sind - außer man hat persönlichen Kontakt zu den Kellereien. Mittlerer Preis für ein Essen (ohne den Wein) 35- 45 DM.

Am Bivio der S.S.145 (Sorrento-Amalfi) mit der Straße von S.Agata Trattoria DA LUISA, wohlriechende einfache Landküche. Lasagne, Salsicce (grobe Rostbratwürste), Grünzeug , ca. 15-22 DM.

Bar ASSUNTA, Granita di Caffe con panna, Pasticceria mit leichten Cremes und Chocolade.

Bar ORLANDO (gegenüber von "Don Alfonso") zu erkennen an dem Maiolica-Bild einer rauchenden Katze. Der Besitzer Alfredo Cilento ist ein Meister des Caffe und macht Granita di Amarena (Sauerkirsche). Der Kater "Jolly il gatto che fuma" und seine Nachkommen Giollino und Mimi, auch starke Raucher, sind nicht mehr am Leben.

Alle drei waren robuste Straßenkater von der schwarz-weiß gefleckten Sorte, die Katzenästheten nicht unbedingt das Herz schneller schlagen läßt. Ausgestattet mit der Freiheit nächtlichen Ausgangs und der Gabe, weite Sprünge zu machen, auf den Hinterpfoten ausdauernd stehen zu können und dem lässigen Hängenlassen des Glimmstengels. Jolly kam freiwillig zum Rauchen.

Eines Tages bedeutete er Alfredo Cilento mit Augensprache und leisen Tatzenhieben (ohne Krallen) und Kopfdrücken, er wolle auch so ein Ding, was sein Menschenfreund so genieße. Nach anfänglicher Begriffsstutzigkeit von Don Alfredo bekam er seinen Willen. Und kam dann in die Presse, dann ins Fernsehen, sollte für einen Hollywoodstreifen unter Vertrag genommen werden - und verschwand. Wahrscheinlich von einem Sammler lebendiger Raritäten nach Amerika entführt.

Seine Nachfolger waren gelehrig, fast wie Jolly und hatten das Glück von nur lokalem Ruhm und einem langen Leben in der Heimat. In der Bar kann man in einem Büchlein mit Fotos die Geschichte nachlesen.

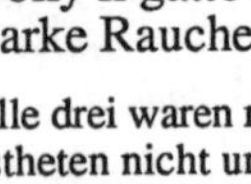

REOLA AL NOCCIOLETO, ganz kleiner supereinfacher Platz zwischen Haselnußsträuchern, nicht weit vom Ort, billig, offen Ostern - Dezember.

Straße nach Positano

(14 km, hoch über der Küste): streckenweise in die fast senkrecht abbrechende Felsküste eingehauen. Eine der schönsten Küstenstraßen Italiens. Rasch wechselnde Landschaftsaspekte, bis Salerno außer an den

Ortschaften meist hoch über dem Meer verlaufend. Zugang zum Wasser fast nur an Hotels und in Ortschaften, vielfach auf Treppenwegen.

Bis zur Provinzgrenze NA-SA kurz vor Positano, Straße breit, mit Haltegelegenheiten an Aussichtspunkten, dann überwiegend schmal und mit einer gewissen Vorsicht zu befahren.

Die wildeste Strecke, die letzten 10 km vor Positano, immer wieder Ausblicke der Küste entlang und jenseits des Golfes die fernen Berge des Cilento.

Positano

(3.100 Einw.)

Ein Traum von übereinander verschachtelten, rosa, weißen, hellgrünen und wieder weißen Häuserkuben im üppigen Grün von tropischen Bäumen, Steineichen, Macchia, Oliven, im Halbrund einer Bucht. Dahinter Berge mit über 1000 Metern, fast senkrecht. Hat den Ruf einese Super-Luxus-Nobel-Ferienghettos und internationalen Künstlerzentrums.

1. Die Künstler haben sich inzwischen meist ins Innere der Metropolen zurückbewegt. Dilettierende Zahnärzte und Rechtsanwälte trifft man aber noch mit Staffelei und Farbkasten.

2. Ferienmachen in den zinnenverzierten Betonburgen Calabriens oder Siziliens, wo Do-it-yourself-Service herrscht, ist oft teuer.

In Positano hat der Tourismus Tradition, Ausputzerei gibt es eigentlich nicht. Wo die Preise höher sind, bekommt man auch mehr Ambiente.

Tourist INFO A.A., Via Marina, Tel.. 089 / 87 50 67 und 87 57 60

Vorteile von Positano: Das historische Zentrum ist für den Durchgangsverkehr, zum Teil für jeden motorisierten Verkehr, gesperrt. Die Touristenbusse (allerdings auch die SITA-Linienbusse) müssen die Umgehungsstraße nehmen und die sight-sehenden Heerscharen, in deren Tagesplanung längere Bewegung auf eigenen Füßen nicht eingeplant ist, bleiben außen vor. Wer im eigenen Wagen ankommt, dem besorgen Hotelier oder Vermieter einen Parkplatz. Häufiger Stadtbus.

Günstige Verbindungen mit öffentlichen Verkehrsmitteln mit der Außenwelt: Circumvesuviana Napoli-Sorrento, dann Bus (SITA), wer von Süden kommt, ab Salerno Bus nach Amalfi (SITA), dort umsteigen.

UNTERKUNFT:

Hotels, Pensionen, in beiden fast immer Halbpension als Minimalbedingung (nur in den "toten" Monaten gibts auch nackte Zimmer),

Privatzimmer nur recht begrenzt und für längeren Aufenthalt. Vermittlung und Information bei der A.A., sind dort aktiv und auf Draht. Camping gibt es nicht. Für freies Campieren nicht der geringste Platz. Wer diskret im Wohnmobil nächtigen will, suche die Bergregionen auf und dort sind Plätzchen nicht leicht zu finden. Das Mißtrauen gegen naturnahes Nächtigen entspringt einzig den üblen Erfahrungen: Müll, wo ihn kein Einheimischer hinwirft, vollgeschissene verschwiegene Ecken, spätmorgenliche Reinigungszeremonien an öffentlichen Brunnen. Die Bewohner nehmen daran Anstoß und wollen darüber keine Debatten führen.

Im Juli / August ohne monatelange Vorbestellung nichts zu wollen.

Zimmer und Privathäuser: Knapp 50 Vermieter und Objekte. Liste bei der A.A., die auch die Vermittlung machen und Beschreibungen geben. Wenn es geht, vom Vermieter abholen lassen, denn im Gäßchengewirr ist am Anfang die Orientierung schwierig.

Hotels: Zuerst zur A.A., die wissen, wo Platz ist, wo in Vor- und Nachsaison geschlossen ist (Angaben in den Hotelverzeichnissen stimmen nicht immer), oder wo gerade renoviert wird. Man spart Lauferei (an die vielen Treppenwege denken!).

Hotels Positano

Centro - Spiaggia Grande

******Sirenuse**, Tel.: 089 / 87 50 66, Via C. Colombo, oberhalb der Spiaggia Grande, umstrukturierter Familienpalast mit antikem Mobiliar. Große Terrasse mit Pool, DZ 230 - 320 DM, VP 345 - 450 DM, in der wesentlich einfacheren, modernen Dipendenza DZ 75 - 98 DM.

*****Buca di Bacco** und dessen *****Residence**, Via Marina Grande, Tel.: 089 / 87 56 99, direkt an der Strandpromenade, über den Durchgängen des alten Hafens, die Residence an den Berg in Terrassen gebaut. Vor den sehr geräumigen modernen Zimmern begrünte Terrassen. Viel besuchtes Ristorante in den Gewölben (Essen um 40 - 55 DM). DZ 110 - 145 DM, VP 150 - 175 DM.

*****Covo dei Saraceni**, Tel.: 089 / 87 50 59, Via Marina, an der Marina Grande. Großer langer Terrassenkomplex mit Lauben und Pool. Modern, auf antik getrimmt. Aber: ziemlicher Massenbetrieb, viel für Kongresse genützt. Zimmer riesig. DZ 130 - 160 DM, VP 125 - 160 DM.

*****Palazzo Murat**, Tel.: 089 / 87 51 77, Via dei Mulini. Im Zentrum. Authentisch erhaltener und eingerichteter Adelspalast, schöner Innenhof. Mobiliar provinzieller, ländlicher Barock und Klassizismus, Intarsienarbeiten, Boden aus alten Tonkacheln. Seit Generationen in Familienbesitz. die schon hoch in Jahren stehenden Besitzer haben viel Gefühl für die stilistische Zusammenstellung in den Zimmern und Aufenthaltsräumen und sind etwas unglücklich über die später dazugebauten neuen Zimmer. Wer antik wohnen will, sollte langfristig vorbestellen und seine Wünsche äußern. Nur Hotel, ohne Ristorante. DZ 91 - 115 DM.

***California Residence**, Tel.: ß89 / 87 53 82, Via C. Colombo; modernes, einfaches Hotel am oberen Rand der Altstadt, große Terrasse, solide wohlschmeckende Familienküche ohne ganz besondere Höhepunkte. DZ ca. 55 DM, VP ca. 70 DM.

Westlicher Stadtbereich über der Spiaggia Fornillo:

***Casa Albertina, Via della ltavolezza, Tel.: 089 / 87 51 43. Moderner Bau, im ländlichen Barock nachempfunden. Schöne Terrasse, die Blau- und Lilatöne der Zimmereinrichtung können nicht abgehärtete Augen erschlagen. DZ ca 66 - 86 DM, VP 116 - 143 DM.

****Poseidon, Via Pasitea; modern, große Zimmer mit Veranda, ganz besonders schöner Blick auf Positano und die Küste bis zum Capo Sottile vor Amalfi. Große Terrasse mit Pool und Pergola, DZ 107 - 137 DM, VP 175 - 195 DM. Tel.: 089 / 87 50 14.

**Casa Maresca, modern, alle Zimmer zur Terrasse, große Pergola, Via Pasitea, Tel.: 089 / 87 51 40. DZ ca. 36 DM, VP 50 - 65 DM.

**Vittoria, Via Fornillo, Tel.: 089 / 87 50 49. Modern mit großem üppigen Garten. Geschmack der Einrichtung etwas zweifelhaft, DZ ca 68 DM, VP 70 - 75 DM. Pensionsessen kann auch im Pupetto am Strand eingenommen werden.

**Conca d'Oro, Via Bscariello, Tel.: 089 / 87 51 11. Modern, große Terrassen. Einrichtung etwas schwülstig. Gute Küche, ein Kompromiß zwischen Sizilien, Napoli und Amalfi, sehr leckere gefüllte Calamari, Salate, die mehr sind als die üblichen Scheiben geschnittener Tomaten mit Öl und Basilico, Essen um 25 - 35 DM, DZ 51 - 63 DM .

*Casa Guadagno, Via Fornillo (eine kleine Nebenstraße mit alten Häusern mit flachen Kuppeldächern). Die Pension in einem alten, verschachtelten Haus, das in Terrassen abwärts geht. Einrichtung einfach, etwas plüschig. Tel.: 089 / 87 50 42. DZ 48 - 53 DM, VP 55 - 70 DM.

*Italia, Tel.. 089 / 87 50 42, nur 8 Zimmer. Positanos letzte Pension, die so geblieben ist, wie es in den Zeiten war, als hier die ersten Maler ankamen (Maler kommen hierher immer noch - die Dilettanten). Eine nicht ganz perfekt eingerichtete Idylle. Der zahlreichen und kinderreichen Sippe, die das Italia betreibt und ihren alltäglichen Problemen kann man sich schlecht entziehen - sie sind Wirte aus Passion. Dunkle Räume in Gewölben - für die Siesta, wer Licht zum Malen will, geht auf die Veranda. DZ 50 - 55 DM. Nur ganz am Rand der Saison Chance spontan Platz zu finden.

*Maria Luisa, Via Fornillo, Tel.: 089 / 87 50 23. Einfache sympathische Pension, die nicht in der üblichen Perfektion erstarren will. Er stammt aus Positano (seine Eltern haben die nahegelegene Villa delle Palme - im Touristengeschmack der 50er Jahre), Sie kommt aus Wien. In der Küche trifft sich beides. DZ 42 - 48 DM, VP 70 - 81 DM.

*Pupetto, Spiaggia Fornillo, direkt am Strand, einfach, so wie sich viele Leute "urgemütliche" italienische Strandpensionen vorstellen, Zimmer sehr klein, dafür auf der Terrasse reichlich Platz. Tel.: 089 / 87 50 87, DZ ca. 50 - 60 DM, VP ca. 70 - 80 DM.

Hotels außerhalb des Orts an der Küstenstraße nach Amalfi:

*****San Pietro, Tel.: 089 / 87 54 55, ca. 2 km vom Ort, auf einem Kap über der Küste, modern, die Zimmer alle auf Panorama angelegt, Zimmerfronten, Veranden und Terrassen von Tropenvegetation überwuchert. Zimmer riesig, bieten jeden Luxus, z.B. in den Boden eingelassene Marmorwannen in manchen Zimmern. Das Restaurant normalerweise nur Hausgästen vorbehalten. Swimmingpool, Tennis, Aufzug zum Strand (kleinere, grobsandige Bucht mit Klippen), DZ ca. 440 - 530 DM, VP ca. 390 - 44o DM.

Le Sirene (P.3), unterhalb der Straße nach Amalfi über dem kleinen Strand von Laurito. Isoliert gelegene einfache Pension. Tel.: 089 / 87 54 90. DZ ca. 48 DM, VP ca. 66 DM.

Montepertuso:

Im Dorf oben auf dem Berg:

*Pensione Luisa, Supertip unter Voraussetzungen: Beweglichkeit (Auto oder die Bereitschaft, die eigenen Füße kräftig zu bewegen - runde 4 km und 500 m Höhenunterschied), lange Vorbestellung, sofern es sich nicht um die ganz toten Zeiten handelt. Es gibt 4 - 6 mal am Tag eine Busverbindung, die Letzte geht dann rauf, wenn unten im Ort das abendliche Leben ganz schüchtern beginnt!

Das Haus am Ende eines Treppenweges (Wegweisung existiert), in ländlichem Frieden, tief unten das Meer und der Ort, in der Ferne Capri. Das Haus innen und außen frisch und sauber, alles neu und ganz hell, freundlichste Aufnahme. Excellente Familienküche (Sachen aus dem eigenen Garten und Kleintierstall). Nur 7 Zimmer! DZ (inkl. Frühstück) 50 DM, HP (im Juli / Aug. verbindlich) pro Person 50 DM.

GESCHICHTE

Wie die anderen Städte der Amalfi-Küste wurde POSITANO als Seefahrerstadt im frühen Mittelalter gegründet, angeblich von Flüchtlingen aus dem von Sarazenen zerstörten Paestum.

Durch ihre ABGELEGENE POSITION (bis Mitte letzten Jahrhunderts waren Positano und Amalfi nur auf dem Seeweg erreichbar oder über steile schwindelerregende Eselswege) konnten sich die Orte ungestört als Stadtrepubliken entfalten und nahmen eine wichtige Stelle im Handel zwischen Europa und der islamischen Welt ein. Die Handelsverbindungen mit Nordafrika und dem Orient beeinflußten den Baustil.

Nirgenwo außer in Sizilien, das aber über 250 Jahre arabisch war, findet man so viele architektonische Elemente arabischen Bauens, angefangen bei den flachen Kuppeldächern, den Häusern mit ihren Halbtonnendächern bis hin zu den Dekorationselementen.

Die STARKEN FLOTTEN hielten christliche und islamische Eroberer fern und erst mit der zunehmenden Bedeutung des Hafens von Napoli wurden aus den Seefahrerstädten Fischerdörfer oder ländliche Kleinstädte. Speziell Positano, das am isoliertesten lag, muß damals ziemlich verelendet sein. Seine Bewohner wanderten aus, ließen sich anderswo als Seefahrer anwerben.

Zeitweise soll es ein übles Seeräubernest gewesen sein. Mit der "Entdeckung" Amerikas durch auswanderungswillige Süditaliener vor etwa 100 Jahren entvölkerte sich der Ort stark, stärker als die Anderen an der Küste, wo mindestens für mühevoll angelegte Terrassenfelder Platz war.

Um die JAHRHUNDERTWENDE wurde Positano dann von Künstlern entdeckt, denen Sorrento zu sehr die Stadt der Palace-Hotels geworden war, Capri zu überlaufen. In Positano fanden sie einfache, ursprüngliche Lebensformen, spontan-herzliche Aufnahme und eine großartige landschaftliche Szenerie. Der Boom kam erst in den letzten 25 Jahren.

Wer Positano als Tagesausflug unternehmen will, sollte so starten, daß er dann da ist, wenn die Einheimischen aufwachen, wegen der Parkplätze und des Verkehrs auf der Küstenstraße.

Ängste: die Küste um Positano und Amalfi soll bislang von professionellen Klauern verschont sein. Dennoch - nicht zu einladend liegen lassen. Abstellen im Parkverbot: die örtliche Polizei erwirtschaftet einen Überschuß!

Bars Shops Boutiquen

Entlang der Marina Grande und in den Straßen der Altstadt, in der Via Pasitea und Via C. Colombo. Spezielles: Modische leichte Strandkleider, Ledersachen (Taschen, Sandalen, Gürtel) - in den Boutiquen und Läden sieht man die Dinger entstehen. Das Meiste wird gleich an Ort und Stelle verkauft.

RESTAURANTS

Viele. Überdurchschnittlich teuer. In der Ausstattung meist origineller als in der Küche, besonders um die Marina Grande, den abendlichen Corso (er findet hier weitgehend im Sitzen statt). Und man geht dort hin, wo die Cliquen und die gesellschaftlichen Gruppen zu finden sind, denen man sich zugehörig fühlt.

Es gibt eine totale Ausnahme:
DA VICENZO, Via Passitea - Nebenraum eines Alimentari mit Käse aus Norditaliens Milchfabriken, ältlicher Mortadella, dem unverwechselbaren Duft von Waschpulver und Stockfisch. Einige Tische, die meist dem Kartenspiel dienen, bei dem Don Vincenzo nur ungern gestört wird. Wenn er am Gewinnen ist, ist seine Signora für hungrige Gäste verantwortlich. Wenn sie ihm eine Predigt gegen dieses Laster gehalten hat, macht er mit ihr zusammen die Küche, soweit es der Laden erlaubt. Der Wein stammt aus eigener Produktion.

Die Speisen sind binnenländisch, denn Positano war nie ein Fischerdorf - auch wenn es so aussieht. Bei Vincenzo gibt es Gemüse (reichlich), Kaninchen, Mistkratzer und Klopse aus Hackfleisch, die einen jedes Vorurteil gegen sie vergessen läßt, Panzerotti, Lasagna, Cannelloni - aber nie die ellenlange Auswahl einer Speisekarte. Man ißt, daß die Schwarte kracht, und zahlt zwischen 15 und 20 DM.

RESTAURANTS im Ort:
GIARDINO DEGLI ARANCI, Piazza Molini (gleichzeitig die Telefonzentrale für inernat. Gespräche). Die Treppe runter - Garten, Pergola und Glasveranda: eine richtige Familientrattoria, genuin, offenherzig, preiswert - eigentlich unerwartet im sonst edel gemachten Positano. Statt Nudeln (gut die mit Kapern und Thunfisch oder die "sciuè-sciuè" mit Tomate, Basilikum, Mozzarella und Parmesan) mal an die kräftigen Suppen aus Bohnen, Linsen oder "ceci" (Kichererbsen) ran! Fischsuppe und gedünstete Fische sehr lecker. Immer offen, komplettes Essen (inkl. Familienwein) 23 - 30 DM.

GERMANO, dicht dabei - Glasveranda über einem rauschenden Bach. Sehr vielseitig und kreativ bei den Antipasti, Nudeln in "weißen" (pomodoro-freien) Soßen, Gemüsesuppe (ganz bunt), Fisch vom Grill und aus dem Ofen, im Sommer Schwertfisch (pesce spada) in Kräutersoße.

Abends auch Pizza (über 20 Sorten, Holzofen). Komplettes Essen 30 - 45 DM, Pizza (inkl. Getränk) 15 - 18 DM. Mi. geschl., Mitte Aug. - Mitte Sept. Ferien!

BUCA DI BACCO, am Strand - große Terrasse im Freien. Als Treff beliebt, überwiegend Meeresküche - Nudeln mit Frutti di Mare, lecker die Tintenfische in der Casserole, Flaschenweine aus der Region und Sizilien, Komplett um 35 DM, kann aber wesentlich teurer werden. Offen April - Mitte Okt., kein Ruhetag, abends Tischreservierung ratsam.

LA CAMBUSA, Strand- ebenfalls unter freiem Himmel. Typische Fischerküche, sehr sorgfältig gemacht, speziell die Aufläufe aus überbackenen Meerestieren. Um 35 DM - hängt von Fischen und Wein ab. Abends vorbestellen, kein Ruhetag.

Eis und anderer Schleckerkram:
Bar Tom und Bar-Pasticceria La Zagara, beide im Zentrum.

RESTAURANTS (außerhalb):

DA COSTANTINO, Via Corvo 95, am Beginn der Straße nach Montepertuso - auf Wunsch Abholung per Minibus - t. 87 57 83. Wirkt ländlich, überhaupt nicht überspannt, hat sehr schönen Blick - ist chic, die Köche haben Erfahrungen in Spitzenrestaurants in Italien und im Ausland gesammelt. Trotzdem: Lokale Rezepte auf Spitzenniveau (bei den Nudeln angefangen) - dazu Weine aus der näheren Umgebung, die große Könnerschaft verraten. Mit ca. 30 DM (bei Fisch auch mehr) sehr angemessener Preis. Tischbestellung dringend erforderlich, im Sommer kein Ruhetag, sonst ist das der Mittwoch.

SCIROCCO, am Hauptplatz von Montepertuso, auch hier auf Wunsch Abholung und Heimtransport (t. 87 57 86). Veranda mit tollem Blick. Junges Küchenteam: Antipasti aus Gemüse und marinierten Meerestieren, Spaghetti fantasia (mit Gemüse), kleine Auswahl an Fischgerichten (dafür "stimmen" die Sachen, kreative Fleischküche. Abends Pizza (Holzofen) guter lokaler Wein. Komplett ab 30 DM. Mo. geschl. Man spricht deutsch und kennt sich in der Umgebung sehr gut aus.

MARINA GRANDE und SPIAGGIA FORNILLO, vom Ort aus erreichbar, untereinander durch einen Treppenweg an der Felsküste verbunden.

Positano ist kein Badeort, die Strände sind klein, im Sommer hoffnungslos voll. Grobsandig, das Wasser klar und sauber (Positano hat eine Kläranlage), - rasch tief werdend. Für den Taucher relativ uninteressant: viele Schwimmer vertreiben die Fische, außerdem ist die gesamte Küste bis Salerno hoffnungslos leergefischt.

Ausflüge:

★ Auf Treppenwegen nach Montepertuso und Nocelle oberhalb von Positano durch kleine Häusergruppen und Gärten (Spaziergang von 1 Stunde,

Steigung!). Der Treppenweg zweigt in der Nähe des Hotels Margherita von der Umgehungsstraße ab.

★ Wanderungen zum Belvedere S. Maria del Castello auf dem alten Eselsweg, der Positano früher mit der sorrentiner Küste verband - ausgesprochen steil, von dort kann man auf dem Grat in Richtung der Spitze des Monte S. Angelo a tre Pizzi weiter steigen. Der Monte S. Angelo ist die höchste Erhebung der Halbinsel (1 443 m), steckt oft in Wolken oder Nebel. Ab S. Maria del Castello Ausrüstung wie für alpine Bergwanderung. Vom Monte S. Angelo Abstieg möglich nach Praiano oder Agerola (s. Agerola).

Praiano

(1700 Einw.)

Locker zwischen Gärten gebautes Dorf, die Straßenzüge meerabwärts nur für Fußgänger. Strand nicht vorhanden, aber große Felsbrocken, von denen man ins tiefe Wasser springen kann.

HOTELS

Pensione Bellavista (autofrei), einfach, in die Umgebung integriert, Tel.: 089 / 87 405 4, DZ 32 - 39 DM, VP 58 - 66 DM).

****Le Sirene**, Neubau in Gartenzone unterhalb der Hauptstraße, ruhig, unterm Hotel fast senkrecht das Meer (Treppenweg). Zimmer einfach und vernünftig möbliert, Dachterrasse. Gute lokalinspirierte Pensionsküche mit Sachen aus dem eigenen Garten und Weinberg, bei Nachfrage werden nächtl. Exkursionen mit den Fischern organisiert. Offen April - Okt., DZ (inkl. Frühstück) nur NS 53 DM, in HS nur HP - 60 DM pro Person (in NS 48 DM).

***Casa Alfonso**, im oberen Ortsteil mitten in den Bauerngärten, fantastisches Panorama. Schöne große Zimmer, handbemalte Kachelböden, jedes Zimmer anders möbliert, insgesamt eher das Gefühl in einem Privathaus zu sein, Garten mit Terrasse, wo Nützliches und Dekoratives wächst. Zur Küche siehe "Alfsonso a Mare" in der Marina di Praia - als Pension und Trattoria von der selben Familie geführt. Die Preise oben und unten sind gleich. Das Essen kann unten eingenommen werden!

Jugendherberge: "Dei Galli", Tel.: 089 / 87 40 93. Im oberen Ortsteil.

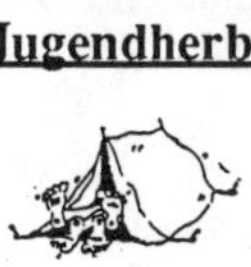

VILLAGIO TRANQUILLITA, im Ortsteil Praiano Superiore, unter Bäumen, Möglichkeit Holzhütten zu mieten (für 4 Personen ca. 400 - 500 DM pro Woche), offen Mai - Okt.

LA BRACE, an der Hauptstraße - große Terrasse mit Blick auf die Inseln und Positano. Überdurchschnittliche Meeresküche, z.B. Risotto und Spaghetti mit Scampi oder Tintenfisch, Fisch vom Grill oder aus dem Ofen, eine dicke Suppe aus Tintenfisch und Kartoffeln. Komplettes Essen (ohne Wein) ca. 35 DM. Im Sommer kein Ruhetag, sonst Mi. geschl.

SAN GENNARO, an der Hauptstraße - einfache Trattoria mit zugänglichen Preisen, kleiner Saal und Veranda draußen (Blick auf Straße und Ort). Übliches Nudelangebot, gekochte Polypen, Pizza - Gemüseplatten leider mäßig, sonst ordentliche Zubereitung. Mit 20 DM kann man gut satt werden. Pizza bis spät in die Nacht, inkl. Getränk um 10 DM. Ganzjährig offen, kein Ruhetag - deutsch wird verstanden.

Marina de Praia

Ein schmaler Fjord, dessen Wände in den Himmel wachsen, an der Brücke steile Rampe nach unten zu den paar Häusern - Fischerbehausungen, heute in Restaurants und Pensionen umgebaut. Vorne ein schmaler Kieselstrand. An der Straße Bushaltestelle, mit dem Auto oft unlösbare Parkplatzprobleme!

RESTAURANTS (mit Zimmervermietung/Pensionsbetrieb).

Pensione LA CONCHIGLIA, einfache frisch renovierte Zimmer. Meeresküche, gegessen wird unter dem freien Himmel oder im "Saal", der in den gewachsenen Fels gegraben ist. Abends auch Pizza. Unterbringung nur auf Basis von HP, in der HS nur VP. NS VP pro Kopf 53 DM, HS 68 DM - alle Sachen sind fangfrisch aus dem Meer.

Daneben der Konkurrent (man teilt die Bucht und respektiert sich): ALFSONSO A MARE (hat oben in Praiano die Casa Alfonso). Zimmer simpel, wirklich nur Räumlichkeiten zum Schlafen, denn tagsüber und bis tief in die Nacht findet hier alles Leben draußen statt, z.B. in der schilfbedachten Glasveranda von Bar und Restaurant. Unterbringung nur auf Basis von VP/HP. In NS pro Kopf HP 45 DM, VP 56 DM, HS nur VP 62 DM.

Essen: Der Wein zum Schwachwerden - mir ist er ordentlich in den Kopf und die Füße gegangen - schlimm wurde es erst, als Alfonso den hausgebrannten Grappa rausholte! Die Antipasti aus Meeresfrüchten ein Tip. Und die Zuppa di Pesce, die anders als sonst häufig nicht aufs geröstete oder harte Brot gegossen wird - das frische überbackene Brot gibts extra. Essen ab 25 - 30 DM, hängt von Art und Mengen der genossenen Meerestiere ab!

Im Sommer in der Bucht ein Fischerfest (Sagra del Pesce), von der Gemeinde veranstaltet, mit Essen und Trinken und bis zu 2.000 Teilnehmern.

Am Ausgang der Bucht, unsichtbar, aber hörbar hinter den Felsen (schmaler Pfad in den Stein gehauen) die Disco Africana - heiß.

Auf der Straße nach Amalfi fährt man über eine Brücke am Vallone di Furore vorbei, einer fast senkrechten Schlucht, die in 600 m Höhe beginnt. Besser 300 m hinter der Brücke an der Tankstelle parken. Dann Treppe runter - Treff von Anglern - kleiner Strand. Der Ort Furore (an der Serpentinenstraße Amalfi - Agerola) mit an den Hang geklebten Häusern und schmalen Terrassenfeldern, im etwas tiefer gelegenen Vettica Minore die kleine Landpension La Petite Inconnue, Tel.: 089 / 871453, DZ 25 -l 30 DM, VP 45 - 50 DM.

Oben in Furore - dem Schwalbennest-Dorf der Amalfitanischen Küste direkt an der Straße nach Agerola *Hotel-Ristorante Hostaria del Bacco - ländlich in Superlage, man glaubt über Küste und Berge zu fliegen. Nur 7 einfache Zimmer, ganz familiäre Aufnahme - für Durchgangsreisende nur was ganz außerhalb der Reisezeit! DZ NS 32 DM, VP pro Person in NS 53 DM, HS 58 DM. Küche: Berge und Meer vereint, vieles aus eigener Produktion, darunter der tolle offene Wein. Essen komplett ab 25 DM.

An der Küstenstaße 5,5 km vor Amalfi die Grotta dello Smeraldo, Meereshöhle mit ähnlichem Lichteffekt wie die Blaue Grotte in Capri, Tropfsteine stehen teilweise im Meereswasser, Einstieg per Aufzug (Einlaß 9 - 18 Uhr).

Zwischen Conca dei Marini und Amalfi an den weniger schroffen Hängen und in die kurzen Täler hinein Terrassen mit Trauben und Zitronen, die als Pergola angepflanzt sind (damit bei Kälte, scharfem Wind oder zu sengender Sonne die Pflanzungen mit Schilfmatten abgedeckt werden können - und die reifen Trauben vor Vögeln geschützt sind).

Amalfi

(6 250 Einw.)

Auf beiden Seiten eines schmalen Tals steigen die Häuser den Berg hoch. Ihre Bauweise ist städtisch mit 3 - 5 Stockwerken, am Hang stehen sie übereinandergebaut. Autos nur entlang des Meeres und im Tal, sonst schmale Treppengäßchen, so eng, daß man vorsichtig aneinander vorbeigehen muß, nur die Hauptgassen auf Eselsbreite. In Bögen und Tunnels unter Häusern durch. Als Farbe dominiert weiß.

Tourist INFO A.A. Corso Roa 19 (Innenhof) - Auskünfte oft dürftig, wenn man Pech hat - und das hat man meist - bekommt man mit wortloser Würde das dürftige und nicht mehr sehr aktuelle Prospektmaterial gereicht. Tel.: 089 / 87 11 07.

Verkehrsverbindungen:
Busse im Nahbereich: Pogerola, Positano, Ravello, Scala und Agerola.

HOTELS

Die meist modernen Hotels der oberen Klasse überwiegend an der Küstenstraße nach Positano. Im Ort kleinere familiär geführte Hotels in den Häusern des alten Stadtkerns. Fast immer modern ausgestattet, auch wenn mit "Antiquitäten" Erinnerungen an vergangene Zeiten geknüpft werden sollen. Bis Mitte Juni und ab Mitte September ist relativ leicht Platz zu finden. Dann Preise um etwa 20% niedriger.

****Cappuccini - Convento, Tel.: 089 / 87 10 08. Oberhalb des Hafens in Panoramalage in einem früheren Kloster mit einem romantischen Kreuzgang, um den die Zimmer angeordnet sind. DZ in NS 100 - 115 DM, in HS 125 - 140 DM, in den früheren Mönchszellen dezenter Luxus.

****Luna - Torre Saracena, Tel.: 089 / 87 10 02. Noch ein Kloster, das zum Hotel geworden ist - im ehemaligen Sarazenenturm ebenfalls zahlende Gäste. Hat ebenfalls einen romanischen Kreuzgang (den preziöseren). Hotel mit langer Tradition. Im letzten Jahrhundert von Schriftstellern als Poetenklause aufgesucht (z.B. Ibsen). DZ in NS ca. 110 DM, in HS ca. 130 DM. Pool.

Im Zentrum:

Man kann nicht immer mit dem Auto bis vor die Hoteltür fahren. Von der Einrichtung her alle ziemlich ähnlich. Die Preisunterschiede signalisieren Unterschiede in der Zimmergröße.

***La Bussola, Lungomare dei Cavalieri - am Hafen. Funktionelles Großhotel, modern möbliert, sehr schöne traditionelle Majolika-Fußböden. Die billigeren Zimmer ohne Meerblick. DZ NS 65 -85 DM, HS 75 - 105 DM.

***Bellevue, an der Küstenstraße Ri. Positano - ganz frisch und neu, Zimmer groß und ansprechend, sehr schöner Blick. Offen April - Mitte Okt. DZ NS 62 DM, HS 70 DM.

***Residence, Via Repubbliche Marinare (am Domplatz) - alter Stadtpalast mit alten Möbeln, gekonnt renoviert. DZ NS 60 -72 DM, HS 80 - 90 DM.

**Amalfi, Via dei Pastai 2, mitten im Treppengassengewirr der Altstadt, Neubau mit schöner Dachterrasse, Zimmer geräumig, Tapeten und Möbel (solide) im Allerwelts-Schlafzimmergeschmack. DZ (inkl. Frühstück) NS 60 DM, HS 75 DM - im Juli/Aug. HP Bedingung - 68 DM pro Person. Drittes Bett im Zimmer nur 10 % Zuschlag auf den Zimmerpreis!

**Centrale, am Domplatz, Zimmer z.T. mit Blick dorthin, sonst in Seitengassen, klein und kahl, nur HP - in NS pro Person 63 DM, HS 75 DM.

**Lidomare, in altem Stadthaus dicht am Domplatz, die Zimmer fast alle zum Lungomare raus (Balkon). Altmodische Familienpension, Stilmöbel, Flügel im Salon, tip-top gepflegt. DZ NS 63 DM, HS 70 DM. Vorbestellung dringend empfohlen, weil nur 13 Zimmer. Das Hotel "Zariono" im gleichen Haus gibt es nicht mehr - leider !

*Angelina, Tel.: 089 / 87 12 26, DZ ca. 26 DM, kein Essen, etwas karge Herberge mit einem großem Innenhof, auf der Pergola balancieren Hühner, die Trauben abpicken und dahinter schleichen Katzen. Altmodisch, etwas renovierungsbedürftig.

*Pensione Sole, am Rand der Altstadt an einem ruhigen Platz. Innen einfach mit Skay-Möbeln, Zimmer mit Terrasse und Blickrichtung Lungomare, sehr sauber - von deutscher Familie geführt, die gute Tips geben kann. Reichhaltiges Frühstück, für Familien günstige Spezialpreise. DZ (inkl. Frühstück) NS 60 DM, HS 70 DM, Offen Ostern - Okt.

*Proto , Tel.: 089 / 87 10 03. Im 4. oder 5. Stock eines alten Stadthauses (und die Treppen wollen nicht aufhören, 1981 war der Aufzug - ein Drahtkorb- außer Dienst). Hier machen einfache Italienerfamilien Ferien, dann viele, viele Kinder. Etwas verwohnt und speckig und starker Küchendunst (geröstete Meerestiere). DZ ca. 26 - 30 DM, im Sommer nur mit Vollpension, VP ca. 34 - 40 DM.

Amalfi ist eine Kleinstadt mit viel Handwerk und kein eigentlicher Badeort. Die Engländer, die es vor knapp 100 Jahren als noch unberührte Alternative zu Capri erschlossen haben, dachten damals mehr an Promenadenspaziergänge unter Palmen, malerisches Ortsbild und Straßencafés - womit Amalfi reich gesegnet ist. Das Baden war Nebensache. Und der kleine mit Badebuden vollgestellte Strand ist auch heute nicht anziehend, zudem ist er gleichzeitig Hafen. Das Wasser ist nicht dreckig, aber auch nicht 100% sauber. Zu schöneren Buchten Richtung Praiano gibt es im Sommer Motorboote.

Um die Piazza Duomo und in der Via Genova Bars, Tische zum draußen sitzen, Pasticcerie und Eis. Die Pasticcerie Andrea Panza und Savoia ausgesprochen raffiniert. An der Piazza Duomo eine Bar mit alter Nußbaumtäfelung (etwas abgegammelt - man riecht altes muffig, naß gewordenes Holz) - Café und Cappuccino ziemlich mies.

Großer Lebesmittelladen mit Verkauf von Hausrat, Kleidung und auch Touristenkrimskrams an der Straße ins Valle dei Mulini (Vormittags).

Sehenswertes

Durch die Altstadt gehen in die Gassen, bis sie in Höfen aufhören. Hierher scheinen sich wenige Fremde zu verirren, denn man wird oft neugierig angesprochen. Das Leben in den Häusern findet zu den Höfen hin statt, die Gassen sind zu eng und dunkel.

★ **Duomo:** Fassade und Treppe sind nachempfunden (19. Jahrhundert), der Turm ist aber echt. Schöne Bronzetür aus Konstantinopel. Das Innere barockisiert, sehr bunte Renaissancekrypta mit lästigem und geldgierigen Kustoden, der einem nicht die Ruhe zum Betrachten läßt.

Neben dem Duomo der Kreuzgang Chiostro del Paradiso, mit arabisch beeinflußten Spitzbögen.

★ **Arsenali**: Gewölbe gegenüber dem Hafen, mittelalterliche Depots für die Schiffe, heute Ausstellungsräume. Bei dem geringen Schiffsverkehr in Amalfi kann man sich nur schwer vorstellen, daß es im 10. und 11. Jahrhundert neben Genua, Pisa und Venedig Italiens größter Hafen war, und als unabhängige Seerepublik war es die Allererste (und Kurzlebigste). Die Amalfitaner, die heute kaum noch ein paar Fischerboote haben, glauben fest daran, der Seefahrt den Kompaß beschert zu haben (was die Positaner ebenfalls glauben).

Ein gewisser FLAVIO GIOIA (dessen Standbild in beiden Orten) soll ihn erfunden haben. Ihn hat es wahrscheinlich nie gegeben und die Amalfitaner haben den von den Chinesen erfundenen Kompaß bei ihren arabischen Geschäftspartnern kennengelernt und wahrscheinlich als erste christliche Seefahrer benützt.

TRATTORIA DA GEMMA: Traditionelle Trattoria, in der Küche zwei Generationen: die Großeltern und die Enkel.Sie treiben seit Jahren Küchenarchäologie und schreiben an einem Buch über alte Küche, Feste und die kleinen Leckerbissen, die es dort gab.

Gekocht wird prinzipiell mit einfachen Zutaten - für Scampi und Langusten (aus Sardinien per Flugzeug) muß man andere Restaurants aufsuchen. Specialita: Spaghetti alla marinara (mit Kapern), Minestra maritata (verheiratete Suppe - Heirat von Schweinefleisch aus den Bergen und Gemüse), Gnocchi, mit Mozzarella gefüllte Sardinen, Stockfischsuppe, Fisch vom Holzkohlegrill (nur mit frischer Minze und Knoblauch gewürzt), Dolce Melanzane (Auberginen) in Schokolade mit Piniennüssen und kandierten Früchten. Mittlerer Preis: 30 DM. Vor dem Essen die alten Originalfotos von Alinari an den Wänden ansehen!

DA BARACCA, Fischrestaurant , halb kahler Saal mit weißen Tischen und Neonlicht, halb Glasveranda, ca. 20 - 28 DM.

IL DOGE, Geschickte Eigenwerbung, erfreut sich guten Zuspruchs, viel Schickeria, könnte ein Italo-Ristorante in Hamburg oder München sein und deshalb fühlen sich viele hier so heimisch, mittlerer Preis 20 - 25 DM. Küche konventionell.

LA CARAVELLA, in einem Kellergewölbe, etwas unvorteilhaft an der Hauptdurchgangsstraßenschlucht. Vor allem maritimes, gut und leicht zubereitet, im Gegensatz zu einigen Lokalen am Ufer unbedingt Verzicht auf Tiefgefrorenes. Ca. 16 - 20 DM, bei manchen Fischsorten erheblich mehr!

LA MARINELLA, Lungomare - Stelzenkonstruktion über dem Strand, darunter Badestabilimento mit Umkleidekabinen. Abends beliebter Treff, gute Meeresküche zwischen Zuppa di Pesce und Languste, letztere wie überall sehr teuer. In den mittleren Preislagen die Auswahl von Sepia-Rezepten nützen. Komplettes Essen um 30 DM, offen April - Okt., Di. vogeschl., abends unbedingt vorbestellen!

TAVERNA DEGLI APOSTOLI, Via S. Anna (Gasse dicht an der Piazza Duomo) - klein, der äußere Rahmen chic, klassische Amalfi-Küche, also Meer-Garten-Berge: Nudeln mit Meeresfrüchten, Nudeln mit grünem Gemüse, Fisch mariniert, aus der Pfanne oder dem Ofen. Immer offen. Reservierung ratsam. Komplettes Essen (ohne Wein) um 35 DM.

IL TARI, Via Capuano (oberer Teil der Altstadt-Hauptstraße), zwei lange gekalkte Gewölbetonnen mit Tischen dicht an dicht - persönliche Bedienung mit ausführlicher Beratung. Die Küche in Familienhand, die Meerestiere kommen frisch von zwei Fischern, die ebenfalls zur Sippe gehören. Fast ausschließlich Meeresküche. Meeresfrüchte, Meeresschnecken und Krebscocktails als Antipasto, Nudeln mit Meerestieren, Fischsuppe, Fisch und Scampi meist vom Grill, Tintenfische in

Tomatenbrühe. Einfaches Essen ab 20 DM, komplett 26 -30 DM, in HS kein Ruhetag, sonst Di. geschl.

S. GIUSEPE, im Centrum: Einfache Trattoria mit mäßigen Preisen, gut zum Sattwerden - in kahler nüchterner Umgebung. Essen um 15 DM - in der HS allerdings teurer! Abends auch Pizza - 20 Sorten, 8 - 14 DM (inkl. Getränk). In HS kein Ruhetag, sonst Mi. geschl.

CANTINA DEL NOSTROMO - DA ZACCHARIA, Corso Colombo - an der Uferstraße Ri. Atrani - auf rustikales Fischerambiente gemachtes Touristenlokal, leckere Meeresküche - z.B. Linguine mit Scampi, Zuppa di Pesce (vorbestellen!), Sachen vom Grill, ca. 30 DM, Mo. geschl.

LA VINICOLA, Weinkneipe (mit wirklich gutem Wein - in Amalfi gar nicht so leicht zu finden!), wo man einfach essen kann. An der Wand gut sichtbar das Dekret des Präfekten über die knapp 50 in der Provinz Salerno verbotenen Spiele. - Wenn alte Männer hier einen Rosso trinken, wird ständig gegen die Buchstaben des Gesetzes verstoßen.

LA PREFERITA, an der Küstenstraße hinter dem Tunnel Ri. Postano. Mit Terrasse zum Draußensitzen. Überwiegend Meeresküche - lecker die überbackenen Muscheln ("Cozze gratinate"), gemischte Fische vom Grill. Komplettes Essen 25 - 30 DM, auch mehr. Mo. geschl.

DA CICCIO, Ciela-Mare-Terra, 3 km an der Straße Ri. Sorrento in Vettica, Trattoria mit ordentlicher Meeresküche, Terrasse mit weitem Panaroma. Überwiegend Edelfisch und Krebstiere, Preise fürs komplette Essen ab 30 DM, ganz Teures geht ohnehin nach Gewicht. Im Sommer kein Ruhetag, sonst Di.

Ausflüge und Wanderungen

Für die Treppenwege nach Scala, Ravello und Pogerola reichen Spaziergängers Turnschuhe (Sandalen mörderisch für Fuß und Schuh).

Vergnüglich, wenn man mit dem Bus nach oben fährt, denn die Höhenunterschiede liegen bei 200 - 400 m .Der Treppenweg nach Pogerola überwindet auf über 1 000 Stufen 305 Meter Höhenunterschied.

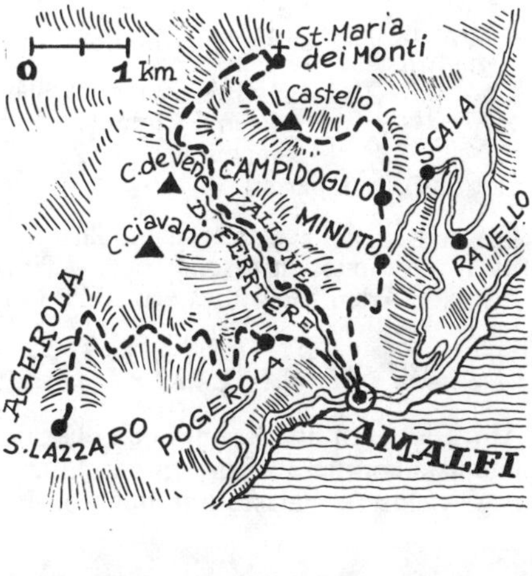

Für das Valle dei Mulini, das Vallone delle Ferriere und Agerola braucht man Wasserflasche, Wegzehrung, Bergschuhe (gut einfetten, denn man macht lange Strecken in nasser Umgebung). Unbedingt vor Sonnenaufgang aufbrechen.

★ Valle dei Mulini und Vallone delle Ferriere: Der Bach führt ganzjährig Wasser (die "Mulini" waren Papiermühlen). Erst durch Orangengärten, dann wird das Tal eng, in ca. 2 Stunden ist man am begehbaren Teil des Talgrundes. Dann am Rand des Tals oberhalb von Wasserfällen ins Vallone delle Ferriere, immer wieder über Cascaden kletternd. Enge Schlucht, in der mittags Tropendunst wabert (hier gedeihen tropische Riesenfarne), dann Aufstieg durch ein Seitental (nach Osten) zur Kapelle S. Maria dei Monti (1039 m) - dauert ab Amalfi 5 Stunden, fast die ganze Strecke in Gerölltälern ohne erkennbaren Weg - Landkarte!

Von der Kapelle Rückweg über den Gipfel des Monte Castello nach Campidoglio (kleines Dorf), mit Treppenwegen mit Scala und Minuto (von dort nach Amalfi) verbunden.

Nach Agerola: Am Anfang des Valle dei Mulini auf Treppenweg nach Pogerola, von dort auf gut sichtbaren Mulattiere meist durch felsige Macchia nach Agerola S. Lazzaro (4 Stunden).

Atrani:

Spaziergang von Amalfi, wenn man durch die Gassen oberhalb der Straße geht - beide Orte gehen unmerklich ineinander über. Von den Küstenorten der intakteste, nur wenig Tourismus, bislang keine Hotels und nur wenig Pizzerie. Das Ortsbild mit seinen den Bergsporn hochkletternden Häusern, der bunten Majolikakuppel und den Barockturm wird viel abgebildet, es ist auf kleinem Raum das geschlossenste und das am meisten exotische. Keine brauchbare Bademöglichkeit.

RESTAURANTS

Nur wenige Minuten zu Fuß von Amalfi - preislich attraktiv.

LA ARCATE, unmittelbar hinter dem Tunnel zwischen Amalfi und Atrani über dem Meer. Trattoria mit Pizzeria, Meeresküche, ca. 20 - 25 DM, Pizza 8 - 14 DM (inkl. Getränk), Mo. geschl.

DA ANGELO, auf dem Hauptplatz, innen recht eng. Die meisten Sachen nach traditionellen Fischrezepten, Tintenfische mit Kartoffeln, Sepia in diversen Arten, Gegrilltes, ca. 20 DM und mehr. Mi. geschl.

Ravello und Scala

Auf Terrassen um 300 m hoch über der Küste gelegen. Mittelalterliche Kleinstädte, die zu Dörfern geschrumpft sind. Kleine angewitterte und zugewachsene Paläste inmitten von Parks und Baumhainen. Von einer kurzen Hochsaison abgesehen wesentlich ruhiger als die Küstenorte. Ideal, wenn man Berge und Meer gleichermaßen genießen will und statt vollem Ferienleben beschauliche Paradiesstimmung sucht.

Tourist INFO Ravello: A.A. Piazza Archivescovado (Domplatz), Tel.: 089 / 85 70 96 - Scala: Pro Loco, im Rathaus (municipio) beim Dom, Tel.: 089 / 87 25 70.

Verkehrsverbindungen: Ab Amalfi ca. alle 2 Stunden direkt, ab Salerno Bus nach Amalfi und in Castiglione in den von Amalfi kommenden Bus umsteigen.

Zu Fuß (nur abwärts) ab Scala in 30 Minuten in Amalfi.

Hotels Ravello

Confalone-Palumbo (****), in einem maurisch inspirierten Palast aus dem 11. Jahrhundert, um einen Innenhof mit verspiegelten Spitzbögen, Zisternenbecken und blau-weißem Kachelboden gebaut. Die Zimmer (wie überall mit dem alten, unregelmäßigen Kachelboden) unregelmäßig, oft winkelig, mit Duchgängen und Türen, wo man sich eng machen muß oder den Kopf einziehen, mit antiken Möbelstücken verschiedenen Alters und Herkunft. Prominente Gäste der Vergangenheit waren Richard Wagner, Paul Valery, Ingrid Bergmann, Humphrey Bogart und Romy Schneider. DZ NS 150 DM, HS 180 DM, VP pro Person. NS 160 DM HS 180 DM.

Restaurant: Unerwartet der leichte spritzige Weißwein eigener Abfüllung - nach schweizer Methode (die Vorfahren des Besitzers kommen aus der Welschschweiz). Die Küche leicht, eine harmonische Einheit von Lokalem und einigen Sachen aus der ganzen Welt - Sorgfalt und beste Grundmaterialien . Um 50 - 60 DM (ohne Wein).

Belvedere -Caruso (***), ebenfalls in einem historischen Palast, weniger Gefühl jedoch für die alten Strukturen - und als Bauwerk schwerer, Terrassengärten mit Blick. Zimmer sehr unterschiedlich, so daß es auch einige kleine, einfache Zimmer zu ausgesprochen niedrigen Preisen gbt. DZ NS 36 - 95 DM, HS 51 - 110 DM.

Restaurant: Lokale Küche auf höchstem Niveau, insgesamt sehr leicht und frischeste Zutaten. Komplett (ohne Wein - dieser aus eigener Abfüllung) 40 - 50 DM.

Rufolo (***), hinter der Villa Rufolo, am Hang gelegen - moderner Bau, Zimmer hell, nüchtern und groß, spießige Möbel, DZ (inkl. Frühstück) NS 92 - 107 DM, HS 115 - 135 DM. Pool, Zimmer mit Balkon oder Terrasse - trotz tollem Panorama preislich zu hoch!

****Parsifal**, Tel.: 089 / 85 71 44, in einem früheren Kloster, mit Geschmack gemacht, DZ ca. 55 - 75 DM, nur zwischen April und September offen.

****Villa D'Amore**, Tel.: 089 / 85 71 35. Auf dem autofreien Weg zur Villa Cimbrone, Bau im alten Stil, sehr schöne Terrassengärten mit Blick, Zimmer einfach und ordentlilch, DZ ca. 63 - 70 DM.

Toro (**), sympatisch in Garten hineingebaut, Zimmer einfach, zum Relaxen unbedingter Tip ! DZ in NS 63 DM, HS 70 DM. Offen Ostern- Okt.

Giordano (**), mehrstöckig an den Hang gebaut, total renoviert - solide modern, nicht besonders persönlich, Pool, Disco, in der gleichen Familie wie Villa Maria, DZ NS 50 - 55 DM, HS 65 -70 DM.

Bonadies (P.3), Tel.: 089 / 85 71 37, einfache moderne Pension, geht in mehreren Stockwerken am Hang hinunter. Freundlicher, sehr um seine Gäste bemühter Wirt. DZ mit Frühstück ca. 60 - 65 DM, VP 73 - 85 DM, gleichzeitig Ristorante mit origineller und genuiner Küche.

Crespelle (eine Art Crêpes, die zu einem der Lasagna ähnlichen Auflauf geschichtet wird), reiche Auswahl an Antipasti aus Meerestieren, Risotto alla Pescatora, Scampi im eigenen Saft gebackene Meerestiere (in casseruola, gutes Kaninchen, Lamm und Huhn. 18 - 25 DM.

Giordano-Villa Maria (P. 3), Tel.: 089 / 85 71 70. Villa der Belle Epoque, das einfache Mobiliar dieser Zeit weitgehend über die Runden gerettet, großer Garten, DZ 50 - 60 DM.

TRATTORIA E PIZZERIA COMPA COSIMO, (innerorts, also nur Aussicht auf den Teller, aber mit dem ist man hier sehr beschäftigt). Genuin. Fast alles kommt aus eigenem Anbau und aus eigener Schlachterei. Die Antipasti aus Feldfrüchten sind selbst eingelegt und von seltener Qualität. Eine meiner Lieblingstrattorie (eine weitere im benachbarten Ort Scala). In der Küche die beiden Besitzerinnen, die Schwestern Bottone, die als junge Mädchen unter anderem Humphrey Bogart und Gina Lollobrigida bedient haben (die drehten in den 50ern in Ravello und Positano einen ziemlich klamottigen Film).

Eine der beiden Schwestern kennt durch gelegentliche Besuche auch die Küche italienischer Ristoranti in der BRD und ist entsetzt. Basis der Kochkunst: Frische und Betonung des Eigengeschmacks. Specialità: Crespullini (crêpes) mit verschiedenen Frischkäsesorten und Schinken, Fusilli und andere handgemachte Nudeln, gegrilltes Fleisch, Fisch und Käse. Süßspeisen aus Kastanien (im Herbst). Mittlerer Preis 25 DM. Familienwein aus der Gegend.

Außerhalb der Altstadt von Ravello zwei Restaurants in Panoramalage - besonders beliebt bei napoletanischen Ausflüglern - die hier neben der Küche das Panorama genießen und ungezwungenes Relaxen: (architektonisch rechte Schandflecken in der Landschaft). Garten, viel Meeresküche, aber auch Pilze aus den Wäldern, Crespullini (Crêpes), um 30 DM, Di. geschl.

SALVATORE, ähnlich in der Küchenrichtung, steht bei einer Reihe von (guten) Köchen aus Amalfi und Sorrento in sehr gutem Ruf, 25 DM und mehr , leckerer Wein aus der Gegend.

Außer den hier vorgestellten Restaurants haben auch einige der Hotels beachtliche Küchentraditionen und Köche - sie sind ebenfalls dem allgemeinen Publikum zugänglich. Der äußere Rahmen und auch die Preise entsprechen dem jeweiligen Hotel - der eigene äußere Rahmen sollte ebenfalls nicht unangepaßt sein. Spitzentips sind (Details siehe Hotel - Beschreibungen):

Albergo -Rist. Confalone-Palumbo
Albergo-Rist. Caruso Belvedere
N.B. im 2 km entfernten Scala zwei weitere (preiswerte) Retaurants mit Hotelbetrieb.

RAVELLO war im Mittelalter eine reiche Handelsstadt und stand besonders mit den arabischen Ländern und Sizilien in Verbindung - daher auch die Haupteinflüsse in der Architektur. Im 13. Jahrhundert hatte es 36000 Einwohner, heute knapp über 2000. 1880 hielt sich hier Richard Wagner auf und sah im Garten der Villa Rufolo die Vision von Klingsors Zaubergarten im Parsifal. Jeden Sommer in der Villa Rufolo Wagner-Festspiele mit internationaler Beteiligung.

★**Duomo:** (hartnäckiger Kustode auf der Lauer!): von außen nur die Bronzetür des Barisano da Trani (1179) sehenswert. In 54 Feldern Heilige und Szenen aus der Passionsgeschichte - in einfacher Plastizität. Der Turm in sizilianisch-arabischen Formen.

Innenraum. Kürzlich restauriert und von der Barocktünche befreit. Kanzel (von 1272) bunte Marmoreinlegearbeiten, wird von 6 Säulen getragen, die von sehr lebendig wirkenden Löwen getragen werden. Wenn man länger drauf schaut, scheinen sie sich gemessenen Schrittes vorwärts zu bewegen.

Ambone (Vorläufer der Kanzel) von ca. 1130, ebenfalls bunte Einlegearbeit aus harten Steinen, Mosaiken von Papageien und Jonas, wie er vom Walfisch verschluckt und ausgespuckt wird. Der viel abgebildete Kopf der Prinzessin Sigilgaita (13. Jahrhundert, in antik klassischer Tradition, der toscanischen Frühgotik Nicola Pisanos verwandt) zur Zeit im Magazin.

★**Villa Rufolo** (9 Uhr bis Sonnenuntergang), Villa des 13. Jahrhunderts im arabisch-sizilianischen Stil, heute Privatbesitz, man kann aber fast alles, besonders die Gärten, besichtigen. Kleiner Innenhof des Palastes (chiostro) mit arabisch ineinander verflochtenen Dekorationen über den Spitzbögen.Im Garten und auf der Terrasse viele Tropenpflanzen. Blick über die steil zum Meer abfallende Landschaft mit ihren Terrassengärten, verstreuten Flachkuppelhäusern und Kirchen mit Tonnen- und Kuppeldächern, oft nur einfach verputzt, aber auch mit bunten Majolikadächern der Barockzeit.

★**Villa Cimbrone**. Auf einem steilabfallenden Felsplateau über der Küste und Landschaft schwebend, 35o m hoch und nur 450 m Luftlinie vom Meer entfernt! Offen von 9 Uhr bis Sonnenuntergang, in Privatbesitz und bewohnt, der zur Villa gehörende Park und der Kreuzgang können besichtigt werden. Der "Chiostro" der Villa, eine Imitation des Kreuzgangs der Kirche S. Francesco (fast immer geschlossen) stammt aus dem Jahr 1917, aber ist aus alten Steinen gebaut. Der Park mit Aussichtsterrassen, patinierten Marmorbüsten und Tempelchen (alles aus dem letzten Jahrhundert), ganz im Geschmack romantischer Reisender aus dem viktorianischen England.

★ Kirche S. Giovanni del Toro: Turm und Äußeres im arabisch-sizilianischen Stil. Innen Marmorkanzel ähnlich der des Duomo (Kustode im Haus Nr. 50 in der Krypta gut erhaltene Fresken des 13. Jahrhunderts - vielleicht aus der Giotto-Schule).

Scala (1.500 Einw.)

Heute ein locker gebautes Dorf zwischen Feldern und Gärten, bis zum 12. Jahrhundert als Handelsstadt in Konkurrenz mit Amalfi und Ravello, 1137 völlig zerstört. Im Inneren des Duomo schöner Majolikafußboden des letzten Jahrhunderts.

Hotels u. Restaurants - Scala

* La Margherita-Villa Giuseppina, moderne Familienpension, an den Hang gebaut mit Terrasse, großer Veranda (dort Ristorante) und Garten, Zimmer einfach und sauber.HP pro Kopf 60 DM, ganzjährig offen.

Rist.: Handgemachte Nudeln (fusilli und crespelle), Schweinefleisch (aus den Bergen - Eichel und Kastanienmast), daneben auch Fisch, Familienwein (rosato), ca. 20 - 25 DM.

* Zi'Ntonio, Tel: 089 / 85 71 18 , im Sommer nur VP, Neubau, nicht unbedingt der schönste, Zimmer einfach, mit großer Terrasse.

Rist.: in großer Glasveranda (wegen des Blicks). Zi'Ntonio und seine Familie sind Meister des Genuinen, voller Stolz zeigen sie ihren Keller, wo Schinken, Salami und Wein dem Augenblick entgegenreifen, wo ihre Zeit gekommen ist. Specialità: Crespolline und Auflauf daraus, handgemachte Spaghetti mit frischer Tomate. Delizie di Pollo (gefülltes Huhn aus dem Backofen), Minestra maritata, Gnocchi, als Nachspeise "Millefoglie", ein zartes Gebäck zwischen zartknusprig und Creme. Mittlerer Preis: 22 - 28 DM.

Zi'Ntonio war während des Nordafrikafeldzuges Koch von Feldmarschall Rommel, heute kommt gelegentlich der Erzbischof von Napoli mit anderen Würdenträgern. In der Weihnachtswoche noch einmal voller Betrieb. Es wird dann ganz spezielles gekocht, alte Flaschen hervorgeholt, eine Weihnachtskrippe aufgebaut. Voranmeldung!

Preise: VP in NS 67 DM, in HS 82 DM, HP in NS 52 DM, in HS 68 DM. Zimmer solo gibt es nicht.

Von Scala auf Treppenwegen über Minuto rascher Abstieg nach Amalfi.

Fest: Am letzten Wochenende des Oktobers: in Scala "di Sagra della castagna" (Fest der Kastanie), am Sonntag ein Wettreiten auf Eseln ("ciucciocorsa"), auf die einzelnen Tiere und ihre Reiter kann gewettet werden. Sonst reichlich Folk und Blechmusik, Verkauf von gerösteten Kastanien und anderen Leckereien.

Minori und Maiori

Als Badeorte zwar stark besucht wegen der langen, den Ortschaften vorgelagerten Strände, die Städte haben aber nicht das Ambiente der anderen Orte, zum Teil recht häßliche Neubauten und das Meer ist auch nicht mehr richtig sauber, teils durch einmündende Flüße, teils schon Anschwemmung von Salerno. Die Hotels modern, wenig schön gelegen und stark auf den Massenbetrieb von Reisebüros eingerichtet.

Zwischen Maiori und Vietri wird die Küste noch einmal wild und unzulänglich, auf den Felshängen schöne Macchia und stellenweise Pinien, aber auch große Brandflächen. Am Capo d'Orso (Leuchtturm) noch einmal großartiger Blick die ganze Küste entlang bis Capri! Marina di Erchie, kleine Bucht (Stichstraße) mit wenigen Häusern, Wasser bei ungünstiger Strömung trüb. Cetrara: Malerisches Fischerdorf.

Vietri sul Mare (9 500 Einw.)

Städtischer Vorort von Salerno. Bekannt für seine Keramiken und bemalten Kacheln, entlang der innerstädtischen Hauptstraße ein Keramikgeschäft neben dem anderen, die Fassaden mit großflächigen Malereien auf Kacheln. Nahezu alles an Keramik, was in den Ferienzentren der Küste verkauft wird, stammt von hier und auch viele der Bildstöcke in Majolika, die man überall im Napoletanischen an Kapellen findet. Achtung: Die Vietri-Keramik ist ziemlich weich und empfindlich. Nicht für den täglichen Gebrauch geeignet.

Museo della Ceramica, im Ortsteil Taito - enthält viele frühere Privatsammlungen und gibt einen guten Überblick.

Cava dei Tirreni (46 000 Einw.)

Mittelgroße Industriestadt in einem weiten, sehr grünen und dichtbesiedelten Tal zwischen den Ausläufern des Appennins und den Bergen der Sorrentiner Halbinsel. Viel Keramikherstellung (weniger die bunte Majolika als robuste Fußboden- und Badezimmerkacheln).

4 km entfernt die Wallfahrtskirche Abbazia della Trinita di Cava, eine der frühen Gründungen der Benediktiner von Montecassino. Die Kirche liegt am steilen Felshang und setzt sich als Höhle in den Berg fort.

Über dem Mittelaltar barocker Stuck, - von der mittelalterlichen Kirche noch eine Marmormosaik-Kanzel und ein ebenso verzierter Osterleuchter. Im Klosterbereich, im Kapitularsaal ein sehr schöner Majolikafußboden und ein kleiner romanischer Kreuzgang.

Hotels:

Außerhalb der Hochsaison-Monate gute Durchgangsunterkunft, im Juli/-Aug. aber als Sommerfrische fest in der Hand von Dauergästen.

Due Torri (***), im Ortsteil Rotolo (Dorf umgeben von Wäldchen oberhalb der Autostrada) - ca. 3 km vom Centrum. Supermodernes Hoteldorf mit großem Pool, Tennis, Bowling; Blick zur Küste. DZ NS 52 DM, HS 61 DM.

Scapolitiello (***), im Ortsteil Corpo di Cava dicht bei der Abtei - 3 km vom Centrum entfernt. Mit Gefühl renoviertes Traditionshotel, das Gästebuch wird seit 1821 geführt. Pool, Garten, Mehrzahl der Zimmer mit TV. DZ NS 70 - 75 DM, HS 76 - 80 DM.

Vicoria (***), Corso Mazzini 4 (central) - Stadthotel mit Tradition, modernisiert, Tennisplatz. DZ 65 -80 DM.

Wanderung

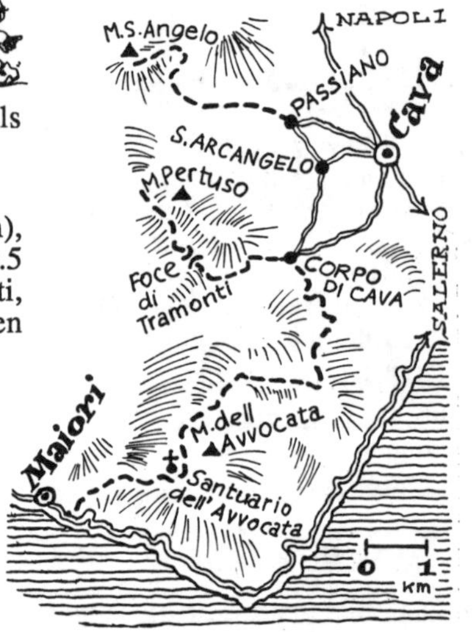

Die BERGE um Cava sind als Wandergebiete geschätzt, einige Wege sind (notdürftig) markiert.

Zum Monte S. Angelo (1 130 m), Blick in die Vesuvregion. Weg Nr.5 zuerst zum Pass Foce di Tramonti, von hier ziemlich weglos auf den Monte Pertuso.

Zur Südspitze des Monte Pertuso (1.140 m) Blick über die Halbinsel der ganzen Südküste entlang. Ab der Abbazia Weg Nr.5 zuerst zum Pass Foce di Tramonti, von hier ziemlich weglos auf den Monte Pertuso.

Zum Bergkloster Santurio dell'Avvocata, - einer der umfassensten Rundblicke über die Amalfiküste, vom Kloster auch Abstieg nach Maiori möglich. Dauer ca. 3 1/2 Stunden, nach Maiori zusätzlich 2 Std. Weg Nr.6 (Start bei der Abbazia). Verglichen mit den anderen Wegen recht gut begehbar und geringere Höhenunterschiede, meist durch verkarstete Wälder und Macchia.

GENAUERE INFORMATIONEN: bei der A.A.in Cava (kommt drauf an, wer gerade im Büro sitzt), Via Umberto I 295, mitten im Centro. Tel.: 089 / 841 148.

Salerno

Mit 150 000 Einwohnern zweitgfrößte Stadt Campaniens. Bis auf eine sehr kleine Altstadt im modernen Beton- Nachkriegsstil: Straßenschluchten.

Lungomare mit Palmen vor dem total erledigten Meer. Von den Bauten der Jahrhundertwende entlang der Uferpromenade nicht mehr viel übrig. Was bei der Landung der Aliierten übrigblieb, hat der Wiederaufbau zugunsten glatter Fassaden verschwinden lassen. In der Altstadt spürbare, aber kaum sichtbare Schäden des letzten Erdbebens.

Tourist INFO EPT am Bahnhofsvorplatz. Sehr hilfsbereit beim Hotelsuchen. Tel.: 089 / 23 14 32. Lange Mittagspause, dafür bis nach 21 Uhr offen.

Verbindungen

Außer spät in der Nacht und zur Siesta-Zeit ein Verkehrschaos, das dem Napolis kaum nachsteht. Wer in der Stadt keine Esel zu kämmen hat oder sich nicht wirklich und echt für die Baudenkmäler interessiert, sollte auf der Autostrada vorbeifahren, Kupplung und Nerven werden es danken. Wer an die Amalfi-Positanoküste möchte, nimmt die A 3 bis Vietri (auch wenn man von Süden kommt, die Autobahngebühr ist so lächerlich, daß der benzinfressende Streß durch Salerno nicht lohnt. <u>Parkplätze</u>: Nicht einfach in den innerstädtischen Straßen. Am ehesten am Lungomare. Nichts Wertvolles im Auto lassen!

<u>Bahn:</u> alle Züge halten. Zugverkehr mit Napoli längst nicht so häufig wie man es erwartet, auch tagsüber Löcher von bis zu 2 Std.

<u>Stadtbusse</u> für die Besichtigung der Innenstadt entbehrlich. <u>Überlandbusse</u>: alle Gesellschaften außer der SITA starten an der Piazza della Republica, die SITA im Busbahnhof Via Irno, nicht weit von der Piazza della Republica. Die Expressbusse nach Lucanien und Calabrien am Bahnhofsvorplatz. Busse nach Amalfi etwa alle 30 Min. (SITA), nach Cava dei Tirreni - Pompei alle 10-20 Min. (ATACS).

AVIS: Corso Garibaldi 144,
Tel.: 089 / 22 96 86
Maggiore: Via Roma 260, Tel.: 089 / 22 88 7
Piazza Ferrovia 3, Tel.: 089 / 22 95 88

HOTELS

Grundsätzlich vom EPT vermitteln lassen, da nach Auskunft des EPT in einigen Hotels der III. und IV. Categorie bei den Preisen Unregelmäßigkeiten auftreten. Der EPT erkundigt sich bei jeder Anfrage nach den Preisen und die sind dann bei der Rechnung bindend! Bei Abweichungen sofort beschweren. Großstadthotels, aber durchweg besser ausgestattet als sonst in süditalienischen Großstädten. Leider fast alle sehr laut gelegen.

***Fiorenza**, Via Trento145, Tel.: 089 / 35 11 60, außerhalb der Innerstadt, Richtung Battipaglia. DZ 86 - 96 DM.

***Montestella**, Corso Vittorio Emanuele 156, Tel.: 089 / 22 61 22, großes modernes Innenstadthotel an einer sehr befahrenen Straße, DZ 89 - 96 DM.

Garibaldi, Via Torrione 54, Tel.. 089 / 35 00 61, in dem neuen zentralen Stadtgebiet östlich des Bahnhofs, sehr belebte Straße, DZ 56 DM.

Salerno, Via G. Vicinanza 42, Tel.. 089 / 22 42 11, Seitenstraße dicht am Bahnhof. DZ 55 DM.

Tirreno, Corso Garibaldi 124, Tel.: 089 / 22 46 00, Innenstadt, modern, sehr laut. DZ 50 DM.

*Santa Lucia**, Via Roma 184, Tel.: 089/ 22 58 28, Innenstadt, kürzlich renoviert, DZ 45 DM.

Jugendherberge: Lungomare G. Marconi 34, außerhalb der Innerstadt Richtung Battpaglia.

In Richtung Vietri:

Lloyds Baia Hotel (I cat.) einer der alten Gründerzeitkästen, aber bei Wahrung von Altem perfekt in die Neuzeit gebracht. Blick über den Golf, man kann auf TV im Zimmer ausweichen, Swimming-Pool, Tel.: 089 / 21 01 45. DZ 90 - 105 DM.

ALTSTADT:

Momentan viel hinter Baugerüsten und abgestützt. Ein Napoli im ganz kleinen, ohne dessen Lärm, Leben und Farben - halt nur städtebaulich ähnlich.

Duomo: aus der Normannenzeit. Der Turm formal der arabisch beeinflußten Kunst Amalfis, Ravellos und Westsiziliens verwandt. Man kommt zuerst in einen weiten Vorhof, der von einem Säulenumgang umgeben ist. Die Säulen stammen aus Steinmaterial des antiken Paestum, dessen schweren Tempelsäulen selber sich zum Glück weniger zum Abtransport anboten. Die Brunnenschale in der Mitte ebenfalls antik. Die Bronzetür von 1099 aus Konstantinopel. Im Inneren barockisiert, mehr als Putz. Die schlanken mittelalterlichen Säulen sind in einigen der schweren Barockpfeiler sichtbar gemacht, die allein können aber nicht tragen. Direkt über dem Eingang ein Mosaik des 13.Jhd.

Vor dem Altarraum zwei sich gegenüberliegende Amboni /(Kanzeln mit zwei geraden Treppenaufgängen und einem Lesepult): reiche bunte Einlegearbeit um den Marmor, die Lesepulte von Figuren getragen, denen man die ungebrochene Tradition der salernitanischen Bildhauer zur Antike ansieht. Nicht hölzernes wie sonst oft bei mittelalterlicher Skulptur (stammen aus dem Ende des 12.Jhd.). In der gleichen Marmoreinlegearbeit ein Osterleuchter. Im Chor Mosaiken, die von Fresken dort ergänzt werden, wo sie zerstört sind. Augenblicklich alles voller Baugerüste und Kalkstaub.

Das Museo del Duomo ist für die nächsten Jahre geschlossen.

"TRATTORIA DA SALVATORE", Via Diaz, familiäre Küche, relativ billig.

Rist. "ANTICA PIZZERIA VICOLO DELLA NEVE", am Rand der Altstadt in der gleichnamigen Straße, nach innen ein Garten. Der Speisesaal in originaler Jugendstilausstattung. Nur abends! Sehr gute Pizza, Calzoni mit Wildgemüse und kultiviertem Grünzeug, leckere Fleischküche, guter lokaler Wein. 30 DM.

Rist. "NICOLA DEI PRINCIPATI", Corso Garibaldi 201. Kleines Spitzenristorante, Vorbestellung ratsam (Tel.: 089 / 22 54 35): ausgesprochene Meeresküche, unter anderem Polipi alla Luciana und Seppie e Calamari im eigenen Saft, Fischsuppen... 40 DM, bei raren Fischsorten auch mehr.

Rist. "IL RUGANTINO", Lungomare Trieste (Uferstraße), kleines Fischristorante (Vorbestellung! vorbeischauen, denn es gibt kein Telefon, schon einen Blick über die Fische in den Vitrinen werfen). Fische kombiniert mit Nudeln, Frutta di Mare, phantastische Desserts. 30-35 DM.

Rist. "RUSTICANO", Lungomare Colombo 41, außerhalb der Innenstadt, Richtung Battipaglia. Große Auswahl an Nudelspeisen. Fisch und Fleischküche halten sich die Waage, mit Raffinesse in der Zubereitung. 35 DM.

BAR "E GELATERIA MERCANTI", Via dei Mercanti. Fruchteis.

Lebensmittelmarkt:

Am Rand der Altstadt in einem geräumigen Innenhof mit einem täglich reichen Angebot (zwischen Via Velia und Corso Vitt. Emanuale).

Pasticcerie:

In keiner anderen Stadt des Südens scheint man derart scharf auf zartes, süßes, cremiges Backwerk zu sein, jedenfalls gibt es unvergleichlich viele und leckere Pasticcerie, entlang der innerstädtischen Hauptstraßen.

Buchhandlung:

Libreria Internazionale, Piazza XXIV Maggio 10. Viele Bücher über süditalienische Probleme, zur Volkskunde des Südens.

Im Vorort **FRATTE** (S.S. 88 Ri. Mercato S. Severino, Stadtbus Nr. 11 und 11r ab Bahnhof) die moderne Kirche Chiesa della Sacra Famiglia (1973) - wichtigstes Beispiel moderner Sakralarchitektur, die Möglichkeiten von Beton und Lichtführung ausnützend. Allerdings nicht richtungsweisend - man baut in Italien lieber Pseudo -Mittelalter mit poliertem Marmor und Travertin. Die Kirchgänger in Fratte werden nicht besonders glücklich mit ihrem Gotteshaus, obwohl sie stolz darauf sind, daß Karavanen von Architekten dorthin pilgern.

Südlich von Paestum treten die Berge ans Meer. Kleine Sandbuchten, von Klippen unterbrochen hinter Hügeln versteckt. Eine Welt der kleinen Dörfer hoch auf den Hügelspitzen über dem Meer und oft etwas in Distanz. Im Abstand von wenigen Kilometern an der Küste Sarazenentürme in Sichtweite zueinander. In 20, 30 km Distanz zur Küste noch unbekannte, unerschlossene Bergregionen, bis an 2 000 m hoch.

Wegen des relativ guten Straßennetzes eine ideale Landschaft, um Meer und Bege zu genießen. Kleine Dörfer (inzwischen viele mit kleinen ländlichen Hotels) und Reise in die bäuerliche Vergangenheit Süditaliens. So viele Esel wie im Cilento findet man kaum wo.

Die Auswanderung ist zwar auch hier stark, aber nicht so eine Entvölkerung wie etwa in Calabrien, und die Frauen und älteren Menschen bleiben ihren Parzellen treu.

Der Wasserreichtum der Gegend und neuerdings die Möglichkeit, mit dem Tourismus ins Geschäft zu kommen, dürften zu den Gründen dafür zählen. Aber dennoch, alles andere als eine reiche Landschaft.

Glanzpunkte am Meer: Punta Licosa, Ogliastro, Capo Palinuro, Marina di Camerota, Maratea.

Schnorcheln:

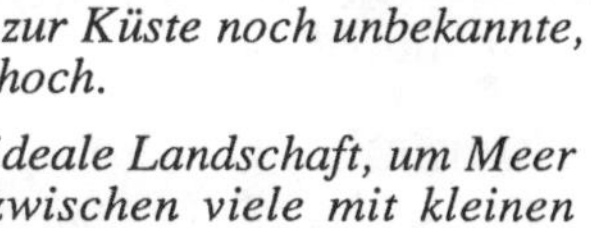

Eine der besten Zonen an der süditalienischen Westküste. Viele Campings und Hotels auf Subacquas eingerichtet. In Agropoli, Castellabate, Palinuro, Marina di Camerota, Maratea.

Abschießen von Fischen meist verboten, um die Punta Licosa eines der wenigen Unterwasser-Naturschutzgebiete Italiens. Hier auch kleinere

Korallenbänke, die durch Umweltverschmutzung und Überfischen im Golf von Napoli völlig vernichtet sind. Großer Artenreichtum zwischen den Klippen.

Archäologie und Kunst:

Die griechischen Tempel von Paestum, die wohl besterhaltenen überhaupt; die wenig bekannten Ausgrabungen der Griechenstadt Velia, das mittelalterliche Teggiano und die Barock-Kartause von Padula.

Wanderer und Höhlenfreunde: die Karstgebirge der Monte Alburni, des Monte Cervati, des Monte Sacro und des Monte Bulgheria, schließlich die Meereshöhlen von Camerota und Maratea.

Essen und Trinken:

Außer um Maratea ist die Fischerei fast auf Null zurückgegangen, aber: die Fruchtgärten der Ebene um Paestum sind voll von Erdbeeren, Melonen und Büffelkäse. In den Bergen Käse, Butter, Honig (! unbedingt probieren!), leckere Schinken, von Schweinen, die obwohl Haustiere, frei durch die Wälder laufen, Kastanien, Walderdbeeren, wilder Spargel, Pilze. In den Bächen Forellen und Krebse. An der Küste ausgezeichnetes Öl und besonders milde Oliven. Die getrockneten Feigen: kein mit Sirup zusammengebackener Riegel, sondern wie überall im Süden mit Fenchel, Lorbeer oder Myrthe gewürzt, saftig, karamellig, nie hart oder matschig - halt noch Handarbreit .

Ristoranti:

Zwar relativ teuer, aber viel Originelles (auf dem Teller, nicht im Speisesaal). Zum Glück viele Köche, die nach Rezepten ihrer Großmütter kochen, auch wenn dann die Tomatensoße 6 Stunden braucht. Wo es sehr teuer ist, in der Regel farblos! Wer Fisch mag, sollte in der Hochsaison aufpassen, ob die Seezunge (sogliola) nicht steifgefroren aus dänischen Fanggründen stammt.

Tourist INFO

Tourist Info: In der Saison in den Hauptferienorten lokale Touristeninformation. Gebietsübergreifend: EPT Salerno, Via Velia 15, 84100 Salerno, Tel.: 089 / 22 43 22 und Informationsbüro am Bahnhofsvorplatz. EPT Potenza (für Maratea und Gebiet um Lagonegro): Via Cicotti, 12, 851oo Potenza, Tel.: 0971 / 21 839

Verbindungen

Auto: Im Landesinneren die A3 SA-RC, Schnellstraßen von der A3 zur Küste überwiegend erst im Bau. S.S. 18 SA - Paestum - Sapri - Calabrien, die eigentliche Hauptstraße des Cilento, hat ihren grünen Strich auf der Landkarte (landschaftliche Schönheit) fast auf ihrer ganzen Länge - zu Recht. Aber: bis auf kurze Neubaustücke eine wahnsinnige Ringelei.

Küstenstraße: Läßt zum Glück eine Reihe von Vorgebirge,Caps und Strandlandschaften an der Seite liegen; insgesamt dichtes, relativ gut unterhaltenes Straßennetz, aber reich an Kurven und Steigungen.

Bahn: Hauptlinie Napoli - Reggio / Sizilien. Schnellzugstationen: Agropoli, Vallo di Lucania, Sapri, Maratea - vorher immer nach den Haltebahnhöfen fragen. Nebenbahn Salerno - Battipaglia - Sicignano degli Alburni - Lagonegro:

Busse: Alle Orte zentral von Salerno aus: Landesinneres SITA, Küste Maiuri e Trotta (z.T. auch ab Napoli, Piazza Carmine).

Südlicher Cilento auch von Sala Consilina und Lagonegro (von dort auch Weiterfahrt in den Pollino und nach Calabrien).

Car Rent: Im Cilento selbst nichts. Für den Nordteil nach Salerno fahren, für den Südteil Maratea vorteilhafter. SALERNO: AVIS, Corso Garibaldi 144, Tel.: 089 / 22 96 86. Maggiore, Via Roma 260, Tel.: 089 / 22 88 79 und Piazza Ferrovia 3, Tel.: 089 / 22 95 88 (direkt am Bahnhof).

MARATEA (Prov. Potenza): Maggiore, Via Sospiro 17, c/o Trotta Viaggi, Tel.: 0973 / 87 61 04.

SCALEA (Prov. Cosenza): Maggiore, Via Nazionale 18, c/o Baiatour, Tel.: 0985 / 20 456 - gerade 2o km in Calabrien, falls wie so oft in Maratea alle Autos weg sind.

In den folgenden Orten ganzjährig und mit Sicherheit Geldwechsel: Battipaglia, Eboli, Agropoli, S. Maria di Castellabate, Vallo di Lucania, Sapri, Maratea, Praia a Mare, Roccadaspide, Contursi, Polla, Atena Lucana, Sala Consiliana, Padula, Lagonegro und Lauria.

Tip für alle, die in der Hochsaison mit dem Auto in den Cilento wollen: Besonders an Wochenenden kann die Abfahrt der A 3 in Battipaglia total überlastet sein. Man schiebt sich meterweise voran, weil alles an der idiotisch geregelten Vorfahrt in die S.S. 18 und 19 ins Stocken gerät. Kann Stunden dauern! Wer mit Zielrichtung Paestum - Küstenstraße dem entgehen will, verläßt schon in Pontecagnano die A 3, fährt rechts auf einer kleinen Straße zur wieder großzügig ausgebauten Küstenstraße nach Paestum (Auschilderung "Litoranea"), vorbei an Büffelherden.

HOTELS

Im Juli / August an der Küste überall rappelvoll von Napoletanern, Norditalienern und Deutschen, bei denen sich der Cilento rumgesprochen hat. Fast alle Hotels nicht älter als 20 Jahre, von der einfachen Gastlichkeit in Schoß der Familie bis zu perfekten Urlaubszentren. In der Hochsaison immer Zwang Voll- oder Halbpension. Vorbestellung spätestens im März / April. Sonst weniger problematisch und frei von Zwängen. Die meisten Hotels an der Küste haben nur von Ostern bis Ende September offen.

Camping: Frei Campieren im Landesinneren ungestört möglich, keine Angst vor Dieben und Räubern. An der Küste vielfach verboten oder ungern gesehen. Zudem Trinkwasserprobleme, weil nur ganz wenige öffentliche Brunnen.
Im Mai, Anfang Juni und Oktober, wenn die meisten Campeggi dicht sind, kann man sich schon um die gelben Schilder "Divieto di Campeggio" herummogeln, dann ist so wenig los, daß es keinen Carabiniere aus der Kaserne lockt.

Region Maratea: Kein Campingplatz, bis auf einen Einzigen, scharf an der Grenze zu Calabrien, wo die Küste nicht mehr ihren Reiz hat. In der Nähe auch immer freie Camper. Sonst bringt im gesamten Küstenabschnitt um Maratea freies Campieren höllischen Ärger.

Campingplätze reichlich. In Paestum, Palinuro und Marina di Camerota überreichlich (im Sommer trotzdem Platzprobleme).

Agriturismo: In Entwicklung.

Preiswert unterkommen.

Die Hotels unmittelbar an der Küste haben ihren Preis, zudem läuft dort ohne Halb- oder Vollpension meist nichts - allenfalls in der NS für 3 - 4 Tage, nicht jedoch bei längerem Aufenthalt. Ein Tip die Hotels im Hinterland, sofern man eigenes Fahrzeug hat - zudem mit dem Vorteil verbunden, daß man von der Region mehr kennenlernt als den Strand und den jeweiligen Küstenort.

Bungalows auf den Campingplätzen sind besonders in der NS eine günstige Alternative zum Hotel, wenn man in ihnen mit der maximal möglichen Personenzahl wohnt - zudem größere Ungebundenheit, Kochmöglichkeit und meist brauchbarer Strand.

Privatquartiere: Mindestaufenthalt meist 2 Wochen, nur in der zeitigen und sehr späten NS auch mal kürzer. Man braucht etwas Geschick, Geduld und Gespür beim Suchen. In den Anzeigenteilen großer deutscher Zeitungen steht übrigens einiges drin!

Vor Ort (in HS allerdings aussichtslos) in Läden, Bars, Restaurants rumfragen -Preis dann aushandeln! In NS ca. 15 DM pro Kopf und Tag bei mittlerer Ausstattung als Anhaltspunkt. Die HS-Preise sind wesentlich höher, außerdem ist dann alles in fester Hand von Italienern.

Strand und Berge:

Mehr als sonst in Süditalien möglich mit Riesenpanorama auf die Küste und die weiten Buchten zu wohnen und tagsüber ans Meer zu fahren. Hotels im Landesinneren preisgünstiger, Privatzimmer selten, außer im August keine Platzprobleme. Wer den Bauern sympathisch ist und sich mit ihnen vorher unterhält, kann oft 10 - 15 km vom Meer entfernt frei campen, ohne Angst um seine Habe während der Abwesenheit zu haben.Sprachkenntnisse in deutschen Dialekten oft sehr verbreitet.

Der Cilento ist eine der konservativen Zonen Süditaliens, nicht nur politisch, sondern auch was importierte Moral und Kleidungsgewohnheiten angeht.

AUSFLÜGE:

Vom Nordcilento ist es nicht weit an die Amalfi-Küste, nach Pompei und Napoli.
Südcilento: Von der Fahrt an der calabrischen Küste entlang möchte ich

abraten. Die ist reichlich ernüchternd, ziemlich kaputt spekuliert. Eher lohnend ist die Bergregion des Pollino (2 250 m hoch), Italiens zukünftiger 5. Nationalpark. Oder an die Ostküste (Jonisches Meer) bei Sibari oder Villapiana. Oft scheint die Sonne, wenn es an der Westküste regnet (eine der trockensten Zonen Italiens!)

Wer versessen ist auf antike Kunst: Die Bronzen von Riace, zwei überlebensgroße perfekterhaltene, fantastisch lebendige Statuen der griechischen Klassik. Im Museo Nazionale in Reggio di Calabria. - 4 Stunden Schnellzug ab Sapri, in Reggio am Bahnhof Reggio Cal. Marina aussteigen, ca. 300 m zum Museum.

Eboli:

"Christo si e fermato a Eboli" - Christus kam nur bis Eboli. Das Schlüsselbuch zu Süditalien von Carlo Levi spielt nicht hier, sondern tief drinnen in Lucanien, in Grassano und Aliano (Prov. Matera) - Eboli ist der letzte Ort der Ebene, war mit Sicherheit 1935 der allerletzte Kontakt mit Zivilisation, dahinter begann damals Außereuropa. Die Barriere ist geblieben - trotz Fiat, Fernsehen und Waschmaschine .

Hinter Eboli verlassen Eisenbahn, Autostrada und die alte "Strada delle Calabrie" (S.S: 19) die campanische Ebene, die Welt der campanischen Städte, beginnt das immer noch weit zurückgebliebene Süditalien von Kleinbauern, Hirten, Emigranten, Hoffnungslosigkeit und vertanen Chancen. Viel sehen kann man nicht in Eboli, eine typische süditalienische Kleinstadt, in den neuen Teilen stark gewachsen, innen ganz malerisch. Aber ein guter Etappenort, wenn man Hunger hat. An der Straße bei der Autobahnzufahrt jede Menge Verkaufsstände für Obst (im Sommer Gebirge von Wassermelonen und Pfirsichen), getrockneten Feigen, Käse und Mozzarella.

RESTAURANTS

ARTURO, Via Romano 12. Kleiner Familienbetrieb, wo man viel auf eine excellente Fischküche hält - das Meer ist schließlich nur 15 km entfernt - lecker die Spaghetti alle Vongole, Fische in Kräutersoßen. Ca. 23 DM, So. geschl.

GRAZIA (mit Hotel ***), Tel.: 0828 / 38 038, an der S.S. 19 - kleines Hotelrestaurant mit Eleganz und Raffinesse. Lokale Bauernküche auf hohem Niveau und sehr genuin - viel Gemüse, Lamm, hausgemachte Nudeln - die Küchentraditionen überwiegend aus den Bergregionen des Cilento, ca. 30 DM fürs komplette Essen, DZ 52 DM - modern und solider Komfort.

Paestum (2.000 Einw.)

Nur eine knappe Stunde von Salerno runter nach Paestum: 3 griechische Tempel nahe dem Meer komplett erhalten in wuchtiger Provinz-Architektur, der größte bis zu 60 m lang! PAESTUM ist zugleich Einstieg in den Cilento.

Noch vor 20 Jahren waren hier wenige Häuser, die allerersten Hotels und sonst nur Felder und Sumpfweiden mit abertausenden von schwarzen Büffeln. Am langen Sandstrand die totale Einsamkeit.

Diese Paestum-Legende hält sich hartnäckig in den Köpfen deutscher Touristen, die dann ob der immensen Bauwut der vergangenen Jahre aus allen Wolken fallen. In Paestum konzentriert sich über ein Viertel der Hotelbetten der Cilento-Küste (dazu kommen Villen, Ferienwohnungen in einer wenig ansprechenden "Vorstadt"), an die zum Teil riesigen Campings.

In der Hochsaison dürften runde 10 000 Menschen auf einmal im zum Glück weitläufigen Paestum sein. Reichlich Touristenbusse und Ausflügler. Sonntags platzt dann Alles aus den Nähten, an Strand und im Ausgrabungsgelände, wenn Heerscharen von Week-endlern aus Napoli und Salerno sich hinzugesellen.

Die restlichen 10 Monate ist es leer, wären nicht die Ausländer (man hört die Stimmen aller deutschen Volksstämme). Preise dann deutlich niedriger. Auskunft: A.A., nahe am Museum, Tel.: 0823 / 84 30 56.

Pläne und Reiseführer (auch in Deutsch) bekommt man an den Postkarten - und Andenkenbuden.

Öffentliche Verkehrsmittel:
Bummelzugstation (Linie Napoli - Reggio). Von der Stazione etwa 600 m zu den Tempeln. Busse ab Salerno (alles was längs der S.S. 18 nach Agropoli und weiter fährt.

Das antike Paestum (griech. "Poseidonia") war eine der größten Griechenstädte Süditaliens, Tochterkolonie von Sybaris. Wichtige Hafenstadt im Handel mit Etrurien, damals ein sicherer Schlüssel zum Reichtum. Um 400 v. Chr. von den Lucaniern erobert, die sich an die griechische Lebensart anpaßten. 273 wurde der Stadtstaat römische Kolonie, wurde dann ländlicher (die Fernhandelswege hatten sich verlagert), erlebte aber keinen Niedergang wie die meisten Städte Großgriechenlands. Eilkuriere brachten Rosen, Spargel und Artischocken aus Paestum nach Rom und Napoli.

Erst im beginnenden Mittelalter verödete die Stadt durch Malaria, Piraten- und Sarazeneneinfälle, der Hafen versandete, die Stadt wurde von Schilf und Sumpfwäldern überwuchert und geriet völlig in Vergessenheit. Ein Glück für die Tempel, denn sonst wären sie wie andere antike Bauwerke als Steinbruch genutzt worden. Der antike Fruchtbarkeitskult an die Göttermutter Hera (Symbol der Fruchtbarkeit: ein Granatapfel), der die meisten Tempel gewidmet waren, ging auf die Madonna über. Ihr Heiligtum in den Bergen bei Capaccio, wohin die letzten Bewohner Paestums abgewandert waren. Dort die Kirche der Madonna del Granato, Ziel bäuerlicher Wallfahrten im Sommer.

Die Tempel: (9 Uhr bis Sonnenuntergang)

Tempio di Nettuno, der schönste, perfekteste, aus golden patiniertem Tuff (der in der Antike strahlend bunt verputzt war).

Die innere Aufteilung durch Säulen in drei Schiffe noch sichtbar. An ihm von den Baumeistern all die kleinen Tricks angewandt, die ihn optisch völlig ebenmäßig machen: die vier Ecksäulen leicht assymmetrisch und nicht, wie die übrigen Säulen rund. Zusätzlich sind die Ecksäulen leicht nach Innen geneigt, damit nicht der Eindruck entsteht, die Säulen würden auseinanderstreben, was sie dann wieder auf, mit Weitwinkel geschossenen Fotos, tun.

Wie die nebenan liegende Basilika der Hera geweiht - die heutigen Namen Produkt der Phantasie früherer Besucher.

Basilica: Der größte und älteste Tempel. Ähnlich wie beim "tempio di Nettuno" Kissenkapitelle, die mich immer an riesige Käse- oder Brotlaibe erinnern, und sehr bauchige Säulen, die beiden Tempel Kompaktheit und Massivität geben. Das Gefühl von Schwere tritt trotz der Steinmassen nie auf, besonders der Neptuntempel scheint zu schweben.

Nördlich der spätere, ebenfalls dorische, "tempio di Cerere", den Votivgaben nach der Athena geweiht, kleiner, graziler, er wirkt nicht nur zerbrechlicher - er ist es auch. Als Einziger hat er beim letzten Erdbeben leichte Schäden davontragen. Die Grundmauer der Stadt, Forum und Amphitheater stammen aus römischer Zeit.

Museum:

(Nur bis 14 Uhr geöffnet!, gleiche Eintrittskarte wie für die Tempel).

Zur Zeit in Neustrukturierung, die wichtigsten Sachen sind aber zu sehen. Eines der kleineren, aber sehr schönen Museen. Ausschließlich Fundstücke aus Paestum: Neben den üblichen Keramiken, Münzen, Goldschmuck, Votivfiguren aus Ton, Metopen des auf die Grundmauern reduzierten Heratempels an der Selemündung (Figurenfries oberhalb der Säulen aus der noch rohen, archaischen Zeit - wer vergleichende Betrachtungen führen will, findet Ähnliches nur noch im Museo Archeologico in Palermo. Dann bemalte Grabplatten des 5.Jahrhunderts, die zu den ganz seltenen Zeugnissen griechischer Malerei zählen.

Wahrscheinlich von lokalen lucanischen Künstlern ausgeführt, die griechische und etruskische Vorbilder (Tarquinia, Prov. Viterbo - nördlich von Rom) kannten. Recht handfeste Darstellungen vom Leben nach dem Tode (Sport, Vergnügen, Essen, Gladiatorkämpfe).

HOTELS

Für Durchreisende zumindest zwischen Mitte Juni und Mitte Sept. problematisch, denn Dauergäste werden bevorzugt. Vor Mai und ab Mitte Okt. ist ziemlich tote Hose. Man muß dann mächtig im sehr weitläufigen

Paestum rumkurven oder rumtelefonieren. Letzteres niemals vom benachbarten Agropoli oder noch tiefer aus dem Cilento machen, denn weil hier die Grenze zwischen zwei großen Vorwahldistrikten verläuft, haut das mächtig ins Geld. Die Gettoni purzeln, als ob man nach New York telefoniert. Die Jugendherberge existiert nicht mehr!

In der Nähe der Tempel:

***Martini, Tel.: 81 10 20. Hotelsiedlung aus flachen Einzelhäusern mit viel Garten, Sauna, DZ NS 60 DM, HS 65 DM, ganzjährig.

**Villa Rita, klein, nett gemacht - gleiche Besitzer wie Rist. Nettuno, aber keine Essenverpflichtung bei kurzem Aufenthalt. DZ NS 46 DM, HS 55 DM, offen Mitte März - Mitte Okt., Tel.: 81 10 81

Strand:

***Calypso , Licinella, ca. 2 km von den Tempeln. Ansprechender moderner Bau in der Pineta, gut ausgestattet, DZ NS 60 DM, HS 75 DM, ganzjährig offen, Tel.: 81 10 31.

***Park Motel, an der Küstenstraße Ri . Agorpoli, an der Uferpineta - sehr ruhig. Tennisplatz. Gediegene Ausstattung, ganzjährig offen und auf Durchreisende eingestellt. DZ NS 66 -73 DM, HS 78 - 83 DM. Tel.: 81 11 34.

***Schuhmann, an der Küstenstraße Ri. Norden - trotz deutschen Namens italienisch geführt, ältestes Hotel in Paestum. Gehobene Mittelklasse. Direkt am Strand. Gute Küche. DZ NS 61 DM, HS 70 DM. Offen ganzjährig außer Nov., Tel.: 85 11 51.

*Corinda, an der Küstenstraße Ri. Nord, nicht weit vom Strand, in Gartengelände, wirkt eher wie eine großgeratene Ferienvilla. DZ NS 36 DM, HS 40 DM, offen März - Okt., Tel.: 85 10 91.

*Zi`Carmela, mitten in der Campagna ca. 3 km nördl. der Ausgrabungen, einfache und saubere Zimmer, siehe auch Restaurants!
ganzjährig offen, DZ 23 - 28 DM, Tel.: 85 11 08.

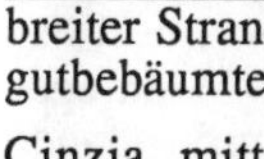

Camping: Etwa 25 Plätze in Meeresnähe. Recht gut ausgestattet, unter Pappeln und Pinien.
Am brauchbarsten noch die Plätze in der Nähe der Tempel, was nach Norden an der Küste liegt, leidet verstärkt an unsauberer Pineta, Unrat auf dem Strand und spürbarer Wasserverschmutzung.

Ortsteil Torre: ca. 2 km vom Eingang zur archäologischen Zone, Pineta und breiter Strand dahinter - hier die meisten Campingplätze. Apollo, kleiner gutbebäumter Platz, sanitär o.k., 100 m vom Strand. Offen Mai - Okt.

Cinzia, mittelgroß, reichlich Schatten durch Bäume, 50 m vom Meer, Mietbungalows (4 Plätze) ca. 500 - 600 DM/Woche. Offen März - Okt.

Europa, mittelgroß, ausreichend Schatten durch Bäume, 10 m vom Meer, offen Mai - Sept.

Flic, kleiner Platz, der nur im Juli/August offen ist. Direkt am Strand, sanitär ausreichend, viele Dauercamper.

La Giara, mittelgroß, ausreichend Schatten durch Bäume, direkt am Meer, Mietbungalows mit 4 -8 Plätzen, ganzjährig offen.

D'ANZILIO, (Sele-Mündung), spezialisiert auf die Fische, die zwischen Fluß und Meer pendeln - Aal (anguilla) und Cefalo.

ZI'CARMELA, (auch Zimmer!), im Schoße einer Bauernfamilie, die ihr Bestes gibt. Gekocht wird nur, wenn was los ist!

NETTUNO, bei den Tempeln, die man von der Terrasse aus sieht. Etwas unpersönlich, Meeresküche überwiegt - Sachen, die man auch sonst in Italien bekommt wie Risotti, frittierter Fisch und Fleisch vom Grill - aber sorgfältig zubereitet. Mittlerer Preis 25 -30 DM (komplett). Mo. geschl., in der HS kein Ruhetag.

Essen kaufen:

Überall am Straßenrand zwischen Battipaglia und Paestum Käse aus Büffelmilch. Im Frühling Erdbeeren, im Sommer Wassermelonen und Pfirsiche. Am Rand der Berge bis zu halber Höhe im April / Mai wilden Spargel und Schnecken ernten.

Die Strände:

Breit, sandig , bewaldete Dünen und so voller Schmutz, daß man mir seitens der touristischen Verantwortlichen im Okt. 81 von der Aufstockung des Müllwagenbestandes von einem auf vier sprach, obwohl die auch nicht mit der Müllawine der Picknicker und Freicamper fertig werden dürften. Man ist sauber und verzweifelt - sieht deshalb freies Campieren sehr ungern, obwohl man inzwischen weiß, daß das nicht die einzigen Säue sind. Wasser recht trüb. Inzwischen (1986) die Situation unappetitlich!

Agropoli

(11.000 Einw.)

Langweilig - moderne Hohlblocksteine. Bei Campern beliebt zum Einkaufen.

ANTICA PIZZERIA BORELLI, Corso Garibaldi: Pizza, nicht nur mit Tomate, auch mit Gemüse oder Kürbisblüten. Gedünstete Tintenfische (diverse Zubereitung) 20 DM.

TAVERNETTA BAR SPORTIVO, Via Piave - einfach nüchternes Lokal mit frischen Sachen, die sich nicht unbedingt in die üblichen Menuregeln pressen lassen. Viele klassische Gemüsegerichte, von denen die Bauern noch heute überwiegend satt werden - und die ausgezeichnet schmecken, Fisch je nach Angebot der Barken, Salatplatten, Käse und Wurstwaren direkt vom Produzenten, guter Bauernwein, komplett ab 15 DM, ganzjährig offen, Mo. geschl. Aufgepaßt! nur Platz für 15 - 20 Leute.

In Agropoli gabeln sich die Straßen: einmal die Küste entlang, oder links und rechts der S.S. 18 im Landesinneren (kommt später nach Sapri).

Südlich von Agropoli beginnt eine Küste, an der sich Felsen, Klippen und

Sandbuchten abwechseln. Das Wasser nicht nur klar, sondern wirklich sauber. Wo es örtlich starke Tang- und Seegrasanschwemmungen gibt, ist das eine Laune der Natur.

Castellabate

Malerisch auf Bergspitze gelegenes Dorf, dessen Bewohner mehrheitlich runter in die Marina gezogen sind. Enge, verschlungene Gassen, Treppenwege, Durchgänge unter Bogentunnels, Dorfpaläste mit Portalen lokaler Steinmetze - in seiner alten Substanz eines der wohnlichsten Cilento-Dörfer. Die intaktesten und gleichzeitig geräumigsten Strände des Nordcilento in Reichweite. Auto zwar von Vorteil, aber werktags in der Badesaison ausreichende Busverbindung runter zur Marina.

****Hotel Castello**, modernes, funktionelles Einfach-Hotel in der Schale eines alten Hauses in Panoramalage. Von zwei jungen Deutschen geführt, die neben guter Unterkunft und viel Ortskenntnis Aktivferien anbieten: Kurse in Töpern, Kochen (speziell handgemachte Pasta, eine erfahrene Küchenfee in Schwarz macht die Sache), Sprachkurse, Mofa oder Kleinwagen zur Miete werden organisiert (sehr günstiger Preis). Nur HP 30 -35 DM pro Kopf (genuine Küche), mittags auf Wunsch kleine Snacks. Kontakt/Buchung über Studien-Kontaktreisen, Postfach 200571, 5300 Bonn,Tel.: 0228 / 35 70 15 - 17.

Vino: Bar am unteren Ende des alten Orts, gegenüber der Tankstelle. Grundehrlicher fast schwarzer Familienwein, dem die Einheimischen nicht allein wegen des niedrigen Preises nachstellen. Dort auch Infos über Camping (mit Ferienwohnungen) in den Gärten hinter dem Strand von S. Maria - siehe Camping "Magna Grecia".

RESTAURANTS

TAVERNETTA BAR K, etwas außerhalb - macht rein äußerlich überhaupt nichts her. Ländliche Küche und Gastfreundschaft in ihrer ganzen, selten gewordenen, Unmittelbarkeit. Leckere Antipasti, wo sich Meer (eigener Fang) und der eigene Garten treffen, frischer Fisch je nach Fang in den arbeitsintensiven Zubereitungsarten vergangener Zeiten. Nur ganz wenige Tische, deshalb besser vorher vorbeigehen. Wünsche und Möglichkeiten durchsprechen. Ca. 22 DM, Mo. geschl.

Die Strände von Castellabate: (S. Maria und S. Marco)

Ehemals Fischerdörfer, die seit Beginn des Tourismus kräftig gewachsen sind und die Bucht von Castellabate in ihrer ganzen Länge ausfüllen. Längst nicht nur Ferienhäuser und Hotels, sondern hauptsächlich die Wohnungen der Einheimischen, die den alten Ort oben auf dem Berg zunehmend verlassen haben. S. Maria ist die "Metropole" für das gesamte Hinterland geworden, S. Marco hat noch mehr den Charakter einer Fischersiedlung bewahrt.

***La Coccinella**, am nördlichen Ortsrand oberhalb der Küste, ca. 200 m einwärts zwischen Feldern und Bauerngärten. Familienpension eines früheren Gastarbeiters, der gut deutsch spricht. Neue, unverbrauchte Einrichtung, ausgesprochen kinderfreundlich. Ausgesprochen leckere Landküche: Hausgemachte Fleischwaren als Antipasto, Wein, Nudeln, Gemüse aus eigener Produktion, an Meereessachen Zuppa di Pesce, Scampi und Miesmuscheln. HP HS 45 DM, NS 33 DM. Ganzjährig offen.

***La Pergola**, im Centrum am Hafen von S. Maria, funktionell eingerichtet, ganzjährig offen, HP HS 55 DM, NS 42 DM.

*****L'Aprodo**, am Strand vo S. Marco, gut eingerichteter moderner Kasten, alle Zimmer mit Blick auf die Bucht, angeschlossen ein Restaurant mit ausgezeichneter Meeresküche: Risotti und Nudeln mit Meeresfrüchten, Fisch vom Grill, Krebse, gefüllte Calamari. HP HS um 95 DM, NS 60 DM, Essen ab 35 DM. Offen Apri - Sept.

Camping:Neben den Einfachplätzen direkt am Strand ab 1987 ein Platz im Landesinneren, ca. 350 m vom Meer in den Gärten hinter S. Maria. "Magna Grecia" - in Pfirsich- und Orangenpflanzung, großzügig eingerichtet (auch Ferienwohnungen verfügbar) - viel Kontakt zu den Einheimischen.

Bucht nördl von S. Maria: Amatucci, kleiner Einfachplatz mit Bäumen, denen weiteres Wachstum gut tun wird, direkt am Strand, offen Mai - Sept.

La Duna, etwas größer und ausreichend Schatten durch Bäume, direkt am Strand, offen Mai - Sept.

Montelago, mittelgroßer Platz, dicht am Ort - Sand- und Klippenstrand, gut eingegrünt. Offen April - Okt.

Trezene, mittelgroß, viel Grün, gut ausgestattet, direkt am Meer (Sandstrand), Service für Taucher und Surfer, Surf-Schule, offen April - Okt.

Ogliasto Marina: Sporting Soleado, großer Platz (Terrassenanlage), ca. 100 m vom Strand entfernt (Sand und Klippen) Schatten durch Bäume (noch schütter) und Mattendächer. Auf Unterwassersport eingestellt. Offen Juni - Mitte Sept.

Ogliastro Marina und Punta Licosa

Die Felsküste der Punta Licosa entlang Uferweg, z.T. als Straße. Ideal zum Schnorcheln. Oben auf dem Berg zwischen schöner Macchia und Aufforstungen.

Luxushotel: ******Castel Sandra** im "spanischen" Stil ausgestattet. Juni-Sep., aus mehreren flachen Gebäuden, in Terrassen angelegt, Swimmingpool und Tennisplätze, Weg zum Meer (oder ein Kleinbus). Machen nur Pensionsbetrieb! Dann NS 110 DM und HS 150 DM pro Kopf.

Ogliastro Marina, kleine Fischersiedlung (Stichstraße) bis zum Capo

Licosa. Sandbuchten und Felsen, außerhalb der Saison, ist was für Einzelgänger.

*Sirena, einfach. Ländliche Küche, Fische, lange vorbestellen! DZ ca. 35-45 DM, Essen ca. 25 DM, Tel.: 0974 / 96 30 21.

*Cefalo, Windsurfschule, nur wenige Zimmer, einfach, DZ ca. 40 DM (ohne Bad), schön gelegen, Tel.: 0974 / 96 30 19.

*Da Carmine, einfach, modern, mit der besten Fischküche weit und breit, risotto alla marinara, zuppa di pesce, Muscheln und handgemachte Nudeln in großer Formenvielfalt. Füs Essen ca. 20-30 DM, Weißwein eigene Produktion. DZ ca. 40 DM, Juli-Sept. und Wochenenden vorbestellen! Tel.: 0974 / 96 30 23.

Agriturismo: Wie meist im Cilento vorwiegend auf Campen eingestellt. Verkauf von Landesproduktion: Wein, Öl, unter Öl eingelegte Gemüse, lecker gewürzte Trockenfeigen, Honig. Azienda Annunziata, Sig. Tommaso Perrotti, 84072 S.Maria di Castellabate, Tel.: 0974 / 96 11 37.

Azienda Agricola Licosa gleiche Adresse. Podere Agricolo Meise, Sig. Gennaro Malandrino, Via Maisi 1, 84060 Perdifumo (ca. 15 km vom Meer), Tel.: 0974 / 83 50 88.

Hinterland von Castellabate:

Dichtbesiedeltes Hügelland mit kleinen Dörfern in Sichtweite, ausgesprochen reizvolle Dorfarchitektur. Lohnend Sessa, S.Mauro, Stella und Omignano, von dort Ringelstraße auf den Monte della Stella (1131 m) mit weitem Blick.

Strände zwischen Ogliastro und Ascea

Einige landschaftliche Höhepunkte, Strände lange und schmale Sandstreifen bei **Acciaroli** (770 E.), Fischerdorf, wo sich Hemingway mehrfach aufhielt.

Hat trotz einiger in Beton gegossener Auswüchse noch den Charme eines Dorfes mit kleinen Gärten, Blumenkübeln vor den Häusern. Platzt in der Hochsaison aber aus den Nähten, man hat den Eindruck, halb Napoli sei hier.

Mehrere recht kahle Campings, viele Ferienvillen, die Hotels meist die funktionellen Ferienkästen, nur die alte, unscheinbare "Scogliera" (IIi cat.), DZ ca. 36 DM, gute cilentanische Küche mit sizilianischen Akzenten - keine Erinnerungen mehr an Hemingway - Hotel einfach, gefällig, man spürt die jahrzehntelange Tradition. Viel Stammgäste im Hochsommer, auch sonst von April bis September gut ausgelastet, vorher anrufen! Tel.: 0974 / 90 40 14, VP um 60-65 DM.

Nördlich von Acciaroli im Dorf Agnone Bungalows im Grünen, Werbetafeln in deutsch. Strand mit vielen dicken Wackern und oft starke Tanganspülungen.

Pensione Villa Sarina, ein Alptraum in nachempfundener Toscana-Renaissance, alles solide, nachgemachte Stilmöbel; der Bau mit Türmchen und Zinnen ist erst 15 Jahre alt. Schöne Umgebung und gute Küche (bodenständig, nicht toscanisierend). Nur VP möglich! Pro Kopf ca. 100 DM.

Camping: Agnone: Calù, direkt am Meer (Klippen mit eingelagerten Sandeinspülungen). Offen Juni - Sept.Acciaroli: In der langen Bucht vor Acciaroli längs eines Sandstrandes (Wasser geht steil rein, bei Wellengang problematisch mit dem Baden), der trotz Verbauung immer noch zu den schönsten im nördlichen Cilento zählt. In der HS allerdings hoffnungslos überlaufen!

Ondina - großer Platz mit einigermaßen dichtem Baumbestand. Mietbungalows (4 Betten, Küche) pro Woche um 500 - 600 DM. Offen April - Sept.

Terrazza a Mare, Terrassenanlage mit dichtem Baumbestand, mittelgroß, Bootsvermietung. Offen März - Sept.
L`Iscamare - dicht daneben, Baumbestand weniger dicht, mittelgroßer Platz (Terrassenanlage), offen April - Okt.

SÜDLICH VON ACCIAROLI wenig Bademöglichkeiten und sehr kahl. Unbedingt mal in die Berge des unmittelbaren Hinterlandes fahren! Esel, Handtuchfelder, viele alte Frauen in Schwarz, kleine Täler, ein ständiger Wechsel von völlig kahlen Hängen und dichten Kastanienwäldern. In die Dorftrattorie einkehren, einfaches genuines Essen meist ohne Speisekarte. Es gibt, was Garten und die Vorratskeller hergeben.

Dorfhotels im Landesinneren, einfach, mit etwas Glück findet man hier noch Platz, wenn an der Küste alles voll ist. Gut zum Kennenlernen von Land und Leuten:

Ogliastro Cilento: (S.S.18), ***Alb. Comite**, ca. 35 DM, Tel.: 0974 / 83 31 30.

Torchiara: (S.S:18), ***Alb. Cilento**, DZ ca. 30 DM, Tel.: 0974 / 83 11 32.

Mercato Cilento (bei Perdifumo), ***Milord**, DZ ca. 25 DM, Tel.: 0974 /83 50 13.

Omignano Scalo: ***Montestella**, DZ ca. 31 DM, Tel. 0974 / 64 097.

Pioppi

Ein kleines Straßendorf mit Gärten und einem schmalen Kiesstrand, ursprünglicher geblieben als Acciaroli und Casal Velino in der Nachbarschaft.

La Vela ((***)), direkt am Strand, von großen Bäumen umgeben, Tennisplatz. Restaurant mit Meeresküche. Ganzjährig offen. In der NS günstig als Durchgangshotel oder für kurze Aufenthalte, in HS nur VP bei längerem Aufenthalt. DZ NS 45 DM, VP pro Person in NS 70 DM, HS 95 DM, ganzjährig offen.

Margherita (*), dicht am Strand. Sympathische Familienpension, wegen Küche, Freundlichkeit und Preisen ein Tip. In NS Chance spontan Unterkunft zu finden, sonst bei nur 7 Zimmern und Stammkundschaft fast unmöglich. DZ o.B. in NS 30 DM, in HS nur VP pro Kopf 53 DM. Ganzjährig offen.

Südlicher Cilento

Eindeutig der schönere Teil. die Berge werden höher, die Landschaft grüner, in der Ferne zerfressene Kalkklippen und Karstgebirge. An der Küste duftende Macchia und ausgedehnte Ölbaumwälder. Kleine Dörfer, in denen man gern bleiben würde.

Weit ins Meer ragend das Capo Palinuro, mythologischer Ort und dahinter Strände, wo sich Klippen und Sand abwechseln, viel Grün in den Dünen. Touristisch die bestentwickelte Zone des Cilento mit viel gewachsener Hoteltradition, ohne vom Hintergrund des Bauerm- und Fischerlebens abgelost zu sein. In Vor- und Nachsaison relativ viele Deutsche.

Für Schnorchler interessant. Meer und Berge (Wandermöglichkeiten) dicht beieinander. Im Mai/Juni und September eine Reihe ursprünglicher Feste (Prozessionen aufs Meer, Madonnenfeste in dern Bergen).

Wer beweglich ist, kann Rummel und Überfüllung in Dorfhotels im Landesinneren entgehen - das hat sich aber schon rumgesprochen. Besonder Italiener aus dem Süden schätzen die Konbination von Strand und kühlem abendlichen Corso in den Bergdörfern. In den Gasthäusern im Landesinneren zudem nur selten der Zwang, dort auch die Mahlzeiten einzunehmen.

Das Meer klar und durchsichtig. Zwischen Anfang Juni und Mitte Oktober auch für Nicht-Abgehärtete ein Genuß. Allerdings oft sehr starke Brandung! Zwischen Camerota und Scario winzige Sandbuchten, die nur per Boot erreichbar sind oder nach langen anstrengenden Fußmärschen durch die Macchia.

Mündungsgebiet des Alento

(Marina di Casal Velino bis Marina di Ascea), flache, feinsandige Strände, Ferienhäuser, einige Hotels und Campings, aber etwas kahl und öde.

Velia (Elea)

Die Ausgrabungen der Griechenstadt sind noch im Gang, außer Mauerresten , Straßenzügen und einem tunnelartigen Torbogen wenig zu sehen. Das reiche Fundmaterial wurde früher in den Wellblechbaracken am Eingang gelagert und dort vorgeführt, schlummert jetzt aber sicher vor dem Zugriff des internationeln Kunstmarktes in Salerno in Magazinen.

Ascea

Der Ort hat wenig Atmosphäre, ist aber nicht häßlich. Wem der Badestrand das Ein und Alles ist, hat hier reichlich Platz. Bahnstation. die Jugendherberge gibt es nicht mehr! Strand runtergekommen. - Hotel-Rist. "Zia Adelina" kein Tip mehr.

Abstecher nach Vallo di Lucania, ein sehr interessantes Hinterland und die großartige S.S. 18 nach Sapri durchs Landesinnere siehe Seite 308.

Pisciotta

Dorf in toller Lage zwischen Ölbäumen, Strand wenig verlockend, wird auf Palinuro zu besser, dann meist Kies mit etwas Sand dazwischen und dicken Steinen, Wasser sehr klar.

Aber einer der Orte, wo man per Bahn gut an den Strand und die Campings kommt, ohne lange Lauferei. Allerdings halten in Stazione di Pisciotta-Palinuro und in Caprioli nur die Bummler (8 Stück innerhalb von 24 Stunden, in Pisciotta haben noch 5 weitere und schnellere Züge Halt). Einige der Züge haben Busanschluß von/nach Palinuro.

Camping: Lido Paradiso, ein Riesenplatz in Terrassen, die bis ans Meer (Schotter und Klippen) runtergehen, Olivenhain. Gut eingerichtet: Tennis, Surf-Schule, Plastik- und Strohhütten wie im Club Mediterranee, den es in Palinuro nicht mehr gibt. Offen Juni-Mitte September.

Ortsteil Caprioli. Unten am Meer, am Beginn des langen Sand- und Felsstrandes, der sich bis Palinuro zieht.

Stella des Sud (***) Hoteldorf mit ausschließlichem Ferienbetrieb. Tennis, Pool, Strand in Griffweite. Offen April-Sept,. DZ (nur NS, wenn Platz für Durchreisende ist) 75 DM. Sonst VP pro Person in NS 70-85 DM, HS 130-160 DM. Angeschlossen der Stützpunkt für Taucher:

Shark Diving Club - Scoula Sub e Centro Assistenza Subacquea, Hotel **Village Stella del Sud**, am Bahnhof von Caprioli nördlich von Palinuro.

Ausflüge für Taucher mit Booten, Bootsverleih, Ausleihen von Ausrüstungen, Tauchschule, Segel- und Surfschule, Material für Unterwasserfotografie, Dokumentationszentrum, Falschenservice, Druckkammer. Meeresökologie, Tel.: 0974 / 97 61 94.

****Tramonto d'Oro**, einfach, in Strandnähe, offen April-Sept., DZ NS 35 DM, in HS VP (pro Person) 78 DM.

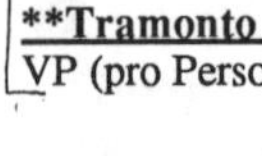

Camping: Sole del Sud, große Terrassenanlage im Olivenhain bis runter zum Strand. Bootsverleih, Tennis, Service für Taucher und Surfer. Bungalows (gemauert) für 3-6 Personen mit Küche und Dusche pro Woche je nach Größe und Saison 1.000-1.200 DM. Wesentlich billiger und einfacher die Schilfhütten (auch mit Kochgelegenheit) mit 2-5 Plätzen, je nach Saison und Belegung pro Woche 700-900 DM. Noch weniger kosten Mietwohnwagen. Offen Juni-September.

Torracca-Belvedere, großer, mäßig schattiger Platz am Hang, der bis an die Klippenküste runtergeht. Tennis, Surfen, offen Mai-Oktober.

Marisilio, an der großen Kreuzung, großer ebener Platz direkt am Meer, Olivenhain, Tennisplatz.Mietbungalows (gemauert) für 2-6 Personen, Preis pro Woche je nach Größe und Saison 600-1.400 DM. Offen Mai-Oktober.

Regina, ca 3 km vor Palinuro, durch die Straßen vom Strand (Schotter) getrennt. Hanglage mit lichtdurchlässigem Baumbestand. Kleiner preiswerter Platz. Mietbungalows (gemauert) mit 3-5 Plätzen. Je nach Größe und Saison 500-600 DM. Offen Mitte Juni-Mitte September.

Capo Palinuro (1.300 E.)

Als Landmarke weithin sichtbar und nach Süden ein nicht endenwollendes Panorama auf die Küste Calabriens mit ihren sich staffelnden Gebirgszügen - allein das würde lohnen.

Landschaftlich besonders schön ist die Gegend um die Flußmündung des Lambro, dort ein Arco Naturale (natürlicher Felsbogen).

Fest: zu Corpus Domini (Fronleichnam) tragen die Frauen Schiffmodelle auf dem Kopf ins Meer, Kerzenprozession mit Barken aufs Meer (wie häufig im Mai/Juni im nahen Calabrien).

Ein Ort mit gewachsenem Ambiente. Zwischen "international" und der Gastlichkeit einheimischer Sippen.

Tourist INFO

Tourist Info: Hotel- und Zimmervermittlung, Pro Loco, bei der Kirche, Tel.: 0974 / 93 12 21.

Außer in der ganz toten Zeit zumindest Zwang zur Halbpension, was aber nicht so schlimm ist, wenn in ihnen mit Heimatliebe und Phantasie gekocht wird, Fisch ist im Pensionspreis nicht unbedingt eingeschlossen.

Alb. und Rist. **Ulisse, VP ca. 70 DM, in der Küche keine anderesn Konserven als Selbsteingemachtes. Außerhalb gelegen. Tel.: 0974 / 93 11 30.

Alb. und Rist. ***La Conchiglia, VP ca. 75-85 DM, Standard der Zimmer, im Ort, lokale Küche, Tel.: 0974 / 93 10 18.

Alb. und rist. ***Santa Caterina, VP 66-98 DM, nettes Ambiente, über die Küche nur Gutes, Tel.: 0974 / 93 10 19.

Alb. und Rist. *Parigino, einfach, sauber, Nudlspezialitäten, VP ca. 53-61 DM, interessante Begegnungen mit Fischen, Tel.: 0974 / 93 10 27.

Tratt. *Sant'Anna, von Italienern frequentierte Pension und Trattoria, Essen, so wie die Bauern es an Festtagen für sich machen - wobei Fisch, das frühere Armeleute-Essen keine Rolle spielt (wegen seiner heutigen Luxuspreise). VP ca. 55 DM. Tel. 0974 / 93 11 59.

Alb. und Rist. ** Enea, modern, Essen viel auf Basis von Meeresviechern. Für die zuppa di pesce am besten im Frühjahr anreisen. Die Wirtin hält viel auf berühmte Gäste, die meisten waren aber irgendwie römische Film- und Schlagersternchen, ich mußte die ganze Gästeliste der letzten 5 Jahre durchgehen und weil ich da niemanden kannte, auch noch die ganz Alte. Tel.: 0974 / 93 10 42. VP pro Person NS 58 DM, HS 76 DM.

*Clinque Stelle, VP ca. 66 DM. *Belvedere, VP um 60 DM, Tel.: 0974 / 93 10 42. *Punta paradiso, VP, ca. 56-60 DM.

LA TORRE (am Hafen, bei Hochzeitsgesellschaften besonders beliebt). Aurora - handgemachte Nudeln in vielen Formen, auch Fischernes um ca. 25 DM.

Camping: Die Schönsten unmittelbar nördlich des Ortes und besonders zwischen Palinuro und Marina di Camerota. Wenn Gelegenheit besteht, auskundschaften ,wo es einem am besten gefällt. Im Gegensatz zu den Plätzen im südlich gelegenen Camerota wenig auf Subacqua eingestellt, obwohl hier das Schnorcheln und Tauchen nicht schlechter ist.

Camping ist in Palinuro und speziell in Camerota die verbreiteste Ferienform. Einmal, weil man hier in einer großartigen Natur immer direkt am Meer ist und dann, weil die Plätze zu den besteingerichtesten in Süditalien zählen. Im Vergleich zu den Hotels erheblich mehr Sportmöglichkeiten. Für die Nicht-Camper bedauerlich: die Plätze und Feriendörfer haben die schönsten Uferstücke besetzt.

Nördlich vom Ort:

Blue Marlin Club, großer Platz, Terrassenanlagen mit lichtem Baumbestand. Nur für Caravans (Mindestaufenthalt 1 Woche) oder Unterbringung in Bungalows oder Strohhütten. Preis/Woche bei 2 Personen 250-350 DM, bei 4 Personen 450-530 DM. Offen Mitte Juni-August.

Saline, am Meer. In Terrassen angelegt, mittelmäßig Schatten durch Bäume. Kleiner Platz, durchschnittlich ausgestattet. Offen April-September.

Im Ort:

Degli Olivi, lichter Olivenhain am Hang über Klippenküste mit Sandeinlagerungen. Offen Juni-September.

Südlich im Bereich der Mingardo -Mündung:

Zwei Wildbachmündungen mit kleiner Ebene zum Meer. Durch einen schroffen Felsenklotz von Meereshöhen getrennt. An der Lambro-Mündung ein natürlicher Felsbogen.

Adeldaide, kleiner Platz in der Ebene. Dicht an den Straßen, 1,5 km vom Meer, lockerer Baumbestand, niedrige Preise, auch für die Bungalows, ca 300 DM/Woche für 2-3 Personen. Offen Juni-September.

Arco Naturale, Riesenplatz direkt am Meer. Alle Arten von Strand: Klippen, Schotter, Sand. Tennis, Surfschule. Offen Juni-Mitte September.

Marinella, in den Dünen, Macchia und Pineta. Außergewöhnlich schöner Sandstrand, das Wasser wird rasch tief und hat bei starkem Wellengang seine Tücken. Offen Juni-September.

CAMPING ZWISCHEN PALINURO UND MARINA DI CAMEROTA

Weiter in der langen Bucht nördlich von Marina di Camerota eine ganze Menge Plätze, die in Ortsnähe auch auf die Hügel über dem Meer klettern. Die größte Massierung von Campings an der Cilento-Küste, wodurch die Strände für Nicht-Camper zum Teil sehr schwer zugänglich sind. Am ehesten klappt das auf halbem Weg zwischen Palinuro und Camerota, ohnehin dem schönsten Stück, wo es bisher keinerlei Verbauungen gibt. Dort wie überall in den beiden Gemeinden Freicampen verboten!

Dünenküste (auf halbem Weg zwischen beiden Dörfern):

Mingardo, in der Dünenpinta, großer Platz mit direktem Übergang zum Strand. Reichlich Schatten. Offen Mitte Juni-Mitte September.

Pineta, mittelgroß, ebenfalls in der natürlichen Ufervegetation. Sehr gut eingerichteter, aber teurer Platz, Surfschule, Bungalows und Schilfhütten für 2-4 Personen. Pro Woche je nach Saison und Größe 400-700 DM, offen Mitte Juni-Mitte September.

Odissea, ein kleines Stück weiter, ähnlich, offen Juni-September.

Capo Grosso:

Zerfressene Felsküste, strahlend weißer Stein mit flacher Macchia ("macchia" heißt generell "Fleck". Hier versteht man wie das Wort auf die Vegetation übertragen worden ist). In den Minibuchten etwas heller, körniger Sand.

Happy Camping, in einer Sandbucht mit Felsklippen, teils Macchia, teils alter Oliveto. Von Lage und Ausstattung her einer der schönsten Plätze Süditaliens, reichlich von Deutschen besucht. Vorbestellung (Hochsaison!) in München, Tel.: 089 / 30 08 088, Tennisplatz, Segel- und Windsurfschule.

Capo Grosso, kahler kleiner Platz mit Basisausstattung. Über der Klippenküste, offen Juni-September.

La Barca, mittelgroß, in Oliveto, über dem Meer. Bungalows für 4-6 Personen, pro Woche je nach Saison und Belegung 450-800 DM. Offen Mitte Mai-Mitte September.

La Perla, bebäumte Terrassenanlage, 300 m vom Meer, Preiswert. Bungalows für 2-6 Personen. Pro Woche 600-800 DM. Offen Mai-September.

Contrada Sirene:

Felsküste mit Buchten, ein Felseneiland vorgelagert, Macchia und Olivenhaine, nicht mehr weit zum Ort (1-2 Km).

Villamarina, große Terrassenanlage zwischen Straße und Meer, Olivenhain, Tennis, Pool. Offen Juni-Mitte September.

Ramaniello, an der Straße, ca. 300 m landeinwärts. Kleiner Platz mit lockerem Baumbestand. Bungalows und Strohhütten mit 4 Plätzen. Pro Woche 500 DM, bzw. 300 DM. Offen Juni-September.

Tio Pepe, in der Nähe des vorigen Platzes, ebenfalls abseits vom Meer. Großer Platz mit lockerem Baumbestand. Strohhütten (4 Personen) pro Woche NS 400 DM, HS 500 DM.

Pietra Grigia, kleiner, dichtbebäumter Platz dicht am Meer, Bootsverleih, Surfschule. Offen Juni-September.

Dell'Isola, großer Platz mit dichtem Baumbestand, unmittelbar am Meer, Surfschule. Gut ausgestattet. Offen Mai-September.

Delle Sirene, großer Platz direkt über der Küste, mittlerer Baumwuchs. Tennisplatz. Offen Juni-September.

Da Pepe, mittelgroßer, in Terrassen angelegter Platz im Olivenhain. 100 m vom Meer entfernt. Offen Mai-Mitte September.

Marina di Camerota (2.000 E.)

Dort, wo die Sandbuchten enden und Eine der wenigen Küsten beginnt, die nicht von der Straße erreichbar sind.

Noch stärker als in Palinuro haben die Fischer ihren Beruf zu Gunsten des einträglichen Touristentransports per Barke zu den einsamen Buchten aufgegeben. Frische Meerestiere entsprechend teuer, die Preise am touristischen Tagwerk orientiert. Immerhin noch Eine der wenigen Ecken, wo die Langusten keine lange Reise im Flugzeug hinter sich haben.

Das ehemalige Fischdorf lebt heute ausschließlich vom Tourismus. Daran ist nichts verwerfliches. Ich schreibe es nur, um irgendwelchen romantischen Vorstellungen entgegenzutreten, die sich vielleicht aus der abgelegenen Postion ergeben könnten.

Tourist INFO

Tourist Info: COOP. Forbante und Pro Loco, dort auch Tips zum Bootemieten und für Bootsfahrten.

Die Hotels überwiegend fest in italienischer Hand, in den Campings ziemlich gemischtsprachig.

***America, am oberen Ortseingang in Gärten gelegen. Swimming Pool, moderne Anlage, Tel.: 0974 / 93 21 77, DZ ca. 56 DM, VP ca. 70 DM.

***Baia delle Sirene, etwas außerhalb des Orts in einem Park, sehr schöner Blick auf Meer und Capo Palinuro, SwimmingPool, Tennis, nur VP (ca. 80 DM), Tel.: 0974 / 93 22 36.

*** Egle, ohne Restaurant, nahe am Hafen, komfortabel ausgestatten, DZ ca. 52 DM, Tel.: 0974 / 93 21 12.

** Bolivar, relativ einfach, aber nicht unkomfortabel, familiär, für meinen Geschmack zuviel "poppiger" Plastikkram. Gute Küche: strangolapreti (Priesterwürger) = gnocchi di patate (kleinste Kartoffelklößchen in einem roten Sößchen), fagiuoli e cozze (weiße Bohnen mit Muscheln, als Kombination ungewohnt, probieren!), Fische und Krebse. Essen um 25-30 DM, DZ ca. 30 DM, Tel.: 0974 / 93 20 36.

Noch ein paar Adressen von einfachen Pensionen und Hotels in der Stadt. Im Sommer Stammkundschaft, in Vor- und Nachsaison Platz in schlichten, kargem, sauberen Zimmern. - Wer sich amüsieren will, bleibt ohnehin nicht im Zimmer.

*Pensione Coppola, moderne Familienpension im Centrum, Zimmer funktionell und sauber. In der Regel nur Pensionsbetrieb. VP pro Person NS 50 DM, HS 58 DM. Offen Juni-September.

*Delfino, DZ ca. 30 DM, Tel.: 0974 / 93 22 39. *Infreschi, DZ ca. 28 DM, in einer Seitengasse, Tel.: 0974 / 93 20 51. *Riccio, DZ ca. 30 DM, am Hafen, Tel.: 0974 / 93 23 09. *Regina, DZ ca. 30 DM, am Hafen, Tel.: 0974 / 93 24 51.

Alle Hotels bis auf wenige Ausnahmen zwischen Mai und Sept. offen, im Mai/Juni/Sept. deutlcih niedrigere Preise. In jedem Fall möglichst ein paar Tage vorher anrufen!

BOLIVAR s. Hotels; TRATTORIA DA VALENTONE (mitten im Dorf), in einem alten Gewölbe, von einer Familiendynastie geführt, derzeit die Frauen von Valentone II und Valentone III am Herd. Nicht nur maritime Küche. Z.B. Ciambotta (Auflauf), Nudeln statt mit Pomodori mit Grünzeug, Fischsuppe und alles was gerade an Meeresgetier greifbar ist. DM 25. Pizzeria VECCHIO FRANTOIO (in einer Ölmühle, wo es bestes Olio extravergine d'oliva gibt), eine fantastische Pizza; an der Straße nach Palinuro.

Camping Camerota: Isca und Lentiscella:

Eine lange Sandbucht, die sich an den Hafen anschließt. Dahinter beginnt die nur zu Wasser zugängliche Steilküste.

Eden,kleiner Platz mit viel Grün am Ortsrand. Bungalows mit 2-5 Plätzen, pro Woche je nach Größe und Saison 250-700 DM. Offen Juni-September.

Isca, am Lugomare mittelgroß mit dichtem Baumbestand, offen Juni-Mitte September.

La Risacca, großer stark eingegrünter Platz, ca. 50 m vom Strand. Surfschule, offen Mai-September.

Letiscella, mittelgroßer Platz mit etwas schütterem Baumbestand, dicht am Wasser, offen Juni-September.

Romano, großer Platz mit dichtem Baumbestand, 100 m vom Meer, offen Juni-September.

Minibuchten bei Camerota

Die schönsten Badebuchten, immer wieder durch Felsklippen unterbrochen nördlich des Ortes, der Zugang durch Feriendörfer und Campings stellenweise sehr eingeschränkt.

Südlich: die Küste knickt nach Osten ab, wird zur fast völlig unwegsamen Steilküste, das Projekt einer Küstenstraße ist zum Glück begraben. Überwiegend vom Meer aus zugänglichste Höhlen und kleinste Buchten, die Felsen dahinter steigen gleich auf 100-300 m. Bis an den Abbruch der Felsen führen kleine Wege durch die Macchia, aber runter kommt man nur an zwei, drei Stellen, und die Pfade sind anstrengend und nicht ungefährlich.

Karte: für die Küste und den Monte Bulgheria: IGM 1:25.000 209-II-SE Camerota. Dort, wo man die Karte braucht im Straßen- und Wegenetz keine Veränderungen, nur daß durch die Landflucht wie überall im Süden immer mehr die kleinen Wege außer Gebrauch kommen und von der Macchia überwuchert werden.

Der Weg zur sehr einsamen Bucht an der Mündung des Trockentals Vallone del Marcellino von der Straße Marina di Camerota -S.Giovanni a Piro, an einem Wasserbehälter beginnen (in der Karte "Serb.io") auf ca. 520 m Höhe, erst durch die verkarstete Macchia in einem Seitental, dann sehr steiler Abstieg durch eine Steinwüste, immer mit der Vorfreude auf den Rückweg, der aufwärts steigt. Abstieg ca. 1,30 Std., Aufstieg um 3 Std. Immer auf der westlichen Seite des Tals bleiben. Kein Schatten, dafür weißer Fels, der gnadenlos die Sonne reflektiert.

Die Wege zu den übrigen Buchten, oder besser zum Blick auf sie, sind extrem verwickelt, man verläuft sich dauernd; da einem zum Schluß wenigstens 50 m senkrechter Fels vom Bad trennen, besser den Seeweg wählen. FKK möglich und üblich. Die Bootsführer haben ihr Vergnügen daran. Am Großartigsten der "Porto degli Infreschi", eine geräumige tiefe Bucht,. mit winzigen weißen Sandstücken und dem Meer, das hier so tief ist, wie die Felswände am Land.

An dieser ganzen Küste viele Grotten und tiefeingeschnittene Fjorde, Meist fahren die Fischerboote nur zu den ortsnahen Buchten. Treffpunkt derer, die Einsamkeit suchen. In den Grotten noch selten einzelne, weiße Seehunde, die man nicht aufscheuchen sollte. Sie zählen zu den letzten Überlebenden des "Bue marino".

Unter Wasser, wegen der Tiefe in dunkelstem Blau, Fische in einer Farbenpracht, Seeanemonen, natürlich auch schwarze Seeigel.

LANDESINNERES:

(wer weiter in Richtung Süden will, muß es in vielen Serpentinen durchmessen, die Straße verläßt die Küste). Anfang durch eine beängstigend kahle Landschaft mit viel zerfressenem weißen Stein, dann immer mehr grüne, dichte Wälder und fruchtbare Handtuchfelder. Reich an Eseln. Die Landschaft beherrschend, der Bergklotz des Monte Bulgheria (1225 m), der unbesteigbar erscheint (man kommt aber ganz gut - von S.Giovanni a Piro aus - rauf).

Je weiter man auf Sapri zukommt, desto grüner und paradiesischer wird die Landschaft - uralte Ölbäume, Fruchtgärten, sehr viele Feigenbäume. Trotz Tourismus eine sehr ursprüngliche Landschaft geblieben, auch was den menschlichen Aspekt angeht.

HOTELS und TRATTORIE

Sehr ländlich, sehr einfach, sehr herzlich, zur Küste 10-20 km. Im Juli/August auch hier nicht immer Platz!

Licusati: Fantino (P.3), DZ ca. 20 DM, Tel.: 0974 / 93 70 05.

Celle di Bulgheria: Zia Teresa (IV), DZ ca. 22 DM, Tel.: 0974 / 98 71 26.

S.Giovanni a Piro: La Pergola (IV), DZ ca. 16 DM, Tel.: 0974 / 98 31 77.

Bosco (bei S.Giovanni a Piro) Trattoria "ROMEO", ländliches Ambiente, das Ferienmachern und pizzafutternden Dörflern gleichermaßen sympathisch ist (nur: die Kochkunst von Romeo Iannuzzi geht zeitweilig in beißendem Pizzaqualm unter). Es kommt sehr stark darauf an, was an Gästen und an Zutaten da ist. Antipasti und Vino immer Spitze, das andere Mal zum nur Sattwerden, mal zum Schwärmen. Besser vorher fragen, was er da hat. Ca. 18-25 DM (mit Antipasto!).

Etwas weiter im Ort eine Bar, wo es sehr gutes Fruchteis gibt.

S. GIOVANNI A PIRO, das reizvolle alte Dorf bleibt beim Durchfahren völlig hinter den neuen Fassaden verschwunden. Gassen mit altem Straßenpflaster, Miniplätze mit ländlichen Palazzi, Türportale mit Steinmetzarbeiten. Ganz neu die Straße (ca. 3 km) zu einem Ausichtspunkt hoch über der Steilküste (gefaßte Quelle). Blick einige km die Küste Richtung Camerota und die ganze calabrische Küste runter.

AUFSTIEG AUF DEN MONTE BULGHERIA:

ab Ortsmitte von S.Giovanni a Piro, Wegweiser, dann dürftige Wegemarkierung, später aufhörend - soll aber verbessert werden. Kleiner steiniger Fußweg durch Macchia und Kastanienhaine. Der Berg ist längst nicht so kahl wie er aussieht. Man muß lange westwärts am Bergklotz aufsteigen, bis man auf den Fußweg trifft, der von Licusati herkommt, dann steiler Aufstieg durch eine kahle Felsen- und Schotterlandschaft auf die Hochebene des Berges. Dort durch eine Hirtenlandschaft wie auf alten Bildern mit Mäuerchen, riesigen Bäumen, Kastanienhainen und Weißtannen ohne Weg bis zum Gipfel. Aufwärts 5-6 Std. Unterwegs keine Quellen. Von Oben Blick über die ganze Cilentoküste bis zur Punta Licosa und die calabrische Küste entlang, bis sie im Dunst verschwinden. IGM-Karte wie für Camerota.

Scario

Kleines Fischerdorf am Meer. Steiniger Strand. Im Meer etliche Süßwasserquellen, was eine spezielle Algenflora fördert. Scario ist wie alle Orte in der Bucht von Sapri in eine ungemein üppige Flora eingebettet: Felder und Haine mit Nußbäumen, Kirschen, Feigen, uralten Ölbäumen, um das Dorf Gärten, die Gärtchen um die Häuser voll mit exotischen Blumen. Hübscher Platz mit Bars, Stühlen zum Draußen hocken. Westlich vom Ort, hinter dem Leuchtturm steiniger Strand, die Straße wird so schmal, daß es kaum Parkmöglichkeiten gibt. Wenden fast unmöglich.

Insgesamt 4 Hotels, davon 3 im Ort:

****Approdo**, überm Hafen, modern und zwischen Grün, DZ ca. 35 DM, Tel.: 0974 / 98 60 70.

***Sirena**, ausgesprochen hübsch gelegen, neues Haus, familiär, DZ ca. 35 DM, Tel.: 0974 / 98 60 79.

***Garagliano**, einfach und modern, familiär, DZ ca. 30 DM, hat ein gutes, auf Fische spezialisiertes Ristorante, Tel.: 0974 / 98 60 04.

Camping: La Lanterna, beim Leuchtturm, ca. 100 m von der Felsküste entfernt, mit dichtem Baumbestand. Bungalows (4 Plätze) pro Woche NS 350 DM, HS 430 DM. Offen Juni-Mitte September.

Rist. IL FARO - beim Leuchtturm. Pizza, Fischsuppe, Gegrilltes, schön zwischen Bäumen. Rist. U'ZIFARU, am Lungomare, ganz auf Meerestiere eingestellt. Spezielles (wenn vorhanden): Schwertfisch, Languste, Krebse, ca. um 25-35 DM. Bar GELATERIA MOSE, Lungomare, Eis, Granita, guter Café.

Östlich von Scario auf Feldwegen zum Strand - ein langes Sandband, das sich bis Sapri hinzieht, ab Policastro Bussentino erst Eintrübung, bei Sapri schließlich sehr trübes Wasser. In der Bucht selten Wellenbewegung und dadurch geringe Selbstreinigungskraft des Meeres.

Das grüne Fruchtland, das sich bis in die Hügelzonen hochzieht, die schroffen kahlen Berge dahinter und die architektonisch reizvollen verwinkelten Dörfer auf den Hügeln bilden eine friedliche und einladende Stimmung. Die Menschen trotz Tourismus neugierig, freundlich und sehr ursprünlich. Das früher verbreitete Handwerk produziert teilweise für die Andenkenläden. Gute Keramiken und Holzarbeiten. Möbel aus Nuß- und Kirschholz aus Sapri waren früher berühmt, heute werden sie kaum noch gefertigt. Als Erlebnis der Dorfarchitektur lohnen besonders in Küstennähe Policastro Bussentino, zur Normannenzeit einmal ein wichtiger Hafen, der Kirchturm noch original, Ispani, Vibonati und Torraca.

Ristoranti außerhalb:

Trattoria S.LUCIA, am Bivio S.S.18 / Scario, ländliches Gasthaus, alles aus eigener Produktion, Villammare: Eis und Granita, Terrasse zum Lungomare hin.

Camping zwischen Bivio Scario und Sapri:

Die großen Plätze längs der S.S. 18 sind Geschmackssache. Viel Verkehr auf der Straße, dazu dicht im Hintergrund die Eisenbahn, wo sich nachts einiges abspielt. Zu den Stränden ist es nicht weit. Sand mit Schotter, insgesamt etwas ungepflegt, aber das Wasser noch sauber, zudem kindergeeignet.

Die Plätze selbst stecken meist in früheren Olivenhainen (Riesenbäume) und Agrumenhainen. Die Ausstattung ist durchgehend gut. Außer auf dem absoluten Höhepunkt der Reisesaison auch gut als Durchgangsplätze.

Sapri

(7.500 E.)

Kleinstadt mit Ambiente, innen im Ort mehr als an der etwas verwahrlosten Palmenallee am Meer entlang. Für die Bewohner des südlichen Cilento ihre Hauptstadt. Von daher viele Läden mit praktischen Dingen, aber durch den Tourismus inzwischen eine ganze Menge ansprechender Boutiquen. Viele Bars und Pasticcerien. Der Ort regt zum Bummeln an. Ein täglicher Lebensmittelmarkt nahe am Bahnhof.

Viele Villen im Ort im nachgemachten maurischen Stil mit Zinnen, Spitzbögen und Türmchen.

Handicap: baden im Ort nur unter Ekelkrämpfen möglich, die Strände von Maratea 9-25 km entfernt. Wer auf Bus und Bahn angewiesen ist, muß ca. 1-2 km Fußweg von den Haltestellen und Bahnhöfen rechnen. Busse nach Maratea ca. 6 mal täglich. 5 Lokalzüge mit Halt in Acquafredda, Maratea und Marina di Maratea.

Verkehrsverbindungen:

A 3 bis Lagonegro Nord, dann S.S.585 und S.S.104, letztere in prächtigen Serpentinen abwärts.

Bahn: Haltestation fast aller Züge NA-RC / Sizilien.
Busse: nach Maratea, Lagonegro, Sala Consilina und alle Dörfer im südlichen Cilento. Abfahrt an der Stazione.

Buchtip: Luigi Tancredi, Il Golfo di Policastro, Napoli (Ed. La Buona Stampa) - überall zu bekommen.

Fest: Corpus Domini. Blumenteppiche und Blumenaltäre in den Straßen.

Mehr Kleinstadthotels als Ferienquartiere. In der Ausstattung und Lage so mäßig, daß man lieber fürs gleiche Geld im benachbarten Maratea besser unterkommt.

HOTELS

****Santa Caterina**, am Bahnhof, ruhig, mehr Notunterkunft für Erdbebengeschädigte, gammlig und muffiger Wirt, NS 45 DM, HS 55 DM fürs Doppel.

****Tirreno**, am Lungomare. Nicht ganz leise, einfach, sauber, vernünftig eingerichtet, DZ NS 45 DM, HS 55 DM.

****Vittoria**, Im Inneren der Stadt, nicht weit vom Lungomare, auch nix tolles, geht, DZ NS 43 DM, HS 53 DM.

Abends in der Saison ist viel los. Man wohnt (vernünftigerweise) außerhalb, kommt zum Essen und Flanieren in die Stadt.

LA PERGOLA, am Lugomare. Man kann draußen zur Straße hin sitzen. Überwiegend Meeresküche. Lecker die Risottos mit Meeresfrüchten, Spaghetti mit Tintenfisch und Tinte, Grillfische, ca 25-30 DM, Freitag geschlossen.

ORIENTE, ebenfalls am Lungomare: Meeresküche, ordentliche Fritura, Fische in Tomatensoße und aus dem Backofen, ca. 25 DM, Montags geschlossen. Im Sommer kein Ruhetag.

TAVERNA DEL SOLE, Via Masala im Centrum. Überragend Meeresküche mit Fantasie: Antipasto aus Meeresfrüchten, marinierte Sardellen, Nudeln mit Scampi, als Hauptgericht neben Fisch auch Sachen vom Lamm und Zicke nach traditionellen Rezepten aus dem Hinterland. Ca 28-30 DM. Montags geschlossen.

CATINA'E MUSTAZZ, an der Piazza. Winzige Traditionstrattoria, wo beileibe nicht nur Touristen essen. Abends Tischbestellung unumgänglich. Fisch gibt es nicht, dafür solides aus den Bergen, nach Lust und Laune Marktangebote, wobei die Jahreszeiten eine Hauptrolle spielen. Wer was gegen Innereien, Fleisch mit Fett und Schwarten dran, Hülsenfrüchte, Hartkäse und ebenso harte Wurst hat, nehme lieber einem Anderen nicht den Platz weg.

Herzlichkeit und Gefühl beim Kochen sowie der eigene offene Rote machen die Sache zum Erlebnis sonst längst verschollener Wirtshaustradition im Süden. Ca. 16 DM, kein Ruhetag.

Bars: Cafe und Gelati, die weit über Kleinstadtniveau hinausgehen.

Famose Granita (zu Schnee gestoßenes Wassereis mit Fruchtsaft oder Cafe, Frullati (Shakes).
Bar Iride (Corso Umberto), Tropical Bar Crivella am Lungomare (Eis) und die Pasticceria Trecchina.

HINTERLAND VON SAPRI:

Eigenes Fahrzeug Voraussetzung. Dörfer mal in unendlichen Ölgärten, dann völlig verkarstete Landstriche, stellenweise ausgedehnte Wälder. Die meisten Männer im arbeitsfähigen Alter im Ausland und Norditalien. Die Frauen und Alten mühen sich mit Esel und oft archaischem Arbeitsgerät, den Lebensunterhalt zusammen zu bekommen. Die enggebauten verschachtelten Dörfer sind von hohem architektonischen Reiz.

Agriturismus: Erst im Beginnen. Bisher lediglich in Tortorella und Morigerati Familien die Gäste aufnehmen:

Information: Tortorella auf dem Municipio (Rathaus), Tel.: 0973 / 37 40 12.

Morigerati: Podere Agricolo Carriola, Sig. Giovanni Nicodemo, Via Granatelli, Tel.: 0974 / 98 20 40.

Casetta Agricola Morigerati, Signora Clarina Florenzano, Tel.: 0973 / 31 963.

Initiativen bestehen, Informationen in den Rathäusern: Torraca (Tel.: 0973 / 39 13 49), Casaletto Spartano (Tel.: 0973 / 37 40 31), Caselle in Pittari (Tel.:. 0974 / 98 80 09), Torre Orsaia (Tel.: 0974 / 98 50 29).

Freicampieren abseits der Orte überall möglich. Viele Quellen in der Landschaft. Genuine Landesprodukte sind nicht leicht zu bekommen. In den ärmlichen Dorfläden bekommt man sie in der Regel nie. Die Bauern und Hirten haben nicht immer verkäufliche Überschüsse. In den Trattorien nach Adressen fragen!

Hotels oberhalb von Sapri an der Straße nach Torraca in Panoramalage:

Le Terrazze (II cat.), einsam gelegen, modern und komfortabel, Swimming Pool, DZ ca. 43-51 DM, VP 58-65 DM, Tel.: 0973 / 36 51 58.

Torre Orsaia, Laterna Verde (III cat.), DZ ca. 35 DM, Tel.: 0974 / 98 51 79.

Castelle in Pittari: BUSSENTO, LA CACCIATORA, ZI TERESA, preiswertes genuines Essen, hausgemachte Nudeln, Pilze, Lamm und Zicklein. Um 20 DM.

Grotta del Bussento

Von Caselle aus kann man die Grotta del Bussento besuchen, eine Höhle in welcher der Fluß verschwindet, der dann nach 5 km unterirdischem Lauf bei Morigerati wieder ans Tageslicht kommt. Hinweisschild im Ort, das aber nicht ausreicht, der Weg ist schwierig zu finden, ist man erst einmal in der Campagna, geben einem die Bauern die widersprüchlichsten Auskünfte.

Am sichersten kommt man hin, wennn man Caselle nach Norden auf einer Mulattiera verläßt, die zum Fluß führt, dann bis zum Loch in einer tiefen Schlucht den Fluß entlang. Bei nassem Wetter unmöglich! Die Stelle, wo der Fluß wieder ans Tageslicht kommt, ist weniger aufregend. Unterhalb von Morigerati im Schotterbett eines trockenliegenden Flusses eine Reihe starker Quellen (Mulattiera führt hin). Auf der TCI-Karte eingezeichnet (Grotta).

Morigerati: Museum der Bauern- und Hirtenkultur. Interessant besonders die Ausstellung und Dokumentation über die Weberei.

Bergregionen des inneren Cilento

Verkarstete Kalkgebirge, die wie zerbrochene Eisschollen aufsteigen, eine Seite sanft, die andere als Steilabfall bis zu 1000 m tief. Reich an Höhlen, Kartquellen. Auf den Spitzen einsame Bergheiligtümer, die sich wenige Tage im Sommer mit den Pilgern der Umgebung bevölkern. Sonst trifft man oben nur Waldarbeiter und Hirten. Wo die Wälder nicht zu Eisenbahnschwellen und Holzkohle verarbeitet wurden, ausgedehnte Buchenwälder mit zum Teil verwitterten und zerzausten Riesen, besonders zwischen April und Mitte Juli bunte Blütenteppiche, mit Orchideen, Anemonen, Lilien, Narzissen, Iris, darüber blühende Wildobsträucher.

Buchtip: Thomas Schauer, Claus Caspari: BLV Bestimmungsbuch, Pflanzenführer, BLV-Verlag, München, ca. 26 DM. Hervorragende Abbildungen. Das Schwergewicht liegt auf der deutschen Pflanzenwelt, aber die Appeninnenflora ist stark berücksichtigt.

Verkehrsverbindungen und Wegeverhältnisse:

Die Region liegt zwischen S.S.18 im Westen und A 3 im Osten. Insgesamt von den Straßen her gut erschlossen, in die Hochgebiete führt meist bis zur halben Höhe eine Straße, wo sie beginnt, ein windiger Fahrweg zu werden, sollte man das Auto abstellen. Mit öffentlichen Verkehrsmitteln kommt man nur selten ans Ziel.

Hotels: Einzelne, sehr einfache Dorfhotels mit bescheidenster Ausstattung. Dafür ist man hier eine Sensation und wird mit ausufernder Herzlichkeit aufgenommen. Oder abweisender Muffigkeit.

Freies Campieren überall möglich. In Hochlagen auch im Sommer empfindlich kalt. Verlassene Viehställe, Hütten der Forstarbeiter und Hirten (tazzo, jazzo) stehen meist offen. In den Bergheiligtümern einfachste Pilgerklausen.

Ausrüstung: feste Schuhe, Wetterschutz, Landkarte, genug zu Essen und Wasserflasche - das reicht.

Wegen ihrer Einsamkeit und Wildheit beliebtes Übungsgelände des Militärs (Alpini) - da sie oft wochenlang nichts als Natur haben, freuen sie sich über jeden Besuch.

Tierwelt: Raubvögel - auch ganz seltene, und wenige Wölfe, die aber in den nächsten Jahren wahrscheinlich aussterben werden, weil die Rudel zu sehr dezimiert sind. Wildschweine.

Höhlen: eines der höhlenreichsten Gebiete Italiens, aber nur wenige sind zugänglich.

Contursi Terme:

(3.000 E.)

Thermalquellen: auch bei kühlem Wetter in warmen Schwefelwasser baden, um 28-35°C, hoher Gehalt an Mineralien, riecht meist etwas streng, macht müder, aber tut gut.

Obwohl einer der größten Komplexe mit Warmwasserquellen in Italien, wenig bekannt. Ist etwas abgelegen, die meisten Thermalanlagen sind ziemlich vergammelt und die Hotels, die dazu gehören, sind so bescheiden und ungepflegt, daß selbst Bauern aus Lucanien und der Irpinia, die hier von der Krankenkasse hingeschickt werden, keinerlei Luxus empfinden. Eintritt in die Thermalschwimmbecken um 5 DM.

Folgende Hotels haben Pools: Parco delle Querce (eines der wenigen Hotels, das nicht völlig vergammelt ist, DZ 40 DM), Terme Capasso, mit dem größten Becken und dem heißesten Wasser, Terme Rosapepe, Terme Forlenza. Alle nicht ganzjährig geöffnet.

In der Landschaft eine Reihe von bisher ungenutzten Quellen, die aber fast immer nicht für ein Bad ausreichen. Am Beginn des etwa 4 km langen Thermalgebietes ein Gratistümpel.

Verbindungen: A 3 Contursi, dann S.S.91, ca. 7-10 km.

In der Landschaft eine Reihe von bisher ungenutzten Quellen, die aber fast immer nicht für ein Bad ausreichen. Am Beginn des etwa 4 km langen Thermalgebietes ein Gratistümpel.

Verbindungen: A 3 Contursi, dann S.S.91, ca. 7-10 km.

Eisenbahn: Staz. Contursi (Linie Battipaglia - Potenza / Lagonegro), alle Züge haben Anschluß an einen vorsintflutlichen Bus, der zu den Thermen fährt, der Fahrer weiß auch, wo man am besten baden kann, nimmt sich Zeit, überall nachzufragen.

Monti Alburni

Bei gutem Wetter sieht man die 20 km lange Felswand aufragen. Steht man dann davor, scheint sie in den Himmel zu gehen, fast 1000 m senkrechte Wand. Von Süden her geht es dafür recht sanft aufwärts. Hirtenlandschaft mit einigen übriggebliebenen Bergwäldern. Bizzare Karstformen, Felsnadeln, bodenlose Schlünde, Grotten und Höhlen. An den Rändern starke Quellen.

Höchster Gipfel: Monte Alburno (1742 m). Auf der Hochfläche, deren Ränder auf Straßen erreichbar sind, dichtes Wegenetz.

Besonders reizvoll die Überquerung der Alburni von Castelcivita nach Sicignano (ein etwas Schwindel machender Weg durch die Steilwand), von Corleto Monforte nach Auletta. Jeweils ein Tagesmarsch. Auf der Hochfläche keine nennenswerten Quellen, nur einige Brunnen (die Hirten lassen dort Eimer und Strick zur freien Benutzung).

Karten: IGM 1:25.000, 198-I-SO Sicignano degli Alburni. wer das Gebiet intensiver erwandern will: Karten IGM 1:25.000, 198-I-SE Auletta, 198-II-NO Castelcivita, 198-II-NE S.Angelo a Fasanella.

Zufahrten auf die Hochebene: Stichstraße abzweigend von der Straße Ottati-Castelcivita, etwa 2 km hinter Ottati. Straße S.Angelo a Fasanella-Petina.

Hotels:

Petina: **Marina** (IV cat.), DZ ca. 20-23 DM, Tel.: 0828 / 97 60 44

Pertosa (bei der Höhle): **Cafaro** (IV cat.), DZ ca. 25 DM, Tel.: 0975 / 37 045

Postiglione: **Monti Alburni** (P.3), DZ ca. 25 DM, Tel.: 0828 / 97 10 92.

Sicignano degli Alburni: **Vecchio Scorzo** (IV cat.), DZ ca. 30 DM, Tel.: 0828 / 97 80 15.

HÖHLEN:

Grotta di Castelcivita, 4 km vom Ort. einer der größten Tropfsteinhöhlen-komplexe, 1,7 km begehbar, 8-ca. 20 Uhr offen, Eintritt 5 DM (Führung).

Grotta di Pertosa: phantastische Tropfsteinhöhle, in die man über einen kleinen See mit dem Nachen einfährt. A 3 Petina (von Norden) oder Polla (von Süden), dann S.S.19.

Bahn: Station Pertosa an der Strecke Salerno - Lagonegro, nur wenige Züge. Offen von 9-17.30 Uhr. Eintritt 6 DM.

Roscigno

Aus dem alten, verlassenen Dorf haben die örtlichen Tourismus-Strategen ein "Pompei des 20. Jahrhunderts" gemacht. Interessant ist der Ort: ein Stück Süditaliens von der Ankunft der Autos und der alles nivellierenden, aber erdbebensicheren Betonskelettbauweise, lohnt als Abstecher. Zudem eindrucksvolle Berglandschaft und gute Basis für die Monti Alburni.

*Miramonti, modernes Einfachhotel am Ortsrand, Dz 25 DM.

Felitto

Abenteuerlich auf einem Felsgrat über der Calore-Schlucht, in die man unterhalb des Orts ein Stück sehr bequem hineingehen kann. Auf der Straße Richtung Castel S. Lorenzo bis zur Brücke, dort Auto abstellen und neben der Brücke im trockenen Bewässerungskanal reingehen, soweit es möglich ist. Nach 15 Min. macht ein Erdrutsch den Weiterweg unmöglich. Unter rauschenden Wassermassen, oben hart am Abbruch die Häuser von Felitto, am Weg reichlich aromatische Kräuter.

In Castel S. Lorenzo an der großen Piazza eine Einfachosteria, wo man familiäres Mittagessen und sehr leckeren Familienwein für wenig Geld bekommt.

Die S.S. 18 Vallo di Lucania-Policastro Bussentino:

Während die S.S. 18 zwischen Paestum und Vallo di Lucania fast durchgehend als Schnellstraße ausgebaut und durch sanftes Hügelland und weite Täler führt, sind die folgenden 60 km bis zum Meer (Golfo di Policastro) steigungsreiche und ringelige Gebirgsstraßen, viel durch Wälder und Kastanienhaine. In den Dörfern scheint die Zeit stehen geblieben zu sein. Man fährt meist am Fuß der Berge, sanfte, auch im Hochsommer saftig grüne, Landschaften wechseln ab mit bizarren wie Felswänden, kahlen Bergklötzen, Kalknadeln und eingeschnittenen Schluchten. Viel Verkehr herrscht nicht, bald mehr Esel und Pferde als Autos.

Vallo di Lucania

Kleinstadt, die für den mittleren Teil der Cilento-Küste das wichtigste Zentrum ist. Knapp 20 km vom Meer, zugleich einer der besten Zugänge für den inneren Cilento, rauf auf den Monte Sacro sind es nur 10 km.

Hotel: **Mimi**, brauchbares Mittelklassehotel an der S.S. 18. Meist von Durchgangsreisenden frequentiert, so Alternative zur Küste, wenn dort nichts zu bekommen ist. DZ 40 DM.

RESTAURANTS

LA CHIOCCIA D 'ORO (die goldene Schnecke). An der S.S. 18 am Bivio zum Monte Sacro. Ambiente und Küche ländlich, man kann schön unter großen Kastanien und Olivenbäumen sitzen. Fleisch vom Lamm und Zicklein, Pilze und Kräuter aus den Bergen sind die Hauptzutaten.Essen um 25-30 DM. Montag geschlossen. Ferien Mitte September - Mitte Oktober.

MOIO DELLA CIVITELLA : Bergdorf mit interessantem Museum über das bäuerliche Leben im Cilento. Entsprechend im Rahmen des heimatkundlichen Unterrichts. Das alte Dorf mit seinen Kleinpalästen lohnt den Abstecher sowieso.

Monte Sacro - Monte Cervati

Bergmassiv, wieder aus allen Richtungen von weitem zu sehen, 35 km lang, 15 km breit. Im Inneren völlig unbewohnt. Trennt den Cilento in Norden und Süden. Über die Berge, Pässe für Fußgänger. Höchster Punkt: Monte Cervati (1852 m). Heiligtümer auf dem M.Cervati (Madonna della Neve) und dem M.Sacro (Gelbison): Madonna di Novi Velia, wo im Mai und September hochverehrte und uralte ("schwarze") Madonnen von Tausenden besucht werden, die Essen und Musik mitbringen und auf den Segen hoffen.

Die Madonna von Novi Velia kann inwzischen mit dem Auto besucht werden - oben gibts eine Trattoria, auf der noch lange der Segen der Madonna ruhen möge - man ißt genuin. Zur Mad. della Neve führen nur Fußpfade.

Karten: IGM 1:25.000, 198-I-NE Pruno, 198-I-SE Rofrano, 198-IV-NO Monte Cervati.

Im Gebiet von Pruino und Carmignano eine zerfressene Karstlandschaft (mit dem Auto kommt man auf Fahrwegen und Pisten ziemlich weit. Riesige Buchenurwälder und einsame Hirtensiedlungen).

Wanderungen: Laurino - Rofrano, Rofrano - Monte Sacro. Tagesmarsch. viele Quellen unterwegs. Auf den M.Cervati von Sanza, Straße nach Laurito bis Ponte dell'Inferno, dann asphaltierte Forststraße bis Grotta di G.Baretta, dann Weg, ca. 3 Std. Oben Überblick über den ganzen Cilento bis hinter den Vesuv und tief nach Calabrien.

Laurino

Hübsches Dorf aus weißem Kalksandstein in Blickweite des Monte Cervati über einer tiefen Schlucht. Für Wanderungen in die Hochregion des Cervati ebenso geeignet wie das benachbarte Piaggine. Nachteil allerdings auf dieser Seite des Berges die recht langen Anmarschwege, da man alles zu Fuß machen muß.

Die auf der TCI/K+F Karte eingezeichnete Asphaltstraße ab Piaggine hat es nie gegeben. Details siehe Seite QWÜ

Hotel (in Laurino):

***La Rupe**, Werbetafeln allenthalben an den Hauptstraßen im Südcilento. Sie haben aber nicht viel Belebung gebracht. Als Hotel und noch mehr als Restaurant eine der erfreulichsten Aufenthalte im Landesinneren. Ländlicher Frieden zusammen mit ganz persönlicher Gastfreundschaft, und die Küche bietet Außergewöhnliches (deshalb auch beliebter Ort für Hochzeitsbankette).

Hart über der Schlucht gelegen, ein heller, hellhöriger Neubau. Die Zimmer groß und vernünftig ausgestattet. Vom Balkon oder Fenster schwindelerregender Blick in die Tiefe. Aber auch in die Weite der Cilentoberge.

Essen: Die Küche wird von der Mutter gemacht, Nudeln, Fleisch (Lamm,Zicklein), Salami und Schinken lokaler Produktion. Da oft tagelang kaum Gäste da sind, unbedingt vorbestellen, denn sonst wird improvisiert. Leckere mit Gemüse gefüllte Pizza. Zwar abseits, aber eine der besten Landtrattorien in ganz Süditalien. Essen um 22-25 DM wenn man voll in die Spezialitäten langt, sonst schon ab 15 DM. DZ 21 DM, VP pro Kopf 35 DM.

AUSFLÜGE:

Aufstieg auf den Monte Cervati. Mit 1898 m der höchste Cilento-Berg. Unten große, recht einförmige Buchenwälder, oben kahle Schafsweiden und zerfressene Karstflächen und ein Riesenblick, sofern nicht Wolken oder Nebel aufkommen, was auch im Sommer nicht selten ist.

Ab Piaggine auf Forststraßen im Tal (unbefahrbar) innen in die Gebirgsgruppe hinein. An deren Ende steiler Aufstieg auf sichtbaren Pfaden. Oben bei der Wallfahrtskirche Madonna della Neve Dach über dem Kopf. Wegdauer ab Piaggine ca. 8 Stunden. Schneller und weitaus bequemer geht es von der anderen Seite des Massivs: 10 km hinter Sanza

(Richtung Rofrano) zweigt eine Asphaltserpentinenstraße ab, die bis auf 1.700 m führt. Dann noch 2 Stunden Aufstieg.

Cuccaro Vetere, etwas abseits der Staatsstraße. Halbverlassenes Dorf zwischen Gärten, reizvolle architektonische Details an den Häusern. Nach 3 km Abzweig zum Meer, am reizvollsten und zeitintensivsten die Ringelstraße über Licusati-Camerota nach Marina di Camerota, wesentlich schneller geht es durchs Mingardo-Tal nach Palinuro.

Laurito, staffelt sich kompakt den Berghang rauf. Abzweig einer asphaltierten Nebenstraße ins Vallo Diano (nach Padula). Zwischen Rofrano und Sanza Stichstraße bis unter den Gipfel des Monte Cervati, dem höchsten Cilento-Berg.

Torre Orsaia an der S.S. 18, noch 11 km vom Meer entfernt, mit brauchbarem Hotel, fürs Geld ordentlich und Basis für Meer und Berge im Süden-Cilento.
**Laterna Verde, DZ 35 DM.

Vallo di Diano

Hochtal - früher ein See. Berühmt für Butter und Käse - und besonders die Burrini (außen Käse - innen Butter). Nur noch selten bekommt man die bunt bemnalten zweirädrigen Karren zu Gesicht.

Von der Architektur her sehenswert (nur kurze Abstecher von der A 3).

Teggiano

Eine Kleinstadt mit vielen mittelalterlichen Gebäuden, die sich um eine Bergkuppe über dem Tal wickelt. Bis auf den Dom (innen mittelalterlich, mit interessanten Kleinkunstwerken, Kanzel, Reliefs) zur Zeit alle Kirchen (meist Mittelalter mit barocken Zutaten) fest in der Hand von Restauratoren.

*Eldorado, Mitten im Ort. Einfachhotel, das schon bessere Tage gesehen hat. In der Woche meist von Stammgästen belegt, am Wochenende dafür leer. Sauber, ruhig, frostig. Preis unbedingt vorher klarmachen. Keinen Zuschlag akzeptieren, weil man nur eine Nacht bleibt und dadurch die Bettwäsche schneller als gewohnt in dieWaschmaschine muß. DZ o.B. 27 DM.

*San Marco, ca. 4 km außerhalb an der Schotterstraße nach Piaggine. Ganz simpel, in einem Minidorf, DZ 18 DM.

Straße Piaggine-Sella del Corticato-Teggiano: 28,5 km, meist Schotter, z.T. in schlechtem Zustand. Einsame, landschaftlich reizvolle Paßstraße durch die Hochregion der Cilento-Berge. Meist kahle Hirtenlandschaft mit Blick auf verkarstete Felsketten.

PADULA: riesiges Kartäuserkloster aus dem Spätbarock, sehr repräsentativ, gute Stuckarbeiten, kleines archäologisches Museum, zur Zeit Magazin für gerettete Kulturgüter aus den Erdbebengebieten.

S.Arsenio (A 3, Ausfahrt Polla): Albergo - Ristorante La Braida (IV cat.), einfach, DZ 25 DM, im Rist. - typisches Honoratiorenrestaurant zwischen raffiniert und genuin. Viel auf der Basis von Lamm, Zicklein und Huhn, DM 25. Tel.: 0975 / 36 050.

TRATTORIA DA ALESSIO, an der Ausfahrt Picerno der Superstrada S.S.407 Basentana (Ri.Potenza). Fernfahrertreff, wo man kräftige, ländliche Genüsse aufgetischt bekommt: hausgemachten Schinken und Salami, Lamm, Zicklein, Schwein - alles von Tieren, die halbwild durch die Wälder ziehen, selbstverständlich auch handgemachte Nudeln. Um 25 DM.

Polla: dicht an der Autobahnausfahrt: MOTEL TEMPIO, absolut ohne jede Stimmung. Wenig Auswahl, aber das Wenige dafür genuin. Ca. 18-25 DM.

AL CINGHIALE, direkt über dem Tanagro: in der Jagdsaison Wild, sonst Forellen aus dem Tanagro (der ist noch sauber), phantasievolles aus Huhn, Lamm und Rindfleisch. Gute Nudeln, ca. 20 DM.

Sala Consilina: VILLA DIANA, S.S.19, kräftige Suppen, gute Lasagne, Fleisch aus dem Backofen, ca. 23 DM.

Gemeinde Maratea (4.900 Einw.)

Zieht sich über 25 km Küste, die zur schönsten Italiens zählt. Im Hintergrund Berge, die fast senkrecht ins Meer abfallen, dazwischen winzige Sandbuchten, darunter einige, die nur vom Meer zugänglich sind. Das Wasser glasklar und reich an Fischen.

Und das Wichtigste: die Bauspekulation ist hier fast völlig rausgehalten worden. Keine elefantösen Hotelbauten, die ganz wenigen Feriensiedlungen ziemlich im Hintergrund und durch die kleinen verstreuten Bauernhäuser neutralisiert.

Tourist Info: A.A. Piazza del Gesu, 85040 Maratea (S.Venere), Tel.: 0973 (Vorwahl für die gesamte Gemeinde) / 87 61 29. Dort auch Vermittlung von Hotelzimmern, Ferienwohnungen und Zimmern bei Privaten. Es wird auch Deutsch gesprochen.

Verbindungen

Auto: A 3 bis Lagonegro Nord, dann nach Sapri oder auf Schnellstraße 585 bis zum Bivio Praia a Mare, dann S.S.18.

Bahn: 3 Bahnhöfe an der Linie NA-RC / Sizilien: Acquafredda, Maratea, Marina di Maratea. In Maratea halten einige wenige Schnellzüge, meist muß man in Sapri oder Paola auf Locale umsteigen.

Zwischen den einzelnen Ortsteilen am Meer und in die höher gelegenen Dörfer fahren Busse, aber nicht sehr häufig!

Mietauto: Maratea: Maggiore (Trotta), Tel.: 87 67 73

Hotels

Man merkt es ihnen gleich an, daß der Tourismus hier organischer gewachsen ist als anderswo, und scharfe Landschaftschutzvorschriften wie überall in der Region Basilicata haben schnelle Geschäfte im Landschaftsverbrauch verhindert. Neben wenigen Spitzenhotels überwiegend als Familienbetriebe mit sehr viel lucanischer Gastfreundschaft geführt.

Die kleineren Pensionen waren früher meist Bauernhäuser, die Bauform und das genuine Essen aus Garten und Kleintierställen erinnern daran. Alle bis auf die wenigen Betriebe in den Ortszentren sin in Gärten und Haine aus jahrhunderte alten Bäumen eingebettet.

Camping: an der gesamten Maratea-Küste kein Platz, weil zuviel Landschaftsfraß. Freicampieren absolut verboten. Auch im bergigen Hinterland schlecht möglich, weil sehr dicht besiedelt.

AUSFLÜGE:

In die Gebirgszonen von Pollino und Montagna di Orsomarso (siehe Band SÜDITALIEN dieser Reihe), wen nach flachen Sandstränden als Abwechslung gelüstet ans Jonio bei Nova Siri und Sibari.

Im Juli / August (Gleitkufenboote) mehrmals in der Woche ab Maratea Porto nach Stromboli (2,30 Std., 55 DM einfach) und nach Lipari (3,30 Std., 65 DM einfach). Beseitigung des Vulkankegels, schwarze Lavastrände und heiße Quellen, ausgezeichnete Inselküche. Bei längerem Aufenthalt bei der A.A. in Maratea für die Inseln Unterkunft reservieren lassen.

Mehr Infos im Band SIZILIEN dieser Reihe.

Buchtip: Conoscere Maratea, Napoli 1979 (Guida Ed.) 6 DM. Überall, wo es Zeitungen und Bücher gibt. Enthält: Geschichte, interessante Häuser, Paläste, Kirchen, Spaziergänge im Ort, Wanderungen an der Küste (sehr brauchbar, denn die Wege dort sind nicht immer leicht zu finden). Tips, wie man an alle Strandbuchten, auch die allerkleinsten, kommt. Meeresgrotten. Das Kapitel Küche ist von Umberto Avigliano, dem Koch von Za'Mariuccia, geschrieben. 4 brauchbare Karten beigelegt. Kleiner Bildteil.

Strände:
Kleine, zum Teil winzige Buchten in der Felsenküste, teils steinig, teils schiefergraue glatte Kiesel, stellenweise grobkörniger Sand. Wird sofort tief. Das Wasser strahlend blau und grün und völlig durchsichtig. Auf den Klippen Macchia aus aromatisch duftenden Sträuchern und Pinien. Eine Reihe von Buchten sind über Stichstraßen erreichbar, die in vernünftigem Abstand vom Strand enden, dann Zugang über Wege und Treppen. Teeranschwemmung minimal. Ideal zum Schnorcheln und Tauchen.

Die Ortsteile an der Küste:

Von Nord nach Süd: wegen der Panoramen auf die Steilküste mit ihren türmebewehrten Caps, Landzungen, Klippen, tief eingeschnittenen Buchten, Fjorden, vorgelagerten Inselchen, den kegelförmigen Bergen im Hintergrund, die eigentümlich glattgeschliffen wirken, sollte man die S.S.18 zwischen Sapri und Praia a mare in beiden Richtungen fahren. Die Eisenbahn bringt nichts, fast immer unterirdisch.

Sapir - Acquafredde: das steilste und unzugänglichste Stück Küste. Die Straße ist in den Felsen hineingesprengt, an den Rändern solide Mäuerchen, denn stellenweise geht es über 100 m senkrecht hinunter. Am km 220 führt ein windiger Fahrweg in eine Felsenbucht. Das Auto läßt man besser oben. Einige winzige Buchten und Meeresgrotten nur per Boot erreichbar.

★ACQUAFREDDA

Kleine Häuser zwischen Gärten. Eine steile und enge Straße führt abwärts zu zwei längeren Buchten mit Kiesstrand. Im Sommer und an Wochenenden hoffnungslos überlaufen.

Mary (P.**), am Strand, äußerlich im Stil eines lucanischen Bauernhauses, innen modern und geräumig, schattige Terrasse, auf der bei gutem Wetter gegessen wird. Lucanische Küche mit napoletanischen Akzenten. Essen 30 DM, DZ 45 DM - aber nur außerhalb der Saison, sonst VP, pro Kopf NS 65 DM, HS 80 DM. Tel.: 87 70 25.

Gabbiano / Albatros (II cat.), direkt am Strand, eigene Badebucht, moderner unaufdringlicher Komfort. Basis für Taucher, eigene Boote, um die Felsküsten kennen zu lernen. DZ NS ca. 50 DM, VP HS 90 DM pro Person.

Acquafredde - Maratea Porto: weniger wilde Steilküste, die Buchten teilweise von der S.S.18 auf steilen Pfaden zu Fuß erreichbar.

Hotel Villa del Mare (II cat.), an S.S.18 in Terrassen über dem Meer, modern, 1981 einige Teile noch im Bau und Umbau, in den Berg hineingebaut, Aufzug zum Strand (und auch ein Treppenweg). Interieur im spanisch-rustikalen Stil, der überall im Süden den eigenen kunsthandwerklichen Traditionen das Wasser abgräbt. In Vor- und Nachsaison dient das Hotel häufig der NATO als Seminar, Swimming-Pool, Disco, große Gärten, Küche mehr international orientiert. Nur Pension: VP ca. 140 DM, HP ca. 125 DM / Kopf. Inm NS ca. 30% billiger.

★CERSUTA, Gruppe von Bauernhäusern in den Gärten, an der S.S.18.Trattoria DA CESARE (Laden, Pizzeria, ein paar Tische im Garten, der vierschrötige Wirt ist sehr darauf bedacht, daß niemand hungrig oder durstig aufsteht!), billig, Nudeln, Pizza, genuines Fleisch, als Antipasto Schinken, Käse, Feigen - kein Fisch!

Strände von Cersuta bei Capo la Nave und Torre Apprezzami l'Asino auf Pfaden erreichbar, sonst nur per Boot. Zum Torre Apprezzami l'Asino (= schätz mir den Esel) Pfad am km 229 und eine wahre (?) Geschichte:

Vor dem Bau der S.S.18 (um 1930) war der Weg hier so schmal, daß nur ein Esel Platz hatte. Als sich dann zwei Tiere begneteten, wußten sich die Besitzer keinen anderen Rat, als den Wert der Tiere zu vergleichen und den weniger Wertvollen in die Tiefe zu werfen.

★MARATEA FIUMICELLO

Stichstraße. Hier die meisten Hotels und Ferienhäuser. Stazione di Maratea in der Nähe. Unterhalb lange Bucht mit teils steinigem, teils grobsandigem Strand. Wenn was los ist, der überlaufendste Ortsteil. Sehr schön, aber die Strände, Klippen und Buchten weiter südlicher bieten mehr. Im Zentrum von Fiumicello die Hotels, reichlich Shopping (in der Nebensaison vieles dicht!), die Touristeninformation (A.A.). Südlich des Caps von S.Venere Weg am Meer entlang, kleine Badebuchten. Richtung Porto in der Bucht Darsena Möglichkeit Boote zu mieten. Die Insel vor dem Kap und das Kap selbst gehören zum Hotel S.Venere und sind nur Hotelgästen zugänglich.

Santavenere (Luxus), in einem Park beim Sarazenenturm auf dem Cap gelegen. Mit etwas mehr als 40 Zimmern, klein, erlesen eingerichtet - keine "spanischen" Möbel, sondern viel Authentisches. Für mich von Lage und Ambiente her das schönste Hotel Süditaliens. Nur VP (und längerer Aufenthalt). VP NS 210-320 DM, HS 420 DM, Swimming Pool und Tennis. International gefärbte ital. Küche mit starkem maritimen Akzent. Offen von Mai bis September. Vorbestellung Tel.: 87 61 60.

Settebello (III cat.), einfach, in den Zimmern nichts "Überflüssiges", auch Zimmer für größere Familien. Nur im Juli / August Pension Bedingung, sonst auch Zimmer solo. DZ ca. 45-55 DM, Essen um 30 DM (lucan. Küche, viele gefüllte Gemüse, Fisch). Dicht am Wasser, Tel.: 87 62 77.

** Murman, neben der Touristeninformation. Gut gefühjrtes älteres Familienhotel. HP (NS) 60 DM pro Kopf, HS 72 DM. Tel.: 87 69 31

RESTAURANTS

Rist. LA QUERCIA, kleine Gartentrattoria am Straßenramd 1 km oberhalb des Hafens. Wirtsfamilie, der das Kochen im Blut liegt - inzwischen haben die jungen Leute die Eltern abgelöst, aus der preiswerten Fernfahrertrattoria ist ein

Touristenlokal geworden. Vom Antipasto bis zum Hauptgericht alles auf Fischbasis, sehr schmackhaft - Insalata di mare und Risotto con frutti di mare probieren. Komplettes Essen um 40 DM. Ganzjährig offen, kein Ruhetag.

★MARATEA SUPERIORE

Der alte Ort oben auf dem Berg (300 m). Eine verwinkelte Kleinstadt mit schmalen steilen Gäßchen, verfallenden Häusern, malerischen Winkel. Viele Hauseingänge mit großen schweren Torbögen in Diamantmauerwerk.

Verglichen mit den Dörfgern des eigentlichen Cilento nördlich von Sapri ist Maratea ein deutliches Stück Lucanien: hübsche grazile Frauengestalten, denen die schwarze Kleidung steht. Die Häuser mit Fassaden wie sehr kleine Paläste, viele Rundbögen, Innenhöfe mit Blumen und Topfpflanzen.

Fußweg vom Maratea Superiore zum Hafen: beginnt am Hauptplatz. Ein schmaler, steiler Weg durch die Gärten, vorbei an Häuserguppen, zum Teil Treppen. Zum Erfrischen einige Brunnen. Abwärts in 20 Min. zu schaffen, aufwärts besser den Bus nehmen! Am Bahnhof ist der unterbrochen - Unterführung nehmen, dann links ca. 150 m an der Bahn auf Straße entlang, bis rechts wieder der Fußweg beginnt.

RESTAURANTS

Rist. VILLA FLORA (mit einigen sehr schönen Zimmern), DZ um 60 DM. Liegt etwas außerhalb des alten Orts an der Straße nach Trecchina zwischen viel Grün. Gute lucanische Nudeln, neben Fisch (nicht nur vom Grill) auch sehr gute Fleischsachen. Essen ca. 30 DM. Offen Juni-Sept., Tel.: 87 63 83.

Tratt. LA TORRE, am Hauptplatz, kahler, weißer Saal, mit ein paar alten Glasschränken, vergnüglich der Blick durch die Tür auf den Platz. Keine außergewöhnlichen Speisen, jedoch gut zubereitet, mit 25-28 DM für Maratea billig. Offen Juni- Mitte September. Grauenvoller Kronkorkenwein.

AL CONVENTO, im oberen Teil der Altstadt - Treppenweg. In einem rekonstruierten Stadtpalast, schöner Innenhof. Sizilianische Küche - mit allen Überraschungen des Süß-sauren, lecker. Komplettes Essen (inkl. Antipasto) um 32 DM. Lokaler offener Rosato, sonst lucanische und sizilianische Flaschenweine.

Einkaufen: auf dem Hauptplatz (Piazza Buraglia) jeden Werktag Markt - Grünzeug und Käse aus den um Maratea gelegenen Dörfern. In der Enoteca leckerer Wein aus dem Umland.

Ausflüge in der Umgebung:

1) zum Christus: ca. 5 km schmale Straße - oben altes Kloster und ein riesiger Stahlbetonchristus. Der beste Aussichtspunkt entlang der gesamten Küste.

2) Massa und Brefaro: kleine Häusergruppen auf einer Hochebene, Straße zweigt unterhalb des Christus ab. Viel Grün von Gärten und Weinfeldern.

Oben - praktisch auf dem Gipfel entsteht ein riesiges Hotelzentrum, um den bisher in Maratea fehlenden Pauschaltourismus heimisch zu machen. Hoffentlich ist es nicht der erste Schritt zum Landschaftsfraß!

3) Oberhalb von Maratea Superiore Spaziergänge zu mehreren Klöstern und Wallfahrtskirchen - auf kleinen Straßen z.T. auch Abkürzungswege, die Fußgängern vorbehalten sind: Chiesa del Rosario (schöner Renaissancekreuzgang), Convento dei Paolotti - beide von Wald und Gärten umgeben.

Auf der Straße abwärts, dicht am Bivio mit der S.S.18 Villa degli Aranci (9 einfache Zimmer), mit schöner Terrasse und traditioneller Küche. DZ 45 DM, VP NS 55 DM, HS 75 DM.

★MARATEA PORTO

Stichstraße. Selbst im Hafenbecken ist das Wasser sauber. Kleiner Fischerei- und Yachthafen mit Atmosphäre.

Bar "Yachtman Club", Terrasse: Eis und Granita.

Rist. ZA MARIUCCIA, nachdem schon ein paarmal erwähnt, die genauen Daten. Auf einen Felsen über dem Hafen. Für mich eines der besten Fischrestaurants des Südens, abgesehen von den eigenwilligen Nudelcreationen, die den Geist des gebirgigen Lucaniens auf den Teller bringen. Die handgemachten Nudeln meist und am besten ganz einfach al pomodoro, weil so die diversen Nudelgestaltungen ihren Wohlgeschmack am idealsten entfalten. Wo Nudeln mit Meeresgetier verbunden werden, sind in der Regel Spaghetti aus Fabrikproduktionen auf dem Teller, sie sind fester und gleichzeitig geschmeidiger, werden Muscheln, Fischchen und kleinen Calamaretti eher gerecht.

Unter den Fischpreisen erst einmal Zuppa di pesce (mindestens 6-8 Arten Fisch), scampi, Edelfische wie Dentice, Sarago, Triglia, Spigola und Languste werden nach Gewicht berechnet.

Große Auswahl an Wein aus ganz Italien - man greife zum lucanischen Wein (der meist nicht aus der Gegend kommt). Essen ohne ganz spezielle Dinge um die 30 bis 35 DM.

Rist. LATERNA ROSSA, überm Hafen, klassisches Ambiente mit steifen Stühlen, sehr weißen Tischtüchern, leise sprechenden Kellnern und dem Besitzer, der seine Gerichte vorstellt. Küche mit stark nordit. Akzent. Nudeln und Risotti mit Meeresfrüchten, Fischsuppem, Fischspieße vom Grill, Krebse, Sepia im eigenen Saft. Nur (recht teure) Flaschenweine. Mittlerer Preis 50-60 DM, fürs Antipasto (aus feingehackten Meerestieren) noch 8-15 DM extra.
Der Wirt organisiert auch Bootsfahrten entlang der Küste!

★Maratea Porto - Praia a Mare

Felsküste mit Sandbuchten, insgesamt aber leichter zugänglich. Nach Süden hin zunehmend Macchia. Hier insgesamt die Badebuchten, die am wenigsten oder garnicht verbaut sind, trotzdem viel Sand bieten und relativ leicht zugänglich sind. Stichstraßen ans Meer.

Höhle: Grotta della Marina - schöne Tropfsteinhöhle, zugänglich mit Führung - nur Juli-Sept., offen tgl. 9-13, 16.30-20.30 Uhr, Parkplatz am km 237 der S.S.18. Gebühr ca. 3 DM.

Marina di Maratea - lange schöne Bucht.

****Albergo Marsidea**, modern, etwas zu viel Plastik und Kunstleder (woran sich Italiener wenig stören). Zimmer mit Blick aufs Meer und direkter Zugang zu einer kleinen von Klippen gesäumten Bucht. Küche nicht meine Richtung. Eisenbahn störend. DZ ca. 48-55 DM. Tel.: 87 90 03.

S.S.18, km 239, zwischen hohen Bäumen **Pensione Martino**, ein lieblicher Ort (Juni-September, bislang ausschließlich von Italienern frequentiert. Man kann schön im Freien sitzen und tafeln). Bäuerlicher Familienbetrieb, im Winter Landwirtschaft. Weg zu kleinem Strand. Im Juni und September Chance Platz zu finden, VP um 65-80 DM. Tel.: 87 91 26

Südlich dann karge Vegetation, nur noch Fußwege an die steinige Küste. Dort Möglichkeit zu Spaziergängen auf kleinen Pfaden über dem Meer.

Lido di Castocucco: weite flache Sandbucht mit Feldern im Hintergrund, Flußmündung. Einziger Campingplatz Marateas, unter Eukalyptusbäumen - also wenig Schatten. Am Strand sieht man freie Camper. Straße zum Strand sehr schmal, Besitzer von breiten und hohen Wohnmobilen sollten an der Brücke unter der Eisenbahn prüfen, ob sie hängen bleiben. Stichstraße am Bivio S.S.18 / 585

Der Fluß die Grenze zu Calabrien.

Landesinneres:

Ohne aufregende Berggipfel, tiefe Schluchten, bizzare Felsnadeln. Eine kleinräumige Bauernlandschaft, völlig abseits der Touristenströme, trotz der Küste in der Nähe und der Autostrada im Rücken. Dörfer auf den Bergrücken, wo die ländlichen Baumeister und Steinmetze der Vergangneheit ihr Gefühl für Kleinigkeiten und die Einheit der Dorfstruktur realisiert haben. bei aller Emigration und Begrenztheit der Konsummöglichkeiten, die selbst hartgesottenen Verächtern mitteleuropäischen Konsumterrors eng erscheinen mögen, hier findet man die Solidarität der Nachbarn, lokale Initiativen im kulturellen Bereich.

Die Bauern und noch mehr die alten Frauen besuchen den zugewanderten Maler oder Bildhauer bestimmt nicht aus geheucheltem Interesse - natürlich sind sie neugierig! Es gibt Kommunikation und die Söhne der Väter, die nach Milano ausgeandert sind, kehren Milano sicher nicht ohne Motiv den Rücken (eine Bewegung, die hier im Beginnen ist - ähnlich wie in vielen Dörfern des Pollino).

Die Dörfer bieten zudem mit wenigen Landgasthäusern und Locande Ausweichmöglichkeiten für die in der Saison überfüllten Küstenorte. Allerdings 10-25 km Fahrstrecke (einfacher Weg) rechnen!

Lagonegro

(6.500 E.)

Die Altstadt etwas versteckt, wie eine Häuserlawine den Hang hinunter. Ländliche Paläste mit Säulenloggien und Torbögen, wo einheimische Steinmetze ihr Können verewigt haben. Um Lagonegro viel kleinräumiges Kulturland, dahinter beherrschend die Riesenbergmasse des Monte Sirino und Blick auf alle Bergketten des calabrisch-lucanischen Appennins. In der Hochsaison brauchbar als Ausweichquartier, wenn es an der Küste überfüllt ist - nachdem sich Lauria, Rivello und Trecchina dafür schon stark herumgesprochen haben. 27 km auf der Superstrada bis zum Strand von Castrocucco oder Praia - Auto Voraussetzung!

Ausflug auf den **Monte Sirino** (2005 m). 20 km Straße ab Lagonegro oder 21 km von der Autobahnausfahrt Lauria Nord. Trotz einiger Landschafts-zerstörung unterhalbn des Gipfels am Lago Laudemio (Rifugio, Wintersporteinrichtungen, Zersiedelung) lohnend. Vom Lago Laudemio (kleiner Bergsee, 1525 m) im Zickzack auf Fußweg zum Gipfel. Bei klarem Wetter Blick über fast ganz Lucanien, den Pollino und die Berge Nordcalabriens, - und zu beiden Meeren.

Verbindungen

Lagonegro ist eine Verkehrsdrehscheibe für den öffentlichen Verkehr zwischen Napoli / Salerno, Potenza, lucan. Pollino-Region und Calabrien.

Zwischen den Lokal- und Fernbussen meist gute Anschlüsse. Busse in alle Dörfer der näheren Umgebung, nach Sapri, Maratea, Castrovillari, Praia a Mare, Senise, dort Anschlüsse in den Pollino und Richtung Matera.

Schnellbusse nach Rom, Napoli, Salerno, Potenza. Busstation an der Hauptpiazza.

Bahn

Lokalbahnlinie (FS) Lagonegro - Sicignano degli Alburni, dort Anschluß nach Battipaglia - Salerno und nach Potenza. Bahnhof am unteren Rand der Altstadt. 7-8 Triebwagenzüge am Tag, meist bis Salerno. Landschaftlich eine der schönsten Gebirgsstrecken Italiens, aber ausgesprochen langsam.

Die auf manchen Karten noch eingezeichnete FCL-Strecke nach Castrovillari gibt's seit über 10 Jahre nicht mehr - leider. Sie war die Krönung aller Gebirgsbahnen Süditaliens. Der FCL-Bus (auch er ist langsam) über die S.S.19 ebenfalls interessant, aber viel weniger!

Hotels / Restaurants

*****S.Nicola**, Piazza della Republica, Tel.: 0973 / 21 457. Mittelklassehotel, recht kahle Zimmer, aber o.k., DZ 40-45 DM.

Monte Sirino (P.**), Viale Colombo - außerhalb Richtung Autobahn, viel Vegetation. Zimmer einfach, vorbestellen, nur 11 Betten. DZ 40 DM. Gutes Essen, z.B. handgemachte Nudeln, Forellen, Lamm, um 35 DM.

***Verbena**, Via Umberto 58, Tel.: 21 062, einfache, sehr karge Zimmer, sauber, beim Duschen Hochwasser bis unters Bett, DZ 34 DM.

Zwischen Lagonegro und Laruia lohnt die S.S.19 unbedingt (von der Autostrada sieht man nichts). Viele Kurven, kaum Verkehr, Wäldchen immer wieder Blick aufs Meer, die Bergketten, die Tallandschaft des Valle Noce mit den Dörfern auf den Hügelspitzen.

Lago Sirino, direkt an der Straße, ein kleiner durch fantasieloses Bauen verunstalteter Bergsee.

Einfachhotel ***Da Mimi**, DZ 30 DM mit Resatuarant, bekannt für seine Forellen, Essen um 25 DM.

★Lauria (13.500 E.)

Runter ins Dorf fahren und nicht an den neuen Betonplattenvierteln stören! Innendrin enge Gäßchen, an den Häusern viele Architekturdetails wie Torbögen und Schmiedeeisenbalkons, viel Leben auf den Straßen, besonders seitdem Lauria als Ausweichquartier für die Küste entdeckt worden ist.

*****Isola di Lauria**, im Zentrum, gepflegt, obere Mittelklassem dazu gehört das Ristorante "Mignon" - nobel, hervorragender Service mit einem Heer von Kellnern, traditionelle Küche auf ein verfeinertes Niveau gehoben, und leichtem raffinierte Fleischgerichte im Stil der "neuen" Küche. neben dem lokalen Rotwein lang Weinkarte. Preis (ohne Getränke) um 40 DM, aber auch mehr. DZ 50-60 DM.

***** S.Rosa**, modernes gutgeführtes Mittelklassehotel, dicht am Zentrum in der Nähe der öffentlichen Grünanlage, DZ 35-50 DM.

Vittoria (P.*), einfach aber billig, DZ o.B. 17 DM.

★Rivello (3.000 E.)

Auf einem Bergrücken hoch über dem Noce-Tal. Der alte Ortsteil (Parkmöglichket am unteren Ortsrand) ist Nationalmonument. Jedes Haus, jede Gasse, sogar das Straßenpflaster stehen unter Denkmalschutz. Vom Castello Blick über die Dächerlandschaft. Keine ländlichen Palastfassaden mit Säulenloggiern und schönen Bogenportalen, noch einige Kellerräume mit Schmiedewerkstätten (meist Kupfer, auch Eisen). Im unteren Ortsteil ehemaliges Kloster mit einem geschnitzten Chorgestühl, hübscher Barockstuck.

RESTAURANTS

Rist. AL CASTELLO - mit Terrasse unterhalb der Burgruine. Aussicht über Ort und Tal. Traditionelle lucan. Küche, Forelle in Staniol, wenn's gibt, Lamm oder Zicklein vom Rost, ca. 30-35 DM. Offen Juni-Mitte Sept.

Hotels: außen zwei moderne, einfache Hotels, gut auch für längeren Aufenthalt - das Meer ist 20 km (Superstrada) entfernt: ****Monte Mare**, DZ 30-40 DM, ***La Panoramica**, DZ 30 DM.

Trecchina (3.000 E.), malerisches Dorf an der Ringelstraße nach Maratea. Im Ort das sehr einfache Hotel ***Da Mamma**, DZ o.B. 13-18 DM, je nach Saison - Zimmer ohne eigene Waschgelegenheit. An der Superstrada mehrere recht teure Hotels.

Südlich von Maratea geht die italienische Halbinsel weiter, noch für 250 km, wird immer schmaler und schroffer. Küste und Landesinnere greifen stark ineinander, die ideale Region für Leute, die mehr als Meer und Strandleben suchen. Lange Küsten mit viel Platz, obwohl dort eine infernalische Bautätigkeit viel angerichtet hat.

Dörfer in Schwalbennesterlage, Gebirgsketten, die in geringster Distanz vom Meer 2.000 und mehr Meter erreichen. Italiens unbekannteste und intakteste Natur. Infos für selbstgemachtes Reisen, Hilfen für eigene Entdeckungen im SÜDITALIEN-FÜHRER dieser Reihe: Apulien-Lucanien-Calabrien mit Infos zum Baden, Wandern (Gebirgstouren, Langsstrecken -Trekking quer durch die Halbinsel), sozialer und geschichtlicher Background, Kunstgeschichte, Ökologie, viele Tips zum Essen und Unterkommen, Verbindungen (inkl. des Schmalspurbahnnetzes der Ferrovie Calabro-Lucane). ca. 450 Seiten, 26,80 DM.

Und noch weiter südlich: von Maratea nach Sizilien sind es noch 200 km. Details zur größten Mittelmeerinsel und zu allen kleinen Inseln vor der sizilianischen Küste im SIZILIEN-FÜHRER dieser Reihe: Küste, Städte, Inseln, viel Innersizilien, Trekking im Ätna-Gebiet und der nordsizilianischen Bergkette zwischen Messina und Palermo. Hotelbeschreibungen, Campingtips, Agritourismus, Verbindungen und sehr viel Kulinarisches von der Eiswaffel bis zur Fischsuppe. Ca. 450 Seiten 24,80 DM.

Campanisches Binnenland

TERRA DI LAVORO - SAMNIUM - IRPINA

Das Hinterland Napoli´s, vor und hinter den schroffen Bergen, die bei klarem Himmel landeinwärts die Sicht versperren. Touristisch völlig im Abseits, einfach unbekannt, selbst Italienern. Dabei in Strenge und Weitläufigkeit eine Landschaft des Großartigen:

Die Küstenebene des Volturno-Tals die sich hier weit ins sonst bergige Campanien schiebt, verkarstete Kalkgebirge mit Ketten und steilen Felsschollen, intensiv bebautes reiches Hügelland, grün, kleinräumig, wo Erinnerungen an Toscana oder Umbrien kommen. Endlos kahle Hügel, Hirtenland das sich bis zur Adria nach Apulien erstreckt. Bis auf die irrwitzige Zersiedelung durch Vorstädte und Industriezonen zwischen Napoli und Caserta Bauern- und Hirtenland.

Mit meist riesigen Stadtdörfern auf den Kuppen. Caserta, Caserta Vecchia, S. Angelo in Formis und Benevento als wenig bekannte Kunstmetropolen, die auch für den "Nicht-Spezialisten" den Abstecher lohnen.

Die Verbindungen sind gut, die Einblicke in lebendige Vergangenheit sind außergewöhnlich, würden sie näher an touristisch begangenen Zonen liegen, würde dort ein unwahrscheinliches Getümmel herrschen.

Man kennt ihre geschichtsträchtigen Namen, schätzt Nudeln, Schafs- und Büffelkäse von dort (Benevento, Avellino und Capua stehen als Ortsnamen für höchste Qualität), erzählt hinter der Hand von Hexen und Magiern. Benevento steht da seit der Antike im besten und schlechtesten Ruf, und noch heute gilt es als geschäftsförderlich, wenn ein "mago" mit Studio in Rom oder noch weiter nördlicher Herkunft aus Benevento oder Avellino verweisen kann.

Tourist INFO Ausschließlich bei den EPT´ s in den Provinzhauptstädten: Terra di Lavoro (Prov. Caserta): EPT, Palazzo Reale, 81100 Caserta, Tel.: 0823/32 22 33.

Samnium (Prov. Benevento): EPT, -Via Nicola Sala 31, 82100 Benevento, Tel.: 0823/ 21 960.

Irpina (Prov. Avellino): EPT, Via Due Prinipati 5, 83100 Avellino, Tel.: 0825/ 35 169.

Verbindungen

Die Hauptzentren, keineswegs nur die Provinzhauptstädte sind schnell und häufig mit Napoli verbunden, so daß bei der Beschränkung auf ein kleines Gebiet schon ein Tagesausflug einen ersten Eindruck vermittelt, der unter die Oberfläche gehen kann.

Die nur für wenige Strecken befriedigenden **Bahnverbindungen** werden durch häufig verkehrende **Regionalbusse** ergänzt: Ab Napoli (Bahnhofsvorplatz oder Porta Capuana) zur Provinzhauptstadt, von dort weiter in die Provinz.

Unabhängiger ist man per **Auto**. Mietwagen gibt es nur in Napoli. Die Distanzen sind nicht groß, maximal 100 km. Das Netz von Autobahnen und gebührenfreien Schnellstraßen ist dicht.

UNTERKUNFT:

Ein ausgesprochenes Problemgebiet, denn viel gibt es nicht. Was in den größeren Städten und entlang der Hauptstraßen ist, schockiert entweder durch Preise, die dem Gebotenen nicht gerecht werden, oder ist unsagbar verkommen. Einige sehr wenige neuere Dorfhotels sind die positive Ausnahme von dieser Regel.

Wer das Auto dabei hat, sollte im Hügel - und Bergland Freicampen einkalkulieren, Plätze dafür, oft sogar mit Riesenblick und eigener Quelle, gibt es reichlich.

ESSEN UND TRINKEN:

Ein sehr vielgestaltiges Schlaraffenland mit überraschend niedrigen Preisen. Entlang der Hauptstraßen sehr viel Direktverkauf. Alle Arten von Obst und Gemüse in der Ebene, darunter die Kirschen, Pfirsiche, Wasser- und Honigmelonen, Tomaten und Nüsse in Spitzenqualität. Um Capua und in der Volturno-Ebene, Ricotta und Mozarella aus Büffelmilch. In den Bergen Schafskäse, Honig, scharfe schlanke Salami, sehr gutes Landbrot in großen Laiben.

Wein vor allem aus Solopaca (Benevento) und Taurasi und Tufo bei Avellino, von dort neben sehr leckeren offenen Bauernweinen, die es auch anderswo in der Region gibt, Spitzenweine in schlanken Flaschen, die als Superlativ unter den Weinen Süditaliens gelten. (Man merkt´s am Preis).

TERRA DI LAVORO

Die Provinz Caserta ist der Gemüsegarten Campaniens. Fast jeder 2. Blumenkohl made in Italy auf deutschen Tellern stammt von dort. Und man baut noch mehr an im "Land der Arbeit", wo kein Fetzchen Boden unbestellt bleibt. Charakteristisch, wenn auch immer mehr im Rückgang wegen hoher Arbeitslosigkeit, die "uva maritata" (verheiratete Rebe): Rebengirlanden in mehreren Reihen übereinander zwischen Ulmen, Pappeln oder Maulbeerbäumen, die der Landschaft etwas beschwingtes, tanzendes geben.

Die Berge in ihrer verkarsteten Kahlheit der Kontrast zur Ebene, nur nördlich des Volturno der klassische Kegel des erloschenen Vulkanberges von Roccamonfina mit einer bald tropischen Vegetation. Die Städte und die großen Stadtdörfer der Ebene ins Unermessliche gewachsen, unwohnlich, die Altstädte zwar voller Leben, aber auch voller Zerfall.

Geschichte:

Das Gebiet um Capua und Caserta ist seit der Antike eine der Herz- und Schlüsselregionen Italiens. Entsprechend oft wurden dort Kriege geführt, wechselten die Herrschaften. Zum Einen war es die Fruchtbarkeit, die anzog, noch mehr aber die Schlüsselstellung im Verkehrsnetz am Nordrand Süditaliens. Von hier aus hatte man den Zugang zu Napoli und der Golfregion und hier trafen sich seit der Römerzeit die entscheidenden Hauptstraßen, deren Verlauf mit den heutigen Staatsstraßen und Autobahnen weitgehend korrespondiert.

Von Rom herkommend, die Via Appia (über Terracina und Formia) und die ältere Via Latina (die heutige Via Caslina über Cassino), nach Süden die Via Popilia (nach Reggio di Calabria ungefähr längs der Autostrada del Sole, bis Salerno über Nola hinter dem

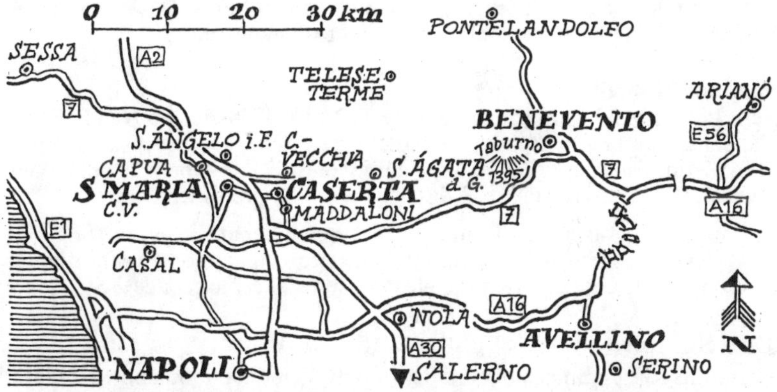

Vesuv verlaufend) und die schon im 3. vorchristlichen Jahrhundert über Capua/S. Maria Capuavetere hinausgebaute Via Appia, die wichtigste Fernstraße des antiken Italiens.

Das antike Capua (heute S. Maria Capuvetere) war über Jahrhunderte während der römischen Republik Italiens zweitgrößte Stadt außerhalb des griechisch kolonisierten Süditaliens. Mehrfach umkämpft, mal römischer Bundesgenosse, dann als Samnitenhauptstadt wieder selbständig, Basis für Hannibal im 2. Punischen Krieg, von den Römern total zerstört und dann wieder aufgebaut. Sitz der größten Gladiatorenschulen und Ausgangspunkt des Sklavenaufstandes unter Spartacus.

Erneute Bedeutung bekam das Gebiet im frühen Mittelalter für die Eroberung Süditaliens durch die Langobarden und später die Normannen, die in Süditalien über Jahrhunderte stabile politische, militärische und zivilisatorische Verhältnisse schufen, allerdings dann den Schwerpunkt ihrer Macht entsprechend ihrer Expansionsbestrebungen nach Benevento, Apulien, Napoli und Sizilien verlegten.

Die Terra di Lavoro geriet ins Abseits, wurde unsicheres Grenzland gegen den Kirchenstaat mit ebenfalls sehr expansiven Machtgelüsten. Das Land verkam, Entwässerung, künstlicher Bewässerung und intensiver Landbau wurden aufgegeben. In den Sümpfen, die nun wieder im Rahmen eines neuen natürlichen Gleichgewichts entstanden, machte sich die Malaria breit.

Einen letzten Aufschwung erlebte die "Terra" im spätbarocken Aufklärungszeitalter, wo der fortschrittlichere Adel nicht in Villen, sondern Mustergütern investierte. Akzente setzte auch die geplante Verlegung des Hofes von Napoli nach Caserta. Der König dachte allerdings mehr an seine Ruhe vor den unruhigen Volksmassen und Intellektuellen in Napoli und an die optimalen Jagdbedingungen in den Volturno-Sümpfen. Die königliche Seidenmanufaktur von S. Leucio bei Caserta (S. 327) blieb die Ausnahme.

Caserta

Die Stadt gibt es erst seit etwa 200 Jahren, als in den Sümpfen der Volturno-Ebene das "Versailles" der napoletanischen Könige gebaut wurde. Eines der größten Schlösser Europas. Die Stadt selbst bietet außer einigen Barockfassaden wenig, ist überwiegend modern, verlockt nicht zum Bleiben. Auch weil brauchbare Hotels fehlen, selbst was rasend teuer ist, liegt häßlich, ist unpersönlich und leicht verschlissen.

Verbindungen:

Sehr gut - alle 20 Min. (Sonntags alle 40 Min). TPN-Bus ab Napoli Porta Capuana, Fahrt ca. 1 Stunde. Außerdem reichlich Züge in Abständen von 10-45 Min. Fahrtdauer 30-50 Min. auf zwei Strecken (über Cancello oder Aversa), beim Lösen muß man das angeben, Fahrpreis identisch.

Bahnhof und Busterminal sind genau gegenüber der Reggia (Schloß). Stadtbusverkehr nach S. Maria Capuavetere-Capua, sonst recht dichter Verkehr in alle Orte der Provinz. Nach Caserta Vecchia ca. alle 2 Stunden.

Das Schloß ("La Reggia") und der Park:

Beides in Riesendimensionen. Die Bautätigkeit dauerte knapp 100 Jahre, fertig geworden ist der Kasten nie. Daten: Fassadenlänge 247 m, Grundfläche 44.000 qm, 1.200 Zimmer, 4 große Innenhöfe. Der Park ist 4 km lang (allerdings meist recht schmal). Weshalb man ihn per Auto besichtigt. Die wirklich interessanten Teile liegen in der hintersten Ecke.

Vom **Schloß** zu besichtigen der Museumsteil. Der Rest dient Verwaltung und einer Militärschule als Quartier. Viel Pracht (meist etwas kalt und steif), wo für edle Materialien das Geld knapp wurde, hat man es durch Imitationen ersetzt. Der meiste Marmor ist Gips. Interessant der königliche Nippes, und eine der größten Weihnachtskrippen (1986 in Restaurierungwar nötig).

Der Park: Reich an Wasserspielen und riesigen Becken. Fürs Wasser wurde extra ein Aquädukt gebaut (bei Maddaloni). Römische Vorbilder sind unverkennbar. Im hintersten Winkel ein hübscher Nymphengarten mit Palmen und exotischen Pflanzen und ein Belvedere mit Wasserkaskaden. Von oben toller Blick über die Ebene und zum Vesuv. Fürs Auto muß extra Eintritt gezahlt werden.

RESTAURANTS

RESTAURANT (Caserta): Massa 1848, Via Mazzini 55, zwischen Reggia und Centrum. Mit Garten zum Draußensitzen in altem Südpalast. Traditionelle campanische Küche, viel Fisch. Abends meist geschlossen. Montags zu. Ferien im August, ca. 25-50 DM (komplett).

Caserta Vecchia (10 km von Caserta)

Eine intakte mittelalterliche Kleinstadt oben auf einer Hochfläche, zwischen Äckerchen und Gärten. Gassen, Palazzi, Innenhöfe, viel Blumenkübel. Die Stadt war nahezu verlassen, bis sie vor 15 Jahren wiederentdeckt wurde. Für Ausflüge, bei denen Tafelfreuden eine Hauptrolle spielen, Kulturfestivals, Antiquariatmessen.

Der DOM (Duomo) eine der schönsten Schöpfungen des arabisch beeinflußten Normannenstils, innen und außen die Sprache des warmen, unverwitterten Steins. Spitzenbogenarkaden, reiche Kapitelle, eine schöne Kanzel, Reste von Fresken, Steinintarsien. Bisher leider keine Unterkunftsmöglichkeit.

RESTAURANTS

LA CASTELLANA, Via Torre. In mittelalterlichen Gemäuern mit großer Pergola. Ausgezeichnete ländliche Küche, viel Gemüse und Fleisch aus den Bergen (Lamm, auch Wild), leckere Desserts. Ca. 35 DM.Montags geschlossen.

AL RITROVO DEI PATRIARCHI. 2 km entfernt im kleinen Dorf Sommana. Eine bäuerliche Idylle. Sympathischer Familienbetrieb, viel Haus- und Handgemachtes aus Fleisch, Wild und Nudelteig. Lamm, Kaninchen (Grill oder in Soße, pikant), leckerer offener Wein ca. 30 DM, Montags geschlossen.

S.Leucio (8 km von Caserta)

Ein Stück "Archeologia industriale". Industriedorf des Spätbarock, von den Bourbonenkönigen gegründet als Seidenmanufaktur und Musterbetrieb. Insgesamt schlicht gebaut, die Fassaden der offensichtliche Kontrast zum Schloß in Caserta. Aber auch ein Kontrast zu den Arbeits- und Lebensbedingungen, die sonst für Arbeiter und Handwerker herrschten. Geordnete Wohnverhältnisse in der Siedlung, die Parzelle als Zubrot, dazu fortschrittliche Erb- und Heiratsgesetze (die Übermacht der Sippe und des Familienvaters war per Gesetz ausgeschaltet). Es gab Rente und unentgeltliche Erziehung, und Majestät soll hier in aller Ruhe fern der Kontrolle durch Hof und Königin den Mädchen nachgestellt haben.

Restaurant: LA CASINA VECCHIA im Ortsteil Vaccheria, leckere Lokalküche, 25-28 DM, Mittwoch geschlossen.

S.Angelo in Formis (12 km von Caserta, Via S. Leucio).
Bahnverbindungen ab Caserta (Nebenstrecke nach Piedimonte Matese), dann zur Kirche ca. 20 Min. zu Fuß.

Am oberen Ortsrand, umgeben von einigen Bauernhäusern, wo es den Schlüssel gibt, vom Vorplatz Blick über die Volturno-Ebene. Klar gegliederte Fassade mit Vorhalle. Die Säulen (auch im Inneren) mit Blattkapitellen antiken Ursprungs, arabisch beeinflußte Bautraditionen sind unverkennbar.

Innen helle, dreischiffige Basilika, ohne störende Stühle. An den Wänden und in der Absis ein Freskenzyklus, sehr gut erhalten, der zum schönsten der vortoscanischen Malerei in Italien zählt, und ohne weiteres mit den gleichzeitigen arabisch-normannischen Mosaiken in den Kaiserdomen Siziliens verglichen werden kann. Szenen aus dem Alten und Neuen Testament, voller feierlicher Bewegtheit, mit ganz individuellem Gesichtsausdruck. Im Chor Christus auf dem Thron, umgeben von den Symbolen der Evangelisten, darunter Engel und der Stifter des Klosters, der Abt von Montecassino, über dem Haupteingang der Kopf des Erzengels voller Lebendigkeit.

Capua (20.000 Einw.)

Lebendige Stadt am Volturno. Die Altstadt ein Fußgängerparadies, quirlige Provinz, die Barockfassaden verraten mehr Reichtum, als ihn die Stadt heute hat. Zu allen Zeiten seit der Antike ein Straßenkreuz zwischen Rom, Neapel und den Pässen über den Appennin.

In der Antike hieß die Stadt Casilinum, dort endeten die Via Latina, die heutige "Casilina", die erste Verbindung Roms mit Campanien und für ein Jahrhundert die Via Appia, bevor sie weiter nach Benevento und Apulien gebaut wurde.

Das antike Capua war das heutige S. Maria Capuavetere, im antiken Italien eine der größten Städte überhaupt. Im Mittelalter zog dann der Name um, nach einem Einfall der Sarazenen.

Stadtbus Caserta-S. Maria CV-Capua, ca. alle 30 Min. Bahnstation.

Mediterraneo (II cat), an der Ausfallstraße nach Napoli. Riesiger Betonkasten, unpersönlich, könnte bei 60 DM fürs Doppel besser in Schuß sein.

Entlang der Hauptstraßen (Corso Appio, Corso Gran Prinorto, Via Duomo) die schönen, repräsentativen Fassaden von Renaissance- und Barockpalästen und Kirchen.

MUSEO CAMPANO, in einem spanisch-gotischen Palast mit verspieltem Portal. Eines der schönsten kleinen Nationalmuseen im Süden, überwiegend vorrömische und antike Skulptur.

Brücke über den Volturno: vom Prachttor Friedrich II. stehen nur noch Stümpfe. Es war damals das Eingangsportal ins staufische Süditalien.Symbol für ein Reich, das an Universitäten und Kultur, aber auch Machtanspruch ans römische Reich anknüpfte.

S. Maria Capuavetere

Lebendige Stadt, viel ländlicher Barock und Kieselsteinpflaster in den Gassen. Die Bauwerke aus römischer Zeit sind zur Zeit nur von außen zu besichtigen:

ANFITEATRO CAMPANO - der älteste Vorläufer des Colosseum und anderer Amphitheater. Hier sollen die ersten Tierhetzen und Gladiatorenkämpfe stattgefunden haben, schon Jahrhunderte früher als in Rom. Über den Ursprung gibt es nur Hypothesen. Entstanden sind sie wohl mit religiösem Hintergrund an der Kontaktstelle dreier Kulturen - der Etrusker (Capua war ihr südlichster Vorposten), der süditalienischen Griechen und der Samniten, die hier vom Hirten -und Kriegervolk zu handelstreibenden Städtern wurden.

Kultische Zweikämpfe hatte es bei ihnen gegeben, von den Griechen und Etruskern übernahmnen sie Schauspiel und Sklaverei. Der Sklavenaufstand des Spartacus (73 - 71 v. Chr.) begann in den Gladiatorenschulen Capuas, die damals die Schausteller für die Arenen (mehr im römischen Campanien als in Rom selbst) ausbildeten. In einem Bogengang spätantikes Mitrasheiligtum mit Fresko. An der Via Appia die beiden gut sichtbaren Grabdenkmäler aus römischer Zeit, Rundbauten, leider häßlich gelegen - auf alten Stichen sehen sie romantisch aus.

Maddaloni

3 km außerhalb an der Straße S.S. 265, Richtung Telese, der Ponte della Valle, ein Aquädukt wie der Pont du Gard, 530 m lang und 58 m hoch. 1753 - 59 nach römischem Vorbild errichtet, um die Wasserspiele im Schloß von Caserta zu versorgen - er ist Teil einer fast 50 km langen Wasserleitung. Direkt unterhalb geht eine Straße nach oben, man kann dann rüberstiefeln und auf der anderen Seite wieder runtergehen. Verbindung mit Bahn: Bahn Caserta-Benevento bis Maddaloni Superiore (Bummelzug), dann noch längs der Straße 700 m laufen.

SAMNIUM

Das Hügelland um Benevento und die Berge vor der campanischen Ebene um Vesuv und Caserta. Weizenland, das für den Ruf der Beneventaner Nudelfabriken sorgt.

Und wie die Stadt Benevento seit wenigstens 3000 Jahren, seit den vorgeschichtlichen Wanderungen italienischer Stämme nach Süden, eine Region, deren Schicksal Straßen waren.

Hier kreuzen sich die uralten Hirtenwege, Römerstraßen, die Spuren der Kriegszüge aller Eroberer, die Italien gesehen hat, Eisenbahn und Autobahn. Längs der großen Wege die Dörfer und Kleinstädte auf den Hügelkuppen, stark befestigt - einmal auf beiden Seiten am Appenin-Kamm entlang und dann den Tälern nach quer über die Halbinsel.

Benevento (60.000 Einw.)

Eine weitläufige, überwiegend moderne Stadt, in einer flachen Talmulde gelegen, die seit Jahrtausenden den einfachsten Weg von Rom und Napoli nach Apulien darstellt. So ist und war die Stadt immer schon Wegekreuz und eine begehrte Schlüsselstellung, um die Schlachten geführt wurden, die nachhaltig den Gang der Weltgeschichte beeinflußt haben - die Eroberung der samnitischen Hauptstadt durch die Römer 275 v. Chr. machten Rom zur Großmacht auf der italienischen Halbinsel.

Damals änderten sie nach fast 100 Jahren oft verlustreicher Kriegsführung gegen die Samniten den alten Namen "Maloentum" (lat. Maleventum = schlechtes Ereignis) ins glücksverheißende "Beneventum" = gutes Ereignis. Am 26. Februar 1266 unterlag vor der Stadt der Stauferkönig Manfredi den vom Papst ins Land geholten Franzosen - damit war das Ziel seines Vaters - Friedrich II. - von einem weltlichen Territorialstaat in Italien beendet, Papst und ausländische Mächte bestimmten bis 1860 die Geschicke eines in unzählige Territorien zerrissenen Italien.

Einen Zwischenstop lohnt die Stadt, weniger wegen der kleinen, geduckten Altstadt, der man noch die Bombardements des 2. Weltkriegs ansieht, dafür aber wegen des römischen Theaters, der frühmittelalterlichen Kirche S. Sofia, des Museo del Sannio und des Traiansbogens.

Tourist INFO EPT, Via Giustiniani 34.

Verbindungen:

Bahnhof ca. 1 km von der Altstadt entfernt. Knotenpunkt der Linie Roma / Napoli-Foggia mit den Nebenstrecken nach Campobasso, Avellino und Napoli via Valle Caudina (schnellste Verbindung mit Napoli).

Bus-Terminal: Piazza Cardinale Pacca in der Altstadt beim Dom.

HOTELS:

Genova (IV cat.), Via Principe di Napoi - zwischen Bahnhof und Altstadt, verwohnte Einfachbleibe, aber familiär und sauber, DZ o.B. 32 DM.

Pascalucci (III cat.), Via Ianassi 17, 4 km außerhalb Ri. Avellino, komfortabel, im Grünen gelegen, DZ 55 - 60 DM, Zum Hotel gehört ein Restaurant mit guter bodenständiger Küche, Essen um 25 DM.

TRAIANSBOGEN - an einer der wichtigsten Kreuzungen des antiken

Italien errichtet: der Via Appia, die sich hier Richtung Adria in zwei Arme gabelte - die eigentliche Appia über Tarent nach Brindisi und die mehr benützte Via Appia Traiana die über die Adriaküste (Barletta-Bari) führte - und der Via Popilia die hier begann und ab Polla (im Inneren des Cilento) etwa auf der heutigen Autstrada-Trasse bis Reggio di Calabria verlief. Der kleinste dieser römischen Torbögen mit reichem Reliefschmuck - übrigens mit rein friedlichen, zivilen Szenen, denn er war kein Triumphbogen aus militärischem Anlaß, sondern ein Symbol für Frieden und Wohlstand in den Provinzen.

Kirche S. SOFIA - Teil des Museo del Sannio - frühchristlicher Rundbau mit beeindruckender Raumwirkung, daneben ein hochmittelalterlicher Kreuzgang - heute Museum (vorgeschichtliche und römische Fundstücke) - viel barocke und spätere Provinzkunst, meist reichlich manieriert und gequält.

VIA APPIA - Die "Königin der Straßen" - im antiken Italien die Straße Nr. 1 - nicht nur was den Verkehr auf ihr betraf, sondern auch als Mittel zur Eroberung Süditaliens und später Griechenlands durch die werdende Großmacht Rom.

Heute trägt die Staatsstraße Nr. 7 den alten Namen, die aber nur streckenweise im Verlauf mit der antiken Straße übereinstimmt. Zwischen Rom und Benevento (über Terracina-Formia-Capua-Caserta-Valle Caudina) decken sich alte und neue Trasse bis auf kleine Abweichungen. Zwischen Benevento und Taranto läuft die antike Straße sehr direkt durchs Hügelland nach Venosa (der genaue Verlauf ist nur stellenweise rekonstruierbar) und folgt dann der Fossa Premurgiana, einem weiten Trockental zwischen der hohen Kalkplatte Apuliens und dem Hügelland Lucaniens nach Taranto.

Die heutige S.S. 7 macht riesige Umwege durchs Innere der Irpinia und Lucaniens - ist dort zur Nebenstraße geworden - oder wen es lockt, zu einem Besichtigungsprogramm unbekannten Süditaliens (viele Tips für den interessanteren Teil ab Potenza im Führer "Süditalien" dieser Reihe).

Roms Aufstieg zur ersten Macht auf der ital. Halbinsel und nachher zur Weltmacht ist wesentlich an zwei Faktoren gebunden: Bürokratie und Straßenbau - Mut, Haudegen, Truppenführer und militärisches Gerät hatten auch die Konkurrenten. Etrusker, Gallier, Samniten, süditalienische Griechen, um nur bei den inneritalienischen Mächten zu bleiben, waren wirtschaftlich, kulturell und an Kopfzahl wenigstens gleich, wenn nicht weit überlegen.

DER BAU DER APPIA begann, als Rom noch eine zweitklassige Macht war, die alles Umland mehr oder weniger kontrollierte, das man heute von der Kuppel des Petersdoms bei klarem Wetter sieht. Als sie fertig war, fast 150 Jahre später, wurde Brindisi zum Brückenkopf zur Eroberung Griechenlands und Kleinasiens ausgebaut und die Römer waren die Macht in Italien, die italischen Völker Mittel- und Süditaliens, sowie die Griechenstädte in Süditalien und Sizilien waren erobert oder hatten sich in ihr Schicksal gefügt, römische "Bundesgenossen" zu sein.

Die Straßen, so auch die Appia, waren immer einige Jahre oder Jahrzehnte vor den Legionen und Bürokraten da. Im Gegeneinander von Stammesterritorien und Stadtstaaten fand man immer Bundesgenossen, die wegen der Nachbarn und aus eigenem Überlebens-/Expansionsintersse heraus die Gründung römischer Kolonien förderten, wo gediente Legionäre angesiedelt wurden, autarke Landwirtschaft betrieben und militärische Präsenz darstellten.

Typische Siedlungen dieser Art, immer in fruchtbarer Umgebung und militärischer Schlüssellage: Casilinum (heute Capua), Beneventum (dieses ausnahmsweise nach militärischer Eroberung) und Venusium (heute Venosa in Luanien). Bedeutung für den Handel bekamen die Straßen, auch die Appia, erst, wenn die vorgesehenen Handelspartner erobert waren. Also zuerst die Legionen, dann selbige mit reichlich Beute retour nach Rom - danach dann friedlicher Warenaustausch.

Straßenbautechnisches:

Für Fernstraßen gab es von Anfang an feste Normen, die in rund 700 Jahren römischen Straßenbaus kaum modifiziert wurden:

- Geradlinigkeit und möglichst kurze Entfernung, wobei starke Steigungen im Zeitaler von marschierenden Legionären, Reitern und Ochsenkarren eher in Kauf genommen wurden als lange Umwege.
- Meilensteine mit genauen Entfernungsangaben zum nächsten wichtigen Ort und nach Rom.
- Poststationen in regelmäßigen Abständen, wo Berittene im staatlichen Kurierdienst die Pferde wechseln konnten und wo es meist erbärmliche Tavernen gab - die römische Briefliteratur und auch pompeianische Wandinschriften sind voller Klagen über Hundefraß, verpanschten Wein, hohe Preise, räuberische Wirte, Schmutz und Ungeziefer.
- Unentgeltlichkeit dieser Straßen - allerdings auf Kosten der Anliegergemeinden.
- genormte Breite von zwei Fuhrwerken bis auf Problemstellen, wo es auch mal einspurig werden konnte, - sowie solider Straßenbelag aus Steinplatten auf ebenso solidem Unterbau. Wo gewachsener Fels anstand, verzichtete man auf die Platten. Daß sich im Laufe von Jahrhunderten die Spuren der Karren wie Schienen eingegraben haben, störte kaum - Überholmanöver gab es kaum, Geschwindigkeitsmaß war der Ochsenkarren und der Fußgänger.

Sepino

Bergdorf in Panorama-Lage am Hang der 2.000 m hohen Matesekette. Unten im weiten Hochland die Ausgrabungen der römischen Provinzstadt SAEPINUM oder ALTILIA in ihrer Übersichtlichkeit und dem sehr guten Erhaltungszustand schon außergewönlich. Eimalig durch die Szenerie von Natur und des Dorfes, das aus antikem Material gebaut zwischen Säulen,

Stadttoren, Mauern und Theater mit scharrenden Hühnern, Geruch nach Mist und Schafsgeblöcke eine Bilderbuchidylle schafft, Leben in die alten Steine bringt. Außerdem sehenswertes Museum.

Saepinum lag an einer der großen Straßen des antiken Roms, die viel älter als die römische Herrschaft in diesem Gebiet war und bis heute fortdauerte: als "tratturo" (Viehtrift).

"TRATTURO" - die uralten Viehwege Mittel- und Süditaliens, auf denen sich bis in die Nachkriegszeit die großen Wanderungen der Schafherden zwischen den Sommerweiden in den Bergen und den Winterweiden in den Küstenebenen abwickelten. Die zahlenmäßig größten Wanderungen fanden zwischen den Hochregionen der Abruzzen und auch dem Mates und den Ebenen Apuliens (besonders um Foggia) statt. Die Viehwege waren königliches Land, 25 - 100 m breit, von Mauern eingehegt, mit Lagerplätzen im Abstand von Tagesetappen, am Tempo weidener Schafe gemessen.

Ihre Benützung war frei, aber an genauen Vorschriften gebunden, so durften sie nur zu bestimmten Zeiten benutzt werden, um Überweidung und Überbeanspruchung von Wasserstellen zu vermeiden. Seit 1900 traten an Stelle der Wanderungen Viehtransporte mit der Bahn, später per LKW (heute die Regel). Nicht nur deshalb verschwanden die trutturi immer mehr. Mit der Urbarmachung großer Ödlandgebiete in Apulien gab es kaum noch ausreichende Winterweiden.

Zudem lichteten Auswanderungen und die Landflucht in die Industrie-gebiete Norditaliens die Reihen der Hirten. Hier in Sepino sieht man noch ein Stück Tratturo von mehreren Kilometern Länge, zum Teil durch die gepflasterte Römerstraße überlagert. Sonst sind sie meist den Äckern und Weideflächen vereinnahmt worden, oft zu den Trassen moderner Schnellstraßen geworden.

Verbindung:

Ab Benevento Superstrada (Ri. Campobasso), Parkplatz direkt an der archäologischen Zone. 36 km.

Bahn: Linie nach Campobasso, ca. 1 Std., sehr reizvoll. Von der Stazione Sepino rauf in Richtung Dorf, die Schnellstraße überqueren, kurz danach rechts in den Tratturo (breiter Feldweg) einbiegen. Da es unterwegs bis zur antiken Stadt einige nasse Stellen und Furten gibt, nur bei trockenem Wetter machen, sonst lieber der Schnellstraße entlang tippeln. In jedem Fall ca. 50 Min. zu Fuß.

Unterkunft: *I Cavalieri, Einfachpension mit wenigen Zimmern, DZ o.B. 14-17 DM.

RIST. "LA NINFA", oberhalb des Dorfes in der Nähe von starken Karstquellen. Großer Tip für Pilze, Lamm und hausgemachte Nudeln. Komplett um 20 DM.

Kleine improvisierte Sachen in der örtlichen Bar im Ausgrabungsgelände.

MONTE TABURNO (1.394 m)

Der Hausberg von Benevento, nach Süden hin steil und felsig abgfallend, zu den anderen Seiten in weite Hochebenen übergehend. Zum Teil ausgedehnte Buchenwälder, aber noch mehr karge Bergweiden. Lohnend bei klarem Wetter wegen der einmaligen Aussicht auf dem Vesuv und den gesamten Golf.

Verbindungen:
Bis dicht unter den Gipfel eine Asphaltstraße (ab Montesarchio oder mehrere Straßen ins Calore-Tal), lohnend die Rundstraße auf die Hochflächen. 33 km einmal rum. Unterwegs eine Menge gefaßter Quellen, Sonntags dort viel Picknick.

S. Agata de'Goti (11.000 Einw.)

Auf einem schmalen Felssporn, dessen Wände senkrecht runtergehen. Wer Pitigliano (Toscana) gesehen hat, fühlt sich erinnert. Der Blick aus dem Küchenfenster kann Schwindelgefühle erregen. Im Dom eine geräumige mittelalterliche Krypta mit einem Säulenwald. In der Kirche Chiesa dell`Annunziata das Fresko eines sehr schönen und anschaulichen, gnadenlosen Jüngsten Gerichts. Dann einfach durch die Altstadt bummeln, irgendwo zwischen Florenz und Siena wäre sie Herrscharen aus Sightseeing-Bussen ausgesetzt, hier im campanischen Hinterland hat man die Stadt in ihrem ländlichen Frieden.

IRPINIA

Ein schroffes Bergland mit Dörfern auf den Bergspitzen. Alle 30-50 Jahre von einem Erdbeben zerstört. Das letzte Mal 1980. Zur Zeit werden die Dörfer im neuen erdbebensicheren Betonplattenstil meist an anderem Ort wieder aufgestellt. Die alten Zentren bleiben Ruinen oder werden zum Denkmal. Die Burgen und Kirchen, meist solider gebaut, werden restauriert, sind vielfach zu Magazinen und Restauratorenwerkstätten für verschüttete und halbzerstörte Kunstwerke geworden.

Die Napoletaner fahren gern in die Irpinia, weil es dort oben auf 800- fast 2.000 m Höhe frisch ist, es große Wälder gibt und man dort auch jede Menge Verwandte hat. Verglichen mit den südlichen anschließenden Bergland des inneren Cilento ist man in sanftem Mittelgebirge.

Avellino

Hauptstadt der Irpinia. Trotz 40 km Distanz zu Napoli tiefe süditalienische Bergprovinz. Für die Napoletaner attraktiv wegen scharfen harten Bauernwürsten voller rotem Pfeffer, und zudem religiöse Pflichtetappe wegen der wundertätigen Madonna auf dem Montevergine, einer der Lieblingsmadonnen seit Jahrhunderten.

Von der Altstadt steht seit dem Erdbeben von 1980 kaum noch eine Mauer, man rekonstruiert eifrig, dennoch die Stadt bietet nicht viel. Eigentlich nur Zwischenetappe für die Besichtigung der Provinz.

Lohnend auf jeden Fall die Fahrt rauf zum Montevergine. Einem der wichtigsten Marienheiligtümer im Umland von Napoli. 1.265 m hoch, der Blick über die Ebene hin zum Vesus und den Bergen von Sorrento unbedingt lohnend. Oben im Kloster (weitgehend modern und langweilig) ein von frommen Pilgern und Missionaren zusammengetragenes Krippenmuseum, das allerlei Volksfrömmigkeit zwischen naiv und Kitsch enthält. Die Sachen kommen aus aller Welt.

Oben im Pilgerhotel **"Romito"** mit ca 40 DM/DZ preiswerte und ordentliche Übernachtung.

SPRACHE UND VERSTÄNDIGUNG:

Etwas italienisch sollte man schon können. Es gibt nichts unlustigeres (auch für einen selbst), wenn man stockend nach den Worten sucht. Generell wird in den Feriengebieten um den Golf von denen deutsch gesprochen, die mit Touristen zu tun haben. Am stärksten gilt das für Ischia, wo in der Saison der Deutschen die Italiener besser daran tun, auch auf deutsch umzusteigen. Ich erinnere mich noch an das verdutzte Gesicht eines Sizilianers, der hoch und blond war. Im Hochmittelalter hatten seine Vorfahren wohl reichlich normannisches Erbgut abbekommen, den der Busschaffner auf deutsch ansprach.

Anders sieht es in Napoli und im südlichen und inneren Campanien aus. In den Dörfern gibt es immer wieder Leute, die deutsch in der Emigration gelernt haben. Man wird dann schwäbisch oder hessisch angesprochen. Aber den sprachgewandten Ex-Gastarbeitern trifft man eben nicht in jeder Lebenslage.

Also vor der Reise schon etwas Basic-Italienisch lernen. Entweder per Buch und Kassette, besonders gut die entsprechenden Sachen von Langenscheidt und Berlitz. Oder ein Italienischkurs. Sprachkollektive (meist von ital. Lehrern, die in der BRD leben), gibt es in den wichtigsten Groß- und Unistädten, die größten:

Pier Paolo Pasolini Sprachschule, Hamburger Allee 45, 6000 Frankfurt 90

In eigener Sache:

Es liegt in der Natur der Dinge, daß sich bei einer solchen Fülle an Informationen, wie sie dieses Buch enthält (über den Daumen gepeilt ca. 8.000!!) sich im Laufe eines Jahres einiges ändern kann.

Deshalb bitten wir, uns diese Abweichungen mitzuteilen. Wer uns ansonsten irgendwelche ausgefallenen Tips, wie neue Routen, schöne Hotels mit viel Atmosphäre, gute Restaurants oder ähnliches schickt, wird in der Neuausgabe dieses Buches namentlich genannt.

Bitte schreibt uns, wir freuen uns über jeden brauchbaren Tip, weil wir wichtig finden, daß man nicht irgendein blödes Laberbuch, wie leider so viele Reiseführer mit sich schleppt, sondern etwas, was wirklich nützlich und hilfreich ist! –

Golf von Neapel - Redaktion

VERLAG
MARTIN
VELBINGER
8032 München- Gräfelfing, Bahnhofstr. 106

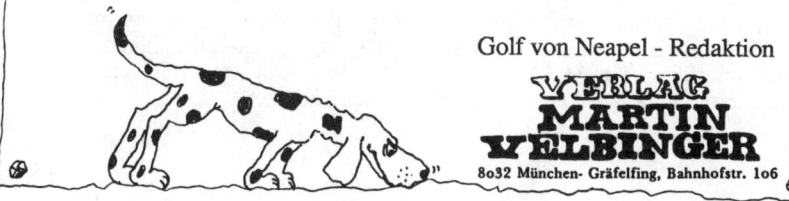

Das Sprachcaffe - Cafe Linguistico, Schadowstr. 8, 6000 Frankfurt 70

Beide haben Filialen in vielen Städten. Oder die italienischen Kulturinstitute in Bonn, Hamburg, Köln und München.

Und für unterwegs ein handliches und handfestes Wörterbuch. Z.B. Langenscheidt Universalwörterbuch, ca. 8 DM, paßt in jede Hosentasche, ist praktisch überall zu kriegen und für den Alltagsgebrauch voll ausreichend.

Ämter: fast nie Fremdsprachenkenntnisse.
Ärzte: oft ja, meist französisch
Banken: gute Chancen für englisch oder deutsch.
Hotels und Ristoranti: hier am ehesten Deutschkenntnisse.
Autowerkstätten: recht oft deutsch.
Touristeninformationen und Reisebüros: irgendeine Fremdsprache bekannt.
Fahrplanauskunft für Bahn, Bus, Schiff - eigentlich nie anders als auf italienisch.

Sprechen dient ja nicht allein dem Überleben im fremden Land. Italiener haben sehr viel Geduld mit euch, wenn sie merken, daß ihr an Kommunikation interessiert seid. Einfachste Grammatik, die sich in wenigen Stunden lernen läßt, und ein paar hundert Worte - das reicht für mehr als ihr glaubt. Zur Ermutigung: italienisch ist leicht!

Italienisch lernen in Napoli:

Centro di Lingua e Cultura Italiana Napoli, Vico S. Maria dell'Aiuto 17, 80134 Napoli, Tel.: 32 43 31. Sprachkurse, Übersetzungskurse und Kulturkurse (begleitet) von verschiedener Dauer und Intensität vom Grundkurs bis zu Kursen für Leute, die ihr Italienisch perfektionieren wollen.

Die Kurse sind maximal mit 12 Teilnehmern besetzt, außerdem gibt es Intensivkurse mit 1-2 Teilnehmern. Die Hauptkurse finden Juni-Oktober statt, daneben gibt es Winterkurse (Nov.-Mai), die aber erheblich weniger intensiv sind, mehr etwas für Ausländer, die in Napoli studieren. Verglichen mit den Ausländer-Universitäten in Siena und Perugia bringen die Kurse sehr viel mehr. Kein Massenbetrieb und dafür sind sie recht preiswert. 4 Wochen (80 Stunden) ca. 450 DM.

Das Institut vermittelt auch sehr preiswerte Unterbringung in Studentenheimen und bei Familien, pro Tag ca. 15 DM. Neben den Kulturkursen (Kunst, Archälogie, Theater) gibt es auch Kurse in Kunsthandwerk, Volksmusik, napoletanische Küche.

Kleiner Wortschatz

① Aussprache:

Italienische Schulkinder lieben ihre Rechtschreibung:
"Si scrive come si parla" – man schreibt wie man spricht.

Daß man das **'r'** rollt, macht vielen Beschwernis. Es muß aber sein, weil man sonst den Italienern so unverständlich bleibt wie der berühmte Chinese, der das "r" durch ein "l" ersetzt. Alle Buchstaben und deren Kombinationen werden wie im Deutschen gesprochen, außer:

'h' im Wortanlauf bleibt immer stimmlos: "hai" = "ai".
'c' und **'g'** machen die meisten Schwierigkeiten, normal werden sie wie "k" und "g" gesprochen außer es folgen "e" oder "i", dann sind sie ein "tsch" oder ein stimmhaftes "dsh":
caffè = "kaffè", cento = "tschento", gatto = "gatto", gelso = "dshelso".
Bei einem weiteren nachfolgenden Laut, entscheidet sich fürs "i" ob man es spricht. Unbetont fällt es unter den Tisch (gióno = "dshorno"), ist es betont muß man es mitsprechen: Lucía = "Lucí–a").
Folgt dem "c" oder "g" ein "h" bleiben sie "k" oder "g":
maccheroni = "makkeroni" und spaghetti (man weiß schon, wie sie sich aussprechen). "sch" = "sk": mischio = "miskio", aber "–gn–" : lasagna = "lasanja" / liscio = "lischo".
"–gli–": miglia = "milja".

'sp' und **'st'**. Man s-tolpert wie ein Hanseat über den s-pitzen S-tein. Außer in Napoli, aber die nuscheln.

Betonung überwiegend auf der vorletzten Silbe.

Endbetonung immer durch Akzent angezeigt, die viel häufigere Betonung auf der drittletzten Silbe leider nur im Wörterbuch und bei Ortsnamen auf guten Landkarten, z.B. Réggio di Calábria.
Doppelvokale (z. B. "ai", "eu", "ie", "oa", "uo") sind zwei Silben, das regelt die Betonung entsprechend: buóno, miele = "mi–éle", wird getrennt, aber nicht abgehackt gesprochen.

② Allg. Worte + Redewendungen

buon giorno	guten Tag
buona sera	guten Abend (vom Nachmittag an zu gebrauchen)
buona notte	gute Nacht
arrividerci	auf Wiedersehen (aber wirklich nur als Abschied, sonst Buon Giorno, buona sera ...)

la mattina	Morgen
il pomeriggio	Nachmittag (zwischen beiden liegt la siesta)
la sera	Abend
la notte	Nacht
stammattina, stasera, stanotte	heute ...
fra ... giorni	in ... Tagen
settimana	Woche
mese	Monat
che ora abbiamo, che ore sono	wie spät ist es
presto	früh
tardi	spät
piano-piano (auch chiano-chiano)	bloß nicht so schnell

TAGE

MONATE...

lunedì	Montag
martedì	Dienstag
mercoledì	Mittwoch
giovedì	Donnerstag
venerdì	Freitag
sabato	Samstag
domenica	Sonntag

gennaio	Januar
febbraio	Februar
marzo	März
aprile	April
maggio	Mai
giugno	Juni
luglio	Juli
agosto	August
settembre	September
ottobre	Oktober
novembre	November
dicembre	Dezember

mit dem Auto auf Achse

Erst einige Weisheiten von Verkehrsschildern

inizio	Anfang
continua	Fortsetzung
fine	Ende
pericolo	Gefahr
frana	Erdrutsch

strada interrotta	Straße gesperrt
strada senza uscita	Sackgasse
tornante	Haarnadelkurve
deviazione	Umleitung

strada dissestata (oder Sagoma dissestata)	Holperstrecke
divieto di passaggio	Durchgang, Durchfahrt verboten
in caso di pioggia, neve, ghiaccio	bei Regen, Schnee, Eis
caduta massi, sassi	Erde oder Steine können runterfallen
rimozione forzata (rimozione carro gru)	geparkte Autos werden am Haken entfernt

salve, salute	freundlicher Gruß, besonders auf dem Lande
ciao	tschau
sì	ja
no	nein
grazie	danke
per favore, per cortesia	bitte (wenn man was haben will)
prego	bitte (wenn man was gibt)
scusi, scusate	Entschuldigung (wenn man was haben will, sonst perdono oder mi despiace
C'è (tsche)	es gibt, gibt es?, in der Mehrzahl ci sono
dove si trova	wo ist?
vorrei	ich möchte
va via	hau ab! , vattene – noch dramatischer

ZAHLEN,

		nove	9	venti	20
		dieci	10	ventuno	21
		undici	11	ventidue	22
uno	1	dodici	12	trenta	30
due	2	tredici	13	quaranta	40
tre	3	quattordici	14	cinquanta	50
quattro	4	quindici	15	sessanta	60
cinque	5	sedici	16	settanta	70
sei	6	diciasette	17	ottanta	80
sette	7	diciotto	18	novanta	90
otto	8	dicianove	19	cento	100

die höhere Mathematik:

centuno = 101	mille = 1000	diecimila = 10 000
duecento = 200	duemila = 2000	centomila = 100 000

noch mehr:

un millione, due millioni, un milliardo, cento milliardi, aber jetzt sind wir schon in den Bereichen von Lösegeldern.

1983: millenovecentottantare

ZEITEN:

oggi	heute
domani	morgen
dopodomani	übermorgen
ieri	gestern
l'altro ieri	vorgestern

guasto	Panne, "panna" = Sahne!
la macchina non si accende	die Kiste springt nicht an
autofficina	Werkstatt
le candele	Zündkerzen
il carburatore	Vergaser
la frizione	Kupplung
la trasmissione	Getriebe
le gomme	die Reifen
una gomma bucata	ein Platter
i freni	Bremsen
i cristalli	Scheiben, Fenster
olio	Öl
nafta, gasolio	Diesel
distributore	Tankstelle
tubo di scarico	Auspuff
si potrebbe aggiustare	können Sie reparieren
quando è pronta	wann ists fertig?
pressione	Reifendruck

Unterwegs auf Straßen und Wegen

sentiero	Weg
mulattiera	Maultierweg
carreggiabile, strada campestre	Feldweg
incrocio	Kreuzung

bivio — meist einsam gelegene Kreuzung oder Abzweig, wo es von einer großen Straße zu einer oder mehreren Ortschaften geht. Das "bivio" ist häufig in der Geographie Süditaliens eine wichtige Landmarke, fast immer Bushaltestelle, wo leider oft umge stiegen und gewartet werden muß und nur allzu selten Menschenfreundlichkeit und Erwerbschancen zur Einrichtung einer Bar geführt haben.

a carreggiata unica	nur einspurig
a destra	rechts
a sinistra	links
svincolo	Autobahnausfahrt
tratturo	Viehweg
ingorgo	Stau
S.S. , strada statale	Staatsstraße
strada dismessa dall' ANAS	hier geht's in der Regel nicht mehr weiter. Hier parkieren in der Regel Liebespaare oder Camper, die nichts besseres finden – wörtlich bedeutet es "Straße

	von der ANAS – Nationale Straßenbaubehörde – aufgegeben.
come si arriva a	wie kommt man nach
dove stacca la strada per	wo biegt die Straße nach ... ab
sempre diretto (sempre dirittu)	immer geradeaus
al secondo angolo a ...	an der 2. Kreuzung nach ...
che bus porta a	welcher Bus fährt nach ...
è lontano	ist es weit
no, è vicino	nein, ganz nah

öffentliche Verkehrsmittel

treno	Zug siehe auch Seite 23!
pullman, corriera, auto	Überlandbus
bus	Stadtbus
tram	Straßenbahn
stazione	Bahnhof
fermata	Haltestelle

scalo — dem Eisenbahnreisenden das gleiche wie dem Automobilisten das bivio – der eigentliche Ort ist fern. Bei weitem nicht jeder Zug hat Anschluß an einen Bus rauf in die weiß leuchtenden und so fernen Dörfer.

coincidenza — Anschluß

uscita — Ausgang. Meist das einzige Schild am Bahnhof, was gut zu lesen ist. Den Stationsnamen sucht man oft vergeblich. Meinen Großeltern passierte vor über 5o Jahren folgendes: An einem Bahnhof nur mit kurzem Halt ist die Familie dabei auszusteigen, dann der Schrei: "Du Karl, wir sind erst in Uscita!"

binario	Gleis
arrivo	Ankunft
partenza	Abfahrt
ritardo	Verspätung
sciopero	Streik
biglietto	Fahrkarte
di andata e ritorno	Rückfahrkarte
treno straordinario oder sussidario	Zug den's im Fahrplan nicht gibt, aber dafür auf den Gleisen
deposito bagagli	Gepäckaufbewahrung (Schließfächer sind in Italien unbekannt)

feriale	werktags
festivo	sonn- und feiertags
giornaliero	täglich

traghetto	Fähre (mit Autotransport)
vaporetto	Dampfer
aliscafo	Flügelboot
aereo	Flugzeug
taxi	gesprochen "tassi" oder auch "taaksi" Mietdroschke
carozzella	pferdegezogener Vorläufer des Taxis – noch teurer

Wenn's drückt:

gabinetto	Kabinett, Regierungsmannschaft, Klo (= gebräuchlichstes Wort dafür)
ritirata	Abort (die Eisenbahnverwaltungen lieben altertümliche und drastische Ausdrücke)
bagno	man wird oft die Badewanne suchen, dann gleichbedeutend mit W.C.
toeletta	ganz vornehmes Wort für gabinetto (wird aber nicht überall verstanden!)
cessi	antiqiert, heute von Wortfärbung und Einrichtungsstandard her gleichbedeutend mit "Scheißhaus"
signori – uomini	Männer
signore – donne	Frauen

Tierwelt

(aber keinesfalls unter dem Gesichtspunkt, daß Tierliebe durch den Magen geht)

ciuccio (in Schriftitalienisch) asino	Esel
cavallo	Pferd, in Wirklichkeit oft "ciuccio", viele Bauern wollen ihrem Tier diese harte Anrede ersparen
pecora	Schaf
capra (crapa)	Ziege
bue	Rind (in der Pfanne nennt es sich dann vitello)
gallina	Huhn (in Topf und Pfanne "pollo")
maiale	Schwein (will man jemanden beleidigen, sage man "Porco")
cane	Hund
c.randaggio	wildernder Hund (Steinchen bereithalten!)
gatto	Katze
mulo	Mischung aus cavallo und ciuccio

...und etwas wildere Tiere

lupo	Wolf
lupomanaro	Wolfsmensch (tagsüber Mensch, nachts ... klopft er das 1.Mal an die Tür ist er noch Wolf, beim 2. Mal halb Mensch, halb Wolf und beim 3. Mal kann man ihn reinlassen.

riccio	Igel
istrice, porcospino	Stachelschwein
serpente	Schlange
tartarugo	Schildkröte
Paperino, paperone	Donald Duck (Entchen), Dagobert Duck (Große E.)

im Unterbringungsbetrieb

oder auch noch davor !

c'è una singola/doppia/matrimoniale	Ist ein Einzel- Doppelzimmer, Zimmer mit Ehebett frei?
doccia, bagno, servizi	Dusche, Bad (W.C.), hygienischer Service im Allgemeinen
(non) mi piace	es gefällt mir (nicht)
d'accordo	in Ordnung
le reti sono consumate	das Bett hängt durch
c'è un' altra camera piu tranquilla	gibts ein ruhigeres Zimmer
la chiave	der Schlüssel
riscaldamento	Heizung
asciugamano	Handtuch

Musik

zampogna, cornamusa, sciaramella	Dudelsack
organetto, fisarmonica	Quetschkommode
tamburello	Tamburin
mangianastri	Kassettenrecorder (Bandfresser)

Mengenlehre

un chilo, due chili	ein, zwei Kilo
etto	100 gramm (Mehrzahl: "due etti")
un mazzo	ein Strauß, Bündel
basta	es reicht, gesprochen "baasta" – durchaus höfliche Redewendung
è troppo	es ist zuviel
un pochino	ein wenig, bei dem Mengenverständnis und auch den Marktpreisen kann das verflucht viel sein – etwa bei der so bitteren cicoria.

ERSTE HILFE UM NICHT ZU VERDURSTEN UND ZU VERHUNGERN

Durst (sete):

acqua	Wasser (A. minerale – Sprudel)
vino	gibts rosso oder bianco und rosato
amaro	so eine Art "ich trinke J...meister, weil ...)
latte	Milch
spremuta	frisch gepresster Saft von Orangen (arance) oder Zitronen (limoni)
mezzo litro	1/2 l
un litro	1 l,
"un bel litro"	Weinmaß nach Augenmaß, mehr als 1 l
bottiglia	Flasche bis 1 l
bottiglione	Flasche von 2 l
damigiana	jegliche Behälter über 5 l
birra (piccola/media/grande)	Bier - o,2 l, o,33 l, o,66 l.

Hunger (fame):

pasta	im Notfall keine Nudeln, sondern süßes Stückchen (Bar)
panino	belegtes Brötchen ("si fanno i panini?)
dove si può mangiare come un cristiano	wo kann man gut essen?
chiuso per turno/per riposo settimanale	heute dicht

Grundbegriffe aus der Gastronomie

Die Werkzeuge:

Il piatto	Teller
il coltello	Messer
la forchetta	Gabel
il cucchiaio	Löffel
il cucchiaino	Teelöffel, gleichzeitig das Maß für den Zucker, der im Kaffee landet
il bicchiere	Glas (zum Trinken).

Bar:

caffè	bedeutet den "Espresso"
cappuccino	wo er als Caffelatte, oder noch schlimmer lattecaffe bezeichnet wird, fehlt dem Getränk die Stärke.
caffè freddo	kalter, stark gezuckerter Espresso
corretto	"korrigierter" caffè, Korrektur mit Cognak usw. Fernfahrertrunk

thè	Tee
latte caldo	heiße Milch
latte freddo	kalte Milch
lo scontrino	Bon (den man in vielen Bars vorher an der Kasse holt)

si da credito solo ai novantenni accompagnati da ambedue genitori	gepumpt wird nur an 9o-jährige in Begleitung beider Eltern
i clienti che bevono per dimenticarsi vengono pregati di pagare in anticipo	die Kunden die saufen um alles zu vergessen möchten bitte vorher bezahlen, so steht's oft über der Kasse.

SPEISEKARTE
-la Lista-

antipasto – Vorspeise

prosciutto	Schinken (was es dazu gibt unter "frutta")
carciofini	Artischocken, unter Öl
olive	Oliven
- dolci	ohne viel Salz -nere schwarze -bianche grüne

primo piatto, Minestra, – erster Gang

Pastasciutta	trockene Nudeln
Pasta in Brodo	Nudelsuppe
minestrone	Gemüsesuppe, die eine gewisse Sättigung bringt.
minestrina	dürres Süppchen, für Magenkranke
sugo	Soße

il secondo, la pietanza – zweiter Gang

carne	Fleisch
pesce	Fisch
uova	Eier
contorni	Zuspeise

Auf Märkten, in Läden und auch im ristorante...
-eine winzige Auswahl-

legumi – Vegetarisches, das weder süß, noch Blatt ist

la patata	Kartoffel
la melanzana	Aubergine
il peperone	Paprika
il peperoncino	Pfefferschoten (auch diavoletti, diavolicchio - hier ist der Teufel in Spiel)
cipolla	Zwiebel
aglio	Knoblauch
pomodoro	Tomate, "tomato" oder ähnliches wird nicht verstanden
finocchio	Fenchel
fagioli	weiße Bohnen
fagiolini	grüne Bohnen
fave	dicke Bohnen, die im Süden mit Leidenschaft gegessen werden
piselli	Erbsen

verdura – Grünzeug (Blätter und Sprossen)

insalata	Salat aller Art
lattuga	Salat in Kopfform
rapa	Blattgemüse, erinnert an broccoli, aber herber
spinaci	Spinat
bieda	Mangold
cicoria	Zichorie, recht bitter, wird in Riesenbündeln gehandelt und entsprechend gern verdrückt, wer darauf besteht, gilt als voll akklimatisiert
asparagi	Spargel
ruccola, ruchchetta	ein meist wildes Salatkräutchen, herb ohne bitter zu sein, soll aphrodisiakisch wirken, in Apulien schwört man drauf!

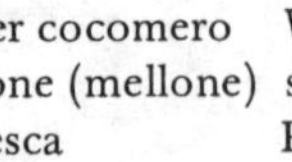

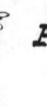

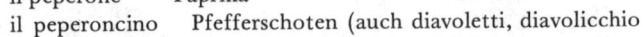

frutta - Fruchtiges

anguria oder cocomero	Wassermelone
melone (mellone)	süße Melone
la pesca	Pfirsich (gespr. "la peska", Mehrzahl le pesche - "le peske" – beliebter Sprachschnitzer die Ver-

wechslung mit il pesce - "pesche" - dem Fisch!) Ruft Grinsen hervor, aber beides gibt's nicht am gleichen Stand.

ciliegia	Kirsche
mela	Apfel
pera	Birne
uva	Traube, vino ist immer das Getränk!
fragola	Erdbeere
il fico	Feige, bitte deutlich aussprechen ! (Mehrzahl i fichi) denn "la fica" ist ein vielgebrauchtes Wort aus der Pornosprache für was weiblich Anatomisches! Die ehrbare Marktfrau glaubt dann nicht recht zu hören
fico d'India	Kaktusfeige
limone	normale Zitrone
cedro	große Zitrone, die weniger sauer ist
arancia	Orange
noce	Walnuß
nocciolo	Haselnuß
mandorla	Mandel

Das Warenangebot ist zu riesig, es wird euch niemand übelnehmen, wenn ihr mit dem Finger draufzeigt und "un chilo di questo" verlangt.

Fische und andere Wasserbewohner

Auf dem mercato ittico, dem Fischmarkt, sich alles ansehen, mit dem Finger drauf zeigen und fragen, wie das Tier heißt (' come si chiama") - im Ristorante sind diese Kenntnisse der beste Schutz vor der Überraschung auf dem Teller!

Fangen wir ganz klein an:

alice	Sardelle (eingesalzen:asciuga)
sarda	Sardine
triglia	rote Meerbarbe
dentice	Zahnbrasse (der Fisch, der am häufigsten auf dem Teller liegt)
orata	Goldbrasse
sogliola	Seezunge (aber bitte keine tiefgefrorenen aus Dänemark)
cefalo (auch muggine)	Meeräsche
merluzzo	Kabeljau, Seehecht
tonno	Thunfisch
pesce spada	Schwertfisch
palombo	Katzenhai

baccalà Stockfisch, ursprünglich war ein "Baccalaureus" ein Mensch mit Universitätsexamen. Die Trockenheit wissenschaftlicher Studien scheint aber auf norwegisches Fischfleisch übergegangen zu sein.

frutta di mare – Meersfrüchte
(Meeresgetier aus dem Reich der Wirbellosen)

calamare, seppia, polipo	Tintenfische
gambero	Krebs
aragosta	Languste
cozze	Miesmuscheln
vongole	Sandmuscheln
riccio di mare	Seeigel

Fleischliches:

la carne	Fleisch
bistecca	Biefstehk (es gibt in Italien wahrlich besseres)
spezzatino	so eine Art Gulasch mit viel pomodoro
agnello	Lamm (abbacchio - Milchlamm)
capretto	Zicklein
maialetto	Ferkel
pollo	Huhn
piccione	Taube
salame	Hartwurst, wenn ein Mensch "salame" genannt wird, ist er eine absolute "Gurke"
salsiccia	grobe Frischwurst
wurstel	aus Nordeuropa übernommen, dauerhaft in Plaste eingeschweißt, extrem haltbar, in jedem alimentari zu kriegen.
prosciutto	Schinken
trippa	Kuttel
fegato	Leber

RAUCHER UND BRANDSTIFTER

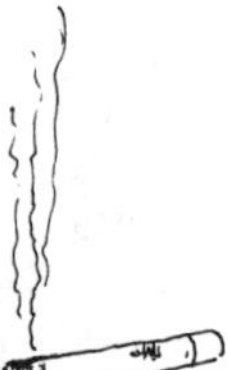

incendio	Feuersbrunst
sigarette	Zigaretten, man kauft sie beim Tabaccaio, der Sonntags geschlossen hat, Automaten sind unbekannt – wo es sie gibt, seit Jahren außer Betrieb.
Cerini	Wachsstreichhölzer
fiammiferi	Holzstreichhölzer, können auf jeder rauhen Fläche angerieben werden
vietato fumare	rauchen verboten (Strafe zwischen L.2ooo und 2o.ooo)

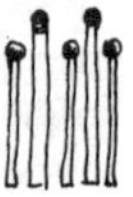

Aus dem Wörterbuch des Liebhabers für Sehenswürdigkeiten:

museo, monumento nazionale, teatro, palazzo (bedeutet auch mehrstockiges Wohnhaus aus Beton)

chiesa Kirche
Santuario Heiligtum, Wallfahrtskirche
abbazia Kloster, Abtei
tempio Tempel
scavi Ausgrabungen
ruderi Ruinen
custode Mensch, der Monumente verschlossen hält, lebt im günstigsten Falle vom Verkauf von Postkarten und Broschüren, sonst von Trinkgeldern (mancia oder regalo).
chiuso per restauro Besichtigung erst in einigen Jahren, wird restauriert.

Ein paar Worte, die ganz anders sind:

(deutsch – italiano)

Auto machina, "auto" ist ein Taxi oder Linienbus.
Kartoffel patata, "kartoff" = liebesvolles Wort für "Deutscher"
Tomate das rote Ding heißt "P O M O D O R O"
Film der in den Fotoapparat kommt heißt "rollino" oder "rotolo"
Casino nix zum Spielen, ist das Bordell; wenn einer sagt: "che casino" meint er "so eine Sch...."
Bar hier schlittert kein Whisky über den Tresen, vielmehr - es wird Cappuccino gereicht und die langbeinigen Hocker gibt es erst recht nicht. Wer trotzdem danach sucht, frage nach einer "american bar".

Die Zitrone heißt limone.

Dafür gibts ein paar deutsche Worte, die ins Italienische übernommen worden sind:
il kindergarten, il hinterland, il berufsverbot...

Gebärdensprache ⟶

CAMPING

tenda	Zelt
canadese	Leichtzelt
roulotte ("rulott")	Wohnwagen
camper	Wohnmobil
sacco a pelo	Schlafsack
divieto di campeggio	Campen verboten
posso farci la tenda	darf ich zelten
ombra	Schatten
alberato	bebäumt
protetto	geschützt
vento	Wind
pioggia	Regen
temporale	Unwetter
umido	feucht, naß
fradicio, bagnato	durchnäßt (umbriaco fradicio - total besoffen)

Wandern

scarpe da ginnastica	Turnschuhe
scarponi	Wanderstiefel
corda	Seil
zaino	Rucksack
sentiero	Fußweg
mulattiera	Eselsweg, in der Praxis Fußweg
traccia	Wegspur
salita	Aufstieg
discesa	Abstieg
ripido	steil
segnaletica	Wegemarkierung
sorgente	Quelle
fontana	Brunnen
ruscello	Bach
fiume	Fluß

Furt	guado
See	lago
Sumpf	pantano
Gipfel (auch: cozzo, cocuzzo)	cima
Berg	monte
Hügel (auch: cocuzzolo)	colle
Schlucht	gravina, lama, gola
Tal	valle
Ebene	piano
Hochebene, oft ein "falsopiano", ei- falsche Ebene	altopiano
Paß	porta, colle, varco, passo
Unterschlupf	ricovero
Hütte	capanna, baracca
Schutzhütte	rifugio
Wald	bosco
Niederwald, auch Macchia	boscaglia
Lichtung	radura
Fels	roccia
Steilabfall	dirupo

BADEN

spiaggia	Strand
lido	organisierter Strand,Strandbad
cala	Bucht
sabbia	Sand
ciottoli	Kies, Schotter
pietra	Stein
barca	Schiff, Boot
canotto	Kanu, Faltboot
gommone	Gummiboot
sub, subacqueo	Taucher, alles was mit Tauchen zu tun hat
tuta	Taucheranzug, im Arbeitsleben "Blauer Anton"
maschera	Taucherbrille
pinne	Flossen
canna	Schnorchel

bombola	Druckflasche
ricarica bombole	Füllstation
in apnea	mit angehaltener Luft
profondo	tief
scoglio	Klippe, Riff
inquinamento	Verschmutzung

Hygiene und Sauberkeit:

profumeria	Drogerie
lavanderia, lavasecco	Wäscherei, Reinigung
sapone	Seife
detersivo	Waschmittel
assorbenti	Binden
pannolini	Windeln - oft "lines" nach der bekanntesten Marke
pettine	Kamm
occhiali (da Sole)	(Sonnen)Brille
macchia di catrame	Teerflecken

Krankheit Verletzung

Pronto soccorso	Erste Hilfe
medico	Arzt
ospedale	Krankenhaus
dentista	Zahnarzt
farmacia	Apotheke
mal di dente/ testa/ stomaco/ ventre	Zahnweh/ Kopfweh/ Magenweh/ Bauchweh
diarea	Durchfall
dolore	Schmerz
raffreddore	Erkältung
infiammazione	Entzündung
vomito	Erbrechen
puntura di vipera/ pesce ragno/ riccio di mare/ vespa/ ape/ calabrone/ medusa	Biß oder Stich von Viper, Petermännchen, Seeigel, Wespe, Biene, Hornisse, Qualle

frattura	Bruch
slogatura	Verstauchung
distorsione	Verzerrung
incidente stradale /sub	Straßenunfall, Taucherunfall
autoambulanza	Krankenwagen
scottatura	Sonnenbrand

③ GEBÄRDENSPRACHE:

Keineswegs für Taubstumme. Man setzt Hände, Kopf und den ganzen Körper zur Unterstreichung des gesprochenen Wortes ein, einige Gesten erübrigen langes Gerede.
Nicht um Zeit zu sparen, aber das Wort (man verwendet es gerne und reichlich) kann dann in Bereichen eingesetzt werden, wo Gesten nicht mehr ausreichen.
Die Geste ist Basis - Information, einer energisch geführten Geste wird auch nicht widersprochen – allein schon, weil es kein Zeichen für "ja, aber...." gibt. Südländische Frauen tragen die Lasten auf dem Kopf, um die Hände frei zum Sprechen zu haben – solche lastengekrönten Stehkonvente können den ganzen Vormittag eines Markttages andauern, und die Männer über geben die Lasten den Ciuccio, dem Tier mit langen Ohren, einem kräftigen Rücken und viel Selbstbewußtsein.. Da der Ciuccio die Gebärdensprache nur sehr unvollständig versteht, spricht man mit ihm meist sehr laut in gesprochener Sprache. Oder schiebt und zieht.

Gebärden im Gespräch sind keine Erzählfaden unterstreichende Fuchtelei – jede Gebärde muß sitzen.

Das wenige, was nördlich der Alpen mit Gesten ausgedrückt wird, vergesse man.

Kopfschütteln ist keine Verneinung, sondern bedeutet die Bitte um eine deutlichere Erklärung.

Kopfnicken = Komm her !

Kopf hochziehen, gleichzeitig die einwärts gekrümmten Finger vor dem Kinn nach oben gezogen = "nein", als Antwort. -

Schultern hochziehen = ich weiß nicht.

Mehrfaches schnelles Zungenschnalzen = ein schwaches''' nein".

Handfläche nach oben =
"es ist doch klar..."

Hin- und her - bewegen des erhobenen Zeigefingers = "nein" (Aufforderung!)

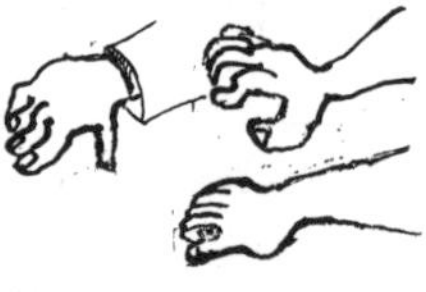

Langsame Bewegung mit der Handfläche nach unten = " Piano - piano".

Ausgestreckte Hand, Handfläche nach unten und die Finger bewegen sich nach Einwärts = "Komm her".

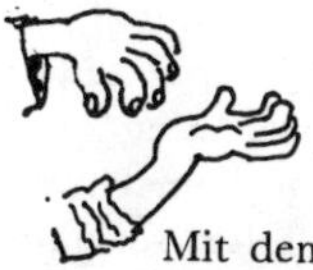

Hand steht auf der Schneide, wird rasch zitternd vorwärts bewegt = ”Hau ab”.

Mit dem Finger schnippen = ”bedeutet mir nichts”

Mit dem Daumen über die Schulter zeigen = ”nicht der Mühe wert
Beide Hände mit den Daumen an die Ohren und dann kräftig mit den Händen gewedelt = “du Esel”.
Mit zwei Fingern an die Nasenspitze fassen = “bist Du schlau”. (ein ausgesprochenes Kompliment.)

Will man die Wichtigkeit gesprochener Worte unterstreichen, pflückt man sie mit den spitz geschlossenen Fingern Wort für Wort von den Lippen ab.

Mit einem Auge zwinkern – Warnung
Der Zeigefinger zieht das untere Augenlid = Warnung vor Betrug oder man gibt dem Partner zu verstehen, daß man ihn durchschaut hat.
Zeigefinger an der Nasenspitze = intensives Nachdenken.
Zeigefinger an der Stirn (in der Mitte) = Kapiert?
Zeigefinger an den Augenwinkel = Nicht vergessen!
Drei Finger zusammengelegt und einen Kuß drauf gehaucht, dann die Finger sich öffnend in die Luft geschleudert = Entzücken
Festgeballte Faust auf die Brust = “nein, ich will nichts sagen.”
Flache Hand auf die Brust = “ich meine es ehrlich” (was aber keineswegs der Fall sein muß).

Bohrende Bewegung mit dem Daumen in der Backe = schmeckt gut (aber nur einmal bohren, mehrfaches Bohren bedeutet, daß man es runterwürgen kann).
“La Fica”: Daumen wird in der geballten Faust durch Zeige- und Mittelfinger gestreckt. Zuerst sexuelle Geste, dient aber ebenso als Schutz gegen Beschimpfung, Verwünschung und Bösen Blick (“malocchio”)
Hörnerzeigen: Kleinen Finger und Zeigefinger vorstrecken: Beschimpfung (im Straßenverkehr, was bei uns der Vogel ist), aber auch nützlich gegen Malocchio.

Besser ist ein Dauerschutz gegen den Bösen Blick in Gestalt eines Cornicello – eines Amuletts in Hörnchenform, meist aus Koralle, aber auch aus Plastik. Camions und Omnibusse sind oft auch mit echten Stierhörnern geschmückt, die hinter der Windschutzscheibe oder an der Stoßstange baumeln.

Hand mit der Schneide in die Zwerchfellgegend drücken = Hunger
Mit ausgestrecktem Daumen der Faust mehrfach rasch zum Mund fahren = Durst
Mit gekreuzten Armen die Hände flach auf die Brust schlagen = “mi dispiace’ – tut mir leid, kann ich nichts machen.
Einige Gesten wie “Mundhalten”, “Halsabschneider”, Geld zählen sind die Gleichen wie bei uns.

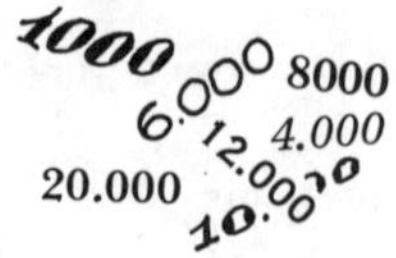

Zahlen:

Jeder Finger bedeutet 1ooo Lire, bei Summen über 1o.ooo behilft man sich dadurch, daß man entsprechend oft die beiden offenen Handflächen nach vorne bewegt – gut mitzählen, wird aber selten für Summen über 3o.ooo Lire gebraucht.

Begrüßungen:

Wangenküsse: Man gehört zur Familie oder ist in sie aufgenommen. Natürlich nicht der Gruß, wenn man sich zufällig auf dem Corso trifft. Frauen und Mädchen, die durch Umarmung und Wangenkuß in die Sippe aufgenommen worden sind (natürlich unter Zeugen und nicht irgendwo in der einsamen Strandmacchia) stehen unter dem gleichen Schutz der Sippe wie die Schwestern, Töchter und Ehefrauen.

Begegnen sich zwei (grundsätzlich nur unter Männern üblich) und fassen sich über den Ellenbogen an den Armen, ist es die freundschaftliche Begrüßung Gleichgestellter. Hinterher untergehaktes Bummeln über den Corso.

Will der sozial höher Stehende einen unter ihm Stehenden freundlich grüssen, ihm sein Wohlwollen und seinen Schutz sichtbar (auch für andere) zu erkennen geben, kneift er ihn in die Backe. Sein Gegenüber macht nichts anderes als die Mütze zu ziehen und auf den Boden zu schauen.

Tips für Tramper:

Immer schön die ganze Hand ausstrecken. Keine Faust machen und den Daumen nach oben halten – das sieht zu sehr nach der "Fica" aus.

STOP-PRESS:

BENZINGUTSCHEINE

In letzter Minute einige benutzerfreundliche Verbesserungen:

Die Gutscheinpakete 2-4 müssen zwar im jeweiligen Geltungsgebiet bei einer Geschäftsstelle von ACI eingelöst werden, mit den Gutscheinen aus diesen Paketen kann man dann aber in ganz Italien Benzin und Autobahngebühren bezahlen.

Zum Eintauschen von Gutscheinpaketen 2-4 stehen einem in der Zeit von Mitte Mai bis Mitte September täglich (8-20 Uhr, ohne Siesta) zur Verfügung:

A 1 Milano - Bologna - Roma: Tankstelle Tevere Ovest zwischen Orvieto und Attigliano

A 2 Roma - Napoli: Tankstelle S.Nicola Ovest zwischen Caserta Nord und Abzweig A 30

A 3 Napoli - Reggio di Calabria: Galdo Ovest zwischen Lauria Sud und Mormanno.

Für das Paket 4 (Basilicata - Calabria - Sicilia - Sardegna) sind ganzjährig die von Napoli und Campanien am schnellsten erreichbaren ACI-Geschäftsstellen (Mo.-Sa. 8.30 - 12.30 Uhr):

Potenza: Zona Industriale, Superstrada N. 407 "Basentana"
Lavello (Prov. Potenza), Via Roma 25
Matera: Viale delle Nazioni Unite, 47
Cosenza: Via Tocci 2
Lamezia Terme (Prov. Catanzaro): Viale Stazione
Tropea (Catanzaro): Corso Viuttorio Emanuele

KARTEN UND PLÄNE

Neu, handlich und preiswert der Falk-Plan Napoli, gibts in fast jeder Buchhandlung, Buslinien sind leider nicht eingezeichnet.

RV-Karte 1:300.000 Süditalien. Zweiseitig bedruckt, Italien ab Ancona und Rom bis Reggio di Calabria ist abgebildet. Straßennetz ebenso genau wie bei TCI - K+F. Mit 15 DM preiswert.

BAHN

In Italien wird jetzt nach und nach das IC-Netz eingeführt, in Norditalien beginnend. Nicht alle IC-Züge sind zuschlagpflichtig. Wenn ja, dann wie für den "Rapido" 25% des normalen Fahrpreises. Nachlösen im Zug ist sehr teuer.

INDEX

Vielen Dank für Tips und Hilfe

Agriturist, Rom
Alitalia, Frankfurt und Hamburg
Andrea Di Sessa, Campanien
Andrea Ferrara, Napoli
Azienda Autonoma di Soggiorno e Turismo in Capri, Ischia, Maratea, Napoli, Paestum, Pompei, Positano, Pozzuoli, Ravello, Sorrento
Christina Helm, BRD
Dr. Francesco Amato, Campanien
Dr. Francesco Cumego, Campanien
Dr. Francesco Rizzo, BRD
Dr. Franco Tassi, Rom
Dr. Giuseppe Castaldo, Napoli
Dr. Sandro Castronovo, Napoli
Elio De Sica, Campanien
ENIT, Düsseldorf
Ente Ville Vesuviane, Napoli
EPTs Napoli, Potenza, Salerno
Ettore Falchetto, BRD
Ferrovia Circumvesuviana, Napoli
Ferrovie dello Stato, Rom
Franco Natalino, Campanien
Gemeindeverwaltungen in Massalubrense (NA), Piaggine (SA)
Giusy Viggiani, Rom
IASM - Istituto Assistenza e Sviluppo del Mezzogiorno, Rom
Lello Cirone, Calabrien
Lucia Vespoli, Campanien
Lya Ferretti, Napoli/Calabrien
Maria Lupoli, Napoli
Martin Kraus, BRD
Netta Bottone, Campanien
Nicola Buonomenna, Campanien
Pasquale Di Leone, BRD
Prof. Carlo Di Leva, Campanien
Prof. Vittorio Pellegrino, Napoli
Raffaele Bussetti, Campanien/Rom
Reinhold Klinge, BRD
Roberto De Simone, Napoli
Rolf Müller, Schweiz
Soprintendenza ai Beni Artistici, Napoli
Susanne Scheid, BRD
Ulisse Paci, Napoli
Vittorio Palotti, Napoli

NOTIZEN

NOTIZEN

NOTIZEN

NOTIZEN

NOTIZEN

NOTIZEN

NOTIZEN

VERLAGS PROGRAMM

Reihe unkonventioneller Reiseführer im Verlag Martin Velbinger, München. Mit vielen Tips vollgepackt, – alles, was man zur Planung und für unterwegs braucht. Die Fülle hilfreicher Details und Infos zu – Hotels – Restaurants – Verbindungen – Sport – Stränden etc. besticht, der locker- lebendige Stil macht Freude zum Lesen und motiviert zum Selbstentdecken und Ausprobieren. – "Eine Reihe von ungemein hohem Gebrauchswert" –

VERLAG MARTIN VELBINGER

Bahnhofstr. 1o6 – 8o32 Gräfelfing/München
TEL (o89) – 85 1o 19 TELEX 52 14 86o

"ein oder zwei TIPS können schon den Kaufpreis des Buches wieder einsparen!"

West-Europa FÜHRER

Band 24

Viele konkrete Tips zu Unterkünften, Restaurants, Pubs und lokalen Festivals. Infos zu Folk-Musik, Sport, Hausboottouren und Ferien im Zigeunerwagen. Alle Infos zu Flug-, Bus-Schiffsverbindungen

Franz Rappel
ca. 380 Seiten 26,80 DM

Band 25

inkl. Channel Islands

Alle nützlichen Infos zu Camping, Unterkunft, Ausgehen. Viele hilfreiche Details zu Sport (Surfen, Reiten, Baden, Tennis). Routen zu Hinkelsteinen und Kalvarienbergen, selbstverständlich alles direkt vor Ort recherchiert.

Schröder/ Pagenstecher
480 Seiten 26,80 DM

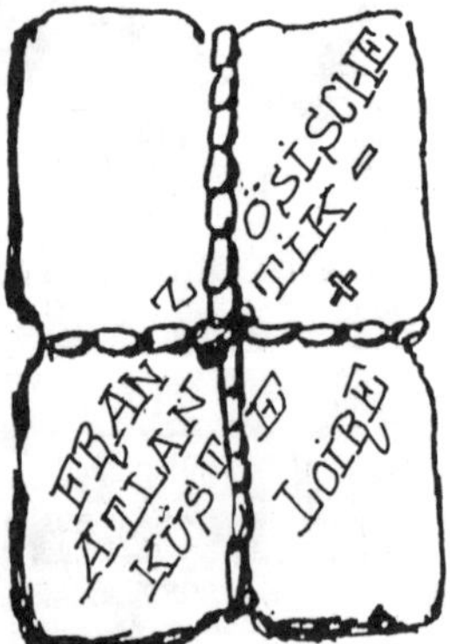

Band 26

Alles über Baden, Surfen, Segeln, Wetter, Camping, Hotels. Nützliche Tips für Essen, Einkaufen und Savoir Vivre. Ausführliche Infos über die Loireschlößer, Anreise, Kanu- und Ausflugsfahrten auf eigene Faust.

Schröder/Pagenstecher
ca. 250 Seiten 22,80 DM

Nord-Europa
— FÜHRER —

Band 17

handfeste Tips, — von Verbindungen (Bus, Schiff, Zug, Flug) — zu Tips für Übernachtung, Wandern, Bootsmieten, Pubs, Shopping etc.

Inkl. Orkneys, Shetlands und Hebriden. Franz Rappel

384 Seiten, — 26,8o DM

Marlen&Bert Baesgen
SCHWEDEN
inkl.
Kungsleden
+ Sarek
Süd - Mittel Schweden - Lappland
REISE-
Handbuch
VERLAG
MARTIN
VELBINGER
Die Reiseführer mit dem hohen Gebrauchswert

Band 18

mit einer Fülle von Tips zu Campen, — Kanuwandern, — Wildwasser, — Unterkunft, preiswert Essen, Wandern. Handfest vor Ort recherchiert,— nützlich und hilfreich für jede Schweden- Reise

416 Seiten, — 26,8o DM

Marlen und Bert Baesgen

Band 19

umfangreiche Tips zu allem, was der Norwegenfahrer braucht: günstigste Anreise, — Übernachtung, — Fjordroute, Wandern in Norwegen etc.

ca. 5oo Seiten, — 26,8o DM

Schröder/Pagenstecher

Süd-Europa
FÜHRER

Band 21

alles, was der Kretareisende braucht: von der preisgünstigsten Anreise zu Tips Hotels, — Verbindungen, — Strände, — Wandern etc.

ca. 35o Seiten, — 22,8o DM
Velbinger/Bausenhardt

Band 23

Vollgepackt mit handfesten und nützlichen Tips und Infos zu Sizilien, Eolische Inseln, Egadische Inseln und Pantelleria. Günstige Anreise, Verbindungen auf der Insel, Strände, beste Rest taurants, Unterkunft etc.

48o Seiten, — 26,8o DM
Hans Bausenhardt

Band 22

Herausgeber: Martin Velbinger, - geschrieben von einem Autoren-Team, das im jeweiligern Land sein Spezialgebiet hat.

Kompakt, — übersichtlich
jede Menge nützlicher Tips !

ca. 6oo Seiten, — 24,8o DM

Städte-Führer

Band 7

Das Leben genießen.
Für Leute, die mal ein Wochenende ausspannen wolle, — oder länger. Viele Tips zu Hotels, Restaurants. Ungeheure Tipsfülle!

Hans Jörg Sing
356 Seiten, — 29,8o DM

Band 10

Wiener Szene, — Beisln, Schlafen, Shopping, — Musik, Szene, Kunst. Viele Tips zu Hotels, Restaurants. Geschrieben von Redakteur des Österr. Rundfunks, der Wien kennt.

48o Seiten, — 24,8o DM
Norbert Steidl

Band 20

Insider Tips zu Shopping, Sight-Seeing, Kunst und Kultur. Aber auch zu den besten Restaurants, Unterkunft, Szene und Umgebung, die einem viel Geld einsparen können.

ca. 35o Seiten, — 22,8o DM
Hans Bausenhardt